Sotto l'Alto Patronato
del Presidente della Repubblica Italiana

Inganni ad arte
Meraviglie del *trompe-l'œil* dall'antichità al contemporaneo

a cura di Annamaria Giusti

Firenze, Palazzo Strozzi, 16 ottobre 2009-24 gennaio 2010

Patrocinio di
Ministero per i Beni e le Attività Culturali
Ministero degli Affari Esteri
Consolato Generale degli Stati Uniti d'America a Firenze

promossa e organizzata da

Fondazione Palazzo Strozzi

Ministero per i Beni e le Attività Culturali
SOPRINTENDENZA PER IL PATRIMONIO STORICO, ARTISTICO ED ETNOANTROPOLOGICO E PER IL POLO MUSEALE FIORENTINO

OPIFICIO DELLE PIETRE DURE

con il sostegno di

Provincia di Firenze

Comune di Firenze

Camera di Commercio Firenze

APPS Associazione Partners

Main Sponsor

Banca CR Firenze

Ideazione della mostra
Cristina Acidini, Annamaria Giusti

Cura della mostra e del catalogo
Annamaria Giusti

Comitato scientifico
Stefano Casciu
Marco Chiarini
Stefano De Caro
Sybille Ebert-Schifferer
Fauzia Farneti
Mina Gregori
Richard L. Gregory
Ronald de Leeuw
Niels-Knud Liebgott
Henri Loyrette
Kasper Monrad
Dodge Thompson

Realizzazione della mostra
Fondazione Palazzo Strozzi

Progetto di allestimento
Luigi Cupellini
con la collaborazione di
Carlo Pellegrini

Progetto grafico mostra e comunicazione
RovaiWeber design

Realizzazione dell'allestimento
Galli Allestimenti
Atlas e Livelux Light Designers
Stampa in Stampa
Alessandro Terzo

Sala interattiva a cura di
Richard L. Gregory
con Priscilla Heard
Testi
James M. Bradburne
con la collaborazione di
Richard L. Gregory e Priscilla Heard
Realizzazione exhibit interattivi e applicazioni multimediali
Stella Battaglia e Gianni Miglietta
con la collaborazione di Davide Lucia
Centrica
Paula Dawson
Rob Knight

Coordinamento editoriale ed elaborazione dei testi esplicativi in mostra
Ludovica Sebregondi

Traduzione dei testi esplicativi in mostra
Stephen Tobin

Conservazione preventiva e controllo climatico
Marco Ciatti, Roberto Boddi
(Opificio delle Pietre Dure di Firenze)
Controllo stato conservativo opere
Livio Nappo
Mauro Parri, Francesca Ciani Passeri, Luisa Gusmeroli
(Opificio delle Pietre Dure di Firenze)

Responsabile della sicurezza
Ulderigo Frusi

Comunicazione e promozione
Susanna Holm
Sigma CSC

Ufficio stampa
Antonella Fiori (Ufficio stampa nazionale)
Sue Bond Public Relation (Ufficio stampa internazionale)

Sito web
Netribe

Testi del percorso per famiglie
James M. Bradburne
con la collaborazione di
Richard L. Gregory e Priscilla Heard
traduzione
Lara Fantoni

Percorso "La cappelliera dell'illusionista"
L'immaginario

Laboratori didattici per famiglie
L'Immaginario
Sigma CSC
Devorah Block
Elizabeth Molina

Attività didattica per le scuole
Sigma CSC

Segreteria prenotazioni mostra
Sigma CSC

Sponsor

Aeroporto di Firenze · apt · ataf · Borghi International · Ferrovie dello Stato · Toscana · 3DAG Holographic Solutions

www.palazzostrozzi.org

Personale mostra e biglietteria
TML Service

Biglietteria multicanale
Vivaticket by Charta

Audioguide
START

Assicurazioni
Aon Artscope

Trasporti
Borghi International S.p.A.

Restauri
cat. II.14: Rita Alzeni, restauro dipinti, Firenze
cat. III.4: Ciro Castelli, Mauro Parri, Andrea Santacesarea (Opificio delle Pietre Dure di Firenze)
cat. IV.5, IV.6: Nathalie Ravanel (carta); Simone Beneforti (cornici)
cat. IV.13: Elisabetta Antonelli - Restauro di Mosaici e Materiali Lapidei, Firenze
RELART di Buda Roberto, Restauri, Firenze
cat. V.1: AR S.r.l., Padova
cat. V.2: Rita Alzeni, restauro dipinti, Firenze
cat. VI.5: RELART di Buda Roberto, Restauri, Firenze
cat. VI.7: Francesca Mariotto, Restauro Opere d'Arte, Verona
cat. VI.12: Italcornici s.n.c., Camnago di Lentate (Milano)
cat. VII.17: Gea Restauri s.n.c., di Maria Grazia Cordua e Lisa Lombardi, Firenze
cat. IX.3, IX.4: Marta Galvan, Restauro dipinti, tele-tavole-affreschi, Modena
cat. X.1: Loredana Gallo, Restauro, Firenze
RELART di Buda Roberto, Restauri, Firenze

Enti prestatori
Agliè, Castello Ducale
Amsterdam, ING Collection
Amsterdam, Rijksmuseum
Basilea, Kunstmuseum
Biella, Cittadellarte-Fondazione Pistoletto
Bressanone, Museo Diocesano
Bruxelles, Créations Isabelle de Borchgrave SPRL
Città del Vaticano, Musei Vaticani
Copenaghen, Nationalmuseet
Copenaghen, Rosenborg Slot, De Danske Kongers Kronologiske Samling
Copenaghen, Statens Museum for Kunst
Delray Beach, Fla., Collezione Walter e Lucille Rubin
Digione, Musée des Beaux-Arts
Dordrecht, Dordrechts Museum
Dordrecht, Dordrechts Museum, in deposito dall'Instituut Collectie Nederland, Rijswijk/Amsterdam
Fiesole, Museo Bandini
Filadelfia, Penn., Philadelphia Museum of Art
Firenze, Archivio dell'Opera di Santa Maria del Fiore
Firenze, Biblioteca Medicea Laurenziana
Firenze, Biblioteca Nazionale Centrale di Firenze
Firenze, Biblioteca Riccardiana
Firenze, Collezione Bianco Bianchi di antiche scagliole
Firenze, Collezione Liana e Carlo Carnevali
Firenze, Collezione Cei
Firenze, Collezioni d'Arte Ente Cassa di Risparmio di Firenze
Firenze, Fondazione di Studi di Storia dell'Arte Roberto Longhi
Firenze, Galleria degli Uffizi
Firenze, Museo dell'Opificio delle Pietre Dure
Firenze, Museo di Storia Naturale dell'Università degli Studi di Firenze, Sezione di Botanica
Firenze, Museo di Storia Naturale dell'Università degli Studi di Firenze, Sezione di Zoologia "La Specola"
Firenze, Palazzo Pitti, Galleria d'Arte Moderna
Firenze, Palazzo Pitti, Galleria del Costume
Firenze, Palazzo Pitti, Galleria Palatina
Firenze, Palazzo Pitti, Museo degli Argenti e delle Porcellane
Firenze, Palazzo Pitti, Museo degli Argenti, in deposito da Villa La Quiete
Firenze, Palazzo Vecchio
Firenze, Teatro della Pergola, Archivio dell'Accademia degli Immobili
Francoforte, Historisches Museum
Francoforte, Städelsches Kunstinstitut
Gand, Museum voor Schone Kunsten
Grassina, Bagno a Ripoli, Collezione Camilla Bruschi
Kassel, Naturkundemuseum im Ottoneum
L'Aia, Mauritshuis
L'Aia, Museum Bredius
Londra, Flowers
Londra, Victoria and Albert Museum
Lucca, Museo Nazionale di Villa Guinigi
Madrid, Colección del Banco de España
Madrid, Palacio Real
McLean, Va., Collezione Wayne e Catherine Reynolds
Milano, Archivio Fornasetti
Milano, Galleria d'Arte Studiolo
Milano, Museo Poldi Pezzoli
Modena, Galleria Estense
Napoli, Museo Archeologico Nazionale
New York, Long Island Museum of American Art, History & Carriages
New York, Metropolitan Museum of Art
New York, Otto Naumann, Ltd.
New York, Van de Weghe Fine Art
Parigi, Collezione Madame de Linière
Parigi, Collezione Pierre Gilou
Parigi, Galerie Michelle Boulet
Parigi, Pierre Ducordeau
Piacenza, Galleria del Collegio Alberoni
Poggio a Caiano, Villa Medicea, Museo della Natura Morta
Ravenna, Biblioteca Classense
Rennes, Musée des Beaux-Arts
Roma, Bibliotheca Hertziana - Max-Planck-Institut
Roma, Museo Nazionale di Castel Sant'Angelo
Rovigo, Pinacoteca dell'Accademia dei Concordi
Sarzana, Cardelli & Fontana artecontemporanea
Schwerin, Staatliches Museum Schwerin
Siena, Collezioni del Monte dei Paschi di Siena
Strasburgo, Musée des Beaux-Arts
Torino, Fondazione Guido ed Ettore De Fornaris, Galleria d'Arte Moderna e Contemporanea
Torino, Palazzo Madama, Museo Civico d'Arte Antica
Varallo, Sacro Monte
Venezia, Gallerie dell'Accademia
Venezia, Scuola Grande Arciconfraternita di San Rocco
Verona, Chiesa di Santa Maria in Organo
Washington, D.C., Collezione Ian M. Cumming
Washington, D.C., Corcoran Gallery of Art
Washington, D.C., National Gallery of Art
Galleria Moretti, Firenze-Londra-New York
Pelham Paris & London

CATALOGO

Autori dei saggi
Cristina Acidini
Sybille Ebert-Schifferer
Fauzia Farneti
Marc Fumaroli
Annamaria Giusti
Richard L. Gregory
Priscilla Heard
Miriam Milman
Mark D. Mitchell
Jan Muylle

Autori delle schede
Andrea Baldinotti (A.B.)
Graziella Battaglia (G.B.)
Federico Berti (F.B.)
James M. Bradburne (J.M.B.)
Alberto Bruschi (A.BR.)
Stefano Casciu (S.C.)
Alessandro Cecchi (A.C.)
Caterina Chiarelli (C.C.)
Marco Chiarini (M.C.)
Elena De Filippis (E.D.F.)
Elena Diacciati (E.D.)
Riccardo Gennaioli (R.G.)
Annamaria Giusti (A.G.)
Giovanna Giusti Galardi (G.G.G.)
Poul Grinder-Hansen (P.G.-H.)
Dominique Jacquot (D.J.)
Giovanna Lazzi (G.L.)
Angelo Mazza (A.M.)
Bert W. Meijer (B.W.M.)
Miriam Milman (M.M.)
Mark D. Mitchell (M.D.M.)
Cinzia Nenci (C.N.)
Chiara Nepi (CH.N.)
Claudio Paolini (C.P.)
Giovanna Paolozzi Strozzi (G.P.S.)
Fabrizio Paolucci (F.P.)
Marta Poggesi (M.P.)
Ludovica Sebregondi (L.S.)
Paola Squellati Brizio (P.S.B.)
Maria Grazia Vaccari (M.G.V.)
Gerhard Wiedmann (G.W.)

Traduzioni
Monica Fintoni, Michèle Fantoli, Andrea Paoletti, Maurizia Cicconi, Nicola Casanova

Campagna fotografica
Serge Domingie
di Rabatti & Domingie Photography

La realizzazione di questa iniziativa si deve al contributo dei molti che a vario titolo hanno offerto generosa collaborazione. A tutti loro va la riconoscenza della Fondazione Palazzo Strozzi, del Comitato Scientifico e della curatrice, che ringraziano in particolare i direttori dei musei, i prestatori pubblici e privati, e quanti si sono adoperati personalmente per i prestiti delle opere in mostra: Fiora Bellini, Alberto Bruschi, Ornella Casazza, Antonia d'Aniello, Elena De Filippis, Pierre Ducordeau, Maria Teresa Filieri, Lucia Fornari Schianchi, Paolo Galluzzi, Pierre Gilou, Maria Cristina Gnoni, Clarice Innocenti, Angelo Mazza, Fabrizio Moretti, Fabrizio Paolucci, Fabrizio Pietropoli, Serena Pini, Paola Pirolo, Marta Poggesi, Ida Giovanna Rao, Mario Scalini, Lucia Tongiorgi.

Per l'aiuto, l'incoraggiamento, i consigli ricevuti si ringraziano inoltre Antonella Alletto, Ilaria Bartocci, Laura Bechelli, Massimo Bertolucci, Loriana Campestrelli, Ciro Castelli, Giovanna Chilleri, Marco Ciatti, Maddalena De Luca, Lillina Di Mucci, Lorenzo Fabbri, Andrea Fedeli, Francesca Kumar, Giovanna Lazzi, Anna Mieli, Laura Mori, Rosanna Morozzi, Patrizio Osticresi, Claudio Paolini, Cristina Papini, Mauro Parri, Maria Grazia Vaccari.

La curatrice desidera inoltre rivolgere un grazie personale a Cristina Acidini, assieme alla quale è nato ed è maturato il progetto di questa mostra, che ha potuto avvalersi del suo costante appoggio; a Miriam Milman, che ha messo generosamente a disposizione della riuscita dell'iniziativa la sua preziosa competenza; a Ludovica Sebregondi, il cui essenziale contributo è andato ben oltre l'incarico affidatole.

Un particolare ringraziamento a Miel de Botton-Aynsley.

Si ringraziano inoltre Lorenzo Villoresi per la realizzazione degli inganni olfattivi; Wanni di Filippo - Il Bisonte per aver fornito le cappelliere del percorso per le famiglie; Arrigo Berni e Roberto Di Puma per le Moleskine.

MOLESKINE®

LORENZO VILLORESI FIRENZE

IL BISONTE

Si ringrazia Save the Queen per la realizzazione delle divise del personale di Palazzo Strozzi.

SAVE THE QUEEN!

Mandragora s.r.l.
piazza del Duomo 9, 50122 Firenze
www.mandragora.it

Redazione, progetto grafico e impaginazione
Monica Fintoni, Andrea Paoletti, Michèle Fantoli,
Bianca Belardinelli, Paola Vannucchi

Stampato in Italia presso Alpilito, Firenze
Confezione: Legatoria Giagnoni, Calenzano

ISBN 978-88-7461-139-3

Inganni ad arte

Meraviglie del *trompe-l'œil* dall'antichità al contemporaneo

a cura di
ANNAMARIA GIUSTI

Mandragora

Nonostante talvolta sia considerato una frivolezza, il *trompe-l'œil* rappresenta una delle forme d'arte più popolari e durevoli. Spesso viene definito come arte di raffigurare l'irreale come se fosse reale, ma questo è solo un aspetto della questione: dopotutto, qualunque dipinto prospettico imita la realtà. L'essenza del *trompe-l'œil* consiste piuttosto nella sua intenzione esplicita di ingannare l'osservatore e nel piacere che questi prova nell'essere sedotto. Quasi sempre ironia e umorismo vanno di pari passo con il *trompe-l'œil*: nelle opere dell'artista americano degli anni Trenta Otis Kaye, per esempio, anche gli alti e bassi del mercato azionario – un argomento su cui c'è poco da scherzare anche ai nostri giorni – diventano protagonisti di elaborati rompicapi visivi e di allusioni esoteriche.

Lo strumento fondamentale di questo intrigante dialogo che si stabilisce fra la realtà e la sua imitazione è ovviamente la pittura, intesa a ingannare l'osservatore facendogli credere che ciò che vede è reale. Naturalmente un simile compito è quanto di più scoraggiante per un'arte confinata nei limiti di una superficie bidimensionale; tuttavia la pittura si è sforzata di liberarsi da questi vincoli raffigurando un mondo illusionistico di spazio e volume. La mostra, comunque, non circoscrive la sua esplorazione dell'inganno ottico alla sola sfera della pittura. Il visitatore scoprirà che anche altre forme d'arte, a partire dalle arti applicate fino a giungere alla scultura, hanno subito il fascino dell'illusione ottica, con la quale si sono divertite a creare tarsie lignee raffiguranti finestre immaginarie che si affacciano su vedute cittadine, superfici di tavolini che inducono l'osservatore a cercare di raccogliere oggetti che in realtà non si possono afferrare, o cloni vagamente inquietanti che adoperano materiali tradizionali o moderne resine.

A Palazzo Strozzi tutto il nostro approccio inizia dal visitatore, che presupponiamo intelligente, curioso e interessato. Le mostre del Palazzo invitano espressamente i visitatori a osservare con attenzione il mondo attorno a loro, ispirandosi a una filosofia chiamata "ascolto visivo", nella quale altre voci oltre a quella del curatore contribuiscono a determinare l'esperienza del visitatore. Il filosofo americano Nelson Goodman ha scritto che mostre e musei devono funzionare come «un'istituto per la prevenzione della cecità», e non esiste esempio migliore per questa teoria di una mostra nella quale il visitatore è chiamato a confrontarsi con i limiti della propria stessa visione tramite il *trompe-l'œil.*

Oltre a tutte le figure professionali che hanno consentito di realizzare "Inganni ad arte. Meraviglie del *trompe-l'œil* dall'antichità al contemporaneo" a Firenze, la Fondazione Palazzo Strozzi desidera ringraziare in particolare la Banca Cassa di Risparmio di Firenze, sponsor principale della mostra, che ha generosamente contribuito al suo successo. Vogliamo inoltre ringraziare specialmente partner e sponsor pubblici e privati della mostra, la Provincia e il Comune di Firenze, la Camera di Commercio di Firenze, l'Associazione Partners Privati di Palazzo Strozzi e la Regione Toscana, che hanno sostenuto con convinzione la mostra fin dall'inizio. Infine desideriamo ringraziare l'intero team della Fondazione Palazzo Strozzi – il suo Consiglio di Amministrazione, il suo Consiglio d'Indirizzo, il suo Direttore e il suo staff – per aver lavorato con tanto impegno per dare vita a una mostra che conferisce vero significato al motto di Palazzo Strozzi "pensa globale, agisci locale".

Lorenzo Bini Smaghi
Presidente della Fondazione Palazzo Strozzi

Quando è nato il progetto di organizzare a Firenze una mostra sull'arte del *trompe-l'œil*? Forse in un momento preciso e forse no.

Ma se dovessi individuare il ricordo più antico di questa iniziativa che giunge ora felicemente a conclusione con la mostra in Palazzo Strozzi e il catalogo di Mandragora, racconterei di quella mattina in cui, nel mio studio di Soprintendente dell'Opificio delle Pietre Dure, giunse la notizia dello sconforto e della delusione che avevano assalito un anziano visitatore del museo, di lingua inglese (australiano, mi pare), quando aveva constatato che lo *Scarabattolo* di Domenico Remps non era al suo posto, ovvero in bella vista sulla parete in cima alla scala che dalle sale del piano terreno porta al lungo ballatoio, dedicato alle tecniche e alle materie del commesso lapideo. Ogni volta che veniva a Firenze, aveva detto, visitava il museo per rivedere quel *cabinet of curiosities* dipinto da paziente mano olandese, che a quanto pare appagava il suo sguardo e scaldava la sua fantasia. Ma questa volta il dipinto era la star di una mostra in Francia; e il visitatore dovette consolarsi ricevendo in dono il bel manifesto della mostra tenutasi nel 2002 nella National Gallery of Art di Washington, *Deceptions and Illusions*; che riproduceva appunto l'armadietto di meraviglie del Remps, e che gli avrebbe fatto compagnia in Australia, fino alla prossima visita.

E dunque, si disse con Annamaria Giusti – allora, tra i suoi molti incarichi, direttore del museo dell'Opificio –, perché non fare una mostra sull'arte del *trompe-l'œil* anche noi, ch'eravamo stati fino ad allora soltanto generosi prestatori di questa amatissima pittura illusionistica a mostre altrui?

Dall'idea alla realizzazione il percorso non fu né breve né facile, anche perché Palazzo Strozzi – il luogo espositivo più adatto alla mostra – stava cambiando ragione sociale per trasformarsi in Fondazione. Il progetto venne accolto appena fu messo a punto l'assetto organizzativo, e ne sono grata ai Consigli d'Indirizzo e di Amministrazione, così come al presidente Lorenzo Bini Smaghi e al direttore generale James Bradburne: a quest'ultimo poi si devono per intero le ulteriori articolazioni sulle implicazioni scientifiche della mostra, con contributi specifici sugli inganni visivi alla luce dell'ottica, e gli apparati e laboratori didattici.

Nel frattempo, mentre il progetto entrava in pista, il "genere" artistico seducente ed elusivo del *trompe-l'œil* conosceva un successo intercontinentale e dava luogo a progetti di mostra in Europa e in Giappone, cosicché diventava difficile ottenere prestiti di opere adeguatamente dimostrative. Perché una rassegna sul *trompe-l'œil* non ammette approssimazioni. E infatti il percorso rigoroso di Annamaria Giusti, coadiuvata da un comitato scientifico internazionale che ringrazio per aver prodigato suggerimenti e segnalazioni, accoglie quelle – e solo quelle – espressioni della creatività che a pieno diritto rientrano nella categoria dell'arte ingannevole, avendo varcato la tenue soglia percettiva "al di qua" della quale non c'è l'illusione del vero, bensì la rappresentazione di un soggetto. Qual è il confine tra una natura morta con cacciagione e un'immagine illusionistica di due fagiani morti appesi a un chiodo su un uscio? Comprenderlo è facile, spiegarlo un po' meno: la buona riuscita del *trompe-l'œil* dipende, per dirla in breve e semplificando, dal grado di ingresso del quadro o dell'oggetto nel "nostro" spazio. Se l'illusione riesce l'opera d'arte entra in competizione col resto della tangibile realtà fisica di spazi e cose, e le menti sprovvedute si lasciano trarre in inganno, come gli uccelli con l'uva di Zeusi.

Alla fine del lungo lavoro preparatorio, si può dire che il risultato eccellente mantiene al tema della mostra l'apertura internazionale che gli è propria, e al tempo stesso riunisce e valorizza gli esempi fiorentini e toscani, che raggiungono altissimi livelli non solo nel campo artistico grazie al collezionismo mediceo, ma anche in quello scientifico, con le superbe prove della ceroplastica anatomica e botanica d'epoca lorenese. D'altronde fin dalla pittura gotica e rinascimentale, così egregiamente rappresentata a Firenze e dai fiorentini, si ritrovano in quadri e affreschi di grandi maestri espedienti illusionistici di ogni tipo: dal "quadro nel quadro" del Beato Angelico e di Benozzo Gozzoli alla tenda del *Sant'Agostino nello studio* nella Galleria degli Uffizi, di mano del Botticelli che, nel *De illustratione urbis Florentiae* (1480-1487), l'umanista Ugolino Verino paragonò per l'appunto a Zeusi.

Dell'ampia rassegna è protagonista indiscusso, com'era in premessa, lo *Scarabattolo* dell'Opificio, che agli studi approfonditi dai quali è stato indagato ha rivelato la sua origine all'interno della diffusa *Wunderkammer* medicea: si è visto infatti che esiste ancor oggi, e che è in Toscana, il "falso prodigio" del teschio col ramo di corallo nascente dalla calotta cranica... Paradigma di un'antica arte dell'esporre che ha fatto in tempo a raggiungere i musei otto-novecenteschi e le Expo internazionali all'aprirsi del XX secolo, lo *Scarabattolo* potrebbe ancora rivelare una sua esemplare vitalità, come fonte d'ispirazione per eclettiche *Wunderkammern* amatoriali. Sono intanto felice di questa mostra, che richiama l'attenzione (e, confido, la curiosità) del pubblico su un tema tanto gradevole quanto raffinato dell'arte occidentale.

Cristina Acidini
Soprintendente per il Patrimonio Storico, Artistico ed Etnoantropologico e per il Polo Museale della città di Firenze

Da quando Giotto realizzò il primo, elementare, esempio di *trompe-l'œil* dipingendo semplicemente una mosca su una tavola di Cimabue, la pittura a inganno si è estremamente evoluta, dando origine a un genere specifico col quale si sono cimentati, utilizzando tecniche sempre più ingegnose e sofisticate, grandi maestri come Mantegna, Tiziano e Veronese.

Questa mostra, sapientemente organizzata dalla Fondazione Palazzo Strozzi, intende appunto ripercorrere la storia di questa suggestiva contaminazione tra illusione ottica e arti figurative offrendo al visitatore un'antologia di oltre centocinquanta opere afferenti ambiti tematici, stili ed epoche diversi.

Il percorso espositivo risulta spettacolare soprattutto in virtù di una trasversalità di fondo che avvicina magicamente i mondi dell'arte e della scienza, e trasforma nel visitatore l'iniziale impressione di carattere estetico nello stupore per un fenomeno percettivo, addirittura neurologico di gran fascino. Siamo certi che la mostra – in linea con l'alto livello della proposta culturale offerta dalla Fondazione Palazzo Strozzi in questi suoi primi tre anni di vita – incontrerà i favori anche di un pubblico esigente.

Banca CR Firenze è lieta di essere presente come *main sponsor* in questa iniziativa che si distingue per un tocco di originalità tra le altre proposte culturali che si accingono a ravvivare l'imminente autunno fiorentino.

Aureliano Benedetti
Presidente Banca CR Firenze

Vadememcum per la mostra

ANNAMARIA GIUSTI

Arte come imitazione del reale. Riducendo ai minimi termini un tema articolato quanto complesso, possiamo dire che a lungo è stato questo il principale, se pure non l'unico, criterio guida della rappresentazione artistica, mirata alla "verosimiglianza". Ed è forzando i limiti della verosimiglianza che in più occasioni gli artisti si sono sperimentati nella sfida, concettuale e tecnica insieme, della contraffazione del reale. Ovvero, fare apparire come vero ciò che vero non è, suscitando la sorpresa e il (momentaneo) inganno dell'osservatore, con una vasta gamma di "effetti speciali" che vanno sotto il nome onnicomprensivo di *trompe-l'œil*.

Anche se questa definizione è entrata nell'uso comune solo dagli inizi del XIX secolo, per indicare la pittura illusionistica in genere, la fascinazione per l'inganno ottico è ben più antica nella storia dell'arte dell'Occidente,´e affonda le sue radici nel mondo greco-romano. Emblematico a questo proposito è il mai obliato aneddoto riportato da Plinio il Vecchio nella *Naturalis historia* sulla gara che mise a confronto i due sommi pittori greci Zeusi e Parrasio, il primo in grado di dipingere grappoli d'uva così realistici da indurre gli uccelli a beccarli; il secondo capace di ingannare l'occhio esercitato di Zeusi stesso, che di fronte alla tenda dipinta da Parrasio volle scostarla, credendo celasse il quadro.

L'episodio leggendario viene così a riconoscere *ab antiquo* alla pittura il ruolo di protagonista del gioco intrigante fra la realtà e la sua simulazione, mirato a suscitare nell'osservatore l'illusione del vero. Vincolata alla sua natura bidimensionale, appunto per questo la pittura punta a superare questa intrinseca limitazione, affinando i propri mezzi tecnici ed espressivi per raffigurare un universo illusorio di volumi e di spazi. È quindi di necessità la pittura il filo conduttore, anche se non unico, del *trompe-l'œil* e di questa mostra che abbraccia l'intero arco cronologico dell'illusionismo artistico, ritagliandovi un'antologia di esempi rappresentativi delle diverse forme sperimentate nel suo lungo percorso storico, ma al tempo stesso della continuità di certi temi, a partire da quelli oggetto della sfida fra i due pittori greci, ben nota alla cultura letteraria e artistica.

"Sulle orme di Zeusi e Parrasio" è il titolo della breve sezione introduttiva alla mostra, evocativa della prolungata fortuna dei due soggetti nella pittura a inganno, qui sintetizzata da esempi quali il grappolo d'uva di Barend van der Meer, che proietta la sua ombra su una nicchia (cat. I.1), sembrando così più credibilmente "a portata di mano", o le tende frapposte fra l'oggetto della rappresentazione e l'osservatore nel *Ritratto dell'arcivescovo Filippo Archinto* (cat. I.2), seminascosto da Tiziano con un velo trasparente, o nell'autoritratto di Gerrit Dou (cat. I.3).

Ma per la pittura illusiva il debito verso l'Antico va ben oltre la citazione iconografica: già dal Quattrocento, dopo la lunga parentesi dell'arte medievale, che alla fedeltà al dato naturale aveva anteposto la sua espressione simbolica, lo spirito ispiratore dell'arte antica rinasceva con l'Umanesimo e con la rivoluzionaria novità della prospettiva scientifica, elaborata in Italia da teorici e artisti. Figure e oggetti sono compiutamente rappresentati nella tridimensionalità che pertiene loro nella realtà, e collocati in uno spazio non più suggerito empiricamente, ma organizzato secondo una scienza della visione che lo pone in diretta relazione e continuità con lo spazio reale.

È dall'incontro fra la prospettiva quattrocentesca italiana e la lenticolare resa del reale contemporaneamente sviluppata dalla pittura fiamminga che alla fine del XV secolo nasce quello che a pieno titolo può essere definito il genere del *trompe-l'œil*, ovvero un'immagine pittorica la cui

1. Pere Borrell del Caso, *Huyendo de la crítica* [*In fuga dalla critica*], 1874, particolare. Madrid, Colección del Banco de España.

natura e scopo siano l'inganno visivo dell'osservatore. Uno dei massimi vertici raggiunti dal nuovo genere sarà nel campo della natura morta, che fra Quattro e Cinquecento i maestri fiamminghi furono tra i primi ad assumere a oggetto della rappresentazione pittorica, aprendo la strada al successo e diffusione di un genere che conoscerà nel Seicento una delle stagioni più felici, per proseguire poi con intramontata continuità.

Ma quale è il limite, a volte labile, oltre il quale la natura morta, di per sé votata a una stretta aderenza al soggetto, sconfina nell'inganno ottico? La sezione intitolata, non a caso dubitativamente, "Natura morta o *trompe-l'œil*?" cerca di dare una risposta a questo interrogativo spesso risorgente, col presentare opere che si pongono al confine fra i due generi (cat. II.1-3), e con il mettere a confronto soggetti analoghi risolti sotto le due diverse angolazioni. Se i due uccelli morti, appesi a un gancio metallico, dipinti da Cesare Dandini (cat. II.5), si presentano all'osservatore come immagine altamente verosimile ma che dichiara onestamente la sua natura di rappresentazione pittorica, lo stesso tema nella versione del fiammingo Michael Bechtel (cat. II.6) crea un gioco ambiguo di false apparenze, con il dipingere sulla tela la cornice stessa del quadro, dove anche il cartellino con la didascalia ha abbandonato la collocazione esterna al dipinto per entrare a farne parte. Uno stesso artista può poi elaborare di uno stesso tema una versione naturalistica e un'altra a *trompe-l'œil:* così il fiorentino Antonio Cioci, nel secondo Settecento, ritrae una parete del proprio atelier (cat. II.14), che in un altro suo dipinto (cat. II.15) da soggetto della rappresentazione diventa oggetto in sé, in veste di pannello da cui sporgono la tavolozza e altri accessori del mestiere che vi figurano appesi.

Questo singolare "studio d'artista", così come l'impiego dello *chantourné* che ne accresce l'efficacia illusiva, discendono da una brillante invenzione del fiammingo Cornelis Gijsbrechts, attivo nei decenni centrali del Seicento, specialista sommo della pittura a inganno, nonché inventore o magistrale interprete di *topoi* che scandiscono il percorso del *trompe-l'œil* lungo i secoli. Ne incontriamo alcuni nell'ampia sezione dedicata ai "Miraggi ambientali", dove arredi, oggetti, ma anche animali e persone che ricadono nella sfera di una quotidiana esperienza visiva entro lo spazio confinato di un interno possono per questo facilitare la sostituzione della loro reale consistenza con quella illusoria della loro rappresentazione pittorica.

Vani che si "aprono" nelle pareti ospitando oggetti d'uso, o librerie e armadietti che vi stanno "accostati", sono temi che ben si prestano alla pittura a inganno, e trovano le loro premesse già nelle sperimentazioni naturalistico-spaziali della pittura giottesca, quale la nicchia con la suppellettile liturgica per il servizio della mensa d'altare, affrescata da Taddeo Gaddi su una parete della cappella Baroncelli in Santa Croce a Firenze (fig. 36).

Anche in questo caso sono i pittori di area fiammingo-tedesca a segnalarsi per la felicità inventiva e la resa virtuosistica, passando dalla poetica essenzialità di gusto ancora quattrocentesco della nicchia parietale con vaso di fiori di Jan Provost (cat. III.1) ai sofisticati *cabinets de curiosités* seicenteschi, dove la rarità e preziosità degli oggetti effigiati è pari, come nel dipinto di Georg Hinz (cat. III.3), alla smaltata resa pittorica. Se qui si è tentati di sfiorare le meraviglie di questo tesoretto, il fantasioso Gijsbrechts invita ad afferrare quanto è contenuto nel suo affastellato armadietto con l'anta spalancata (cat. III.5). Idea questa che ricompare, assieme alla resa virtuosistica della trasparenza del vetro, nel capolavoro del suo degno epigono Domenico Remps, uno scarabattolo (cat. III.6) che per apparire più veridico ritaglia il perimetro sagomato delle ante spalancate, cariche, come gli scaffali interni, di una collezione di *artificialia* e *naturalia* del Gran principe Ferdinando de' Medici, alcuni dei quali fisicamente presenti in mostra, per contribuire al gioco di specchi tra il reale e il suo riflesso. Un risalto speciale, in mostra come in catalogo, è riservato a questa *Wunderkammer* portatile, che a Firenze ha costituito fin dal suo nascere una rara e quanto mai suggestiva testimonianza della felicità illusiva della pittura fiamminga.

Quello dello *chantourné*, usato dal Remps per il suo armadietto, è artifizio al quale il *trompe-l'œil* non manca di ricorrere in più occasioni, conferendo alla rappresentazione pittorica il contorno reale dell'oggetto rappresentato, e dotandolo poi della necessaria tridimensionalità con il gioco sapiente dei chiaroscuri. Per i soggetti di figura, dove l'effetto illusivo è più arduo da raggiungere, lo *chantourné* può essere un valido contributo, come nel caso del *Bambino addormen-*

tato nel seggiolone, dipinto nella seconda metà del Seicento da Bisschop (cat. III.31), e che grazie anche all'immobilità del sonno sembra far parte con naturalezza del nostro spazio.

Punta a condividere l'*habitat* dell'osservatore anche quanto si trova a pendere dal muro, dipinto ma credibile al pari dei chiodi aggettanti che sostengono gli uccelli appesi di un affresco romano da Pompei (cat. III.15), capostipite di una lunga serie di trofei di caccia (cat. II.5-6, III.16) o di volatili morti (cat. III.17-18) che ricorrono nel repertorio del *trompe-l'œil*, con un sotteso richiamo alla transitorietà delle cose. È questo uno dei concetti-guida di un'arte che non è certo solo puro gioco visivo, e dove l'evidenza stessa data alle "apparenze" è di per sé fonte di sottile malinconia, tanto che sembra di percepirla anche nei dipinti meno dichiaratamente influenzati dal concetto di *vanitas*, quale il superbo pannello di Gijsbrechts con oggetti di caccia appesi e semicelati da un tendaggio (cat. III.19), rielaborazione barocca della indimenticata tenda di Parrasio.

Pannelli lignei, ma anche ante di porte in funzione di appenditutto continuano a sollecitare il virtuosismo e insieme la riflessione dei pittori lungo le epoche, di volta in volta mimetizzandosi negli ambienti delle *Wunderkammern* seicentesche come negli interni di misurata eleganza settecentesca, per giungere poi alle versioni più feriali e venate di ironia della corrente illusionistica dei pittori americani degli ultimi decenni dell'Ottocento, fra i quali spiccano Peto (cat. II.17, III.22, IV.10), Harnett (cat. II.16, III.18) e Haberle (cat. III.23), per i quali la mostra costituisce una rara occasione di trasferta europea. Anche le diverse declinazioni del realismo sperimentate nel secolo breve hanno dedicato attenzione speciale a temi d'ambiente, che in tempi ancora recenti hanno dato occasione al francese Cadiou per il *divertissement* dell'armadietto (cat. III.11), che sostituisce alla sofisticazione dei suoi antecedenti seicenteschi, o alla rassicurante familiarità di quelli successivi, la spoglia funzionalità del guardaroba metallico di un operaio, che come oggetto da collezione esibisce l'immagine di una *pin-up*.

Altro *fil rouge* che percorre la pittura a inganno attraverso i secoli è quello della mimesi degli oggetti cartacei, tanto che ad essa è riservata la sezione "Giocare con le carte". Si trattò certo di un gioco illusivo, favorito dalla bidimensionalità degli oggetti rappresentati, e dalla stimolante varietà delle tipologie disponibili: lettere, cartellini didascalici, documenti contabili, fascicoli, carte da gioco, disegni, incisioni, spartiti musicali, testi a stampa. Insomma, una vera montagna di carte. Ma il successo del genere nacque anche dal suo essere parte integrante della vita di società, che delle carte si serviva per molteplici e fondamentali funzioni: studio, trasmissione del sapere, rapporti interpersonali, affari, produzioni artistiche, gioco e via dicendo. Basti pensare ai tanti "studioli" della pittura quattrocentesca italiana e fiamminga, dove i Padri della Chiesa, curvi sui testi sacri, restano quasi sommersi da rotoli, fascicoli e carte manoscritte, o ai ritratti dei banchieri e mercanti d'Europa che si fanno rappresentare con gli strumenti del mestiere, che sono appunto i registri e le carte contabili.

La pittura a inganno pertanto non fa altro che estrapolare dal contesto l'oggetto, e mettere in scena un repertorio che era parte della quotidiana esperienza di vita dei committenti e collezionisti di questo genere di opere, e che ben si presta a fantasiose combinazioni e simulazioni pittoriche, si tratti del sempre magistrale Gijsbrechts con il suo grandioso *Pannello portalettere* (cat. IV.1), dove i fogli accartocciati e infilati alla rinfusa sembrano sul punto di scivolare dal reticolo che dovrebbe trattenerli, o delle puntigliose composizioni di incisioni, carte stampate e bassorilievi in stucco dei fiorentini Della Santa (cat. IV.4-6), prediletti dal granduca Pietro Leopoldo come specialisti di "inganni". E dai dipinti parietali le carte sono poi migrate, trovando ancor più realistica collocazione, sui piani di tavoli intarsiati in scagliola (cat. IV.13) e in legno (cat. IV.14), che squadernano un assortimento cartaceo fatto per la duplice illusione degli occhi e del tatto; o anche si sono posate momentaneamente, in attesa di essere afferrate, su piatti di porcellana ottocenteschi (cat. IV.16), o su quelli contemporanei dipinti da Pierre Ducordeau (cat. IV.17).

La carta non è soltanto oggetto di rappresentazioni illusive, ma può farsene essa stessa protagonista, e con tipologie così numerose e variate che si è scelto di enucleare la sola illustrazione libraria, vista nei suoi aspetti pittorici, che meglio la collegano al tema principe della mostra. Si intitola "L'incanto della lettura" la sezione che riunisce un piccolo gruppo di testi con illustrazioni miniate, dipinte o incise a colori fra Quattro e Settecento, il cui "effetto sorpresa" è affinato dal restare celato nelle pagine di un volume e riservato ai soli lettori. Fa da introduzione il grande badalone di Giovanni da Verona (cat. V.1), uno fra i capolavori del mobilio rinascimentale, con un leggio intarsiato con immagini di corali aperti, che perpetuano nel tempo la transitoria presenza dei volumi destinati al canto dei coristi.

Come avviene per la pittura, anche nell'illustrazione miniata l'intento illusivo si afferma dal Quattrocento, trovando nella pagina di pergamena una sede specialmente predisposta all'aspetto ludico che è fra le componenti del *trompe-l'œil*, dal momento che per tutto il Medioevo la miniatura dei codici, sopratutto religiosi, aveva popolato i margini di un bizzarro bestiario e di un inesauribile repertorio di metamorfiche *drôleries.* Con l'Umanesimo, la miniatura perde in parte la sua autonomia espressiva per seguire più da vicino, almeno in ambito italiano, i modi della nuova pittura prospettica, ma adattando le possibilità illusive che ne derivano al proprio specifico contesto, col giocare in certi casi a duplicare la pagina, come nel manoscritto della Riccardiana (cat. V.6) e nell'incunabolo veneziano (cat. V.7), che celano in parte l'immagine retrostante dietro la raffigurazione di un foglio presentato in primo piano, oppure contraffacendo monete auree, cammei (cat. V.3), perle e altre preziosità venute a posarsi sulla pagina (cat. V.4). Quando ormai l'illustrazione a stampa era la norma quasi assoluta, il settecentesco *Officium Beatae Mariae Virginis* (cat. V.8) torna a sperimentare gli artifizi più squisiti della decorazione pittorica, ispirati in più casi ai modelli della contemporanea pittura a *trompe-l'œil.*

La pittura torna a essere protagonista a pieno titolo della sezione dedicata a "La figura tra spazio pittorico e spazio reale", che la vede affrontare un nuovo e più arduo tema, il soggetto di figura, per il quale la rappresentazione pittorica si vede preclusa quella convincente simulazione del reale consentita solo dagli oggetti inanimati. Già ne aveva acquisito consapevolezza la riflessione artistica degli antichi, dal momento che l'aneddoto pliniano si conclude con la delusione di Zeusi, che, avendo aggiunto la figura di un giovane all'uva da lui dipinta, deve constatare che gli uccelli continuano a scambiarla per vera, senza lasciarsi intimorire dall'immobile, e pertanto innaturale, presenza del giovane. Ma una volta stabilita, grazie alle conquiste prospettiche quattrocentesche, la continuità ideale fra spazio reale e spazio pittorico, la pittura può indagarne il rapporto, e puntare a confonderci su quale ne sia il percepibile confine.

Nasce così un intrigante gioco intellettuale sulla triplice spazialità, quella dell'osservatore, della superficie del dipinto e della raffigurazione pittorica, che può dar luogo a soluzioni diverse: ora "inglobando" nella superficie del quadro elementi che fanno parte dello spazio reale, come la cornice dipinta dal Cossa per il suo *Frate francescano in preghiera* (cat. VI.3); oppure attirandoci, con una prospettiva a cannocchiale favorita dall'incorniciatura, verso lo spazio dello studio dove siede *Antonio Riccobono* ritratto dal Tiepolo (cat. VI.7); ma più spesso mettendoci di fronte al tentativo della figura di uscire dallo spazio pittorico per entrare a far parte del nostro, come nel *San Marco* del Mantegna (cat. VI.1), antesignano del genere, o quattro secoli dopo il ragazzo stralunato, dipinto nel 1874 dal catalano Pere Borrell del Caso, che si aggrappa alla cornice, anche questa dipinta, per fuggire con foga dalla tela (VI.8).

Dove la pittura di figura può tornare ad aspirare a un effetto illusivo è nel prendere a oggetto figure immobili, ovvero sculture. Già nella Cappella dell'Arena Giotto aveva inteso dimostrare il suo virtuosismo nella resa plastica dei corpi, con le *Virtù* dipinte a monocromo a imitazione dei rilievi marmorei. Da qui discende la successiva e vastissima fortuna della falsa scultura, genere fra i prediletti dal *trompe-l'œil* che vi mette alla prova, senza il sussidio della policromia, la propria capacità di ottenere convincenti effetti tridimensionali grazie all'uso sapiente del chiaroscuro. Dalle ante dei polittici fiamminghi (cat. VI.9), che ospitavano immaginarie sculture a custodia delle scene dipinte all'interno, passando per le sovrapporte e i falsi rilievi parietali settecenteschi (cat. VI.11), fino ai più circoscritti saggi di bravura dei dipinti dell'Ottocento (cat. VI.12-13), le sculture a due dimensioni, come verrebbe da definirle, godono di una storia lunga e variata nei dipinti su tavola e su tela, anche se le loro prove più fantasiose, estese ed eclatanti le hanno fornite nel campo dell'illusionismo architettonico.

Ma anche la "vera" scultura si è lasciata affascinare dalla possibilità di accrescere il proprio potenziale illusivo: "Inganni a tre dimensioni: la plastica fra realismo, artificio e didattica" tratta il tema della scultura secondo le tre possibili finalità che possono spingerla a forzare la sua connaturata capacità mimetica. La scultura può infatti contare sul vantaggio di partenza della reale tridimensionalità delle figure e degli oggetti scolpiti, che condividono il nostro stesso spazio, e sono in grado di accrescere la propria efficacia realistica con il ricorso al colore, come avveniva già in epoca greca, quando l'astratto candore del marmo veniva celato sotto una totale policromia pittorica. Ma al tempo stesso, è proprio la fisicità intrinseca alla scultura che sembra precluderle il gioco di allusioni e illusioni su cui si fonda il fascino intellettuale e tecnico del *trompe-l'œil*, trattenendola piuttosto sulla soglia, spesso suggestiva seppur meno intrigante, dell'iperrealismo.

Che la scultura, in grazia della sua credibilità, ben si prestasse a suscitare un coinvolgimento emotivo nell'osservatore era evidente già al tardo Medioevo, che ad essa riservava soggetti religiosi il cui *pathos* mirava a impressionare e convincere i fedeli, come nel caso di una trecentesca testa mozzata del Battista in gesso policromato (cat. VII.2). Dal Quattrocento, la rinascita della terracotta policromata e l'affermarsi del genere ritrattistico conducono a un'inusitata fedeltà al modello, che con Guido Mazzoni raggiunge vertici di toccante verismo (cat. VII.3). In seguito, nella plastica policroma ad affermarsi è piuttosto il gusto per l'"artificio" connaturato al Barocco, sia nello sperimentare materiali ardui e insoliti come le pietre dure (cat. VII.4), o nell'affidarsi alla suggestione mimetica della cera, abbigliata spesso con indumenti reali, per conferire ai personaggi ritratti l'aspetto di "cloni" inquietanti e vagamente grotteschi (cat. VII.5), che si caricano di dichiarata ironia nelle moderne versioni di questo genere antico, create da Duane Hanson (cat. VII.7) sfruttando al meglio le potenzialità mimetiche delle resine.

A partire dal Settecento la ceroplastica prende a soggetto la figura umana anche per corrispondere alle nuove esigenze didattiche inaugurate dalla cultura illuministica, delle quali sono documento fra i più rappresentativi, e a tratti impressionanti loro malgrado, le cere anatomiche della Specola, dove perspicuità scientifica e aspirazione artistica si coniugano armoniosamente (cat. VII.9). Nel caso delle cere botaniche che, per le stesse finalità documentarie e di studio nel secolo dei Lumi simulano fiori, piante e frutta, la gradevole tipologia dei soggetti fu forse di stimolo a presentarli con supporti o contenitori (cat. VII.15-16) che, prescindendo dalla funzione di documentazione scientifica, tendevano piuttosto ad assimilarli a aggraziati elementi di arredo, come è il caso delle piante in cera del Museo di Storia Naturale di Firenze, che spuntano da *cache-pots* di porcellana Ginori (cat. VII.17).

La cera si presta in questo caso a fingere la natura vegetale della pianta, con una mimesi materica che integra quella formale, avendo come comune obiettivo l'identità con il modello reale. Ma numerose sono state le occasioni nelle quali il *trompe-l'œil* ha privilegiato il solo aspetto materico, mirando a confondere l'osservatore sulla reale natura del materiale costitutivo delle produzioni artistiche. Ecco allora che la sezione "Materie *en travesti*" presenta un florilegio di questo gusto che gode di tradizione antica, a partire da sculture di età romana che sfruttano i colori naturali delle pietre per imitare il bronzo (cat. VIII.1) o le rigature di un tessuto (cat. VIII.2), per passare poi, con un salto di molti secoli, alla fantasia "sorprendente" che si è esercitata soprattutto nel campo delle arti applicate, mettendoci di fronte a rustici vasellami in legno, fragili come la porcellana di cui sono fatti (cat. VIII.10); a setosi paliotti d'altare realizzati con gesso scagliola (cat. VIII.7); a pianelle di finto cuoio, scolpite in realtà nella pietra (cat. VIII.4), per finire poi con l'affine, ma certo meno scomoda simulazione dell'artista contemporanea Isabelle de Borchgrave, con i suoi abiti storici di carta colorata (cat. VIII.5).

Dopo aver visto il tema del *trompe-l'œil* nella trasversalità che di fatto lo ha caratterizzato, anche in quelle che si definivano un tempo "arti minori", avremmo voluto poter concludere con la nota alta dell'illusionismo architettonico, che nell'arte degli inganni giocò un ruolo essenziale quanto spettacolare. Ma appunto per questo non riproponibile in una mostra, che può contare tutt'al più su singoli frammenti o elementi: una volta avulsi dal contesto d'origine, non possono restituirne la completezza visiva e spaziale, essenziale per la coinvolgente efficacia dell'illusionismo architettonico, del quale dà conto invece il saggio che nel catalogo vi è dedicato.

Ma per evocare almeno l'illusiva violazione dei limiti murari degli interni, che è uno dei temi principe delle decorazioni parietali a *trompe-l'œil*, si è fatto di nuovo ricorso alla pittura, distribuendo lungo il percorso della mostra e concentrando in conclusione opere che aprono squarci parietali su lontane vedute di marine (cat. IX.6); "sfondati", dai quali si affacciano a guardarci dall'alto personaggi ammiccanti (cat. IX.2), secondo il modello fortunatissimo inaugurato dal Mantegna, o eroi della mitologia pericolosamente in bilico nei pannelli da soffitto aperti sul cielo dal Tintoretto (cat. IX.3-4), anticipatori delle acrobazie del Barocco. Più rigorose nel definire il *continuum* illusorio fra spazio interno ed esterno, le tarsie lignee quattrocentesche (cat. IX.1) si servono dei mezzi offerti dalla neonata scienza prospettica per aprire false finestre che spaziano su vedute urbane. Sono queste vedute immaginarie, che si aprono per il visitatore lungo l'itinerario espositivo, che nel catalogo vanno a formare una sezione a sé, sotto il titolo di "'Visioni' di esterni".

Fantasia ludica, scienza della percezione, virtuosismo tecnico: sono questi i mezzi di cui si avvale il *trompe-l'œil* pittorico per stupirci con la "realtà" dell'illusorio, al tempo stesso facendoci prendere coscienza della precarietà e ambiguità delle apparenze e della conoscenza stessa. È questa riflessione, sottesa a molte delle opere presenti in mostra, che più esplicitamente affiora nei dipinti della sezione dove la pittura delinea, ovviamente a *trompe-l'œil*, l'"Autoritratto di un'illusione".

Usando la facoltà, che pertiene solo all'arte pittorica, di rappresentare sé stessa, fra Sei e Settecento angoli di atelier, dipinti effigiati nel dipinto, cavalletti *chantournés* (cat. X.4) intendono proporsi come allegoria dell'artificio ingannevole, senza che peraltro questo perda alcunché della sua suasiva fascinazione. L'allusione alla *vanitas* dell'arte e della vita in sé si fa più esplicita nell'autoritratto di Gerrit Dou (cat. X.1), mentre si stempera nelle squisitezze degli inganni pittorici messi in opera l'amaro messaggio del dipinto di Étienne Moulineuf (cat. X.5), dove il vetro rotto sull'incisione che raffigura una tenera scena familiare allude alla caducità delle cose e alle vane difese contro il destino.

«La missione dell'arte non è di copiare la natura ma di esprimerla!»: la dichiarazione di Balzac nel suo *Capolavoro sconosciuto*, del 1831, registra come la vocazione mimetica in pittura sia entrata definitivamente in crisi con il Romanticismo, consegnando il *trompe-l'œil* al genere di curiosità da amatore o a decorativo esercizio di stile, che lo ha fatto in questa forma arrivare fino ai giorni nostri. È nell'America degli ultimi decenni dell'Ottocento che la pittura a inganno vive un'inedita e grande stagione, della quale diffusamente tratta il saggio dedicatole in catalogo: la forza illusiva dei soggetti, di preferenza "ordinari", tratti dall'esperienza di vita di una società giovane, convive con il disincanto moderno, spesso intriso di *humour*, ma anche memore del dubbio sulla natura e funzione della pittura, già espresso due secoli prima nel celebre prototipo di Cornelis Gijsbrechts, che ispira il *Retro di una tela* di William Moore Davis (cat. X.6). Tema questo riecheggiato, e in tempi recenti, nell'opera di Michelangelo Pistoletto (cat. X.8), a conferma della crisi, ma al tempo stesso della perdurante vitalità degli "inganni ad arte".

Esiste il "vero" *trompe-l'œil*?

MIRIAM MILMAN

1. Preludio

Esiste il "vero" *trompe-l'œil*? La risposta è: sì, io l'ho visto! Una volta, visitando un'importante mostra di nature morte, notai un quadro appeso al contrario. Interdetta, mi avvicinai per esaminarlo, tanto da destare i sospetti del custode della sala. Era un *trompe-l'œil* famoso, di cui avremo l'occasione di riparlare (fig. 10). È dunque evidente che il "vero" *trompe-l'œil* esiste, e che un osservatore non avvertito, anche ai nostri giorni, anche se provvisto di una certa cultura, può ancora cadere nel tranello. Dobbiamo tentare di capire come e perché questo accada, e di vedere quali sono i *trompe-l'œil* che hanno davvero raggiunto il loro scopo e che riescono ancora a trarci in inganno.

Quando si vuole discutere del senso e dell'esistenza del *trompe-l'œil* in pittura si è inevitabilmente portati a ricordare l'aneddoto della *Naturalis historia* (I secolo d.C.) in cui Plinio il Vecchio narra che Zeusi, insigne pittore greco della fine del V secolo a.C., dipinse dei grappoli d'uva con tale maestria da attirare degli uccelli che tentarono di beccarli. Per tutta risposta il suo rivale, Parrasio, dipinse un drappo che copriva un quadro tanto simile al vero che Zeusi tentò di scostarlo per vedere l'opera che esso pareva celare.[1] Con umiltà, questi ammise che Parrasio aveva compiuto un'impresa superiore alla sua, poiché era riuscito a ingannare un pittore, mentre lui si era limitato a ingannare degli uccelli. Poi Zeusi dipinse un giovane che portava un piatto colmo d'uva: la sua delusione fu ancor più grande quando si rese conto che la figura non era tanto convincente da far fuggire gli uccelli attratti dai frutti. Questa leggenda dimostra come sia difficile definire il *trompe-l'œil*, tanto le nozioni di realismo, illusione del reale e vero *trompe-l'œil* sono intrecciate; e nello stesso tempo illustra i limiti di questa prodezza artistica.

Per penetrare nel mondo rappresentato da un dipinto cosiddetto "naturalista" lo spettatore deve accettarne il contenuto attraverso un atto volontario e consapevole. Il realismo dei dettagli, la costruzione convincente dello spazio, l'interesse della narrazione contribuiranno a fargli accettare la resa illusionistica della realtà evocata dal dipinto. Con un *trompe-l'œil* la percezione dell'opera è diversa. Il dipinto viene percepito dallo spettatore non più come una rappresentazione, una finzione, ma come un elemento fattuale della realtà che lo circonda. Se ha dei dubbi, tenderà a verificare toccando quello che gli dice la vista. Questo bisogno – un bisogno che viene spesso avvertito – solleva un interrogativo che difficilmente possiamo aggirare: nella vita di tutti i giorni tocchiamo forse gli oggetti che ci circondano per verificarne la realtà? Siamo dunque costretti ad ammettere la possibilità che il *trompe-l'œil* finisca per tradire il suo scopo.

Perché l'inganno fosse completo, di fatto, la sensazione dell'illusione dovrebbe essere superata da quella di trovarsi di fronte a qualcosa di reale. Questo è il fine dichiarato dell'artista nel momento in cui dà vita a un gioco con l'osservatore: un gioco sottile, peraltro, poiché se il *trompe-l'œil* fosse perfetto il dipinto si assimilerebbe completamente all'ambiente circostante e passerebbe inosservato. Cartesio ci mette in guardia dal confondere totalmente immagine e oggetto:[2] per lui la percezione deve essere subordinata al giudizio. Per quanto sia intesa a ingannarci, come spesso riesce a fare, l'opera non viene sempre accettata immediatamente come qualcosa di reale. Di primo acchito l'immagine sorprende; poi può suscitare il dubbio e la certezza, in un adattamento continuo tra lo sguardo e la mente. Anche se una reazione razionale impone che se ne venga a capo, si crea un rapporto di incertezza tra l'immagine e l'osservatore che rende la si-

tuazione ambigua e affascinante. Ma il *trompe-l'œil* non consiste soltanto in questo gioco puramente visivo. Può dare un contenuto all'immagine del suo mondo. Sorprendente, moralizzante oppure ironico, testimone di un'epoca, interpreta e sceglie la realtà che rappresenta. È solo così che si distingue dalla decorazione meramente formale o dalla burla, etichette con cui ha dovuto a lungo fare i conti.

2. Le regole del gioco

Un dipinto "realista" rappresenta in maniera verace il mondo visibile. Si è portati ad accettare il suo contenuto come possibile, e si accetta l'"illusione" che esso evoca. Il margine di libertà dell'artista è infinito, perché si considera *a priori* come vera l'immagine che egli ci presenta.

Perché l'"illusione" giunga a "ingannare", invece, si devono rispettare delle condizioni: si sono perciò andate imponendo delle regole del gioco rigorose, e il *trompe-l'œil* ha dovuto limitare il suo repertorio a una tipologia ristretta.

1) Un *trompe-l'œil* deve ritrarre gli oggetti a grandezza naturale.

2) Deve inserirsi perfettamente nell'ambiente in cui è esposto; la sua collocazione deve essere logica, e la sua sistemazione è fondamentale: l'ambiente museale o l'incorniciatura giocano per lo più a suo sfavore.

3) I margini della superficie pittorica non devono troncare alcuno degli oggetti rappresentati.

4) L'effetto tridimensionale non deve essere raggiunto per mezzo di una prospettiva troppo profonda o troppo saliente, perché l'apparenza di realtà si annulla con il minimo spostamento dell'osservatore.

2. Cornelis Norbertus Gijsbrechts, *Nicchia con Vanitas*, *post* 1670. Collezione privata.

3. Cornelis Norbertus Gijsbrechts, *Angolo di studio con Vanitas*, 1664. Kingston upon Hull, Ferens Art Gallery, n. KINCM:2005.4965.

4. Franciscus Gijsbrechts, *Vanitas*, seconda metà del XVII secolo. Rennes, Musée des Beaux-Arts, n. 1871.16.1.

5) La tecnica impiegata deve rendere invisibile la pennellata; nello stesso spirito, il *trompe-l'œil* esige che il suo autore non firmi la sua opera in maniera evidente.

6) Deve evitare di rappresentare soggetti vivi: anche se possono creare un momento di sorpresa, la loro immobilità rapidamente li tradisce.

Per illustrare la differenza tra un "vero" *trompe-l'œil* e una natura morta realistica possiamo avvalerci di tre esempi di opere che trattano lo stesso soggetto.

La *Nicchia con Vanitas* (fig. 2) di Cornelis Norbertus Gijsbrechts, grande maestro di questo genere pittorico, ci mostra appunto una nicchia scavata in un muro di pietra grigia: nelle profondità insondabili di questa cavità è rappresentato un insieme di oggetti che illustrano la tematica della *Vanitas*, sottolineando la caducità dell'esistenza, l'inconsistenza dei beni terreni e dei piaceri legati ai sensi, lo scorrere inesorabile del tempo e il sopraggiungere, in ultimo, della morte. Questo dipinto rispetta tutte le regole del suo genere: il suo inserimento nel contesto di una parete è plausibile, tutti gli oggetti sono rappresentati nella loro interezza e a grandezza naturale.

Nell'*Angolo di studio con Vanitas* dello stesso pittore (fig. 3), che è anch'esso un vero *trompe-l'œil*, compare un "quadro nel quadro" che raffigura lo stesso soggetto del precedente, dipinto su una tela che si sta staccando dal telaio poggiato contro il rivestimento ligneo della parete dello studio dell'artista, del quale si vedono gli strumenti.

Il terzo dipinto (fig. 4), opera di Franciscus Gijsbrechts, un artista forse imparentato con Cornelis, raffigura gli stessi oggetti, ricollegandosi all'apparato simbolico della *Vanitas*; tuttavia, a dispetto della grandezza "al naturale" della rappresentazione, non è un *trompe-l'œil*, perché la mensola marmorea non potrebbe mai trovare una collocazione realistica su una parete; essa rende necessaria la presenza di una cornice e di conseguenza fa di questa opera una natura morta che potrebbe essere esposta in qualsiasi ambiente.

3. La scoperta degli oggetti

Jean Baudrillard non aveva torto quando diceva che «gli oggetti quotidiani sono il *Leitmotiv* del *trompe-l'œil*».[3] Questi oggetti, ostentati o celati che siano, evadono dallo spazio dell'osservatore o lo invadono. Provengono sempre da una casa o da uno studio, che sia quello del pittore o quello del committente.

Gli oggetti dipinti destinati a ingannarci hanno bisogno di uno sfondo adeguato alla loro presentazione. Quando si tratta di una parete, essa deve avere la struttura e il colore di quella cui il *trompe-l'œil* sarà appeso. Per rispettare le regole del gioco, si dovrà anche dare l'impressione della profondità scavando la parete per inserirvi gli oggetti. Le nicchie celano dunque la sorpresa discreta della realtà che ci fanno scoprire: è proprio in una nicchia dipinta a fresco che Taddeo Gaddi, già nella prima metà del Trecento (fig. 36), presenta dietro l'altare, nel luogo stesso in cui avrebbero dovuto essere esposti, gli oggetti di culto che servivano a celebrare la messa.

Anche la nicchia di Jan Provost che ospita un vaso di garofani – fiori della Vergine e simbolo della Passione di Cristo (cat. III.1) – va probabilmente interpretata in un contesto religioso.

È invece in un contesto laico che Barend van der Meer riprende con eleganza la leggenda di Zeusi, raffigurando un grappolo d'uva davanti a una nicchia vuota, scavata in un muro grigio ravvivato dal nastro azzurro e dalla farfalla posata sul bordo della nicchia stessa (cat. I.1).

Più vicino alla nostra realtà quotidiana, Pierre Gilou sostituisce la nicchia con una cassa di frutta dalle cui oscure profondità emerge, sontuosa, una zucca (cat. II.8).

L'oggetto può anche essere appeso alla parete: e allora, distaccandosi dal muro, in pietra o in legno che sia, invade lo spazio dello spettatore. In questo senso, la cacciagione è stata per il *trompe-l'œil* un soggetto privilegiato. L'aggressività dell'aggetto e la fisicità che evocavano fecero dei trofei di caccia rappresentazioni molto apprezzate presso le corti, in particolare da Luigi XV e dal suo pittore Oudry. Tra i soggetti del *trompe-l'œil* si ritrovano i volatili, dalle prede di caccia

5. Colantonio, *San Girolamo nello studio*, 1445 ca. Napoli, Museo Nazionale di Capodimonte, inv. Q 20.

6. Jean-François de Le Motte,
Pannello portalettere, 1667.
Arras, Musée des Beaux-Arts, inv. 945.94.

più comuni agli animali da cortile, che immobilizzati dalla morte penzolano capo all'ingiù appesi a un gancio per le zampe o per le ali. Queste immagini di morte, che talvolta destano pietà (cat. III.18) o raccapriccio, sono ingentilite solo dal colore del piumaggio e dal maestoso dispiegarsi delle ali (cat. III.17).

Diversamente dai trofei, le attrezzature da uccellatore di Johannes Leemans (cat. III.20), rigorose e simmetriche, rappresentano un mondo inerte. Gli arnesi e le armi sono in attesa, l'azione non ha ancora avuto luogo. Eppure il quadro di Gijsbrechts (cat. III.19) lascia indovinare la presenza di colui che, scostando la tenda, si appresta a utilizzare il suo arsenale.

Quando gli elementi che compaiono nel dipinto sembrano proiettarsi all'esterno dello spazio pittorico si ha la dimostrazione di una prepotente presenza fisica degli oggetti al di qua della parete.

Verso la metà del XVII secolo la rappresentazione di fogli ripiegati o sgualciti, trattenuti da cordicelle fissate alla parete, diventa uno dei soggetti favoriti del *trompe-l'œil*. Quella che oggi ci sembra una messa in scena artificiale corrispondeva da secoli a una realtà: osservando lo studio di san Girolamo rappresentato da Colantonio (1445 ca.; fig. 5) si comprende come i "portalettere" esistessero davvero e avessero una funzione.

La stessa semplicità monacale si ritrova due secoli dopo in Jean-François de Le Motte (fig. 6). L'accumularsi di carte e oggetti di ogni genere può tuttavia farsi inquietante come nel raccogli-

7. Jacob Plasschaert, *Finta tavola con documenti della marina mercantile*, 1764. Collezione privata.

tore di Plasschaert (fig. 7) o nel "portalettere" di Gijsbrechts (cat. IV.1). Non di rado, peraltro, su uno di questi documenti è possibile riconoscere il nome del committente o la firma dell'artista, che riesce così a uscire dall'anonimato imposto dal *trompe-l'œil*.

Lettere o documenti, penne, forbici, talvolta disegni o incisioni possono essere rappresentati anche come oggetti dimenticati sulla superficie di un tavolo o di un tavolinetto (cat. IV.13-15). L'assenza di chiodi, ceralacca o simili rivela che siamo di fronte a un supporto collocato in posizione orizzontale. I *trompe-l'œil* di Giuseppe, Caterina e Pietro Leopoldo della Santa (cat. IV.4-6) costituiscono esempi originali di questa tipologia: sono infatti dei cammei di caolino, con un vero rilievo, che sembrano trattenere, come farebbe un fermacarte, un gran numero di fogli su un tavolino di cui si intravede il legno chiaro. Nel loro disordine, le carte e gli strumenti sembrano abbandonati, dimenticati.

Questi oggetti rivelano spesso un mestiere, uno stile di vita, se non una personalità. Possono anche, quando sono preziosi o semplicemente bizzarri, illustrare l'interesse o l'orgoglio di un collezionista; e allora sono esibiti su scaffali o si lasciano scorgere nello spiraglio lasciato da porte socchiuse, talvolta attraverso la trasparenza di un vetro.

Artista intelligente e ingegnoso, Gijsbrechts fu il primo a esplorare le possibilità offerte al *trompe-l'œil* dal soggetto dell'armadio aperto o apribile. Egli dipinse infatti, a più riprese, delle porte che non solo si inserivano perfettamente nell'ambiente circostante, ma che, montate su cardini metallici, si aprono anche nella realtà.[4]

Gaspard Gresly riprese l'idea di Gijsbrechts, ma le ante che dipinse erano fissate sul fronte e sul retro dello sportello di una libreria realmente esistente (cat. III.8). Sul fronte, una profusione di fogli, disegni, incisioni trattenuti da un'asticella invade lo spazio dello spettatore; il lato nascosto di questi oggetti è rappresentato sul retro, proiettato contro l'oscurità indistinta della stanza, con grande rigore. Sempre sul fronte si può appena intravedere, attraverso il vetro incrinato della porta, qualche oggetto appartenente al committente, un insegnante di ballo.

Capolavoro della pittura a *trompe-l'œil*, lo *Scarabattolo* attribuito a Domenico Remps (cat. III.6) rappresenta sui suoi sportelli e dietro di essi gli oggetti preziosi posseduti dal Gran principe Ferdinando de' Medici, per il quale era stato eseguito. Nella sua forma *chantournée*, con gli sportelli dipinti aperti sulla parete alla quale è appeso, il quadro non può non sorprendere; lo

8. Georg Hinz,
Armadietto di curiosità, 1666.
Amburgo, Kunsthalle, inv. 435.

spettatore, inevitabilmente, si avvicina per esaminare la profusione di oggetti e di opere d'arte rappresentati. Il loro numero e la loro varietà attestano il virtuosismo eccezionale del pittore così come la vastità degli interessi del committente.

Quale che fosse l'importanza di quest'ultimo e la ricchezza delle sue collezioni, i pittori si curavano comunque di richiamare la caducità di questi tesori con l'aggiunta di un teschio (fig. 8).

Anche un collezionista avvertito come il marchese di Robien esponeva i suoi tesori, stavolta allineati in bell'ordine su scaffali, ben visibili, nei *trompe-l'œil* dipinti sugli sportelli degli armadietti che li ospitavano (cat. III.9). I dipinti di Jean Valette-Penot ci fanno dunque conoscere un'altra personalità ancora: quella di un erudito, un conoscitore nel campo dell'arte così come in quelli delle scienze naturali e delle scienze esatte.

Non si può parlare di committente nel caso dell'*Armadietto spogliatoio* di Cadiou (cat. III.11), nel quale si avverte tuttavia la presenza dell'operaio e del suo lavoro anonimo.

Questi *trompe-l'œil* non sono certo delle semplici "nature morte". Per mezzo degli oggetti raffigurati, della loro *mise en scène*, essi diventano altrettanti ritratti del committente, che testimoniano dei suoi interessi e del suo status sociale.

4. Il *trompe-l'œil* e l'opera d'arte

Il "trompe-l'œil" e l'incisione o il disegno. La riproduzione pittorica di incisioni e disegni è stata un *topos* privilegiato del *trompe-l'œil.* È anche un modo per dimostrare la maestria dell'artista, giocando sulle tecniche. I pittori hanno dunque imitato con il loro pennello la maniera nera così come l'acquaforte, il bulino, il carboncino, la matita grassa o l'inchiostro. Questi fogli compaiono – talvolta strappati o accartocciati, non essendo in fin dei conti altro che carta – al posto d'onore nella grande maggioranza dei *trompe-l'œil.* Se Drost riproduce sulla sua parete di legno una e una sola incisione di Ostade (cat. IV.2), in altri *trompe-l'œil* le opere in bianco e nero abbondano, citando spesso artisti celebri e occupando a volte una posizione centrale all'interno del quadro. È infatti la *Madonna della seggiola* di Raffaello a dominare la scena nel *Quodlibet* di Louis Fischer (cat. IV.9), così come al centro del fronte del già citato sportello di libreria di Gresly si trova un'incisione tratta da Brouwer, mentre il *Benedicite* di Moulineuf (cat. X.5) ha come soggetto esclusivo un'incisione tratta da Jean-Siméon Chardin.

Il "trompe-l'œil" e la pittura. Uno tra i soggetti più interessanti dei *trompe-l'œil* è la rappresentazione al loro interno di un quadro che, oltre ad apportare una nota di colore a un'opera quasi monocroma, permette all'artista di affrontare qualsiasi soggetto (cat. IV.3, X.2).

Per trasformare un dipinto in un *trompe-l'œil*, d'altro canto, l'artista deve introdurre in primo piano un elemento in grado di respingere, visivamente e concettualmente, il contenuto del quadro in un diverso livello di realtà. La presenza di questo elemento dà all'artista completa libertà e rende accettabile il mondo fittizio rappresentato in secondo piano.

9. Giotto, *Giudizio universale*, 1303-1305 ca., particolare. Padova, Cappella degli Scrovegni.

10. Cornelis Norbertus Gijsbrechts, *Retro di un dipinto*, 1670. Copenaghen, Statens Museum for Kunst, inv. n. KMS1989.

Questa funzione può essere svolta da un angolo della tela dipinta che si sta staccando dal suo telaio (fig. 3; cat. IX.5). Un esempio analogo, tanto sorprendente quanto precoce (1303-1305 ca.), è costituito dagli angeli del *Giudizio universale* di Giotto, che "arrotolando" la volta celeste fanno dell'affresco una "tela dipinta" piuttosto che una rappresentazione iconica di un dogma teologico (Padova, Cappella degli Scrovegni, parete ovest: fig. 9). Ma a svolgere questo ruolo liberatorio possono essere anche un vetro rotto (si vedano ancora il *Benedicite* di Moulineuf e il *Quodlibet* di Fischer), una carta da gioco o un cartellino "infilati" nella vera cornice (cat. II.1-3), o anche una mosca "posata" sulla superficie del quadro.

La raffigurazione del vuoto di un quadro visto da tergo costituisce il *trompe-l'œil* più celebre e più audace di Gijsbrechts (fig. 10). Con questa inversione concettuale dei valori del fronte e del retro, questo dipinto di straordinaria modernità pone il problema fondamentale della definizione stessa del concetto di opera d'arte. In seguito il retro della tela è stato popolato da numerosi documenti, soprattutto da parte degli artisti americani del XIX secolo (cat. X.6). Ducordeau, con senso dell'umorismo, ci ha mostrato come anche un quadro svuotato di qualsiasi immagine possa essere un'opera d'arte (cat. X.7).

Il "trompe-l'œil" e la terza dimensione. È una lunga storia, quella della pittura usata per imitare la scultura. Gli artisti del Quattrocento fiammingo praticavano già la tecnica della *grisaille* per decorare il retro degli sportelli dei loro polittici (cat. VI.9). Si è a lungo discusso sulla ragion d'es-

sere di questi monocromi,[5] ma l'ipotesi più plausibile resta quella secondo la quale il grigio veniva scelto per colorare gli sportelli esterni dei polittici destinati a restare chiusi nel periodo della Quaresima; ed è anche possibile che si trattasse di un modo di affrontare la questione del "paragone", la disputa tra pittori e scultori sul primato delle arti. La moda dei pannelli dipinti a imitazione della scultura si diffuse in particolare nel XVIII secolo. Usati come sovrapporte o fronti di camino, essi avevano un posto d'onore nei castelli e nelle residenze più lussuose. La scuola avviata da Jacob de Wit (fig. 11), il creatore dei *witjes* (*wit* vuol dire "bianco" in olandese), prosegue con Geevaerts, Eisen, Van Dregt (cat. VI.11) e ancora con i francesi Sauvage, Doncre, Boilly. Anche pittori di fama come Oudry e Chardin praticarono il falso bassorilievo, con un entusiasmo e un successo evidenti.

Il *trompe-l'œil chantourné* completamente staccato dalla parete può essere di un realismo impressionante: decisiva è in questo senso la sua sistemazione. Il cavalletto di Forbera (fig. 12) non cessa di sorprendere, dopo gli elogi sperticati tributatigli da Charles de Brosses, e suscita qualche interrogativo,[6] poiché non evoca lo studio del suo autore, ma quello di un artista mediocre che fatica a riprodurre un'opera di Poussin. Evidentemente si riteneva che la presenza di un cavalletto da pittore nel salotto di un committente potesse suscitare meraviglia e ammirazione nel visitatore. Resta invece ancora oggi sorprendente nella sua perfetta verosimiglianza la presenza all'interno di un salotto, in un angolo in penombra, di un bimbetto che si è addormentato mentre mangiava la minestra (cat. III.31).

Se poi si passa alle opere tridimensionali di un artista come Hanson (cat. VII.7), si deve ammettere di sentirsi turbati o a disagio. Il loro iperrealismo snatura la realtà di cui si fregiano facendone un calco. Siamo ancora di fronte a un *trompe-l'œil*?

11. Jakob de Wit, *Vestali*, 1749.
Montauban, Musée Ingres, inv. MI.843.1.58.

12. Antoine Fort-Bras (Antonio Forbera), *Cavalletto del pittore*, 1686.
Avignone, Musée Calvet, inv. 22431.

5. Finale

Con il suo gioco incessante tra realtà e finzione, il *trompe-l'œil* è sempre una provocazione intellettuale; deve mistificare, trascendere, sostituire l'illusione del reale con la sua evidenza. È eliminando tutto il superfluo e sottolineando l'essenziale, giocando sull'ambiguità del reale e della finzione che questo genere si distingue dalla pittura realista o iperrealista. Il *trompe-l'œil* incuriosisce, suscita interrogativi e resta spesso misterioso e ambiguo. Il dubbio che solleva nei riguardi della realtà che rappresenta può provocare quella che Freud definisce come *Unheimlichkeit*[7] in rapporto a questo mondo popolato di oggetti familiari, spesso logorati dall'uso. È portatore di messaggi trasmessi da un pittore che si fa da parte restando sempre presente.

Di volta in volta moralizzatore e ludico, indiscreto e ironico, il *trompe-l'œil* può essere un gioco intellettuale, una testimonianza del passato o del presente. È uno specchio dai riflessi suggestivi che rinvia talvolta l'immagine del pittore, e sempre quella del suo strano mondo, con i suoi significati nascosti.

1 Plin. *Nat. hist.* XXXV, 65-66: «Descendisse hic [Parrasio] in certamen cum Zeuxide traditur et, cum ille detulisset uvas pictas tanto successu, ut in scaenam aves advolarent, ipse detulisse linteum pictum ita veritate repraesentata, ut Zeuxis alitum iudicio tumens flagitaret tandem remoto linteo ostendi picturam atque intellecto errore concederet palmam ingenuo pudore, quoniam ipse volucres fefellisset, Parrhasius autem se artificem. Fertur et postea Zeuxis pinxisse puerum uvas ferentem, ad quas cum advolassent aves, eadem ingenuitate processit iratus operi et dixit: uvas melius pinxi quam puerum, nam si et hoc consumassem, aves timere debuerant». Si trattava senz'altro di un drappo che copriva un quadro, e non di un sipario come è stato talora suggerito.

2 Cit. in F. Faré, D. Chevé, *Les tableaux de trompe-l'œil ou la dénonciation de l'illusion.* XVIIe *siècle*, in *Le Trompe-l'œil: de l'Antiquité au* XXe *siècle*, a cura di P. Mauriès, Paris 1996, pp. 115-167: 150.

3 Cit. in A. Veca, *Inganno & realtà. Trompe l'oeil in Europa,* XVI-XVIII *secolo*, Bergamo 1980, p. 52.

4 Per una riproduzione si veda O. Koester, *Illusions. Gijsbrechts, Royal Master of Deception*, catalogo della mostra (Copenaghen, Statens Museum for Kunst, 1999), con contributi di C. Brusati *et al.*, Copenhagen 1999, nn. 11-12.

5 Per una trattazione esauriente di questo tema si veda C. Itzel, *Der Stein Trügt. Die Imitation von Skulpturen in der niederländischen Tafelmalerei im Kontext bildtheoretischer Auseinandersetzungen des frühen 15. Jahrhunderts*, Tesi di dottorato, Heidelberg, Ruprecht-Karls-Universität, 2003.

6 Ch. de Brosses, *Lettres familières d'Italie (1739-1740)*, a cura di Y. Bézard, Paris 1931, p. 15.

7 Introdotto dal saggio *Das Unheimliche: Aufsätze zur Literatur* (1963), il termine *Unheimliche* è stato tradotto in italiano con "perturbante"; il suo derivato *Unheimlichkeit* può tradursi con "spaesamento".

Finestra e velo. Pittura come illusione

SYBILLE EBERT-SCHIFFERER

Nel XV secolo l'architetto e teorico italiano Leon Battista Alberti coniò l'immagine, rimasta valida per quasi mezzo millennio, del quadro come finestra attraverso la quale si osservano le storie rappresentate. Tale immagine metaforica viene descritta nel suo trattato *De pictura*:

> *Principio*, dove io debbo dipingere scrivo uno quadrangolo di retti angoli quanto grande io voglio, el quale reputo essere una finestra aperta per donde io miri quello che quivi sarà dipinto.[1]

Più avanti egli precisa come questa finestra altro non sia che un'intersezione che attraversa la piramide visiva nel punto esatto in cui il pittore pone la tavola o la parete sulla quale intende dipingere.[2] La scoperta della prospettiva lineare, debitrice degli esperimenti dell'architetto fiorentino Filippo Brunelleschi,[3] suo contemporaneo, gli consentì di descrivere le variazioni ottiche che i corpi tridimensionali subiscono in funzione della loro distanza. La definizione albertiana del quadro come sezione trasparente, simile a una finestra, ottenuta per mezzo delle linee di proiezione è la novità fondamentale[4] che ha consentito ai pittori di proiettare correttamente questi corpi su una superficie bidimensionale. Alberti offrì un'applicazione concreta del concetto della finestra servendosi di un espediente tecnico, il celebre "velo",[5] ovvero un tessuto trasparente quadrettato che una volta steso all'interno della bottega dell'artista poteva fungere da piano di proiezione (fig. 13).[6] La superficie del dipinto diventava così una membrana che, pur sempre trasparente, divideva lo spazio dell'osservatore da quello dell'immagine in maniera tangibile. Da Alberti in poi, la concezione classica della pittura occidentale sarà quella di uno *spazio* dipinto che si *apre* al di là di questa membrana. Anche quando discute delle sette «vie» o direzioni possibili del movimento delle figure in un quadro, compreso il movimento verso lo spettatore,[7] fondamentalmente Alberti pensa ancora allo spazio dietro la finestra. Ma di questo spazio illusionistico la letteratura critica si è occupata abbondantemente.[8]

Nel caso del *trompe-l'œil* si tratta esattamente del contrario, e cioè del movimento che l'oggetto dipinto compie dalla superficie verso lo spettatore (si veda la sezione VI). Questo presuppone che la superficie del quadro sia concepita non come una membrana trasparente, bensì come un oggetto opaco e piatto, con una sua propria materialità. Questa idea è già implicita nel lessico di Alberti, quando nella pratica egli sostituisce la finestra con un muro o con una tavola nel punto in cui la piramide visiva deve essere – questa la sua espressione, fortemente materiale – "segata".[9] Attraverso la finestra/velo, dunque, Alberti materializza per la prima volta il "confine estetico",[10] e lo materializza nella coscienza, rendendoci consapevoli della *dual reality*[11] del dipinto in quanto rappresentazione di una realtà tridimensionale e nel contempo oggetto tridimensionale in sé. Lo stesso Alberti riflette su questo movimento verso l'osservatore quando esige che i volti, ad esempio, abbiano una qualità mimetica tale che «come scolpiti parranno uscire fuori dalla tavola»:[12] una qualità che richiede, oltre a un uso corretto della prospettiva, maestria nel colorito e nelle ombre per dare l'illusione del "rilievo", una nozione cui egli dedica ampi passaggi del suo trattato.

13. Da Hieronymus Rodler, *Eyn schön nützlich Büchlin und Underweisung der Kunst des Messens, mit dem Zirckel, Richtscheidt oder Linial*, Simmern 1531.

beynen/vnd dergleichen dingen/ alles wie dich die rame/es sei vff linien oder spatiē weiset/so komē alle ding gerecht. Also theyl auch das gemälde/iñ eyn kleyner papir/oder vff andere ding/ ab/ so du es vff eyn kleyneren platz machen willt/ vnnd dieses ist eyn subtil bewert stück der malerei. Gleicherweise halt dich mit den Landtschafften. Vnnd ist dir des alles zů besserem bericht/die vorgesetzte figur inn diß bůchlin gestellt / dariñ du die abtheylung der fådem über den Landßknechte vnd Landschafft/ klårlich sihest.

Quando il rilievo viene perfezionato, grazie alle tecniche descritte da Alberti, fino all'ipertrofia, si parla di pittura *trompe-l'œil*. Gli esperimenti con l'immagine come oggetto piano da un lato e con il "rilievo" scultoreo voluto da Alberti dall'altro diedero origine nell'ambito della pittura

su tavola a una serie di convenzioni figurative che produssero un rovesciamento della metafora albertiana della finestra: al di là della membrana, ovvero della superficie del dipinto, non c'è nulla da vedere, c'è solo ciò che vi è davanti (fig. 14; cfr. cat. III.17-18).

La tridimensionalità dello spazio illusionistico in cui si svolge la narrazione e che costituisce secondo la definizione di Wolfgang Kemp un cronotopo, nel quale l'osservatore coinvolto compie un "percorso" su un asse spaziale (apparterrebbe a questa categoria anche l'architettura illusionistica), è sostituita nel *trompe-l'œil* da un oggetto tridimensionale che esige dall'osservatore un contatto virtuale (e spesso anche reale), coinvolgendo quindi il tatto.[13]

Le scienze cognitive hanno dimostrato come l'occhio umano registri nello stesso modo i corpi tridimensionali e la loro fedele riproduzione bidimensionale, almeno finché non si trova a disporre di indizi di questa bidimensionalità (*cues of flatness*),[14] per esempio grazie a un movimento o alla presenza di una cornice. A questo riguardo il *trompe-l'œil* è uno dei generi artistici più "estroversi", poiché non ha ragione di esistere in assenza di una reazione da parte dello spettatore. Il *trompe-l'œil* si serve delle tecniche dell'illusione spaziale e plastica allo scopo di mettere in dubbio la *Dinghaftigkeit*, la "cosalità" dell'immagine e del rappresentato, nonché di invadere lo spazio dell'osservatore, il che accade allorquando questi deve tendere la mano per accertarsi della natura di ciò che vede. Basandosi su questo rapporto fisico con l'osservatore, la pittura a *trompe-l'œil* arriva a giocare con la membrana albertiana in entrambe le direzioni, verso l'esterno e verso l'interno (talvolta contemporaneamente e nella stessa opera), fino a infrangere l'idea del dipinto come finestra, e con essa il concetto tradizionale di rappresentazione e di *mimesis*.[15] In questa sede dovremo limitarci a esaminare solo alcuni di questi giochi, dei quali abbiamo esempi precoci.

14. Jacopo de' Barbari, *Natura morta con pernice*, 1504. Monaco, Alte Pinakothek, inv. 5066.

Probabilmente non fu necessaria una riflessione radicale sulla natura dell'immagine perché in dipinti altrimenti fedeli ai principi della finestra albertiana si introducessero elementi ingannevoli in quanto da un lato molto piccoli, dall'altro molto piatti. Non tutti i pittori del Quattrocento potevano avere la formazione e la profondità speculativa di Alberti, ma se avessero seguito le sue istruzioni pratiche, stendendo il "velo" nella loro bottega, avrebbero potuto sperimentare nella quotidianità l'eventualità che vi si posasse sopra una mosca (fig. 15) o che vi venisse momentaneamente attaccato un cartellino. Questa spiegazione, assai pragmatica, dei due primi motivi *trompe-l'œil*, la mosca e il cartellino (fig. 14), potrebbe corroborare la tesi che nega all'immagine rinascimentale qualsiasi statuto ontologico al di là della sua funzione di rappresentazione.[16] Tuttavia, un simile punto di vista si scontra con il fatto che quei motivi si richiamano a un'antica tradizione letteraria, e soprattutto con la considerazione che chi tra la metà del xv e gli inizi del xvi secolo cedeva alla moda di dipingere mosche non solo era tutt'altro che un artista ingenuo, ma cercava anzi di appropriarsi di un *topos* rifiorito proprio all'epoca di Alberti grazie al Filarete. Riferendosi a Giotto, infatti, il trattatista aveva scritto: «Et anche di Giotto si leggie, che ne' principij suoi dipinse mosche, e ch'el maestro Cimabue ci fu inghannato, che credette, che fussono vive ...».[17] L'idea che gli artisti rinascimentali (contrariamente a Magritte, per esempio) non abbiano riflettuto sulle caratteristiche dell'«intersegazione» della piramide visiva di Alberti è peraltro in contraddizione anche con il fatto che proprio nel Quattrocento, a partire dagli anni settanta, nasce nella miniatura norditaliana un nuovo motivo iconografico, una riflessione sulla pergamena – per l'appunto una membrana! – come supporto pittorico che si può arrotolare, strappare o appendere davanti a un'immagine (cfr. cat. V.7).[18] Appartiene a questo

15. Scuola ferrarese,
Madonna col Bambino e angeli, xv secolo.
Edimburgo, National Gallery of Scotland, NG 1535.

contesto la tavola ferrarese raffigurante la *Madonna col Bambino e angeli* (fig. 15): la carta lacerata fissata lungo la cornice fa percepire l'immagine retrostante come una "visione" che compare nel punto dove il supporto dovrebbe idealmente intersecare la piramide visiva e che non può essere opera umana, perché lo spazio del dipinto si trova al di là della materia.[19] La consapevolezza del dipinto in quanto oggetto dà origine qui a un omaggio alla divina apparizione: l'immagine della Madonna è al di fuori del "dipinto" in quanto prodotto manuale, può manifestarsi solo alla visione devota e non può essere costruita tecnicamente sopra un "velo". Qualsiasi sforzo è vano, come indica la mosca in basso a sinistra, che è anche un simbolo della *vanitas*: il mistero rimane celato dietro il "velo" che viene qui strappato per farlo apparire.[20]

La metafora della membrana trasparente generò anche altre controimmagini dell'oggettualità opaca: da una parte quella, già evocata da Alberti,[21] della superficie pittorica come una pelle sulla quale la pittura, ovvero i colori, viene stesa come fosse trucco,[22] dall'altra quella della tela come tessuto che non è altro che tale. Leonardo da Vinci deve aver fatto questa riflessione quando, come narra Vasari nella sua biografia, imitò il tessuto della tovaglia dell'*Ultima Cena* con tanta «diligenzia», fino nell'ordito, da farla sembrare vero lino.[23] Materialità e visione prospettica si contrappongono così in un punto che solo un teorico esperto come Vasari poteva cogliere, significativamente in una pittura a fresco, che di tessuto è priva. In maniera del tutto simile, nella *Cena in Emmaus* (1601;

Londra, National Gallery) Caravaggio lascia intravedere al di sotto di un sottilissimo strato di pittura il disegno a rombi della pregiata tela di Fiandra – un tessuto utilizzato all'epoca anche e soprattutto per la biancheria da tavola – usata come supporto. Non si tratta del resto dell'unico caso in cui Caravaggio cerca il confronto con il celebre predecessore e connazionale:[24] questa sfida sembra anzi essere stata per lui decisiva, insieme a una riflessione teorica che supera il modello sul carattere materiale della superficie pittorica. Lo si vede chiaramente nell'*Incredulità di san Tommaso* (fig. 16), di poco successiva, dove – come ha notato per primo Wolfram Pichler – la ferita di Cristo è speculare allo strappo nella manica dell'apostolo.[25] A sinistra è la pelle dipinta a essere lacerata, a destra la stoffa: a ragione Marianne Koos vi ha scorto una riflessione sul supporto del dipinto e sulla sua materialità come "pelle" e come "tela".[26] Lucio Fontana è nel XX secolo l'unico vero prosecutore di questo approccio radicale, quando nei suoi *Concetti spaziali* fende la tela/pelle reale (fig. 17). I suoi tagli possono essere interpretati tanto come distruzione della superficie dipinta e nel contempo dello spazio illusionistico[27] quanto, all'opposto, come presa di coscienza di entrambi. Si ha consapevolezza della tela come pelle solo perché essa può essere ferita; e solo perché essa può essere lacerata, come già era avvenuto per il maestro ferrarese (fig. 15), si genera dietro di essa lo spazio prospettico illusionistico. Non è un caso che la serie dei "tagli", in definitiva, rechi il titolo di *Concetti spaziali*. I fondamenti storici, lungamente dibattuti, delle moderne riflessioni sull'ambivalenza del quadro vengono in genere ignorati dalla critica.

16. Caravaggio (Michelangelo Merisi), *L'incredulità di san Tommaso*, 1603 ca. Potsdam, Schloss Sanssouci, Stiftung Preußische Schlösser und Gärten Berlin-Brandenburg, inv. n. GK I 5438.

17. Lucio Fontana, *Concetto spaziale, Attesa*, 1966. Amsterdam, Stedelijk Museum.

Nel caso di Caravaggio non si può certo parlare di *trompe-l'œil*. Tuttavia, allo sforzo compiuto da Michael Baxandall di definire un *cognitive style* proprio dell'uomo del Quattrocento[28] bisogna aggiungere, sulla base di queste osservazioni, la constatazione che quest'uomo (così come i suoi successori) è stato in grado di riflettere – nel senso della metapittura autoriflessiva di Stoichita – oltre che sulla concezione albertiana dello spazio dell'immagine anche sul suo implicito opposto, la natura del dipinto in quanto oggetto.[29] È quanto rivela anche il passo con cui Boccaccio celebra Giotto nel *Decameron*: «niuna cosa dà la natura, madre di tutte le cose e operatrice col continuo girar de' cieli, che egli con lo stile e con la penna o col pennello non dipignesse sì simile a quella, che non simile, anzi più tosto dessa paresse, in tanto che molte volte nelle cose da lui fatte si truova che il visivo senso degli uomini vi prese errore, quello credendo esser vero che era dipinto».[30] Siamo qui di fronte, ancor prima di Alberti, a una forma precoce della moderna speculazione della teoria della percezione sulla differenza tra oggetto e immagine. Non solo, ma Boccaccio già sapeva quello che i citati esperimenti della moderna ricerca cognitiva hanno confermato, cioè che la retina registra allo stesso modo le immagini dei corpi tridimensionali e le loro riproduzioni fedeli. Lo scopo del *trompe-l'œil* non è quello di ingannare l'osservatore in maniera durevole – e in questo senso l'interrogativo se i contemporanei degli artisti del passato si lasciassero davvero ingannare finisce per diventare irrilevante –, quanto quello di indurlo a dubitare della propria percezione. Chi ha una vista perfetta da entrambi gli occhi può passare senza problemi, una volta riconosciuta la bidimensionalità di un dipinto, alla percezione della tridimensionalità rappresentata e rapportarsi in maniera ludica, sul piano cognitivo, con la *dual reality* di un'opera perfettamente mimetica.[31] Il fatto che il superamento di una dissonanza cognitiva sia ricompensato dal sistema nervoso con una sensazione di appagamento[32] è una conferma di ciò che generazioni di critici d'arte hanno osservato empiricamente, ovvero lo straordinario piacere provato dallo spettatore della speculazione ottica cui le scoperte di Alberti avevano aperto la strada.[33]

Al tentativo di fare una sola cosa del rappresentato e della rappresentazione, che già Boccaccio aveva trovato così sbalorditivo, si prestano in particolare, per ragioni legate ai meccanismi della percezione, gli oggetti immobili, a maggior ragione se sono piatti. La raffigurazione di fogli e carte in tutte le varianti possibili costituisce perciò uno dei motivi preferiti del *trompe-l'œil* attraverso i secoli (si vedano la sezione IV e cat. II.17, III.8, III.21). Mosche e fogli di carta che sembrano attaccati, quasi fossero elementi estranei, sulla superficie di un dipinto altrimenti percepito come finestra albertiana invitano lo spettatore ad afferrarli. I due motivi hanno un fondamento intellettuale comune, poiché da un lato usano la membrana della finestra albertiana come apertura, ma dall'altro sfruttano la sua opacità.[34] Il passaggio mentale di considerare la superficie di un quadro come sostanza materiale si era già compiuto intorno al 1440, quando gli artisti norditaliani avevano iniziato a firmare le loro opere su un cartellino dipinto all'apparenza fissato alla tavola (fig. 14): un principio che sarà portato all'estremo con il motivo prediletto dei *trompe-l'œil* americani dell'Ottocento, le banconote o i francobolli che sembrano incollati sul quadro. In *Which is which*,[35] all'inizio degli anni novanta di quel secolo, Jefferson David Chalfant incollò un francobollo vero accanto a uno dipinto: in opere come questa non c'è più alcuna ombra che tradisca il rilievo, né si possono riconoscere in alcun modo spostamenti dei contorni, tanto che il quadro di Chalfant ha molto sofferto sotto l'azione del tatto, ovvero in seguito ai tentativi di distinguere il francobollo vero grattando la superficie pittorica. Nel 1877 una banconota da cinque dollari aveva procurato all'artista che l'aveva dipinta, William Michael Harnett, l'accusa da parte dell'FBI di aver contraffatto un simbolo nazionale[36] (cfr. cat. III.24, III.26): per quanto grottesca, questa vicenda ci riporta alla questione fondamentale del rapporto tra realtà e rappresentazione, che si fa vieppiù problematico quando un oggetto piatto viene riprodotto a grandezza naturale.

Una rinuncia radicale a qualsiasi elemento visionario a eccezione della qualità fisica del dipinto connota tutti quei *trompe-l'œil* che coincidono completamente con la forma dell'oggetto rappresentato, i cosiddetti *chantournés* (dal francese *chantourner*, "intagliare"). I primi esempi di questa tecnica ci vengono offerti da Cornelis Norbertus Gijsbrechts, e sono l'esito di una provocatoria

18. Cornelis Norbertus Gijsbrechts, *Cavalletto con natura morta*, 1670-1672. Copenaghen, Statens Museum for Kunst, inv. n. KMS5.

autoriflessione e presa di coscienza di sé della pittura.[37] Il suo *Retro di un dipinto* (fig. 10; cfr. cat. X.6) non è destinato a essere appeso a una parete: deve essere appoggiato sul pavimento contro la parete stessa, in modo da contenere il chiaro invito ad afferrarlo e voltarlo. Chi accoglie questo invito non vi troverà nulla. Non c'è formula più appropriata di quella di Stoichita: «L'oggetto di questo quadro è il quadro in quanto cosa».[38] Il *Retro di un dipinto* costituisce la rappresentazione più radicale di questo paradosso, perché contorno e formato dell'opera coincidono perfettamente; si tratta di uno *chantourné* naturale.[39] Diversamente, i *trompe-l'œil* la cui forma corrisponde a quella dell'oggetto rappresentato, sottraendosi al controllo del contorno da parte del cervello,[40] rispecchiano una realtà cui manca "solo" la tridimensionalità per diventare indistinguibile dall'oggetto reale, e questa plasticità viene finta dalle ombreggiature.

Non è un caso che molto spesso i *trompe-l'œil chantournés* contengano allusioni al mestiere del pittore e al processo della produzione artistica, come nel *Cavalletto con natura morta* di Gijsbrechts (fig. 18; cfr. cat. X.2-4, X.8). Il loro contenuto autentico consiste infatti in uno scettico interrogarsi sulla valenza ontologica della pittura: oggetto o visione? Il *Retro di un dipinto* di Gijsbrechts si differenzia dal *ready-made* solo per il fatto – ma è una differenza fondamentale – che il retro di cui si parla è *dipinto*.[41] In questa polemica tradizione di pensiero fondata sul concetto albertiano di "velo" si colloca anche un'opera come *Flag* di Jasper Johns (fig. 19), che consapevolmente solleva la questione se una bandiera nazionale dipinta da un artista su tessuto si possa ritenere o meno tale, suscitando dunque la stessa perplessità provocata dalle banconote o dai francobolli dipinti circa lo statuto semantico di un dipinto.

In riferimento al velo, tuttavia, l'aspirazione albertiana al «rilievo», a far uscire l'oggetto dalla tavola come una scultura riveste nel nostro contesto un'importanza ancora maggiore. Leonardo da Vinci si spinse oltre, sostenendo che la pittura ha la capacità di far uscire le cose dalla superficie tanto da farle sembrare separate da essa, nonostante si trovino sullo stesso livello.[42] Questa impresa era già stata tentata da Giotto, con le sue allegorie del Vizio rappresentate come finte sculture, nella Cappella dell'Arena a Padova (*ante* 1304);[43] e le ante del famoso *Dittico dell'Annunciazione* di Jan van Eyck (1435 ca.; Madrid, Museo Thyssen-Bornemisza) dimostrano quanto l'imitazione della scultura in pittura fosse stata portata a perfezione già ai tempi di Alberti. L'illusionismo scultoreo rimase a lungo uno dei soggetti preferiti della pittura a *trompe-l'œil* (cfr. cat VI.9, VI.11-12). Di qui scaturì il "paragone" tra pittura e scultura, la disputa sul primato delle arti che nel 1546 Benedetto Varchi intese risolvere – o forse semplicemente sollevare – proponendo la questione agli stessi artisti. Si tratta di uno dei grandi temi della storia dell'arte, e non è questa la sede per dilungarsi su questi aspetti, ma si ricordi che Michelangelo rispose a Varchi: «Io dico che la pittura mi par più tenuta buona quanto più va verso il rilievo, et il rilievo più tenuto cattivo quanto più va verso la pittura».[44] Come ha sottolineato Rudolf Preimesberger, l'artista definisce così un rapporto di tensione dialettica tra pittura e scultura per mezzo del concetto – il "rilievo" – che in realtà dovrebbe separare nettamente i due generi. Quasi a dimostrazione di questo, molti anni prima, nella *Madonna della scala*, Michelangelo aveva rivolto la sua ricerca in una direzione opposta rispetto a Giotto o a Van Eyck, realizzando un bassorilievo inserito nella cornice di una finestra albertiana, come se il suo aspetto tridimensionale fosse il risultato di una proiezione piana.[45] Ne conseguono, insieme alle sculture dipinte, due varianti di generi artistici ibridi, che di volta in volta negano le loro qualità a favore dell'altra forma d'arte e si contendono lo spazio tra la superficie del dipinto e lo spettatore, quasi anticipando il gioco intellettuale del quale tanto si compiaceranno nella seconda metà del XX secolo, per fare un esempio, i *Combine Paintings*, il cui stesso nome indica già il superamento della pittura. Gli oggetti che per esempio Robert Rauschenberg o Jim Dine (fig. 21) appendono o assemblano sulle loro superfici dipinte hanno i loro precedenti in quegli oggetti dipinti che, seguendo tutte le regole della prospettiva, si sforzano di invadere lo spazio dell'osservatore uscendo apparentemente quanto più possibile dalla membrana.[46] A differenza di materiali come la carta, che è di per sé piatta, gli oggetti per la maggior parte proiettano un'ombra che, così come i loro contorni, dovrebbe cambiare a seconda del movimento di chi guarda. Gli artisti scelsero dunque di preferenza quegli oggetti che nell'esperienza quotidiana del potenziale osservatore si trovavano al posto del quadro – e dunque comunemente appesi a una parete –, cercando inoltre di rendere lo sfondo dell'immagine simile all'ambiente circostante (fig. 14): se l'illusione deve essere credibile anche per un solo istante, l'attenzione cognitiva deve essere momentaneamente attenuata, per così dire, dalla quotidianità.

Nel XIX secolo il pittore e critico d'arte inglese John Ruskin presagì il pericolo di questa commistione, che metteva a rischio l'autonomia dell'arte, scagliandosi in particolare contro la pittura a *trompe-l'œil*. Secondo Ruskin, il *trompe-l'œil* concentra l'attenzione sulla materialità dell'artificio distogliendola dalla verità del soggetto rappresentato; da «being-for-another», "essere per un altro", l'arte diventa così «being-in-itself», "essere in sé".[47] In questo modo Ruskin aveva riconosciuto quello che sarebbe diventato il tratto distintivo della modernità, finendo per dis-

19. Jasper Johns, *Flag* [*Bandiera*], 1954-1955. New York, MoMA, Gift of Philip Johnson in honor of Alfred H. Barr, Jr., 106.1973.

solvere il concetto di *mimesis*: aveva capito come il *trompe-l'œil*, che da sempre costringe a riflettere sulla sua "cosalità", sulle circostanze della sua produzione e sulla nostra capacità percettiva, fosse un'arte pericolosamente sovversiva, poiché scuoteva dalle fondamenta la fiducia nella nostra capacità di riconoscere la verità.[48]

Con il Cubismo si compì definitivamente la conversione del dipinto da finestra a superficie concreta sulla quale l'artista poteva disporre spostamenti assiali e vedute piane, frammenti di parole e citazioni mimetiche così come, infine, materiali reali. La *Natura morta con sedia impagliata* del 1912 di Picasso (Parigi, Musée Picasso), ad esempio, se non inserisce nella superficie dipinta una vera sedia di paglia, comunque vi colloca la sua imitazione in tela cerata. Così facendo, la pittura rinuncia definitivamente alla possibilità di offrire una *pictorial representation*;[49] l'oggetto reale rappresenta sé stesso (anche se è ancora solo l'imitazione piatta di un intreccio piatto collocata sulla superficie di un *tableau-objet*), se non altro perché nel complesso assume la forma di una seduta. Non può certo essere un caso che proprio in questo momento storico, quando con la teoria della relatività si scopre la quarta dimensione, veda il suo tramonto la possibilità di ricostruire il mondo visibile con l'ausilio dello strumento scientifico della proiezione piana delle tre dimensioni, e con essa la possibilità di descrivere correttamente il mondo se non in termini matematici.[50]

Se dal punto di vista della mimesi il *trompe-l'œil chantourné*, accedendo alla tridimensionalità, aveva raggiunto la massima coincidenza possibile con l'oggetto rappresentato, ora è l'oggetto stesso che, provenendo dal mondo dello spettatore, si fa carico della rappresentazione cancellando di conseguenza l'atto della *mimesis*. Si raggiunge così il punto estremo del potenziale autoriflessivo dell'immagine che aveva preso le mosse dal concetto albertiano. Ciò non significa la fine della pittura, ma un allargamento decisivo delle opzioni artistiche.

Il passo più gravido di conseguenze in questa direzione ci conduce al cuore dell'opera di Marcel Duchamp, che nel 1914, dopo una breve fase cubista, ruppe con la pittura, riconoscendo che la "cosalità" dell'immagine non era più reversibile, ed elesse per la prima volta a opera d'arte un comune prodotto industriale: con un banale *Scolabottiglie*, nasceva il primo *ready-made*. Quan-

to questo passo fosse strettamente e logicamente connesso con gli interrogativi sollevati dal *trompe-l'œil* circa la rappresentabilità e la percezione, la rappresentazione e l'oggetto – in poche parole, con la questione dello statuto ontologico dell'immagine – lo dimostra il suo ultimo dipinto, *Tu m'*, del 1918 (fig. 20), l'analisi più brillante del quale si deve, in riferimento al nostro problema, a Thierry Lenain.[51] Il quadro raffigura innanzitutto un fascio di rombi che, rappresentati secondo una prospettiva rigorosa, ci conducono in profondità all'interno di una finestra albertiana; sulla sua sommità è fissato un vero bullone che lo "assicura" alla superficie del dipinto. Già solo questo motivo richiede che l'occhio abbia una certa familiarità con la *dual reality* dell'immagine, che riesca a vedere la superficie di un dipinto sia come finestra che come superficie concreta. Le ombre dipinte di due *ready-made* che non sono presenti nel quadro, *Ruota di bicicletta* e *Attaccapanni*, rivaleggiano con l'ombra di un cavatappi e con l'ombra reale di un vero scovolino per bottiglie che si muove con il variare del punto di vista dell'osservatore. Un taglio *dipinto* fermato da *vere* spille da balia attraversa la parte destra del quadro: un motivo classico del *trompe-l'œil*, che richiama le tele strappate o in procinto di srotolarsi. Duchamp presenta dei *topoi* della tradizione mimetica in una sintesi ineguale, non più accessibile a uno sguardo che metta a fuoco l'immagine da un punto di osservazione fisso, ma non senza evidenziarne la frattura ormai irreversibile.

Da questo momento in poi diventa pensabile l'annullamento della rappresentazione come *mimesis* nel senso della finestra albertiana. Nel segno del postmimetico, *Collages*, *Combine Paintings* e oggetti, da Picasso a Schwitters fino alla Pop Art, fanno rivivere passando per la "porta di servizio" dell'oggetto quello stimolo a servirsi del tatto, e con esso quell'irruzione dell'oggetto nello spazio fisico dello spettatore che aveva accompagnato l'illusione dipinta fin dall'antichità e che era stata resa tecnicamente possibile dai precetti albertiani. Non cessa l'irritazione cognitiva nello spettatore, che, abituato alle convenzioni della pittura, si aspetta una cosa *dipinta* e invece viene messo di fronte al semplice oggetto, dal quale la mano dell'artista è ormai completamente assente (il che è esattamente quanto Ruskin aveva temuto). Per poter classificare ciò che si vede secondo lo statuto che gli è proprio, alla rappresentazione matematicamente verificabile e riproducibile devono subentrare delle convenzioni semantiche. Le cose non sono più rappresentate come proiezione su una superficie bidimensionale: sono rappresentate da sé stesse o da repliche tridimensionali che ne imitano il materiale (il che vale anche per la figura umana: si pensi a un artista come Duane Hanson; cat. VII.7). Anche queste repliche – come per esempio il *Painted Bronze* di Jasper Johns del 1964, replica in bronzo dipinto di due lattine di birra – sono pensate per farsi riconoscere come prodotti artificiali solo al tatto, come avviene nel *trompe-l'œil* classico.

Quanto gli artisti del Novecento fossero consapevoli della forza dirompente connaturata al *trompe-l'œil* e del suo potenziale autoreferenziale lo rivela il ricorso, per esempio da parte di Roy Lichtenstein, a soggetti come il retro di un quadro con sopra dipinti degli oggetti appesi (come fa ad esempio nel suo *Things on the Wall*; fig. 22),[52] in una sorta di tentativo di riportare la serie *Tools* di Jim Dine (fig. 21), realizzata dieci anni prima, su una superficie piana, senza tuttavia usare la prospettiva e il "rilievo" di Alberti. Jim Dine aveva infatti lasciato la tela apparentemente grezza come

20. Marcel Duchamp, *Tu m'*, 1918.
New Haven, Conn., Yale University Art Gallery,
Gift from the Estate of Katherine S. Dreier, 1953.6.4.

21. Jim Dine, *Five Feet of Colorful Tools* [*Cinque piedi di attrezzi colorati*], 1962. New York, MoMA, The Sidney and Harriet Janis Collection, 587.1967.a-gg.

22. Roy Lichtenstein, *Things on the Wall* [*Cose sulla parete*], 1973. Collezione privata.

un *velum* albertiano, applicando – significativamente – il colore soltanto dove compaiono degli oggetti, ovvero dietro gli attrezzi: attrezzi che la tradizione avrebbe considerato come il soggetto da rappresentare grazie a quei colori e che invece rappresentano sé stessi in quanto cose nella sfera e alla portata dell'osservatore, diventando così l'autorealizzazione materializzata del "rilievo".

L'oscillazione dell'immagine tra "cosalità" e sguardo costruito non è comunque un'invenzione della modernità, né la coscienza di questa ambivalenza rappresenta un criterio di qualità artistica, come assume Clement Greenberg nel suo tentativo di definire il Modernismo in opposizione al Kitsch.[53] Le riflessioni sullo statuto ontologico dell'immagine vivono certamente una congiuntura favorevole nell'arte e nella critica d'arte moderne, e hanno dato così al *trompe-l'œil*, a lungo disprezzato come pratica insulsa, una nuova attrattiva. Il suo ruolo è quello di un catalizzatore storico, che nello stesso tempo soddisfa le eterne esigenze dell'*homo ludens*. Fu Leon Battista Alberti, se non proprio a volerlo, a farlo nascere.

1 Leon Battista Alberti, *De pictura*, ed. a cura di O. Bätschmann e S. Gianfreda, Darmstadt 2002, p. 92.

2 Ivi, pp. 82-84: «niun'altra cosa cercasi se non che in questa superficia si representino le forme delle cose vedute, non altrimenti che se essa fusse di vetro tralucente tale che la pirramide visiva indi trapassasse ... Ma ove questa sola veggiamo essere una sola superficie, o di muro o di tavola, nella quale il pittore studia figurare più superficie comprese nella pirramide visiva, converralli in qualche luogo segare a traverso questa pirramide».

3 S.Y. Edgerton, *The Renaissance Rediscovery of Linear Perspective*, New York 1971, pp. 9-11, 29, 113-127; per un'importante analisi critica del rapporto tra gli esperimenti di Brunelleschi e i princìpi di Alberti si veda F. Büttner, *Rationalisierung der Mimesis: Anfänge der konstruierten Perspektive bei Brunelleschi und Alberti*, in *Mimesis und Simulation*, atti del convegno (Monaco, Siemensstiftung, 16-19 aprile 1996), a cura di A. Kablitz e G. Neumann, Freiburg im Breisgau 1998, pp. 55-87.

4 Alberti, *De pictura*, ed. Bätschmann-Gianfreda 2002, cit., p. 12.

5 Ivi, p. 114: «quel velo, quale io tra i miei amici soglio appellare intersegazione ... è un velo sottilissimo, tessuto raro, tinto di quale a te piace colore, distinto con fili più grossi in quanti a te piace paraleli, qual velo pongo tra l'occhio e la cosa veduta, tale che la pirramide penetra per la rarità del velo».

6 Ivi, p. 186. Probabilmente anche l'invenzione del "velo" si deve a Brunelleschi, nonostante Alberti la rivendichi: cfr. Edgerton 1971, cit., pp. 84, 107-109, secondo il quale è possibile che l'"invenzione" della quadrettatura derivi dal reticolo delle coordinate del planisfero tolemaico contenuto nel codice della *Geografia* portato a Firenze da Manuele Crisolora e copiato agli inizi del Quattrocento da Iacopo Angeli da Scarperia, che rese così nota l'opera di Tolomeo in Occidente per la prima volta nell'età moderna (ivi, p. 87); si veda anche Büttner 1998, cit., pp. 77-78.

7 Alberti, *De pictura*, ed. Bätschmann-Gianfreda 2002, cit., p. 134: «di là venendo in qua».

8 W. Kemp, *Die Räume der Maler. Zur Bilderzählung seit Giotto*, München 1996.

9 Cfr. *supra*, nota 3.

10 Il concetto fu coniato nel 1932 da Ernst Michalski in *Die Bedeutung der ästhetischen Grenze für die Methode der Kunstgeschichte* (ed. critica a cura di B. Kerber, Berlin 1996).

11 Sulla *dual reality* e le sue conseguenze cognitive si veda R.N. Haber, *Perceiving Space from Pictures. A Theoretical Analysis*, in *The Perception of Pictures*, a cura di M.A. Hagen, 2 voll., New York-London-Toronto 1980, I (*Alberti's Window. The Projective Model of Pictorial Information*), pp. 3-31: 13, 15.

12 Alberti, *De pictura*, ed. Bätschmann-Gianfreda 2002, cit., p. 143.

13 Per il nesso neurobiologico tra vista e tatto si veda W. Singer, *The Misperception of Reality*, in *Deceptions and Illusions. Five Centuries of Trompe l'Oeil Painting*, catalogo della mostra (Washington, D.C., National Gallery of Art, 2002-2003), [a cura di] S. Ebert-Schifferer, Washington 2002, pp. 41-51: 45-46. Il coinvolgimento del tatto era già una categoria centrale per Berenson in riferimento alla pittura di Giotto, in ragione della pronunciata plasticità delle sue rappresentazioni: cfr. G. Wolf, *Rothko, Giotto und die Moscheen von New York*, in *Rothko/Giotto*, catalogo della mostra (Berlin, Staatliche Museen zu Berlin, 2009), a cura di S. Weppelmann e G. Wolf, [testo bilingue tedesco/inglese], München 2009, pp. 17-39: 30.

14 Haber 1980, cit., pp. 12-23; Singer 2002, cit., pp. 42, 45.

15 Jean Baudrillard vede i *trompe-l'œil* prima di tutto come «opposti, nel loro irreale rovesciamento, all'intero spazio della rappresentazione elaborato dal Rinascimento» (*The Trompe-l'oeil* [1977], in *Calligram. Essays in New Art History from France*, a cura di N. Bryson, Cambridge-New York 1988, pp. 53-62: 54).

16 Th. Puttfarken, *The Discovery of Pictorial Composition. Theories of Visual Order in Painting, 1400-1800*, New Haven, Conn.-London 2000, p. 98: «Nella teoria e nella critica del Rinascimento l'"immagine" non possiede uno statuto ontologico altro rispetto alle sue figure e ai suoi oggetti», nonostante egli riconosca allo stesso Alberti – a mio avviso a ragione – una coscienza assai differenziata dello specifico carattere di oggetto di un dipinto (ivi, p. 75).

17 Filarete (Antonio Averlino), *Trattato di architettura*, a cura di W. von Oettingen, Wien 1890, p. 629. Per il motivo della mosca si vedano A. Chastel, *Musca depicta*, con testi di Luciano di Samosata *et al.*, Milano 1984; A. Eörsi, *Puer abige muscas! Remarks on Renaissance Flyology*, «Acta Historiae Artium», XLII, 2001, pp. 7-22; H. Jurković, *Das Bildnis mit der Fliege. Überlegungen zu einem ungewöhnlichen Motiv in der Malerei des 15. und 16. Jahrhunderts*, «Belvedere», X, 2004, pp. 4-23, 80-87; per la tradizione letteraria, J. Bartuschat, *"Leonis Baptistae Alberti Musca": breve rassegna critico-editoriale*, «Albertiana», IV, 2001, pp. 256-260; per il *topos* delle mosche nel Nord, U. Pfisterer, *Erste Werke und Autopoiesis: der Topos künstlerischer Frühbegabung im 16. Jahrhundert*, in *Visuelle Topoi. Erfindung und tradiertes Wissen in den Künsten der italienischen Renaissance*, a cura di U. Pfisterer e M. Seidel, München-Berlin 2003, pp. 263-302: 263.

18 Cfr. *Deceptions and Illusions* 2002, cit., pp. 290-293, nn. 78-79.

19 Chi scrive ha sostenuto questa interpretazione ivi, p. 32; per una lettura diversa si veda D.A. Brown, ivi, p. 294, n. 80.

20 Cfr. K. Krüger, *Das Bild als Schleier des Unsichtbaren. Ästhetische Illusion in der Kunst der frühen Neuzeit in Italien*, München 2001, pp. 15-16, 27-33, 37, 45.

21 M. Koos, *Haut als mediale Metapher in der Malerei von Caravaggio*, in *Weder Haut noch Fleisch. Das Inkarnat in der Kunstgeschichte*, a cura di D. Bohde e M. Fend, Berlin 2007, pp. 65-85: 67.

22 Per il paragone comune già nell'antichità, in Filostrato, tra pittura e trucco si veda J.C. Lebensztejn, *Au Beauty Parlor*, «Traverses», n. 7, 1977, pp. 74-94: 77-82.

23 Giorgio Vasari, *Le Vite de' più eccellenti pittori, scultori, et architettori* [1568], ed. a cura di R. Bettarini, commento secolare a cura di P. Barocchi, 6 voll., Firenze 1966-

1987, IV, p. 25: «avvengaché insino nella tovaglia è contraffatto l'opera del tessuto, d'una maniera che la rensa stessa non mostra il vero meglio».

24 Wolfram Pichler trascura tuttavia il rapporto con Leonardo: cfr. Id., *Il dubbio e il doppio: le evidenze in Caravaggio*, in *Caravaggio e il suo ambiente. Ricerche e interpretazioni*, a cura di S. Ebert-Schifferer *et al.*, Cinisello Balsamo 2007, pp. 9-33: 9-10, 16-17. Per la *Cena in Emmaus* di Caravaggio si veda da ultimo S. Ebert-Schifferer, *Caravaggio. Sehen-Staunen-Glauben. Der Maler und sein Werk*, München 2009, pp. 103, 145.

25 Pichler 2007, cit., pp. 26-32.

26 Koos 2007, cit., pp. 75-76. Cfr. anche Ebert-Schifferer 2009, cit., p. 167.

27 Così, da ultimo, in M. Lüthy, *Vom Raum in der Fläche des Modernismus*, in *Fraktur. Gestörte ästhetische Präsenz in Avantgarde und Spätavantgarde*, a cura di A. Hennig, B. Obermayr, G. Witte, Wien-München 2006, pp. 149-178: 164-166.

28 M. Baxandall, *Painting and Experience in Fifteenth Century Italy. A Primer in the Social History of Pictorial Style*, 2a ed., Oxford-New York 1988 (1a ed. 1972), trad. it. a cura di M.P. Dragone e P. Dragone, Torino 2001 (per il concetto cfr. part. pp. 42, 51). Il libro di Baxandall intende dimostrare, sulla base della storia sociale, come le capacità cognitive – in questo caso quelle del ceto mercantile del primo Rinascimento italiano – siano culturalmente e storicamente condizionate, sostenendo che la consuetudine quotidiana con le scienze matematiche fu alla base della ricezione delle rappresentazioni spaziali della prospettiva lineare. Dal punto di vista della ricerca cognitiva tali concezioni contraddicono i risultati di esperimenti transculturali che Haber così riassume: «finché non avremo dati più completi, sono assai riluttante a interpretare i risultati della ricerca appena descritta a sostegno dell'ipotesi di una componente derivata dall'apprendimento nella percezione dell'immagine, ed escludo senz'altro che essi dimostrino l'esistenza di un processo derivato dall'apprendimento indipendente dalla percezione dello spazio in generale» (1980, cit., pp. 3-31: 22-23); come hanno rivelato esperimenti condotti su bambini di diverse età, in tutte le culture la percezione dello spazio tridimensionale viene acquisita prima di quella dello spazio bidimensionale (cfr. ivi, p. 22).

29 Il rapporto tra la messa in discussione della mimesi albertiana e la presa di coscienza del dipinto come oggetto è stato ben messo a fuoco da Nova, anche se solo per l'epoca del Parmigianino: «Il principio della mimesi albertiana viene messo in discussione nel suo momento culminante, ovvero nell'esatto momento in cui l'immagine non è più una finestra, ma un oggetto» (*Beobachten und beobachtet werden: die Metamorphose des Betrachters und des Betrachteten bei Correggio und Parmigianino*, in *Imagination und Wirklichkeit: zum Verhältnis von mentalen und realen Bildern in der Kunst der frühen Neuzeit*, a cura di K. Krüger e A. Nova, Mainz 2000, pp. 81-98: 94).

30 Giovanni Boccaccio, *Decameron*, VI, 5. Si veda in proposito R. Steiner, *Paradoxien der Nachahmung bei Giotto: die Grisaillen der Arenakapelle zu Padua*, in *Die Trauben des Zeuxis. Formen künstlerischer Wirklichkeitsaneignung*, a cura di H. Körner *et al.*, Hildesheim-Zürich-New York 1990, pp. 61-86: 77.

31 Haber 1980, cit., pp. 15-18; anche Puttfarken (2000, cit., p. 78) sottolinea come questi due modi di vedere un oggetto non si escludano a vicenda.

32 Singer 2002, cit., p. 51.

33 Cfr. Baudrillard 1977, ed. 1988, cit., p. 58: «Nel *trompe-l'œil* non si tratta mai di confusione con il reale: ciò che importa è la produzione, nella piena coscienza del gioco e dell'artificio, attraverso l'imitazione della terza dimensione, di un simulacro che mette in dubbio la realtà di quella terza dimensione imitando e superando l'effetto della realtà, che mette radicalmente in dubbio il principio di realtà». Della necessaria partecipazione dell'osservatore era certo consapevole Gombrich quando dedicava a questo tema un intero capitolo della terza parte di *Art and Illusion*, dal titolo *The Beholder's Share* ("La parte dell'osservatore"), citando al riguardo Konrad Lange, che aveva applicato il concetto di "volontaria sospensione dell'incredulità" formulato da Coleridge all'estetica dell'illusione: cfr. Id., *Art and Illusion. A Study in the Psychology of Pictorial Representation*, 2a ed. riveduta, London 1962 (1a ed. London-New York 1960), trad. it. di R. Federici, Milano 1998, p. 256. Il concetto è stato poi discusso in C. Gilbert, *Grapes, Curtains, Human Beings: the Theory of Missed Mimesis*, in *Künstlerischer Austausch*, atti del XXVIII congresso internazionale di Storia dell'arte (Berlino, 15-20 luglio 1992), a cura di Th. Gaehtgens, Berlin 1993, pp. 413-422: 416. Per la definizione del processo come «delizia per gli occhi», infine, si veda Ph. Ursprung, *Augenwischerei: Trompe-l'oeil einst und jetzt*, in *Spiegel geheimer Wünsche. Stillleben aus fünf Jahrhunderten*, catalogo della mostra (Amburgo, Hamburger Kunsthalle, 2008), a cura di M. Sitt e H. Gaßner, München 2008, pp. 25-37: 25.

34 Si tratta di una nozione da tempo corrente presso gli specialisti del *trompe-l'œil*; si vedano per esempio M. Milman, *The Illusions of Reality. Trompe-l'oeil Painting*, Geneva 1983, p. 58; P. Mauriès, *Ouverture*, in *Le Trompe-l'œil: de l'Antiquité au XXe siècle*, a cura di P. Mauriès, Paris 1996, pp. 7-14: 12. Per la *opacity* si veda Baudrillard 1977, ed. 1988, cit., p. 54, a sostegno di P. Charpentrat, *Le Trompe-l'œil*, «Nouvelle Revue de Psychanalyse», n. 4, 1974, pp. 161-168.

35 *Deceptions and Illusions* 2002, cit., pp. 210-211, n. 46.

36 Cfr. W. Bellion, ivi, pp. 206-207, n. 44.

37 V.I. Stoichita, *L'instauration du tableau. Métapeinture à l'aube des temps modernes*, Paris 1993, trad. it. di B. Sforza, Milano 2004, pp. 266-277.

38 Ivi, p. 274.

39 Per questo il dipinto non è, secondo l'espressione di Miriam Milman, «la negazione di un dipinto» (1983, cit., p. 70) bensì – come sostengono, con argomenti simili tra loro, Lenain (*Le dernier tableau de Marcel Duchamp. Du trompe-l'œil au regard désabusé*, «Annales d'Histoire de l'Art et d'Archéologie. Université Libre de Bruxelles», VI, 1984, pp. 87-104: 92) e Stoichita (2004, cit., pp. 266-270) – la radicale presa di coscienza di sé dell'immagine. Diversamente da Stoichita (ivi, p. 299), chi scrive non ritiene che la presa di coscienza di sé dell'immagine sul piano della metapittura si sviluppi fuori dall'Italia e solo nel XVII secolo.

40 Cfr. Singer 2002, cit., pp. 48-49.

41 Lenain 1984, cit., p. 100; lo stesso studioso (ivi, pp. 87-92) ha sottolineato a ragione la forza dirompente del *trompe-l'œil* di Gijsbrechts rispetto all'arte del XX secolo.

42 *Trattati d'arte del Cinquecento*, a cura di P. Barocchi, 3 voll., Milano-Napoli 1971, I, p. 487. Cfr. A.-M. Lecoq, *XIVe-XVIe siècle: "Tromper les yeux", disent-ils*, in *Le Trompe-l'œil* 1996, cit., pp. 63-113: 68.

43 Per la categoria della plasticità, centrale in Giotto, e per la sua ricezione in Rothko si veda Wolf 2009, cit., pp. 30-32.

44 *Trattati d'arte del Cinquecento* 1971, cit., I, p. 522. Si veda in proposito R. Preimesberger, *Rilievo und Michelangelo: "... benché ignorantemente"*, in *Visuelle Topoi. Erfindung und tradiertes Wissen in den Künsten der italienischen Renaissance*, a cura di U. Pfisterer e M. Seidel, München-Berlin 2003, pp. 303-316: 304.

45 Ivi, p. 309.

46 Cfr. *Deceptions and Illusions* 2002, cit., p. 36 e, assai simile nel ragionamento, ancorché apparentemente senza esserne consapevole, Lüthy 2006, cit., pp. 167-168.

47 C. Levine, *Seductive Reflexivity: Ruskin's Dreaded Trompe l'Oeil*, «The Journal of Aesthetics and Art Criticism», 56, 1998, 4, pp. 366-375: 367-370.

48 Ivi, p. 371: «... suggerendo che ci sono di fatto due modi contraddittori di vedere l'oggetto, come realtà o come frutto della rappresentazione ... Là dove emerge la doppiezza del *trompe-l'œil* si dissolve la fiducia nella nostra capacità di riconoscere la verità»; ivi, p. 373: «di conseguenza, il *trompe-l'œil* può essere visto come mimesi intrinsecamente antirealistica, un'arte che ci costringe a riflettere sulla produzione dell'arte».

49 S.L. Feagin, *Presentation and Representation*, «The Journal of Aesthetics and Art Criticism», 56, 1998, pp. 234-235. Anche Lüthy, in maniera simile a quanto sostenuto in questa sede e in precedenza (S. Ebert-Schifferer, *Trompe l'Oeil: The Underestimated Trick*, in *Deceptions and Illusions* 2002, cit., pp. 16-51: 33-34), ma a quanto pare indipendentemente, interpreta i *collages* cubisti come frutto della riflessione sullo statuto di superficie del dipinto (2006, cit., pp. 158-163).

50 Questo nesso è stato già indicato in W. Haftmann, *Malerei im 20. Jahrhundert. Eine Entwicklungsgeschichte*, München 1987, p. 126.

51 Lenain 1984, cit., pp. 93-98.

52 Cfr. *Deceptions and Illusions* 2002, p. 350, n. 108.

53 Su Greenberg si veda, da ultimo, R. Ubl, *Clement Greenberg (1909-1994)*, in *Klassiker der Kunstgeschichte*, a cura di U. Pfisterer, München 2008, pp. 164-174; per un'edizione italiana dei suoi scritti, Id., *Arte e cultura: saggi critici*, Torino 1991 (ed. orig. Boston, Mass. 1961).

Natura morta, *Stilleven*, *Vanitas* e *Trompe-l'œil*
Le avventure moderne dell'antica *mimesis*

MARC FUMAROLI

Pressappoco negli stessi anni, a metà del XVII secolo, età dell'oro europea dei pittori di nature morte e di quadri di *Vanitas*, Nicolas Poussin e Blaise Pascal presero posizione, l'uno da pittore umanista, l'altro da cristiano rigorista, sull'imitazione del naturale – la *mimesis* greca – a opera dell'artista: un talento umano giudicato sacrilego dal secondo comandamento del Decalogo biblico, laddove l'antichità pagana, con Aristotele, ne aveva fatto uno dei fondamenti del piacere e della cultura dell'uomo civilizzato.

Parlando da pittore erudito, fiero di esercitare un'arte cui l'umanesimo rinascimentale aveva restituito il rango attribuitole da Orazio, pari a quello della poesia, Poussin riecheggia la *querelle* tra disegno e colore, intelligibile e sensibile che opponeva fin dal secolo precedente i difensori della sua arte: «li colori nella pittura sono quasi lusinghe per persuadere gli occhi, come la venustà de' versi nella Poesia». L'arte del pittore erudito accetta di *piacere* alla vista sensuale solo per meglio *istruire* la vista dello spirito. Come le parole di un poema seducono l'orecchio con il loro suono, così i colori di un dipinto catturano la retina solo per meglio aprire all'intelletto una via verso un "senso più alto", l'"idea" di cui l'opera d'arte nobile è veicolo. La "rassomiglianza" in pittura si limita per Poussin al colore, parte per il tutto del mondo percepito dai sensi e concessione retorica consentita dal pittore alla debolezza dell'animo umano, alla sua dipendenza nei confronti dell'esperienza sensibile. Il pittore erudito autore di dipinti narrativi e paesaggi eroici trae in inganno questa debolezza e fa leva su di essa, ma con moderazione, per raggiungere l'essenza dell'animo umano: l'intelletto, accessibile alla riflessione morale e alla saggezza. Difensore della pittura accademica e precursore francese della gerarchia dei generi, Poussin rifiuta implicitamente i dipinti cosiddetti "di genere", e in particolare la "natura morta", che punta tutto sulla miope imitazione dell'apparenza sensibile delle cose – sul "colorito" – a danno del disegno, inteso come tecnica e come intenzione, "cose mentali".

Pascal non scende sul terreno della difesa umanista e accademica della pittura. Come platonico cristiano, come agostiniano, annovera tutte le arti mimetiche e la pittura, imitatrice di vane apparenze, di ogni genere tra le distrazioni che distolgono l'uomo dal sommo bene, la salvezza eterna. «Quale vanità», scrive, «la pittura, che suscita ammirazione per una rassomiglianza con cose di cui non si ammirano gli originali!». La natura morta e la "somiglianza" delle cose del nostro mondo transeunte, in cui si riassumono per lui l'arte del pittore e l'ammirazione di cui gode impropriamente, non possono essere se non lusinghe che contribuiscono a sprofondare l'anima nei suoi errori. Per un cristiano intransigente come Pascal, che sconfessa secoli di "immagini sacre" cristiane, riecheggiando l'iconoclastia calvinista e anticipando l'iconofobia del luterano Kierkegaard, la pittura può essere tutt'al più un *trompe-l'œil*, un inganno dei sensi che divaga l'anima facendole dimenticare l'essenziale. Pascal prende alla lettera le parole di san Paolo: «Videmus nunc per speculum in aenigmate, tunc autem facie ad faciem. Nunc cognosco ex parte: tunc autem cognoscam sicut et cognitus sum» (I Cor 13, 12; "Ora vediamo attraverso uno specchio in enigma, allora vedremo faccia a faccia. Ora conosco in maniera imperfetta, allora conoscerò come anch'io sono conosciuto"). Come ha potuto la pittura, in questo frattempo, vantarsi in maniera innocente di produrre una qualsiasi somiglianza in un mondo che sant'Agostino, riassumendo san Paolo in un sintagma, definisce come *regio dissimilitudinis*? Perciò Pascal, quando non fa dell'ironia sulla vanità di questa arte, sineddoche delle arti mimetiche, vi ri-

23. Willem van Aelst, *Natura morta con zucca, frutta e vasellame*, 1652, particolare. Firenze, Palazzo Pitti, Galleria Palatina, Inv. OdA 1911, n. 509.

trova l'immagine dell'instabilità e dell'insufficienza della conoscenza umana, asservita alla parzialità dei punti di vista. Non si degna di menzionare la scultura, e a maggior ragione il teatro. Il fatto è che la pittura, in terra cattolica, è da secoli un fenomeno comune, anche se agli occhi di Pascal è fin troppo comune, soprattutto presso i gesuiti, questi sofisti con la tonaca di cui egli si fa beffe e che riempiono senza ritegno i loro metodi pedagogici e le loro pratiche devozionali di immagini simboliche. La scultura a tuttotondo – l'arte idolatrica per eccellenza dei pagani, e in quanto tale particolarmente colpita dal divieto del secondo comandamento – non ha avuto l'ardire di ricomparire nell'Europa cristiana che con Donatello. Dal Quattrocento rivaleggia in Italia con la pittura. Il teatro, per quanto riabilitato (ma con riserva) dai moderni teologi seguaci di Tommaso e onorato dai gesuiti sui palcoscenici dei loro collegi, resta comunque segnato dalla scomunica che gli avevano scagliato contro, accusandolo di essere *opus diaboli*, i padri latini dei primi secoli, cui il cristianesimo severo di Port-Royal e di Pascal – che peraltro non è un caso isolato in Francia e in Europa – vuole tornare e attenersi. Nonostante le apparenze, la legittimità delle arti visive dal punto di vista della religione non è scontata, perfino nel mondo della Controriforma. Un grande pittore cattolico come Poussin esclude la "natura morta" dalla nobiltà della propria arte. Un grande apologeta del cristianesimo come Pascal rigetta tra le distrazioni vane un'arte pittorica di cui l'inganno ottico della "natura morta" gli pare l'essenza.

Benché fin dal IV secolo la Chiesa romana avesse senza soluzione di continuità tollerato, se non addirittura sostenuto, l'arte dei pittori in quanto *Biblia pauperum*, benché il Concilio di Trento – ratificando le decisioni del secondo Concilio di Nicea, che nel 787 aveva posto fine alla disputa bizantina sulle immagini pronunciandosi in favore degli iconoduli e prendendo atto della rinascita delle arti – avesse legittimato le "sacre immagini" nella pietà e nel culto della Chiesa romana, sfidando la Riforma protestante che le escludeva dal culto cristiano relegandole nell'ambito della vita profana, nel Seicento la situazione della pittura restava, anche in terra cattolica, controversa e sospetta. La Controriforma non fu un tutt'uno, e in seno ad essa un fascio ardente di dispute, interne ed esterne all'arte della pittura, oppose l'antiumanesimo teologico e il rigorismo agostiniano alla teologia umanistica. Il sospetto nutrito nei confronti dell'immaginazione e delle immagini fa sì che la fiducia nel loro potere conoscitivo sia messa in discussione e che la stessa pittura sia considerata con profonda diffidenza.

Sulla scorta di Leonardo e di Vasari, Poussin, apologeta della propria arte nella Roma della Controriforma, ricerca la propria differenza rispetto ai pittori italiani in una formula sempre più severa, dove il *dulce* del visibile è subordinato all'*utile* dell'intelligibile. Ancora nel 1681 il pittore olandese Samuel van Hoogstraten è costretto a fare riferimento agli esempi antichi per giustificare il genere delle "nature morte", mentre Gérard de Lairesse, un pittore accademico olandese che come Poussin disdegnava questo genere, attribuisce il successo di queste "scimmie" – *magots*, questo era il termine che Luigi XIV usava mentre bandiva dalla propria collezione i dipinti di genere degli olandesi – alla caccia sportiva e al cattivo gusto degli aristocratici che la praticano e che amano guardare e riguardare la rappresentazione dei propri trofei. L'arte del pittore, in sé e per sé, era ancora tanto controversa quanto quella dei teatranti e dei drammaturghi. Pascal non era il solo nel Seicento a negare alla mimesi pittorica qualsiasi utilità nell'edificazione morale e religiosa.

Poussin non dipinse mai una *Vanitas*. Pascal vide forse quella, oggi celebre, di Philippe de Champaigne (fig. 24), pittore amico dei suoi amici di Port-Royal: questo dipinto devozionale evidentemente non bastò a scalzare l'obiezione metafisica e religiosa che egli rivolgeva all'arte dell'imitazione e del falso sembiante. Se nelle *Pensées* gli viene in mente di prendere l'appassionato di pittura a metafora della debolezza della conoscenza umana, è per mostrare con questo esempio la distanza che separa le illusioni mondane dalla certezza della fede: così come per percepire correttamente gli effetti di rassomiglianza previsti dal pittore tra gli originali e la copia che egli ne propone con la sua mimesi si deve trovare di fronte al quadro il giusto punto di vista prospettico, né troppo vicino né troppo lontano, né troppo alto né troppo basso, in questo mondo di dissomiglianze e di anamorfosi, se si vuol vedere chiaro, distinguere la simulazione dal vero, l'ingiusto dal giusto, l'eccesso per *inopia* dall'eccesso per *opulentia*, si deve scegliere tra

24. Philippe de Champaigne, *Vanitas*, XVII secolo. Le Mans, Musée de Tessé, inv. LM10.572.

tutti il punto di vista che non inganna, quello che solo Gesù Cristo può offrire alla carnale debolezza del nostro intelletto corrotto e alla sua immensa fallacia.

Nel XVII secolo il ritorno alla *mimesis* degli antichi, che non aveva suscitato sospetti né nell'Italia del Duecento, con la scultura ad altorilievo di Nicola Pisano, né in quella del secolo successivo, con la pittura di Giotto, è considerato un pericolo per la fede tanto dal cattolicesimo rigorista quanto dalle diverse confessioni protestanti.

Nel Quattrocento Donatello e Verrocchio avevano potuto godere di una gloria indiscussa come scultori, e soltanto il breve interludio savonaroliano aveva scosso a Firenze le tranquille coscienze dei pittori e il generale favore di cui godevano. All'inizio del Cinquecento, quando il "disegno fiorentino" aveva trovato un rivale nel "colore veneziano", questo "scisma" tra due scuole di pittura, questione di campanile e di gusto, non aveva obbligato la Chiesa a prendere partito. Dante aveva celebrato la gloria che Giotto si era conquistato tornando alla *mimesis* degli antichi e rompendo con il simbolismo bizantino che pesava ancora sul suo maestro, Cimabue. Boccaccio, nel *Decameron*, aveva salutato in Giotto un pittore tanto innovatore e con «uno ingegno di tanta eccellenzia, che niuna cosa dà la natura, madre di tutte le cose e operatrice col continuo girar de' cieli, che egli con lo stile e con la penna o col pennello non dipignesse sì simile a quella, che non simile, anzi più tosto dessa paresse, in tanto che molte volte nelle cose da lui fatte si truova che il visivo senso degli uomini vi prese errore, quello credendo esser vero che era dipinto» (VI, 5).[1] Boccaccio spalancava così le porte, nell'apologetica della pittura moderna e cristiana, a tutta la retorica della meraviglia derivata da Plinio il Vecchio tra i latini e da Filostrato il Giovane tra i greci, dagli uccelli che tentano di beccare i grappoli d'uva dipinti da Zeusi al drappo dipinto da Parrasio preso per vero dallo stesso Zeusi, alle api dipinte che sembrano vere celebrate da Filostrato, posate sulla vegetazione della fonte nelle cui acque compare l'immagine di Narciso che vi si specchia: tutti esempi degni d'anatema per un cristiano rigorista come Pascal. Nelle due scene delle *Storie di Isacco* attribuite a Giotto nella Basilica Superiore di Assisi e negli affreschi della Cappella degli Scrovegni a Padova Serena Romano ha segnalato la presenza di

trompe-l'œil (fig. 25) che presuppongono da parte del pittore un'indubbia familiarità con dei precedenti antichi oggi perduti ma allora ancora visibili, che conosciamo solo attraverso i resti delle cosiddette pitture "di secondo stile" ricomparse nel XVIII secolo negli scavi di Pompei. La leggenda biografica di Giotto può in maniera del tutto ovvia arricchirsi di un episodio che lo descrive come capace di dipingere, già durante il suo apprendistato presso Cimabue, alla stregua dei grandi pittori dell'antichità, una mosca tanto «naturale» che il maestro la prese per vera. Siamo ancora lontani da un genere a parte: i *trompe-l'œil* di Giotto non sono che dettagli rivelatori in affreschi narrativi che imitano la natura e l'antico. L'aneddoto della mosca, riattualizzato, potrà di lì in poi moltiplicarsi nelle *Vite* dei pittori italiani moderni convertiti alla *mimesis* degli antichi che asseverano questa poetica facendo posare sui loro dipinti delle mosche a *trompe-l'œil*. Ma la *mimesis* degli antichi aveva appena fatto ritorno nel mondo cristiano delle arti visive che subito vi trovò dei rivali moderni che giocavano al rilancio, sfidando il suo potere di far prendere la finzione artistica per il fatto o l'oggetto rappresentato.

25. Giotto, *Coretto*, 1303-1305 ca. Padova, Cappella degli Scrovegni.

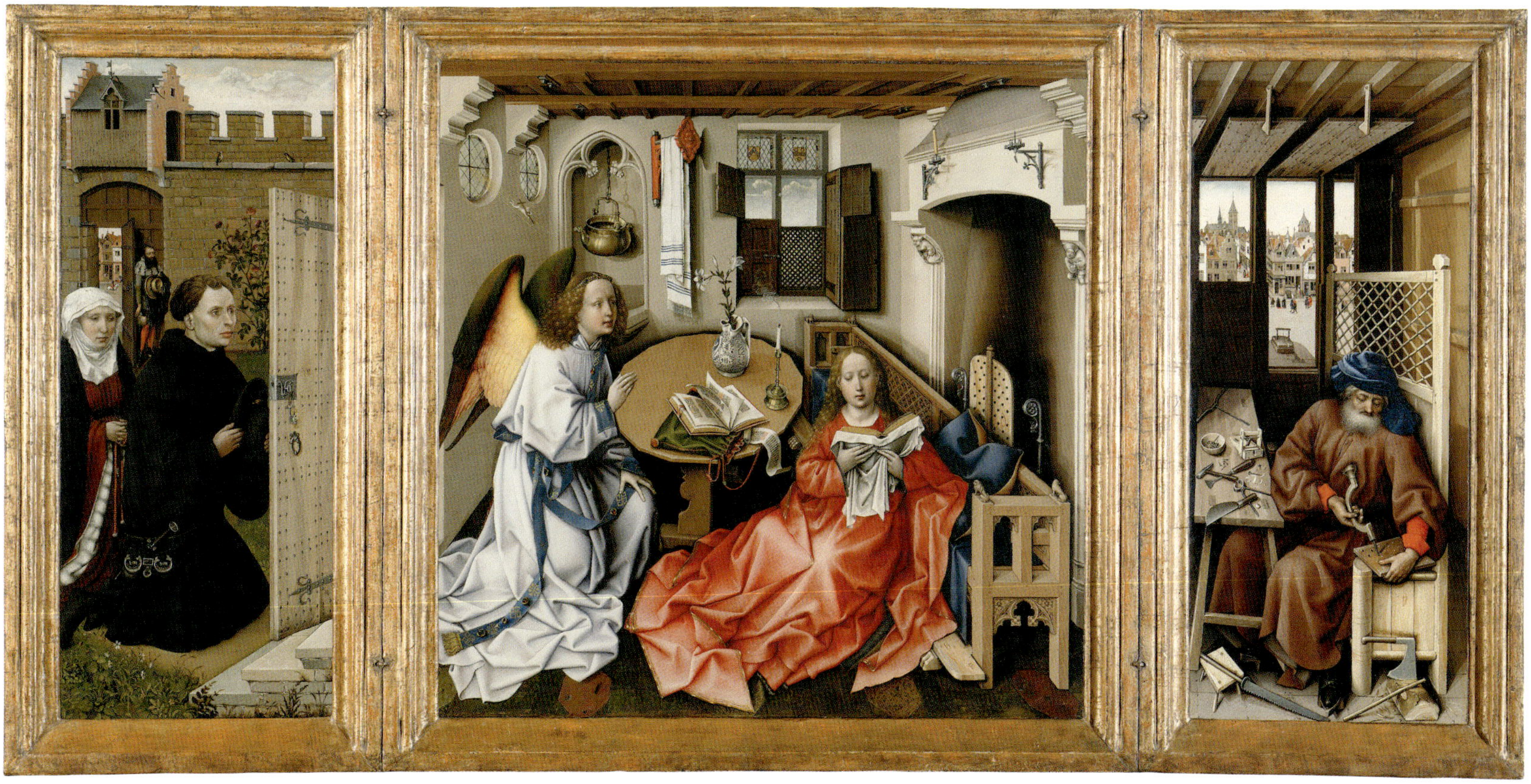

26. Maestro di Flémalle (Robert Campin) e bottega, *Trittico dell'Annunciazione* (*Trittico di Mérode*), 1425-1430 ca. New York, Metropolitan Museum of Art, The Cloisters Collection, 1956 (56.70a-c).

Gli italiani, con spirito patriottico, avevano salutato il ritorno della loro arte alla *mimesis* antico-romana come una vittoria sui secoli "gotici". Il papato si era accodato, ma il Nordeuropa non aveva guardato a questa novità italiana se non attraverso la lente di riserve cristiane profonde e antiche, che trovarono per esprimersi, dopo quella di Lutero, altre voci grandi e terribili pronte a condannare il neopaganesimo e l'idolatria della Chiesa romana. La meraviglia degli antichi di fronte ai prodigi di un'arte capace di rivaleggiare vittoriosamente con la natura, magia del pittore ritrovata da e dopo Giotto, di cui Giambattista Marino nel Seicento avrebbe fatto il principio della sua arte verbale, si vide sottoposta a una severa critica da parte del cristianesimo protestante e di riflesso da parte delle correnti rigoriste di un cattolicesimo a sua volta riformato che si voleva fedele alle esigenze morali e spirituali dei primi secoli della fede cristiana. Nel Seicento più che mai il luteranesimo tedesco, il calvinismo olandese e francese, il puritanesimo inglese, ma anche – lo si dimentica troppo spesso – esponenti di quel cattolicesimo romano che i riformati tacciano sommariamente di idolatria, il rigorismo e il primitivismo cristiani che animavano i francescani osservanti, le varie famiglie spirituali che si richiamavano ad Agostino, come i canonici regolari dell'ordine fondato dal *Doctor Gratiae*, e non solo i seguaci francesi di Giansenio e Saint-Cyran, opposero delle obiezioni di fondo a una fede e una pietà che nutrivano una fiducia eccessiva nei confronti di arti visive illusioniste. Meno combattuti, all'apparenza, dei commedianti e della commedia, nell'Europa del Seicento i pittori e la pittura si trovano di fronte lo stesso profondo sospetto cristiano.

Le rappresentazione pittoriche di oggetti e persone che si scambiavano per "la cosa stessa" negli affreschi narrativi "all'antica" di Giotto o più tardi, in un altro spirito e con tutt'altra tecnica, nei quadri di soggetto narrativo del Maestro di Flémalle (fig. 26) e dei fratelli Van Eyck, in cui figurano anche degli oggetti a un tempo simbolici e tanto somiglianti da non potersi distinguere dagli originali, non sono più nel Seicento un fenomeno comune come nel secolo di Boccaccio o in quello di Cusano. La meraviglia di fronte alla rassomiglianza degli antichi riscoperta dai pittori italiani così come di fronte al realismo mistico inventato dai pittori fiamminghi aveva perduto la sua ingenua euforia nel momento in cui la Riforma protestante aveva tacciato di paganesimo il cattolicesimo romano, inducendolo peraltro a rinvigorire le sue velleità di riforma. Le lusinghe dello sguardo che suscitavano il compiacimento degli ammiratori degli eredi di Giotto o di Jan van Eyck si rivelano nel XVI secolo sospette di magia, di idolatria o di frivolezza, e si vedono costrette a trovarsi un avallo o un'arma di difesa.

Quanto all'avallo, esse lo troveranno innanzitutto nella precisione scientifica richiesta dalla catalogazione enciclopedica della Creazione, dalla descrizione dei vari regni della natura (minerale, vegetale, animale) e del loro capolavoro, il corpo e i tratti dell'essere umano, creato da Dio "a sua immagine e somiglianza" ma corrotto, differenziato (donde la scienza fisiognomica), destinato dal peccato originale alla malattia, alla decadenza e alla morte (donde la scienza medica e chirurgica): un catalogo enciclopedico che comprende gli ingegnosi strumenti inventati dagli uomini per misurare il tempo loro concesso, dalla clessidra all'orologio, gli arnesi e le armi che essi fabbricano per porre rimedio alle loro miserie, nonché le lettere e le arti, altrettante difese che gli uomini moltiplicano per porre riparo al loro *ennui*, dalla musica alla lettura, passando – tra gli altri – per i pennelli, le tavolozze, i dipinti, i disegni e le incisioni dell'artista. L'erudito dei secoli dell'umanesimo è anche un collezionista. Alla sua biblioteca si affiancano un giardino botanico, una voliera, uno zoo, delle *Wunderkammern* che raccolgono le meraviglie della natura, antichità, *objets de vertu*, una galleria di dipinti e ritratti cui corrispondono, eredi perfezionate e specializzate degli *Specula mundi* medievali, le raccolte illustrate di tavole disegnate, colorate e chiaroscurate a *trompe-l'œil*, veri e propri musei di carta di storia naturale cui contribuiscono i più grandi artisti con le loro botteghe. Nel solco tracciato dall'enciclopedismo aristotelico, dunque, la scienza e la documentazione scientifica servono di scudo alla mimesi delle arti grafiche e al servizio che esse rendono alla filosofia naturale. Al di là delle controversie confessionali e delle frontiere politiche, la repubblica dei sapienti e dei collezionisti d'Europa, a sud come a nord, legittima la moderna abilità degli autori di dipinti, disegni e incisioni che riproducono con precisione fiori, frutti, insetti, uccelli, conchiglie, pesci (fig. 27). I dipinti o le ante decorative che nella Francia del Settecento saranno classificati genericamente come "nature morte" si riallacciano alla scienza aristotelica dell'umanesimo in ragione delle sineddoche che propongono delle meraviglie della natura e delle collezioni messe insieme, in un'aspirazione all'esaustività, dagli eruditi. Abbandonando la loro funzione scenografica nel contesto "narrativo" proprio di Annunciazioni, Nozze di Cana e Cene in Emmaus, o di san Girolamo nello studio, questo genere pittorico praticato con successo nel nord come nel sud dell'Europa riassume i quattro elementi (aria, acqua, fuoco, terra) per mezzo di esemplari delle creature che vivono in essi e dei loro prodotti, le quattro stagioni tramite i loro fiori e frutti riuniti in mazzi o cesti, i tre regni della natura con un campionario degli animali, vegetali, metalli che li compongono, i continenti per mezzo di un loro particolare prodotto, il regno dei cinque sensi attraverso oggetti naturali o artificiali che appagano la vista (gioielli, tappeti, oreficerie, vetri), l'odorato (fiori), il gusto (pane, pasticci, frutti, vino), il tatto (tessuti, pellicce, ceramiche), l'udito (strumenti musicali), nonché la sfera dell'intelletto tramite degli strumenti di misura del tempo di cui esso si è dotato – le clessidre e gli orologi – e/o gli strumenti di studio per mezzo dei quali cerca di accrescersi, come i libri o la penna e il calamaio, senza dimenticare lo specchio, che esso ha incessantemente cercato di perfezionare per riflettere con maggiore precisione il mondo e osservarvi la propria immagine.

Attraverso la rappresentazione di questi prodotti dell'ingegno umano, essi stessi oggetto del collezionismo erudito, l'aspetto scientifico della pittura profana di "natura morta" trova il suo corrispondente nel genere devozionale della *Vanitas*, in cui questi oggetti – ridotti nel numero ma concentrati in uno spazio limitato – assumono improvvisamente, negli ultimi decenni del XVI secolo, nelle Fiandre come in Italia, un ulteriore senso simbolico che associa all'euforia della conoscenza del visibile e del sensibile attraverso la sua rappresentazione illusionistica la riflessione religiosa melanconica sul fine ultimo del mondo terreno e dell'uomo. Brutalmente diviso dallo scisma religioso, il Cinquecento resta omogeneo nella sua scienza ma anche nel linguaggio misterioso, simbolico, geroglifico, allegorico dell'emblema, che correda un'immagine enigmatica di parole epigrammatiche all'interno di raccolte in cui si condensano la saggezza di una

27. Jacopo Ligozzi, *Euforbia con farfalle e bruco*, ottavo-nono decennio del XVI secolo. Firenze, Gabinetto Disegni e Stampe degli Uffizi, n. 1956 Orn.

"filosofia perenne" e la pietà di un cristianesimo di stampo erasmiano, saggezza e pietà accettabili tanto per il pubblico cattolico quanto per quello protestante. È all'emblematica – che attribuisce agli oggetti più umili della sfera sensibile un significato riposto più o meno convenzionale, ma che parla allo spirito – che i pittori cristiani del Cinquecento e del primo Seicento si volgono in cerca di un'altra strada per legittimare la loro *mimesis*, una strada universale rimasta aperta nonostante lo scisma e le guerre combattute sotto il pretesto della religione. La strada breve e ossimorica del realismo simbolico e mistico – la strada della *Vanitas* – previene, facendone un portato dell'arte mimetica stessa, la critica che i rigoristi di tutte le confessioni rivali rivolgono contro la rappresentazione illusionistica delle creature e delle cose, blandizia dei sensi, accecamento dell'anima.

La *Vanitas* resterà in Italia grandiosa eccezione di Caravaggio e dei caravaggeschi (seguita da quella, isolata, di Salvator Rosa), mentre la "natura morta" euforica vi prospera, tanto il mecenatismo del papato permette ai pittori (come alla gente di teatro) di non nutrire preoccupazioni per la propria arte.[2] Nella maggior parte dei casi in Italia la melanconia dei dipinti di *Vanitas* di Caravaggio, che aveva esercitato un fascino profondo sui pittori spagnoli, francesi e olandesi, a partire dagli anni quaranta lasciò il posto, nelle "nature morte", al godimento del visibile e del sensibile, a una teatrale ostentazione di bei materiali e di colorati bagliori, a una preferenza evidente per il simbolismo dei misteri gioiosi e gloriosi del cristianesimo, l'Incarnazione e la Resurrezione.[3]

La *Vanitas* si impose e si diffuse più profondamente e in maniera più duratura nelle terre di missione e di contrapposizione tra cattolicesimo ed eresia, come i Paesi Bassi spagnoli, in lotta contro i Paesi Bassi calvinisti, la Francia di Luigi XIII, divisa tra una fervente maggioranza cattolica e un'attiva minoranza calvinista, e la Spagna, orgogliosa del suo cattolicesimo ascetico e mistico di lotta e di conquista. In queste regioni d'Europa che vedono opporsi, in una gara di autenticità cristiana, due Riforme, l'arte della mimesi pittorica e i sensi che questa è accusata di blandire e ingannare si danno all'autocritica per liberarsi dai sospetti che sentono gravare su di sé, enfatizzando lo scetticismo nei confronti delle blandizie della vista e della propria rappresentazione visiva, verosimile e all'apparenza compiaciuta. Attraverso un ingegnoso e inattaccabile ossimoro, le immagini "tanto simili al vero da non potersene distinguere" che l'arte pittorica è capace di trarre dal visibile e dal sensibile possono permettersi di moltiplicare il loro virtuosistico illusionismo proprio denunciando la propria natura di illusione e di lusinga. Il culmine del piacere che secondo Aristotele l'arte di conoscere e imitare la natura dà allo spettatore si associa al culmine della melanconia meditativa di cui questa imitazione, proponendosi essa stessa come vana, si fa occasione, rimandando l'animo dello spettatore alla menzogna dei sensi, al nulla di tutte le cose, alla fuggevolezza della vita terrena, al niente della scienza e delle arti e prima di tutto della pittura. Le *Meninas* di Velázquez sono, come i dipinti narrativi di Cavaraggio, delle pitture di *Vanitas* generalizzate. Le pitture di *Vanitas* propriamente dette sono delle *Meninas* in formato ridotto, concentrate e svuotate della vicenda narrata.

In questi dipinti (che non hanno mai avuto accesso alla teoria del "genere") si riuniscono e si sovrappongono in un'unica scossa per lo spettatore i due estremi, quello della meraviglia di fronte a ciò che l'arte imitativa può fare di oggetti in sé poco ammirati e quello del disinganno di

28. Mario de' Fiori e Giovanni Maria Morandi, *L'artista che dipinge nel suo studio*, 1658-1659. Ariccia, Palazzo Chigi, inv. 426.

29. Cornelis Norbertus Gijsbrechts, *Parete di atelier con Vanitas*, 1668. Copenaghen, Statens Museum for Kunst, inv. n. KMSST537.

fronte all'illusione universale di cui questa arte riassume le lusinghe, che ha per effetto la conversione dell'anima all'unica necessità, la preoccupazione della salvezza eterna e della grazia divina. La natura morta (dipinto di genere "inferiore" ma oggetto di teorizzazione) trasfigura in dipinto virtuosistico le tavole di documentazione scientifica e riassume in antologie e florilegi il vario contenuto delle collezioni del botanico, del conchiliologo, del bibliofilo, del "curioso" d'oggetti rari e preziosi. La *Vanitas* trasferisce la natura morta dalla sfera della meraviglia e della curiosità a quella dell'emblematica morale e religiosa, riconducendo l'illusione al disinganno e alla conversione. L'effetto che questi dipinti di meditazione sono in grado di provocare li rende auspicabili agli occhi del cristianesimo rigorista cinque e seicentesco di qualsiasi osservanza, dalla mistica e l'ascetismo riformatori di un cattolicesimo di lotta a tutte le varianti della Riforma protestante, che peraltro rifiutano la pittura narrativa devozionale ammessa dalla Chiesa romana nei luoghi pubblici di culto. Non appena cristallizzatosi in silenzio, il non-genere pittorico della *Vanitas* destinato alla pietà privata – laica e monastica, cattolica e protestante – diviene accettabile nell'Europa della Riforma così come in quella della Controriforma. L'Italia, o più esattamente la Lombardia spagnola di Carlo Borromeo, vi contribuì generosamente dando a Roma e all'Europa Caravaggio e il suo naturalismo mistico.

L'ossimoro che ha prodotto il genere della *Vanitas* rimanda al paradosso e risponde alla doppia istanza di un'arte della rappresentazione sempre più capace, attraverso la sfida tra l'Italia umanista e le Fiandre della *Devotio moderna*, di rivaleggiare quanto a verità ottica con il senso della vista, e di un cristianesimo rigorista e riformatore che, nel campo cattolico come in quello protestante, predica il ritorno alle pure origini della fede nonché il disprezzo del mondo, accusato di corrompere i sensi, e delle sue insidie. Nelle accademie italiane la natura morta era considerata un genere autonomo, per quanto minore, e a partire dal 1663 lo fu anche nell'Académie royale in Francia. Essa aveva addirittura avuto l'ambizione di farsi dipinto narrativo nelle grandi tele con banchi di pesce e altre cibarie offerte da maestose figure umane nell'opera del fiammingo Pieter Aertsen o del bolognese Bartolomeo Passarotti. Annibale Carracci la praticò agli inizi della sua carriera come un esercizio di ritorno alla *mimesis* e di contestazione del Manierismo, ma la legò sempre alla figura umana. Esperto in nature morte, genio della *Vanitas* e del suo inganno ottico disingannato, Caravaggio prestò il naturalismo alla stessa pittura narrativa di genere devozionale, ciò che gli valse da parte di Poussin il rimprovero di «distruggere la pittura», tanti erano i seguaci che si era procurato in Europa il pittore della *Canestra di frutta* e della *Cena in Emmaus* nell'età dell'oro che la pittura di *Vanitas* conobbe dal 1590 al 1640. Forte dell'apprezzamento di un folto pubblico europeo, questa pittura riuscì a far coincidere i due contrari, la fierezza di un'arte moderna che sa di poter superare con le proprie capacità illusionistiche l'arte antica, e l'umiltà di un cristianesimo rigorista, tanto cattolico quanto protestante, che vuole tornare alla contrizione dello sguardo dei primi secoli della fede.

Non meno della scoperta italiana della prospettiva geometrica, la tecnica della pittura a olio, inventata nelle Fiandre e importata in Italia, in Spagna, in Francia, in Europa, aveva permesso alla pittura moderna e cristiana di superare una soglia decisiva, nel XV secolo, autorizzandola a pretendere di aver superato la *mimesis* degli antichi e di aver eguagliato la precisione dello specchio veneziano nella rappresentazione dei colori e delle loro reciproche rifrazioni, della luce, delle ombre e dei riflessi sulle superfici lisce come vetri, ceramiche, metalli, sete, pelli, pellicce, legature in pergamena, pagine di opere manoscritte o a stampa. Nei dipinti fiamminghi che si ispirano alla *Devotio moderna* e nei ritratti di Jan van Eyck la nuova tecnica della pittura a olio su tela o su tavola e i prodigi ottici che essa consente si impongono come prova della vittoria dell'ingegno cristiano su quello pagano nell'onorare la Creazione e come fonte di simboli visivi delle verità invisibili e salvifiche della fede a un tempo. In tutta la sua opera Van Eyck celebra l'architettura gotica e la sua modernità cristiana e insieme l'arte della miniatura e l'arte della pittura a olio, due invenzioni della stessa ragione cristiana. Nello stesso periodo il *De pictura* di Leon Battista Alberti, considerando i progressi compiuti in epoca medievale nel campo della scienza ottica ereditata dagli antichi, definisce il quadro come una finestra ritagliata dall'arte in un cono ottico il cui punto di fuga è simmetrico a quello che si forma naturalmente sul fondo dell'occhio. Questo "progresso" rispetto alla prospettiva aerea di cui si accontentavano gli antichi non è affatto incompatibile con l'altro "progresso" nella resa delle cose e dei materiali, dei colori e della luce consentito dalla tecnica a olio inventata nelle botteghe del Nord, anch'essa ignota agli antichi. Le due "scuole" – quella della Fiandra del tardo gotico e quella dell'Italia umanistica – si scambiarono ben presto le loro scoperte. Padrone a un tempo della scienza della prospettiva e di quella delle luci e dei colori, il pittore europeo, moderno e cristiano della fine del XVI secolo è ormai in grado di inglobare nella sua rappresentazione del mondo della vista e della luce quello del tatto (carni, pellicce, tessuti a *trompe-l'œil*), dell'olfatto (fiori e fumi di ceri o di incenso), del gusto (frutti, vivande e liquori a *trompe-l'œil*) e perfino dell'udito (strumenti musicali rappresentati a *trompe-l'œil* e pronti a suonare in assenza dei musicisti). L'arte erudita del pittore cristiano è giunta a un livello moderno, inaudito di "rassomiglianza" tra la rappre-

sentazione della cosa e la cosa in sé, andando al di là di ciò di cui erano capaci i più grandi pittori antichi, gli Zeusi e i Parrasio. L'arte di far vedere come fosse presente ciò che non c'è si è impossessata degli altri quattro sensi per accrescere la sua capacità di far affacciare alla "finestra" del quadro le cose che non ci sono in tutte le loro sfaccettature sensibili, in una luce e in uno spazio artificiali simmetrici a quelli percepiti naturalmente dallo spettatore.

I moderni pittori fiamminghi avevano celebrato senza riserve questa nuova capacità della loro arte di ingannare gli occhi e gli altri sensi e di rivaleggiare vittoriosamente con l'esperienza sensibile delle cose e delle creature. Nel passaggio al genere della natura morta che si compie nel corso del XVI secolo fanno mostra del loro virtuosismo imitativo e della profusione degli oggetti naturali o artificiali rappresentati riunendoli in un *bouquet* e concentrando lo sguardo su di esso. Le "vite immobili", liturgiche e domestiche, che negli altari, nei dittici o nei ritratti fiamminghi del Quattrocento erano semplici dettagli realistici e simbolici si spingono con prepotenza in primo piano, isolate da qualsiasi narrazione, e si affacciano disposte in forma di sciarada alla loro finestra, nella loro nicchia, sul loro basamento, soggetti autonomi di dipinti illusionistici che uniscono ai fenomeni ottici i prodigi delle "corrispondenze" prebaudelairiane di cui sono capaci il colorismo e il luminismo moderni. I banchi opulenti dei pescivendoli, degli ortolani, dei macellai di

30. Dieric Bouts (attribuito), *Nicchia con libri e catino*, XV secolo. Rotterdam, Museum Boijmans Van Beuningen, inv. n. 2469 verso (OK).

Aertsen e di Passarotti fanno ancora posto alla figura umana, allo stesso modo del *Ragazzo che beve* e delle Macellerie di Annibale Carracci. Queste figure con funzione di presentazione scompaiono nelle "nature morte" con trofei di caccia, tavole imbandite, collezioni di prodotti di lusso e di conchiglie rare, mazzi, ghirlande e ceste di fiori e di frutti, tutti soggetti propizi a valorizzare la scienza naturale e la destrezza illusionistica dei pittori da cavalletto. Ma le nature morte o "vite immobili" si espongono all'accusa – Pascal è il tardivo interprete di un immenso e antico silenzio di rimprovero – di blandire la sensualità e l'attaccamento a un mondo da Martedì Grasso. Trattate da emblemi della fallacia e delle illusioni umane, le "vite immobili" diventano *Vanitas*, rispondendo al biasimo, rispondendo a sé stesse e facendosi carico della critica cristiana del mondo sensibile mentre moltiplicano il proprio virtuosismo per rappresentarne le blandizie ingannatrici.[4]

In terra cattolica la Maddalena dei pittori, splendida creatura voluttuosa, rappresentata come una Venere, è divenuta nel XVI secolo un'allegoria del pittore che rinuncia a questo eccesso di terrena pienezza per meditare sul teschio di Adamo e non riempirsi che della Croce; allo stesso modo san Girolamo, mostro di sapere e di sapienza, traduttore – imitatore, in altre parole – che si destreggia tra ebraico, aramaico, greco e latino ciceroniano, magnifico vecchio dipinto come un Seneca, diviene un'altra allegoria del pittore mentre si svuota della propria carne a colpi di pietra, si allontana dalla sua grotta, dai suoi libri e dalla sua scienza per votarsi all'imitazione esclusiva del sacrificio della Croce. Il rapimento di san Paolo al terzo cielo sulla via di Damasco rappresentato da Caravaggio, specialista altrove di nature morte di fiori, di frutti, di coppe di vetro, diviene il rovescio invisibile di una monumentale *Vanitas*: rilucente montagna di carne effimera provvisoriamente strappata alle tenebre, il posteriore e lo splendido manto del cavallo ai piedi del quale è raffigurato il persecutore Saul riassumono la conversione interiore dello sguardo di san Paolo caduto a terra, la conversione del pittore stesso e della sua arte e quella, infine, cui questa vittoria spirituale della luce sulle tenebre della morte e sulla materia invita lo spettatore.

Fuori d'Italia, nell'Europa cattolica come in quella protestante, l'ossimoro delle pitture di *Vanitas* impara a distaccarsi dalla pittura narrativa e di figura, concentrando il suo realismo e il suo simbolismo in uno specchio deformante la cui efficacia dipende dalla sua essenzialità, la sua immobilità, il suo silenzio. Il teschio di Adamo, rappresentato fin dai primi secoli del cristianesimo ai piedi della Croce, vittorioso sul peccato originale e sulla morte, viene trasferito dai pittori di *Vanitas* nel bel mezzo di sineddoche delle ricchezze del mondo sensibile, cui ricorda, raffigurato secondo diverse angolazioni, l'assoluto nulla. La presenza del teschio non risparmia neppure la falsa apparenza di eternità che l'arte mimetica pare falsamente conferire a questi falsi beni temporali, fonte di corruzione e destinati alla corruzione. La pittura di *Vanitas* si riconosce essa stessa illusione dei sensi di secondo grado, immagine poco meno effimera di quelle dello specchio. Le astuzie illusionistiche consentite ai pittori che praticavano questo genere dai progressi della scienza ottica e della tecnica della velatura, la trasparenza e la fragilità del vetro, il bagliore ingannevole della bolla di sapone e i riflessi sulla sfera di cristallo, le gradazioni d'ombra notturna e di viva luce che modulano il colorito, scavano lo spazio e lo fanno vivere, tutte queste insidie che si vedono «attraverso uno specchio in enigma» e che invitano lo sguardo a credere all'affascinante realtà di queste lusinghe depositate nella bidimensionalità della tela o della tavola si trasformano, attraverso segni irrefutabili, in una critica radicale della testimonianza dei sensi ingannatori e dell'incoscienza di chi ritiene di potersene fidare.

I dipinti di *Vanitas*, salvifici amari calici dell'anima che si bevono tuttavia per placare l'appetito delle delizie ingannatrici di "vita immobile" che esse mettono in mostra, concentrano in sé, in tutta l'efficace essenzialità e immediatezza dell'emblema, tutti i poteri dell'illusione e tutti gli effetti della disillusione. In questo "*petit*" *genre* a destinazione privata, ignorato dai teorici accademici, la pittura cristiana e moderna si sacrifica, per così dire, e si denuncia come lusinga delle lusinghe, espiando il proprio potere magico e idolatrico attraverso la confessione del proprio errore e la rinuncia a sostenerne la credibilità; offre in qualche modo agli spettatori l'esempio della conversione che dagli spettatori esige, la conversione al sommo punto di vista su questa vita sensibile e mortale che la *libido videndi et utendi* ignora e che solo la conoscenza e fruizione di Cristo e della Croce può dare, in fondo al cuore. Per soprammercato, attraverso un altro ro-

31. Sebastian Stosskopff, *Natura morta con bicchiere roemer, noce aperta e bastoncino d'incenso*, quarto decennio del XVII secolo. Collezione privata.

vesciamento che ha anch'esso a che vedere con Cristo, la conversione alla Croce e il punto di vista ai quali il senso riposto, simbolico e allegorico, della *Vanitas* conduce rivelano nella bellezza delle illusioni che questi dipinti denunciano nel momento stesso in cui le mostrano come destinate a dileguarsi, a scomparire, delle immagini e dei simboli visti «attraverso uno specchio in enigma» della resurrezione e della vita eterna, anch'esse promesse da Cristo.

Nel suo momento più alto di densità artistica e di cristiana autocoscienza la *Vanitas* fa percorrere all'animo dello spettatore tutto il cerchio della conoscenza umana secondo Agostino, dal primigenio appetito e fascinazione per la seduzione dell'apparenza alla brutale disillusione data dalla caducità delle cose e della fugacità degli esseri, fino a giungere alla conversione al mistero doloroso della Passione e alla rilettura, a partire da questo sguardo disincantato, del quadro e degli oggetti che esso imita per scoprirvi i simboli gioiosi e gloriosi della grazia redentrice della Croce che vi si celano. Sono rari i pittori che come l'olandese Pieter Claesz sono riusciti, entro i limiti imposti da un genere così parco, a conchiudere una tale spirale di stupore, di ripiegamento melanconico e di illuminazione. Sebastian Stosskopff, un calvinista di Strasburgo che soggiornò a Parigi nel momento culminante dell'"invasione mistica" del cattolicesimo francese, tra il 1621 e il 1640, riuscì quasi a eguagliare il maestro fiammingo. Nella sua *Natura morta con bicchiere roemer, noce aperta e bastoncino d'incenso* (collezione privata; fig. 31), questo artista fa coincidere i *trompe-l'œil* del bicchiere, della noce che ricorda un cranio, del bastoncino che si consuma nel fumo – tre *vanitates* – con il simbolismo della forma del bicchiere *roemer* riempito per metà di vino bianco, simile a quella di un ciborio eucaristico, prisma che concentra la luce riflettendo la croce di una finestra, con il significato riposto del guscio di noce spaccato e del frutto offerto, immagine del Salvatore sulla Croce, e con quello del bastoncino che si consuma, poiché il fumo d'incenso ac-

compagna la Cena: tre pegni gioiosi e solenni di salvezza e redenzione dalla carne e dai cinque sensi. Ma è lo spagnolo Zurbarán a raggiungere il vertice di questo "genere" e della sua fulminante essenzialità, nella più bella delle sue Veroniche, conservata a Stoccolma (fig. 32), dove il *trompe-l'œil* del sudario, sineddoche della vanità del mondo e della vanità della pittura, è per così dire trasceso dal segno lasciato dai tratti del Cristo che porta la croce, di tre quarti, lo sguardo rivolto verso lo spettatore a invitare l'*homo viator* a seguirlo sulla via della verità e della vita eterna. Questa opera, che risale agli anni cinquanta, conclude il mezzo secolo della *Vanitas*.

Charles Sterling, nello studio che ha fondato la scienza delle "nature morte",[5] ha mostrato come i pittori francesi del "secolo di Luigi XIV", seguendo i modelli romani, poi Rubens, abbiano teatralizzato il genere trasportandolo nella sfera dilettevole dell'opulenza, dell'ostentazione, dello sfarzo, della fantasia, lasciando a Chardin, nel secolo successivo, la pratica di una *mimesis* pittorica tanto più sontuosa quanto più ascetica e depurata da qualsiasi enfasi. Ma né Chardin né i suoi predecessori nel genere della "vita immobile", a partire da Giotto e Van Eyck, nonostante il livello inedito di verosimiglianza visiva e sensibile al quale avevano portato la *mimesis* degli antichi, miravano a "indurre l'occhio in errore", neppure nel momento in cui lo "ingannavano". Il loro inganno, il loro *mentir vrai* voleva dar lustro alla loro arte fornendo la prova ultima che essa non aveva nulla da invidiare né alla natura né agli antichi. Fino alla fine del Settecento, secolo distolto dalla *Vanitas* dalla propria filosofia, le "nature morte" o le "vite immobili" hanno cercato più di esaltare la natura per mezzo dell'arte mimetica, capace di farne gustare

32. Francisco Zurbarán, *Veronica*, 1631 ca. Stoccolma, Nationalmuseum, Inv. NM 5382.

33. Louis-Léopold Boilly, *Raccolta di disegni con autoritratto e ritratto di Elleviou*, 1800 ca. Collezione privata.

le bellezze, che di copiarla. Se si parla per comodità di *trompe-l'œil* – per esempio per la celebre *Natura morta con pernice* di Monaco, opera di Jacopo de' Barbari (1504; fig. 14), o ancora per la non meno nota *Anitra bianca* di Jean-Baptiste Oudry, due secoli e mezzo più tardi – è nel senso di un *tour de force* illusionistico, che desta meraviglia come gli uccelli di Zeusi ma che non ha mai ingannato nessuno quanto al suo statuto di opera d'arte, per di più firmata.

Il *trompe-l'œil* propriamente detto – il sostantivo e l'oggetto – fece la sua comparsa a Parigi nel 1800, in un contesto relativamente nuovo, quello dello svago di massa e della nascente economia di mercato, in cui l'ontologia antica e cristiana dello sguardo comincia a lasciare il posto a un universo ottico saturo di immagini, in cui si cancellano le nozioni, sociali come religiose, di vero e falso, reale e simulacro, originale e copia, fatto e finzione. L'espressione *trompe-l'œil* entra nell'uso scritto designando un genere inedito tre decenni prima della nascita del dagherrotipo e all'alba di una rivoluzione tecnologica i cui strumenti ottici avrebbero infranto le frontiere naturali della percezione.[6]

Al Salon di Parigi del 1800 Louis-Léopold Boilly, celebre pittore di genere, espone la sua *Raccolta di disegni*, dipinta in guisa di una composizione incorniciata con il vetro rotto (fig. 33). L'illusione è talmente forte da far nascere, secondo la testimonianza dei primi spettatori, l'impulso spontaneo a *verificare* toccando se si tratti di una sovrapposizione reale, dotata di spessore, di fogli disegnati oppure di una superficie piana, dipinta con una finzione in monocromo. Solo il timore di tagliarsi le dita con il vetro rotto (motivo sconosciuto alle nature morte e alle pitture di *Vanitas*) trattiene questo gesto. Non si ha dunque a che fare con una natura morta né, a maggior ragione, con una *Vanitas*, ma con una contraffazione, una falsificazione, un *practical joke* visivo di tipo del tutto nuovo. Tra i finti disegni figurano una copia ridotta dell'autoritratto del pittore che ride esposto nella stessa mostra e una finta incisione dal ritratto in piedi di un personaggio controverso, l'attore Elleviou, opera dello stesso Boilly, un dipinto chiacchierato in occasione della sua esposizione al Salon di due anni prima. La firma discreta di Boilly figura su uno dei fogli, nell'angolo sinistro, in calce al *trompe-l'œil*. Fa parte del finto disegno, o firma e riconosce la paternità di tutto il *trompe-l'œil*? Il dubbio che avvolge lo spettatore è l'essenza stessa del nuovo genere, che, subito battezzato, ebbe molti imitatori.

Questi simulacri, che a malapena nascondono di essere tali ma mirano a trarre in inganno con l'artificio l'occhio ingenuo, e non a suscitare la sua meraviglia con l'arte della luce e dello spazio, giocando su più significati, non hanno più nulla in comune né con la spirale meditativa della *Vanitas* né con l'entusiasmo o il diletto di fronte ai poteri dell'arte indotti dalle "vite immobili", e neppure con i prodigi illusionistici dei soffitti barocchi del gesuita Andrea Pozzo, che non ingannavano nessuno ma simboleggiavano l'aldilà celeste della chiesa terrena. Con il *trompe-l'œil* il pittore diventa un falsario che agita sotto gli occhi dello spettatore del Salon un simulacro da prendere per oro colato, o che almeno lo getta per un istante nel turbamento, tra il timore e il desiderio di essere ingannato. La sua curiosità e la sua diffidenza si accendono comunque contemporaneamente, tanto più che nel caso della *Raccolta di disegni* i due ritratti – quello dello stesso Boilly, ridotto, e quello di Elleviou, in finto monocromo – radicano questa immagine ambigua nell'attualità e nella realtà dei Salon. Si tratta certo di una trappola, sapientemente orchestrata, tesa a catturare la credulità dello spettatore. La scoperta, immediatamente successiva, del tiro giocatogli dalla prestidigitazione visiva del pittore gli farà ammirare più l'ingegnosità della trappola tutta visiva in cui è caduto che la sua arte. Con molti decenni di anticipo, e nella sfera delle arti visive, Boilly inventa il genere dell'astuzia calcolata, più intellettuale che pittorica, che sarà alla base della poetica della *Lettera rubata* e degli altri racconti polizieschi di Edgar Allan Poe. Il *trompe-l'œil* di Boilly è contemporaneo al successo a Parigi del panorama, il primo *mass medium*, "quadro senza confini" di città e battaglie marittime o terrestri che l'ingegnosità ottica del pittore spiegava su superfici circolari, a grandezza naturale, dando a folle di spettatori l'impressione di essere trasportati a volo d'uccello sopra Gerusalemme o di assistere alla battaglia di Abukir.[7] L'ingegnoso pittore Boilly, con il suo *practical joke*, volge in burla le moderne pecore di Panurgo prese nella trappola dei rozzi spettacoli dei panorami.

Né la fotografia del XIX secolo né il cinema che a partire dal 1895 le dà il movimento, nonostante le loro pretese di riprodurre oggettivamente e scientificamente la nuda "realtà", avranno gli stessi poteri del *trompe-l'œil* di un Boilly, e neppure quello che il panorama dipinto, con i suoi sapienti giochi di illuminazione, aveva di trasportare altrove lo spettatore della grande città moderna. Né bisogna stupirsi che nell'America uscita dalla guerra di secessione, sprovvista di tradizione pittorica, ma già provvista di un'industria fotografica e di tecniche pubblicitarie visive, sia fiorita ancor prima del trionfo del cinema una scuola di pittori di *trompe-l'œil* che si muoveva sullo stesso terreno sul quale poté fiorire la destrezza di Phineas T. Barnum. Grande pubblicitario, Barnum partiva dal principio che "la gente ama essere ingannata". Prestigiatori, mistificatori e falsari come lui, negli stessi anni ottanta e novanta dell'Ottocento della *Gilded Age* i pittori americani del *trompe-l'œil* – William Michael Harnett, John Haberle e molti altri – sfruttano la psicologia dello spettatore moderno, figlio del mercato e della pubblicità, tanto preoccupato di essere ingannato negli affari quanto desideroso di esserlo nel tempo libero. In anticipo sulla Pop Art degli anni Sessanta, i loro "capolavori", che affascinavano un pubblico sterminato, riproducevano col pennello un biglietto da un dollaro usurato incollandogli accanto una banconota autentica, anch'essa consumata, o un francobollo sciupato a fianco di uno vero, altrettanto sciupato. Qual era quello vero, quale quello falso? Il Dipartimento del Tesoro indagò sul serio, al pubblico l'inganno piacque. Negli anni Trenta il pittore belga di *practical jokes* visivi, René Magritte, introdusse in Europa questo genere di gioco di prestigio che fa passare il vero per falso, il fatto per finzione e lo eresse a sistema di metonimie giocose (fig. 34).

Andando controcorrente, nella mostra all'Orangerie del 1952[8] Charles Sterling rivelava al mondo la doppia tradizione antica e cristiana della "natura morta" (ovvero della "vita immobile") e quella della *Vanitas*, le cui implicazioni filosofiche e religiose e il cui genio imitativo avevano avuto tutt'altre ambizioni e tutt'altra valenza spirituale rispetto al modernista *trompe-l'œil*. Indirettamente, Sterling metteva così in evidenza l'*humus* mediterraneo dal quale proveniva il genere della natura morta, allora più vivo che mai in Francia – da Manet a Renoir, da Cézanne a Braque – e nell'Italia di Giorgio Morandi.

34. René Magritte, *La reproduction interdite* [*La riproduzione vietata*], 1937.
Rotterdam, Museum Boijmans Van Beuningen, inv. 2939 (MK).

1 Cfr. S. Romano, *La O di Giotto*, Milano 2008, pp. 129-130.

2 Si veda *La natura morta italiana da Caravaggio al Settecento*, catalogo della mostra (Firenze, Palazzo Strozzi, 2003), a cura di M. Gregori, Milano 2003.

3 Per le nature morte floreali si veda il prezioso volume curato da Francesco Solinas, *Fiori. Cinque secoli di pittura floreale*, catalogo della mostra (Biella, Museo del Territorio, 2004), Roma 2004, nel quale si mette in luce la rapida evoluzione del caravaggesco romano Mario de' Fiori (Mario Nuzzi; Penna, oggi Penna San Giovanni 1603-Roma 1673; fig. 28) verso un'arte floreale dell'ostentazione trionfale e dello splendore gioioso: è questa maniera magnifica che abbracciarono, alla sua scuola, i pittori di fiori francesi, accademici e di corte, dell'epoca di Luigi XIV, come Jean-Baptiste Monnoyer e Nicolas Baudesson.

4 Su questo genere devozionale della natura morta si veda *Les Vanités dans la peinture au XVIIe siècle. Méditations sur la richesse, le dénuement et la rédemption*, catalogo della mostra (Caen, Musée des Beaux-Arts, 1990), a cura di A. Tapié, con la collaborazione di J.-M. Dautel e P. Rouillard, Paris 1990.

5 La seconda edizione inglese riveduta dello studio di Charles Sterling è stata pubblicata a New York nel 1981 con il titolo *Still-Life Painting from Antiquity to the Twentieth Century*; risale al 1959 l'edizione francese, a sua volta revisione e approfondimento del volume *La Nature morte de l'Antiquité à nos jours*, catalogo della mostra (Parigi, Orangerie des Tuileries, 1952), Paris 1952.

6 Si veda il pregevole *Deceptions and Illusions. Five Centuries of Trompe l'Oeil Painting*, catalogo della mostra (Washington, D.C., National Gallery of Art, 2002-2003), [a cura di] S. Ebert-Schifferer, Washington 2002, che ha forse il torto di estendere la più tarda nozione di *trompe-l'œil* alla *mimesis*, fin dal Rinascimento, e di porre sullo stesso piano, quasi si trattasse di un insieme omogeneo, generi così diversi come la natura morta, la *Vanitas* e il *trompe-l'œil*. L'espressione *trompe-l'œil* fu usata per la prima volta come sostantivo (e non come avverbio, *en trompe-l'œil*) su «Le Citoyen français» in riferimento al quadro di Boilly al Salon del 1800, come segnala Adrien Goetz in *Le Trompe-l'œil: de l'Antiquité au XXe siècle*, a cura di P. Mauriès, Paris 1996 (ed. it. Milano 1997), p. 253, n. 12, ripreso da Allan Chong in A. Chong, W. Kloek, *Still-Life Paintings from the Netherlands, 1550-1720*, catalogo della mostra (Amsterdam, Rijksmuseum, 1999; Cleveland, Ohio, Cleveland Museum of Art, 1999-2000), Zwolle 1999, p. 36. Nel volume miscellaneo curato da Mauriès, il dotto saggio di Anne-Marie Lecoq (*XIVe-XVIe siècle: "Tromper les yeux", disent-ils*, pp. 63-113) mette in dubbio che perfino la più sapiente *mimesis* degli artisti tra il XV e il XVII secolo avesse intenti ingannevoli, poiché essa mirava piuttosto a valorizzare il virtuosismo naturalista del pittore e a dimostrare nel contempo l'enorme fallacia che affligge lo sguardo umano: prima che «questione di tecnica» era «questione di iconografia», per usare le espressioni della studiosa.

7 Si veda in proposito S. Oettermann, *Das Panorama. Die Geschichte eines Massenmediums*, Frankfurt am Mein 1980 (trad. ingl. di D. Lucas Schneider, New York 1997).

8 Si veda *supra*, nota 5.

Collezionare, dipingere, illudere
Cabinets of curiosities in pittura

CRISTINA ACIDINI

La storia del museo moderno, com'è noto, ha inizio dallo sviluppo delle "raccolte d'arte e di meraviglie", le *Kunst- und Wunderkammern* del tardo Rinascimento, a loro volta precedute da "camere del tesoro" sacre e profane, florilegi di antichità, collezioni d'arte. Degli oggetti naturali e artificiali in esse radunati e preservati si hanno idee abbastanza precise grazie a inventari, a elementi rimasti, talora ad incisioni, che da Schlosser a Lugli sono stati efficacemente investigati e commentati.[1] Aventi a capostipiti i piccoli ambienti di palazzi nobiliari del XV secolo – gli "scrittoi", "stanzini" o "studioli" dei quali dovevano essere splendidi esempi quello di Piero de' Medici in Palazzo Medici a Firenze, quelli di Federico da Montefeltro nei palazzi ducali di Urbino e di Gubbio, quello di Isabella d'Este nel palazzo ducale di Mantova e altri meno famosi – le raccolte si estesero ad ampi spazi o a sequenze di stanze tematiche nel secolo successivo, con accentuazione dell'abbinamento tra arti e scienze: a manufatti artistici di ogni civiltà, secolo e tipologia (compresi oggetti di provenienza orientale, ricercatissimi) venivano affiancati reperti naturali preziosi o curiosi, nonché strumenti di misura e d'indagine occidentali e arabi. I diversi oggetti venivano accuratamente disposti in obbedienza a criteri di associazioni, rispondenze, simmetrie, collegamenti palesi o segreti, in rispondenza a visioni diverse del cosmo, ora come organizzazione armonica e razionale, ora come labirinto di significati misteriosi.

Una superba esemplificazione dell'attitudine cinquecentesca a classificare e a ricondurre nel chiuso di stanze e stanzini l'esaltante complessità dell'universo si incontra nella Firenze da Francesco I a Ferdinando I, allorché nel giro dei decenni settanta-novanta il collezionismo granducale mediceo diede luogo alla claustrofobica e magica *Wunderkammer* detta lo Studiolo in Palazzo Vecchio, subito dopo alla Tribuna quale tempio degli Elementi nel cuore della Galleria degli Uffizi in formazione, infine agli "stanzini" delle Matematiche, delle Carte Geografiche e dell'Armeria nelle immediate adiacenze della Tribuna. Nel secolo successivo, mentre proliferavano le raccolte di antichità, statue e pinacoteche, avrebbero avuto origine i primi musei a carattere prevalentemente, se non esclusivamente, scientifico, dediti alla raccolta e all'ostensione di reperti istruttivi non meno che bizzarri. La collezione del grande naturalista Ulisse Aldrovandi, da lui lasciata nel 1603 al comune di Bologna, ne è un precoce e affascinante esempio; sarebbero seguiti in Europa i musei Wormianum, Kircherianum, Calceolarianum, Cospianum, Septalianum, denominati dai fondatori, e altri uniformati alla predominanza di *exhibits* naturalistici e scientifici.

Le strade si sarebbero definitivamente separate con i riordini dell'Età dei Lumi, che avrebbero tenute distinte arti e scienze secondo criteri dettati da specialismi via via più rigorosi, giunti fino a noi, che si sente ormai il bisogno di attualizzare e di superare negli studi come nelle espressioni creative.

Se sui contenuti di questi particolarissimi ambienti le testimonianze documentarie di tipo archivistico sono numerose, restano poche le testimonianze iconografiche. Riusciamo tuttavia a ricostruire alcuni elementi tipici e ricorrenti delle stanze adibite a raccolte miscellanee di pregio, i contenitori e gli espositori. Armadi, anzitutto, con ante di legno o di vetro. Poi scaffali, mensole, alti sgabelli ("sgabelloni"). E per i più abbienti, mobili fiabeschi: stipi (detti anche impropriamente "studioli") di legno con pietre dure, bronzo, argento, tartaruga o avorio; medaglieri e monetieri; scarabattoli (o scarabattole), ovvero mobiletti a vetri, la cui definizione corrente attiene soprattutto all'ambito dell'arredo di devozione, in quanto «vetrina contenente una statuetta

35. Domenico Remps (attribuito), *Scarabattolo*, seconda metà del XVII secolo, particolare. Firenze, Museo dell'Opificio delle Pietre Dure, inv. 780.

o più spesso una scena religiosa piuttosto complessa, come un presepio». Di quest'ultimo lemma, le varianti "carabattola" e "carabattole" avrebbero assunto nel tempo un'intonazione dispregiativa, fino a indicare cianfrusaglie di nessun valore.

Nel linguaggio del collezionismo internazionale, diffuso da e attorno ai viaggiatori del Grand Tour, finì per affermarsi su ogni altra definizione e dizione *cabinet of curiosities*, utile per indicare spesso una intera stanza, racchiusa e appartata: il nostro "gabinetto" nei suoi più diversi significati.[2] A quest'ultima tipologia quasi certamente correva il pensiero di Galileo Galilei quando espresse il suo severo giudizio sulla *Gerusalemme liberata* di Torquato Tasso, paragonata ad uno «studietto» pieno di «coselline», contrapponendovi l'*Orlando furioso* di Ludovico Ariosto, assimilabile a una galleria ricca e grandiosa. Galileo descrisse la prima esperienza nei termini ben noti di

> penetrare in uno studietto di qualche ometto curioso, che si sia dilettato di adornarlo di cose che abbiano per antichità, o per altro del pellegrino, ma che però sieno in effetto coselline, avendovi come saria a dire un granchio pietrificato, un camaleonte secco, una mosca, un ragnio in gelatina in un pezzo d'ambra, alcuni di quei fantoccini di terra che dicono trovarsi nei sepolcri antichi di Egitto, e così in materia di Pittura qualche schizzetto di Baccio Bandinelli, o del Parmigiano, o simili altre cosette. Ma all'incontro quando entro nel Furioso, veggo aprirsi una guardarobba, una Tribuna, una Galleria regia, ornata di cento statue antiche de' più celebri Scultori, con infinite storie intere, e le migliori di Pittori illustri, con un numero grande di vasi, di cristalli, d'agate, di lapislazari, e d'altre gioie, e finalmente ripiena di cose rare, preziose, maravigliose, e di tutta eccellenza.[3]

Al centro di esegesi raffinate, a partire da quella di Erwin Panofsky, il passo è stato interpretato in prevalenza come una presa di distanza e addirittura un'avversione, da parte di Galileo, nei confronti delle espressioni sofisticate, capziose, sostanzialmente asfittiche e chiuse al rinnovamento dell'arte del Manierismo inoltrato. E tuttavia non riesco a immaginare la superba prospettiva architettonica ed espositiva evocata in alternativa allo «studietto» se non come il percorso granducale da Palazzo Vecchio, con la Sala delle Carte Geografiche quale prima e più antica Guardaroba medicea, alla Galleria degli Uffizi con la Tribuna come santuario delle arti e dei tesori, e i lunghi corridoi in cui si dispiegava la collezione di statuaria antica: in altre parole, come l'espressione più alta e avanzata di una museologia eclettica e onnivora che consideriamo, entro le convenzioni critiche correnti, tipica del Manierismo fiorentino nell'epoca dominata da Francesco I e da Ferdinando I. Piuttosto che contrapporre, nel giudizio galileiano, il fare minuzioso e tortuoso del Manierismo alla semplicità larga degli artisti protagonisti della riforma, si potrebbe dar credito allo scienziato toscano di saper percepire e privilegiare la magnificenza sovrana nella sua schietta pienezza, sprezzando per contro i succedanei domestici di essa alla portata di abati e segretari, le piccole e prevedibili *Wunderkammern* che i viaggi d'esplorazione in crescita, gli scavi archeologici incipienti e un vivace mercato di arti grafiche all'ultima moda contribuivano a moltiplicare. Non una questione di "stile" artistico, dunque, ma piuttosto di attitudine estetica della mente.

Ma il *cabinet* poteva anche ridursi a una porzione della stanza stessa, in genere un mobile o mobiletto a scaffali aperti chiuso da ante vetrate e da sportelli, eventualmente con cassetti, fitto di *curiosities* e altre meraviglie più o meno pregiate.

A dispetto delle riserve galileiane, il *cabinet of curiosities* restò una forma collezionistica vitale attraverso i secoli, tanto da ripresentarsi attraverso varianti e metamorfosi fino ai nostri giorni. È del 2005 una poesia di Heather Blakey, che con garbo meticoloso provvede l'inventario visivo di un *cabinet* del terzo millennio:

> Un armadietto di curiosità meravigliose
> una collezione squisita
> oggetti,
> accuratamente sistemati

a giacere, che sembrano scollegati
l'uno vicino all'altro
che evocano,
scatenano ricordi
e permettono alla mente di
vagare verso luoghi lontani

microscopi,
bilance, microtomi,
strumenti da disegno,
apparecchi fotografici,
lanterne magiche,
antichi proiettori a candela
vetreria da laboratorio di qualità
becher d'epoca, imbuti, provette, crogiuoli,
essiccatoi,
e un vetro soffiato barocco, un pezzo unico, accuratamente sistemato

un paio di rari modelli anatomici in cera
grucce e tutori,
rinforzi da braccio,
sfigmomanometri
e manichini da pronto soccorso
antiche stampe botaniche
pelo lanuginoso di mammut
coproliti,
trilobiti spinosi,
teschi, pesci e ammoniti conservati in tiretti etichettati.

Farfalle montate in capsule di Petri,
una falena di Atlantide
oscura,
fantastica e meravigliosa
pacchetti di semi,
vecchissimi uccelli impagliati, in condizioni eccellenti
pillole fatte a mano,
medicine brevettate e articoli da toilette.
L'odore di latte materno, di acqua di palude e di sesso
conservato in fialette da laboratorio

Tutto si combina per riempire
una camera di meraviglie
da procuratori
di stimoli creativi.[4]

La fantasiosa invenzione poetica capta in effetti la vocazione di ogni *cabinet* a rispondere a logiche interne, governate dal proprietario-allestitore che decide non solo i materiali ma anche le sequenze in cui vanno esposti e gli accostamenti cui debbono dar luogo, per risvegliare ricordi e ispirare emozioni. Nei rami del sapere rappresentati – la tecnologia, la biologia, la zoologia, la botanica, la medicina – il vecchio e il nuovo si succedono senza cesure: lanterne magiche e vetreria d'epoca evocano l'alba della scienza moderna, mentre gli arnesi ottici e i presidi sanitari parlano il linguaggio della contemporaneità. Gli uccelli impagliati rinviano ad antiche presentazioni zoologiche, gli insetti montati alla fauna esotica. Con i fossili, alla dimensione di indagine sul naturale si aggiunge la risonanza magica di un'indefinibile vecchiezza del pianeta. E un tratto di superstizione degno della magia descritta dall'Ariosto – nelle ampolle col senno perduto degli uomini sulla Luna – fa sognare odori in provetta.

Rivolgiamo ora l'attenzione del nostro sguardo virtuale altrove, nell'arco della lunga storia della pittura antica e moderna, per seguire il percorso intermittente di un soggetto che è spesso ricordato alle origini del "genere" natura morta. Nicchie e scaffali immaginari sono stati dipinti sulle pareti o appesi ai muri fin dall'antichità, e le splendide coppe ricolme di frutti provenienti da Pompei sono divenute nel tempo l'esempio più celebre di immagine beneaugurante, quasi un benvenuto – si crede – all'ospite, come promessa di delizie reali ben presto offerte a tutti i sensi, e non solo alla vista. Ripostigli scavati illusoriamente nella profondità del muro, che imitano quelli veri, se ne incontrano dal XV secolo in avanti. Ne sono esempi celebri i coretti di Giotto nella Cappella degli Scrovegni a Padova, gli scaffali di Taddeo Gaddi nella cappella Baroncelli di Santa Croce a Firenze (fig. 36) che fingono di ospitare suppellettili liturgiche.

Ma non ne mancano in dimore aristocratiche e anche nei Palazzi Vaticani, in particolare nell'Appartamento Borgia, decorato dal Pintoricchio con una squadra di collaboratori sul finire del XV secolo, con vasellame di raffinata qualità. Qual è il rapporto, se c'è, tra gli armadietti con i loro graziosi contenuti ingannevoli e gli scrittoi di teologi e sapienti, dipinti, per fare qualche esempio, da Antonello da Messina, da Botticelli, da Ghirlandaio? Le pareti e i tavoli di questi *scriptoria* o stanzini di uomini di Chiesa sono arredati con documenti e strumenti di un sapere universale, che accoglie ampi e doviziosi riferimenti all'indagine nella natura e nel cosmo – sfere armillari, astrolabi, compassi e naturalmente tomi dalle preziose legature – non meno che arnesi scrittorii, documenti, scatole ovali di corteccia dal contenuto misterioso. Ma la domanda può anche restare senza risposta. Quel che c'interessa ora è che in un preciso momento la storia dei *cabinets of curiosities* e quella delle raffigurazioni illusionistiche di oggetti allestiti in espositori tanto rientranti (nicchie) quanto sporgenti (mensole, scaffali) si toccarono e si unirono, col risultato di dar vita a un "genere nel genere", la pittura illusionistica del *cabinet of curiosities*.

Nella varietà di versioni che conosciamo di questa piacevole ed istruttiva iconografia, l'elemento comune è l'impegno del pittore a ottenere effetti di evidenza volumetrica e materica, grazie ai quali la potenza persuasiva dell'immagine tenda alla perfezione. Se il fondamento, come per ogni pittura nel vasto ambito del *trompe-l'œil*, è l'uso raffinato delle regole e degli espedienti della *perspectiva artificialis*, è su di esso che poggia il fragile castello degli ulteriori inganni: la sagomatura artificiosa dei supporti, l'accorto partito dei chiaroscuri, la mimesi dei materiali imitati nel dettaglio di ogni *texture* superficiale – il liscio, il ruvido, il fibroso, il corneo –, il naturalismo sensuale dei colori e, non ultima, la programmata finzione della precarietà, dell'imperfezione o dell'invecchiamento. Prendiamo alcuni quadri di particolare ricchezza figurativa e pittorica, come quelli di Cornelis Gijsbrechts, di Georg Hinz, o magari il celeberrimo scarabattolo di Domenico Remps, vanto del Museo dell'Opificio delle Pietre Dure, dal quale ha preso spunto il progetto di questa mostra, che dà evidenza fisica ad alcuni degli oggetti ivi raffigurati, ancora presenti nelle collezioni toscane.

Nei *cabinets* dipinti non mancano mai oggetti preziosi, specialmente in avorio e in corallo. L'avorio, passione dell'Europa del Nord, testimonia ed esalta la capacità suprema dei tornitori e degli scultori che dalle zanne elefantine (o talvolta da congrui segmenti d'osso) ricavavano boccali, coppe, pissidi, sfere multiple, fusti e basi. Il corallo, dono dei mari temperati e caldi, si vede spesso presente in grani a formare filze, variamente appese o disposte, o in minuscole sculture (teschi, figurette); ma soprattutto compare in branche ovvero ceppi, dai quali si diparte lo sviluppo tentacolare dei rami rossi o bianchi o neri, sciolti o appesi, rilegati in ghiere o montati su fusticini. Sempre dai mari caldi o dai lontani oceani, dove si succedevano in ritmi crescenti le esplorazioni, vengono le conchiglie, dai sontuosi esemplari di Nautilus ai comuni cauri, passando per una varietà di famiglie di gasteropodi, bivalvi e monovalvi; e vengono le perle, principeschi prodotti delle ostriche indiane. Si scorgono insetti (un cervo volante nel Remps) o altri *naturalia*, anche in sommessa celebrazione delle conoscenze scientifiche che – specialmente per

36. Taddeo Gaddi, *Natura morta*, 1332-1338. Firenze, Santa Croce, cappella Baroncelli.

gli insetti e gli organismi di piccole o minuscole dimensioni – l'invenzione del microscopio stava mettendo a disposizione. Le scatole ovali, dischiuse, lasciano intravedere altri tesori.

Vasi, vetri, specchi, scrigni, medaglie, monete e placchette, armi, orologi, strumenti matematici e astronomici esaltano a loro volta l'ingegno umano nel sapere manuale e scientifico, del quale sono strumenti penne, coltellini, calamai e altri arnesi per scrivere. Modellini di statue, piccoli rilievi (anche in cera colorata), quadretti a olio, carte con disegni e incisioni alludono alle "arti maggiori", che solo in dimensione ridotta hanno cittadinanza in questi lenticolari microcosmi.

Vien da chiedersi, inevitabilmente, il motivo di questa limitata ma suggestiva fioritura di *cabinets* dipinti, dove i due piaceri dell'inganno ottico e dell'addensamento di cose belle e rare si esaltano a vicenda. Nonostante le tante ipotesi, credo manchi a tutt'oggi una risposta univoca ed esauriente. Ritratti: potrebbero essere ritratti di *cabinets* realmente allestiti e posseduti da appassionati collezionisti, desiderosi di lasciar testimonianza visiva perenne (come si fa per sé stessi, o per le persone care) di apparenze che mutano e decadono. O al contrario, questi quadri potrebbero rispondere ai desideri di committenti eruditi ed aggiornati ma di risorse limitate, "ometti curiosi" che non potendo permettersi una vera collezione di costosi *naturalia e artificialia* l'avrebbero elegantemente evocata grazie ad abili pittori, la cui arte comportava allora minor dispendio rispetto all'acquisto di articoli esotici e rari: surrogati, insomma. Non sarebbe la prima volta, né l'ultima nella lunga storia delle arti, che l'immagine dipinta sostituisce a pieno titolo l'oggetto reale, un po' per auspicio, un po' per consolazione. Si pensi ancora alle appetitose composizioni di frutta fresca in coppe di vetro finissimo dipinte sui muri delle splendide *domus* romane, che si crede fossero parte dell'accoglienza ai visitatori e agli ospiti, come annuncio dell'opulenza del banchetto. Ma si riconsideri anche l'inganno pittorico, ispirato da un primordiale desiderio di cibo, che adorna la misera cucina di Mastro Geppetto nel *Pinocchio* di Collodi:

> Il povero Pinocchio corse subito al focolare, dove c'era una pentola che bolliva e fece l'atto di scoperchiarla, per vedere che cosa ci fosse dentro, ma la pentola era dipinta sul muro. Figuratevi come restò. Il suo naso, che era già lungo, gli diventò più lungo almeno quattro dita.[5]

Insondabile infine, ma probabile, lo spessore didascalico e didattico che corroborava il ruolo dei *cabinets* – sia veri, sia dipinti – come diffusori di cultura scientifica ed artistica, nonché propagatori di meraviglia per quanto vi era in essi di raro ed eventualmente di mostruoso, entro un'eletta cerchia di osservatori e ammiratori. Non è irrecuperabile la memoria di un tempo giunto ben addentro al XX secolo allorché in Sicilia – o almeno a Trapani, dove ho avuto notizia di questa tradizione – nelle dimore nobili e borghesi si usava installare al centro di una sala di rappresentanza uno scarabattolo contenente un teatrino sacro o profano composto con gusto scenografico e profusione di elementi preziosi e naturali, per organizzarvi attorno colti intrattenimenti. L'icastica pagina bidimensionale di un *cabinet* dipinto illusionisticamente poteva ben adempiere una funzione analoga, di duratura silloge delle conoscenze e teatro della memoria. Non ci sorprende inoltre imbatterci in qualche esempio di autoritratto appartenente a un pannello illusionistico, com'è l'*Ego sum pictor* di Dominique Doncre (1787) nel Musée des Beaux-Arts ad Arras (fig. 37), dove l'artista dà di sé un'immagine obliqua e suggestiva confinando la propria effigie in un'incisione, e affidando a un calibrato geroglifico di oggetti il racconto delle proprie arti e forse dei propri passatempi, se a questi allude la carta da gioco seminascosta.

Un requisito tutto speciale dei *cabinets* dipinti, infine, merita qualche ulteriore rigo di commento: mi riferisco ai ricercati e insistiti espedienti che alludono, come prima accennavo, alla precarietà, all'imperfezione o all'invecchiamento. I biglietti sommariamente infilati in una sbarra, come soggetti a cadere al primo soffio d'aria, i vetri rotti degli sportelli, le carte spiegazzate o lacere con vistose "orecchie", le tele mezze schiodate penzolanti dai telai sono tutti inconfondibili rimandi all'azione logorante del Tempo, alleato dell'uso nel causare un'inarrestabile decadenza delle cose, che in termini odierni sarebbe fin troppo ovvio porre sotto l'epigrafe dell'entropia universale, per cui ogni trasformazione avviene col risultato di un maggior disordine. Questa diffusa sottolineatura degli aspetti caduchi della materia ha indotto ad applicare ad ogni elemento di tal fatta la categoria della *Vanitas*, iconografia varia attestata nel XVI secolo e diffusa nel XVII, che ammonisce sullo stato transitorio dell'esistenza e specialmente della bellezza, mostrando oggetti tipici quali il teschio, i fiori recisi, la candela spenta, le fragili bolle di sapone, gli orologi, i pericolanti simboli del potere e altro ancora. Anche alla *Canestra* di Caravaggio nella Pinacoteca Ambrosiana (1598 ca.) è stato ed è collegato il significato di *vanitas*, per l'evidente stato di sofferenza delle foglie accartocciate e mangiucchiate, e della mela bacata.

L'interpretazione allegorica d'intonazione moraleggiante ha un fondamento credibile, dalla metà del Cinquecento in poi, nel sentire comune improntato ai valori della Controriforma: ed è familiare e diffuso nella cultura del tempo il concetto del Tempo come impietoso divoratore d'integrità e di bellezza. Ma non è meno sostenibile che l'accentuazione della decadenza fisica di strutture e oggetti abbia lo scopo di affinare l'illusione del vero; poiché è malinconica quanto generale esperienza di ognuno di come le cose fin troppo rapidamente si guastino, e di come

37. Dominique Doncre, *Ego sum pictor*, 1785. Arras, Musée des Beaux-Arts, inv. 863.1.2.

sia più facile trascurarle che tenerle in buono stato. E dunque i "difetti" aggiungono gradi di verosimiglianza – oltre che notazioni di filosofia e di morale – suggerendo che le componenti del quadro condividano lo stesso spazio dell'osservatore, uno spazio reale dove le cose non godono d'una inalterabile durata nella perfezione ma, partecipando del vissuto quotidiano, si sgualciscono, si lacerano, si rompono.

Questo aspetto si accentua man mano che, addentrandoci nel XVIII secolo, s'incontrano più frequenti le raffigurazioni di pannelli lignei con nastri e barre fissate, che trattengono e al tempo stesso mostrano lettere spiegate e inchiodate, biglietti dissuggellati, immagini e scritti a stampa e materiali cartacei consimili. Quasi ognuna di queste carte rivela un patimento subito o in corso, a denotarne il destino effimero nonché a corroborare l'illusione. Ci si può chiedere quale sia, al di là del virtuosismo artistico, lo scopo di questo soggetto, ma si rischia di restare ancora una volta senza un'univoca, soddisfacente risposta. I precari carteggi sembrano, comunque, alludere ad una vita intensa di scambi e relazioni sociali. E non pare un caso che, sviluppando esempi risalenti all'antichità e al Cinquecento, un protagonista letterario del Settecento sia il romanzo epistolare, che proprio in questo secolo e specialmente nella seconda metà tocca l'apice qualitativo e la densità quantitativa. Basti dire che a partire da *Pamela, o la virtù premiata* di Samuel Richardson (1740), si incontrano capolavori come *La nouvelle Héloïse* di Rousseau (1761), *I dolori del giovane Werther* di Goethe (1774), *Les Liaisons dangereuses* di Choderlos de Laclos (1782), fino alle *Ultime lettere di Jacopo Ortis* di Foscolo (1798). Tutte invenzioni letterarie che siamo abituati a considerare, come in effetti sono, pagine e pagine a stampa con i discorsi diretti di uno, due o più personaggi: ma che, se dovessimo liberare la fantasia calandoci nella finzione, trarrebbero origine appunto da consimili mazzetti di fogli manoscritti, sgualciti e forse macchiati d'inchiostro laddove le lacrime lo hanno sciolto, piegati e magari legati con un nastro, pronti a far bella mostra di sé incastrati in una sbarra o appesi a una tabella.

38. Madame Talbot, *Victorian Undertaker's Cabinet of Curiosities*, 2004. Brennan Dalsgard Publishers, www.MadameTalbot.com.

39-44. Laura Erler, *Cabinet of Curiosities*, *Danzando nella luce*, *Scarabattolo*, *Sliding*, *Natura morta con coralli*, *Aspettando l'alba 2*, 2006-2008. www.lauraerler.it.

Virtuosistici, ingannevoli "ritratti" di *cabinets of curiosities* o di tabelle con funzione di miniarchivi privati non se ne eseguono più da tempo, anche se la voga delle carte rappresentate in *trompe-l'œil* su *cabarets* e tavoli in scagliola si protrasse a lungo nel XIX secolo.

Ma un sommesso filone d'espressione artistica tuttora esiste e continua nel solco di quella tradizione, adattandola e reinterpretandola. Questo almeno mi pare il senso di contemporanei "lavori" d'artigianato artistico che direi specialmente femminili, poiché sono soprattutto autrici coloro che immettono in Internet immagini suggestive: Madame Talbot con la proposta dell'inquietante catalogo figurato di un impresario di pompe funebri di età vittoriana in cui gli accessori funebri sono disposti in un luttuoso e specialistico *cabinet* (fig. 38), Laura Erler con i suoi disegni colorati (figg. 39-44), che attingono in chiave fantastica da quelle che sono, per certi versi, le

45. Annie Modica, *Cabinet of Curiosities Tray* [*Vassoio con armadietto di curiosità*], 2007. www.anniemodica.com

ultime *Natur- und Wunderkammern* giunte fino a noi relativamente indisturbate, vale a dire le aule di scienze naturali di antiche istituzioni formative e, ove rimasti nello *status quo*, i musei scientifici d'impianto settecentesco, Annie Modica col suo vassoio *Cabinet of Curiosities* (fig. 45).

Ed è, per concludere con un ultimo esempio, un dipinto deliziosamente ironico il *Cabinet de perruques* di Laurent de Commines, artista e conoscitore di arti applicate attivo a Parigi. Scatenata fantasia di surreali parrucche e copricapo sugli scaffali immaginari di una scansia meticolosamente foderata di carta da parati a righe, la tavola di Commines rappresenta una delle più felici riprese, in chiave odierna, di un soggetto che non ha ancora esaurito la propria carica provocatoria e fantastica.

1 J. von Schlosser, *Die Kunst- und Wunderkammern der Spätrenaissance*, Leipzig 1908 (per l'edizione italiana più recente si veda Id., *Raccolte d'arte e di meraviglie del tardo Rinascimento*, introduzione di C. De Benedictis, Firenze 2000). Tra i vari scritti di Adalgisa Lugli si veda specialmente *Naturalia et mirabilia: il collezionismo enciclopedico nelle Wunderkammern d'Europa*, Milano 1983.

2 «Stanza adibita a studio privato o a colloqui riservati» e dunque per traslato «ufficio composto dei collaboratori immediati di un ministro o di un alto funzionario» e «ministero; il complesso dei ministri che in un certo tempo hanno esercitato il potere di governo»; ma anche «latrina; stanza da bagno». Un'ombra minacciosa grava sul *Gabinetto del dottor Caligari*, film espressionistico del regista tedesco Robert Wiene (1919) che si considera allegoria del nazismo incombente.

3 G. Galilei, *Considerazioni al Tasso*, Roma 1793, pp. 7-8 (si tratta della prima edizione, uscita postuma con il *Discorso sopra il poema di M. Torquato Tasso* di Giuseppe Iseo e condotta su un manoscritto lasciato dal grande scienziato e ritrovato dal Serassi nel 1750). Autorevolmente commentate da Erwin Panofsky, le considerazioni di Galileo non smettono di dar materia di esegesi critica; cfr. ultimamente l'edizione dell'opera di Maurizio Di Gregorio († 1651), *"Le coselline di un ometto curioso". L'idea per fare le gallerie universali di tutte le cose del mondo, naturali, artificiali e miste*, a cura di D. Caracciolo, nota filologica di G. De Miranda, Galatina 2008.

4 «A cabinet of wondrous curios / A delightful collection / Objects, / Carefully placed / Lying, seeming unconnected / Next to each other / Evoking, / Triggering memories / Permitting the mind to / Wander to faraway places // Microscopes, / Scales, microtomes, / Drafting tools, / Cameras, / Magic lanterns / Antique candle powered projectors / Fine laboratory glassware / Vintage beakers, funnels, test tubes, crucibles, / Desiccating jars / And a one-off hand blown, baroque piece carefully stored // A pair of rare wax anatomical models / Crutches and callipers, / Arm braces, / Blood pressure meters / And first aid dummies / Antique botanical prints / Woolly mammoth hair, / Coprolites, / Spiny trilobites, / Skulls, fish and ammonites stored in labelled draws. // Butterflies mounted in Petri dishes / An Atlantis Moth / Obscure, / Whimsical and wonderful / Packets of seed, / Very old taxidermy birds, in excellent condition / Hand-made pills, / Patent medicines and toiletries. / The scent of human breast milk, swamp water and sex / Stored in tiny laboratory vials // All combine to fill / A purveyors / wonder chamber of / creative stimuli». L'autrice, molto presente in rete in vari blog con la definizione di *artistic midwife*, è leader della comunità virtuale Soul Food Cafe.

5 C. Collodi [C. Lorenzini], *Le avventure di Pinocchio. Storia di un burattino* (Firenze 1883), V.

Lo *Scarabattolo* attribuito a Domenico Remps

JAN MUYLLE

> Poiché un dipinto perfetto è uno specchio della Natura, che fa comparire cose che non esistono, e inganna in maniera ammissibile, divertente e commendevole.[1]

L'inventario dei dipinti stilato alla morte del Gran principe Ferdinando de' Medici (1713) menziona due armadi dipinti a *trompe-l'œil*:

> Un simile alto br. 1 ⅔, largo br. 2 ⅓, dipintovi un armadio, o scarabattolo con vari quadretti, medaglie, stampe, branche di corallo, et una soprascritta di lettera diretta al Sig(nor) M(arches)e Fran(ces)co Riccardi.
>
> Un simile alto br. ⅚, largo br. 1 ⅙, dipintovi un armadio entrovi porcellane, e bicchieri di cristallo, et un oriuolo a polvere.[2]

Il secondo dipinto è oggi perduto. Il primo, lo «scarabattolo», è attribuito dubitativamente a Domenico Remps.[3] Lo storico dell'arte e frate carmelitano Pellegrino Antonio Orlandi ebbe, nel 1719, espressioni elogiative per questo «Fiammingo», offrendo una descrizione efficace degli stupefacenti effetti *trompe-l'œil* delle sue opere:

> Domenico Remps Fiammingo. Il diletto di questo grazioso Pittore fu il fingere sopra le tele tavole di legno, nel mezzo delle quali dipigneva paesi, vedute, lettere, carte stampate, o da giuoco, bicchieri, scattole, disegni, pettini, cortelli, calamai, penne, animali, et altre cose, il tutto così bene somigliante al vero, che l'occhio restava ingannato, e la mente delusa, nel credere essere naturale quello, che era dipinto. Molte di queste opere sono sparse per le Gallerie.[4]

Il biografo e collezionista Francesco Maria Niccolò Gabburri lo lodava in termini simili in un'opera composta tra il 1738 e il 1741, segnalando in particolare un'opera «specialmente bellissima» posseduta dal Gran principe Ferdinando, molto probabilmente lo *Scarabattolo*.[5] Sono pochi, peraltro, i dipinti che si possono attribuire a Remps.[6]

Lo *Scarabattolo* fu molto probabilmente commissionato dal marchese Francesco di Cosimo Riccardi, al quale è indirizzata la lettera incastrata tra il vetro e una delle sbarre poste a protezione degli sportelli: «Al Ill(ustrissi)mo Sig(no)re mio Sig(no)re et P(ad)rone Osse(rvandissi)mo | Il Sig(no)re Marchese Francesco Ricardi | Firenze». Può darsi che la commissione risalga al gennaio del 1689, quando il marchese, in qualità di maggiordomo maggiore del granduca Cosimo III de' Medici, organizzò nella propria dimora – l'attuale Palazzo Medici Riccardi – un magnifico ricevimento in occasione delle nozze del Gran principe con Violante Beatrice di Baviera.

L'opera è unica e notevole da vari punti di vista. In primo luogo si tratta di uno *chantourné*, poiché la tela è tagliata nella forma di uno scarabattolo aperto. La massima resa del suo effetto *trompe-l'œil* si ottiene collocandolo all'interno di un gabinetto di curiosità, in una *Kunst- und Wunderkammer* enciclopedica, dove ci si potrebbe aspettare di vedere uno scarabattolo vero. Il contenuto dell'armadietto è infatti costituito dai *naturalia* e *artificialia* tipici di un tale gabinetto. Il marchese e il pittore dovettero avere accesso diretto alle collezioni medicee, poiché molti tra gli oggetti collezionistici che vi sono raffigurati ne facevano parte.

I *naturalia* sono costituiti da due scarabei (uno dei quali è uno scarabeo rinoceronte), minerali, conchiglie, rami di corallo e, naturalmente, il teschio. La presenza di tanto corallo si spiega probabilmente con la credenza che esso possedesse virtù apotropaiche e medicinali, come quel-

la di scongiurare il malocchio (o *fascinatio*, iettatura) o curare la melanconia. Mescolato con pietre di bezoar, ambra, perle, corno di cervo trattato e pietre preziose, veniva usato come medicinale e come cordiale, nonché come potente antidoto contro i veleni. Gli amuleti di corallo, inoltre, erano usati per proteggersi dai fulmini e dalle tempeste in mare. Non solo, ma un corallo rosso che scoloriva era considerato segno di una morte imminente.[7]

Il teschio sormontato da un ramo di corallo rosso – che si credeva vi fosse cresciuto in maniera naturale («una testa umana pietrificata sopra la quale è nata una branchetta di corallo»), – è un reperto di epoca preistorica, una curiosità acquistata dal granduca Ferdinando I e poi esposta nella Galleria del Giardino dei Semplici a Pisa, dove diventò una sorta di attrazione turistica. Questo strano oggetto è oggi conservato a Calci, nel Museo di Storia Naturale e del Territorio.[8] Esso richiama il motivo della *vanitas*: *Vanitas vanitatum et omnia vanitas* (Eccl. 1, 2), *Finis coronat opus*. Una *Kunst- und Wunderkammer* è infatti anche qualcosa di transeunte. I vetri degli sportelli sono incrinati, e ne mancano alcuni pezzi.

Alcuni tra gli *artificialia* rimandano all'antichità. Nei cammei si riconoscono Atena/Minerva, dea della virtù, delle arti e della sapienza, e la Fenice, uccello che simboleggia la rinascita e il rinnovamento e dunque perfetto simbolo della continuità dinastica: dopo l'inevitabile morte del sovrano, la dinastia vive nella persona del suo giovane erede. L'iconografia dei medaglioni e

46-50. Domenico Remps (attribuito), *Scarabattolo*, seconda metà del XVII secolo, particolari. Firenze, Museo dell'Opificio delle Pietre Dure, inv. 780.

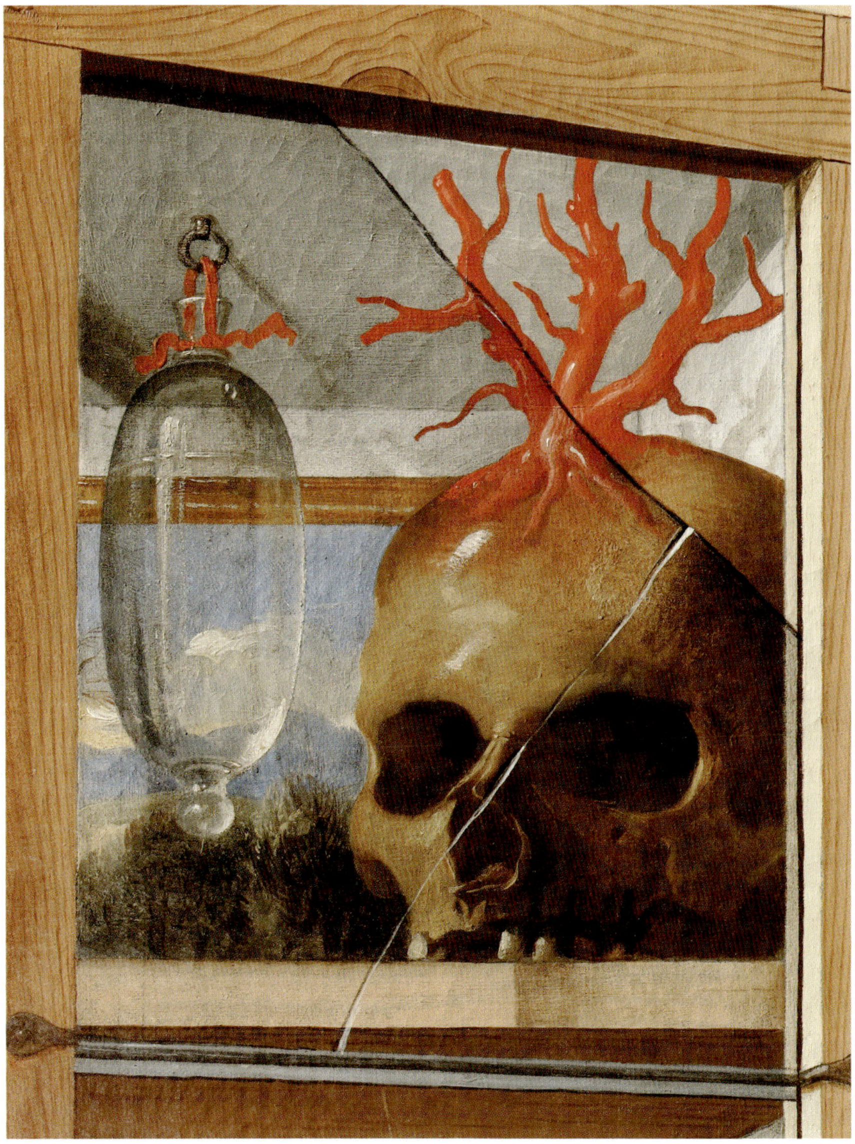

delle placchette è meno ovvia, ma il richiamo all'antico torna nella scena erotica del tondo e nella scultura bronzea della *Ninfa dormiente*.

Gli stili pittorici dell'epoca sono molto ben rappresentati, con l'unica eccezione della pittura di genere. La natura morta floreale occupa una posizione centrale, come se l'artista intendesse affermare con chiarezza che questo genere, che egli stesso praticava, è la forma più alta di pittura. La miniatura potrebbe essere un autoritratto, una firma nascosta. I paesaggi marini sugli sportelli sono in tutta evidenza dei pendant: la tempesta evoca pericolo, calamità, morte, mentre il dipinto con le navi in porto suggerisce tempo clemente, sicurezza, protezione, prosperità, vita. Un aspetto che colpisce è che i paesaggi e l'incisione hanno tutte le caratteristiche della pittura olandese e fiamminga del Seicento, della quale il Gran principe era certamente un ammiratore.[9] All'incisione si può forse attribuire un significato emblematico: potrebbe trattarsi addirittura di un riferimento all'inganno del *trompe-l'œil.* In un emblema simile, *Keur baert angst* ("La scelta genera timore"), l'olandese Roemer Visscher associava la rappresentazione di due alberi, uno in fiore e l'altro morto, al timore di compiere una scelta capitale e al pericolo di essere fuorviati da falsi esempi o da mancanza di intuizione.[10]

Tra gli altri *artificialia* vediamo un recipiente decorato, uno specchio sferico, una lente, uno strumento scientifico, due vasi di avorio tornito, un termometro ad alcol, un orologio da tasca e

una pistola. Il recipiente decorato è prova evidente della ricchezza del collezionista. Gli avori non hanno né una funzione né un significato simbolico particolare, ma sono senz'altro una testimonianza di straordinaria, stupefacente maestria: le collezioni medicee ne conservavano numerosi esemplari di provenienza tedesca, portati a Firenze come bottino da Mattias de' Medici durante la guerra dei Trent'anni (oggi a Firenze, Museo degli Argenti). L'orologio può costituire un riferimento alla caducità, mentre la pistola allude probabilmente alla violenza che talvolta accompagna la morte. Questi due oggetti rafforzano insomma l'idea di *vanitas*, già palesata dalla presenza del teschio e dei vetri infranti degli sportelli.

Lo specchio sferico in cui si riflette con una distorsione prospettica la *Kunst- und Wunderkammer* comprende questo spazio reale nello spazio illusionistico del dipinto e nello stesso tempo allude alla *perspectiva* e all'*optica*. Queste due scienze erano definite come un'unica arte da Samuel Marolois, fra gli altri, che la definiva esplicitamente come scienza dell'osservazione degli oggetti attraverso un materiale trasparente o traslucido o su una superficie riflettente: l'aria, le nubi, l'acqua, gli specchi e così via.[11] Gli strumenti ottici – specchi, lenti, prismi – e le loro applicazioni nell'illusione ottica erano oggetti popolari presso i collezionisti, come ci rivelano le raccolte del Museo di Storia della Scienza a Firenze.[12] Lo specchio sferico e la lente mostrano a chi li guarda o vi guarda attraverso riflessi ingannevoli, distorti, evanescenti e dunque vani del *mundus sensibilis*. Ricompare l'idea di *vanitas*, ma questa volta in una forma nuova.

Strumenti scientifici in vetro soffiato simili a quello che compare all'interno dello scarabattolo a sinistra del teschio – forse un areometro – venivano fabbricati da Antonio Alamanni detto il Gonfia e dal suo successore Jacopo Mariani per l'Accademia del Cimento, la società fondata il 19 giugno 1657 dal granduca Ferdinando II e guidata dal fratello minore Leopoldo, futuro cardinale. Durante i dieci anni di attività di questa accademia, i suoi membri elaborarono i fondamenti della fisica sperimentale. Il suo programma comprendeva lo studio della riflessione e della rifrazione.[13]

Tra questi strumenti scientifici c'era anche il termometro ad alcol che vediamo a sinistra del teschio. La sua invenzione è attribuita a Ferdinando II, e può essere collocata nel 1654, se non in tempi di poco precedenti. Nel dicembre di quell'anno il granduca inviò dei termometri ad alcol a Parma, Milano e Bologna, creando così la prima rete di osservazione meteorologica della storia. Il funzionamento di questi strumenti, dei quali sopravvivono degli esemplari oggi conservati al Museo di Storia della Scienza, è descritto nel primo capitolo dei *Saggi di naturali esperienze* dell'Accademia del Cimento (1667).[14]

I membri dell'accademia condussero anche molti altri esperimenti che potrebbero spiegare il significato specifico di alcuni tra i minerali e gli altri piccoli *naturalia* esposti all'interno dello scarabattolo. Il 2 luglio 1657, per esempio, compirono delle osservazioni sull'asbesto, varietà fibrosa del serpentino, e sulla madreperla; nel maggio, giugno e agosto del 1660 indagarono le proprietà elettriche di ogni genere di ambra, ceralacca, pietre preziose, minerali e pietre trasparenti e opache, vetro, cristallo, metalli, cristalli di sali, perle e coralli. Il 7 e l'8 agosto 1662 osservarono la dissoluzione di corallo e perle nell'aceto.[15]

Senza dubbio il nostro artista – probabilmente, come si è detto, Domenico Remps – riuscì con il suo *Scarabattolo* a ingannare il nobile collezionista, il Gran principe Ferdinando, e il suo *entourage* «in maniera ammissibile, divertente e commendevole», secondo il pensiero del pittore di *trompe-l'œil* e teorico dell'arte olandese Samuel van Hoogstraten che abbiamo citato in apertura di questo saggio. Remps riuscì a fare un uso magistrale della tecnica del *trompe-l'œil.* Di concerto con il committente, il marchese Francesco di Cosimo Riccardi, rappresentò per il Gran principe una silloge della sua collezione enciclopedica. Il dipinto poté così innescare una riflessione e probabilmente anche una conversazione cortese sul significato dei *naturalia* e *artificialia* rappresentati, sul rispettivo valore delle arti e delle tecniche coinvolte, e di conseguenza sul significato dell'arte pittorica e sull'importanza del senso della vista: una riflessione e conversazione che avrebbe potuto annoverare tra le sue conclusioni la presa d'atto che gli occhi dello spettatore possono essere ingannati. Nelle parole del carmelitano Pellegrino Antonio Orlandi citate sopra, «il tutto così bene somigliante al vero, che l'occhio restava ingannato, e la mente delusa, nel credere essere naturale quello, che era dipinto». E non solo: il pittore costruì il suo inganno in modo tale da poter indurre il Gran principe e i cortigiani a riflettere sull'importanza relativa della ricchezza materiale e sulla finitezza dell'esistenza: *Ars longa, vita brevis.*

Questo studio costituisce una versione ridotta, rivista e aggiornata del saggio *"Fascinatio". De betovering van en door het oog. Een 17e-eeuwse toonkast in "trompe-l'oeil": verhulde kunsttheorie en humanistisch geïnspireerde vorstenspiegel*, in «De Zeventiende Eeuw. Cultuur in de Nederlanden in interdisciplinair perspectief», VIII, 1992, pp. 245-274.

1 S. van Hoogstraten, *Inleyding tot de hooge schoole der schilderkonst: anders de zichtbaere werelt*, Rotterdam 1678, pp. 24-25; cfr. anche ivi, pp. 274, 374-375. Cfr. Th. Weststeijn, *The Visible World. Samuel van Hoogstraten's Art Theory and the Legitimation of Painting in the Dutch Golden Age*, trad. dall'olandese di B. Jackson e L. Richards, Amsterdam 2008, pp. 269-294.

2 ASFi, Guardaroba Medicea, 1222, c. 38v. Si vedano M. Chiarini, *I quadri della collezione del principe Ferdinando di Toscana. II*, «Paragone», n. 303, 1975, pp. 75-108: 88, 108; A. Giusti, P. Mazzoni, A. Pampaloni Martelli, *Il Museo dell'Opificio delle Pietre Dure*, Firenze 1978, pp. 335-336, n. 580.

3 Chiarini 1975, cit., p. 108. Cfr. G.A. Hirschauer, in *Deceptions and Illusions. Five Centuries of Trompe l'Oeil Painting*, catalogo della mostra (Washington, D.C., National Gallery of Art, 2002-2003), [a cura di] S. Ebert-Schifferer, Washington 2002, pp. 258-259, n. 65; A. McGregor, *Curiosity and Enlightenment. Collectors and Collections from the Sixteenth to the Nineteenth Century*, New Haven, Conn.-London 2007, p. 53.

4 P.A. Orlandi, *Abecedario pittorico*, 2a ed. corretta e accresciuta, Bologna 1719, p. 136 (Remps non è menzionato nell'edizione del 1704).

5 Francesco Maria Niccolò Gabburri, *Vite di pittori*, ms., 1719-1741, 4 voll., Firenze, Biblioteca Nazionale Centrale di Firenze, Palat. E.B. 9.5, II, c. 685; cfr. Giusti-Mazzoni-Pampaloni 1978, cit., p. 336. Gabburri riprende Orlandi e aggiunge: «Molte di queste opere sono nelle Gallerie ed una specialmente bellissima si conserva nel famoso Gabinetto di pitture scelte di tutti i più singolari maestri che tuttavia esiste nella villa detta il Poggio a Caiano della Real Casa di Toscana, la quale collezione fu fatta già con Regia spesa dalla G.M. del Serenissimo Ferdinando Medici, Gran Principe di Toscana»; F. Borroni Salvadori, *Francesco Maria Niccolò Gabburri e gli artisti contemporanei*, «Annali della Scuola Normale Superiore di Pisa. Classe di Lettere e Filosofia», s. III, IV, 1974, pp. 1503-1564: 1515-1516.

6 Nel *Bénézit Dictionary of Artists*, XI, Paris 2006, p. 866 si menziona il pittore di *trompe-l'œil* Andrea Gottardo Domenico Remps o Rens, dalle supposte origini tedesche, attivo a Venezia alla fine del XVII secolo. Tra i continuatori della sua specialità vi fu Domenico Remps, ma della natura del rapporto tra i due artisti non si parla. Si veda anche il *Saur Allgemeines Künstlerlexikon. Bio-bibliographischer Index A-Z*, VIII, München-Leipzig 2000, p. 320. Forse Domenico (?) Remps influenzò il pittore di nature morte e *trompe-l'œil* Cristoforo Munari (Reggio Emilia 1667-Pisa 1720). L'artista, che nel 1705-1706 corrispondeva con il Gran principe Ferdinando, lavorò dal giugno 1706 fino al 1715 a Firenze al servizio di questi e di suo padre, il granduca Cosimo III. Nel 1706 l'abate Orazio Marrini elogiava i *trompe-l'œil* di Munari nella villa di Lappeggi, la residenza favorita del cardinale Francesco Maria de' Medici: «Si dilettò inoltre di esprimere con vivaci colori alcuni pezzi di abete con far comprendere che fossero a quelle attaccati con spilli e bullette, stampe e disegni, occhiali, ritrattini, forbici ed altri simili arnesi con tale verità che recava stupore». Cfr. L. Salerno, *La natura morta italiana, 1560-1805*, [testo bilingue italiano/inglese], Roma 1984, pp. 336-338.

7 A.B. de Boodt, *Gemmarum et Lapidum Historia*, Hanoviae 1609, pp. 155-156. Cfr. S.A. Callisen, *The Evil Eye in Italian Art*, «The Art Bulletin», XIX, 1937, pp. 450-462; E. Grabner, *Die Koralle in Volksmedizin und Volksglaube*, «Zeitschrift für Volkskunde», LXV, 1969, pp. 183-195; S. Migliore, *Mal'uocchiu: Ambiguity, Evil Eye, and the Language of Distress*, Toronto 1997.

8 L. Tongiorgi Tomasi, *Arte e natura nel Giardino dei Semplici: dalle origini alla fine dell'età medicea*, in F. Garbari, L. Tongiorgi Tomasi, A. Tosi, *Giardino dei Semplici. L'orto botanico di Pisa dal XVI al XX secolo*, Pisa 1991, pp. 115-212: 164-168; Ead., *Scienza o Immaginario? Mostri, meraviglie e prodigi nell'iconografia naturalistica del tardo rinascimento*, in *L'art de la Renaissance entre science et magie*, a cura di Ph. Morel, Rome-Paris 2006, pp. 385-399: 393-394.

9 E. Epe, *Die Gemäldesammlungen des Ferdinando de' Medici, Erbprinz von Toscana, 1663-1713*, Marburg 1990.

10 R. Visscher, *Sinnepoppen*, Amsterdam 1614, p. 11. Si veda *Hollstein's Dutch & Flemish Etchings, Engravings and Woodcuts, ca. 1450-1700*, XXXVIII, Roosendaal 1991, p. 167, n. 438.

11 S. Marolois, *Opticae, sive Perspectivae, pars prima [-quarta]*, [ed. postuma], Amstelodami 1633, p. 1.

12 *Museo di Storia della Scienza. Catalogo*, a cura di M. Miniati, Firenze 1991, pp. 78-89.

13 Cfr. W.E. Knowles Middleton, *The Experimenters. A Study of the Accademia del Cimento*, Baltimore, Md. 1971, pp. 44, 141-143, 276-277, 371, 372. Nel catalogo del Museo di Storia della Scienza del 1991 sono citati numerosi areometri; l'esemplare di cui si tratta al n. 25 ha un aspetto che richiama lo strumento contenuto nello scarabattolo.

14 Middleton 1971, cit., pp. 92-99, 246, 308; si vedano anche W.E. Knowles Middleton, *A History of the Thermometer and its Use in Meteorology*, Baltimore, Md. 1966, pp. 27-39; *Museo di Storia della Scienza* 1991, pp. 132-142.

15 Middleton 1971, cit., pp. 143-145, 230-233; 159, 250, 264, 332; 234-237, 362, 364.

Un itinerario nell'illusionismo architettonico fra Sei e Settecento

FAUZIA FARNETI

«E quadratura trovasi esser detto all'Arte del dipigner prospettive, cioè dipignere di quadratura»:[1] così è definito dal Baldinucci quel genere di pittura che dai primi del Seicento viene a costituire in Italia uno dei temi principali della grande decorazione. Attraverso il colore, la luce e la sapiente applicazione delle teorie prospettiche i pittori di architettura travestono le stanze, nobilitano pareti prive dei consueti elementi architettonici quali paraste, cornici e fregi, modificano i limiti dell'ambiente reale e della sua realtà strutturale costruendo macchine illusorie capaci di ingannare l'occhio nelle chiese, nelle stanze delle ville, dei palazzi cittadini, nei giardini, dove la quadratura viene a costituire straordinari fondali,[2] nelle grotte.

L'interesse per l'imitazione dello spazio, delle strutture e dei materiali dell'architettura reale è una costante dell'arte: dall'antichità attraversa il Medioevo,[3] quando l'architettura dipinta ribadisce il valore bidimensionale della parete, fino al Quattrocento, in cui la macchina prospettica piega alle sue regole tutti gli elementi della composizione, compresi quelli architettonici; ricordo le decorazioni della *Camera picta* a Mantova, realizzate da Andrea Mantegna con straordinari effetti di commistione fra realtà e finzione.[4] Decorazioni in cui le parti figurate sono inquadrate da lesene, colonne e architravi con interessanti effetti di dilatazione dello spazio sono riscontrabili nel pieno Cinquecento in numerosi ambiti artistici, fra cui quello veronese, da cui uscirono alcuni dei maggiori decoratori del Veneto: Paolo Veronese e Giovan Battista Zelotti.[5] Ancora oggi vengono costruiti illusionistici inganni per decorare le pareti di interni privati, di ristoranti e di negozi. L'illusionismo architettonico si afferma prima di tutto a Bologna, presumibilmente per quella propensione tipica di tanta cultura artistica settentrionale, a partire dalla seconda metà del Quattrocento, per «le accelerazioni prospettiche cui si affiancò l'insegnamento della scuola matematica bolognese e, seppure per breve tempo, quello di Luca Pacioli».[6]

A Firenze la tradizione della grande quadratura – o pittura d'architettura – ha nella figura di Jacopo Chiavistelli uno dei suoi più affascinanti capitoli, dopo gli ingannevoli apparati realizzati a partire dal novembre 1637 da Angelo Michele Colonna e Agostino Mitelli per volontà del granduca Ferdinando II nelle tre sale terrene di Palazzo Pitti, in cui i due pittori bolognesi costruirono coerenti spazi architettonici: apparati ideati per indurre particolari impressioni nel visitatore, che spesso si sente coinvolto totalmente in un mondo virtuale dagli inusuali effetti illusionistici di compenetrazione fra spazi reali e architetture dell'inganno, una tipologia decorativa diversa rispetto quella messa in atto negli stessi anni sempre in Palazzo Pitti da Pietro da Cortona, che ugualmente contribuì a rinnovare l'ambiente artistico fiorentino.

La decorazione delle sale di rappresentanza nel quartiere terreno del palazzo granducale, che oggi fanno parte del Museo degli Argenti, dapprima era stata affidata al celebre Giovanni da San Giovanni, che diede inizio ai lavori nell'anticamera della Sala dell'Udienza nel maggio del 1635, progettando un ingannevole apparato architettonico di grande monumentalità coinvolgente le pareti e il soffitto in cui mostra la comprensione e la sua adesione alle novità decorative romane, ai modelli più aggiornati sul gusto barocco.[7] Il portico che si dispiega sulle pareti del salone, con una soluzione già adottata dall'artista nella Villa Il Pozzino, mostra un'evidente analogia con il portico terreno dipinto nel 1617 da Agostino Tassi nel salone del primo piano di Palazzo Lancellotti a Roma, che possiamo definire una grandiosa illusione, e trova precedenti nella peruzziana Sala delle Prospettive.[8] L'apparato decorativo della sala di Pitti rimase incompiuto in quanto Giovanni, mentre attendeva alla decorazione del salone granducale, era attivo anche nel palazzo di Alessandro Pucci, e la morte lo colse prematuramente il 9 dicembre 1636.[9]

La soluzione da lui adottata nell'anticamera della Sala dell'Udienza, prima dell'arrivo di Pietro da Cortona e di Colonna e Mitelli, costituisce una novità nel panorama fiorentino che trova un'anticipazione nel motivo architettonico messo a punto da Alessandro Allori nella loggetta del primo piano del palazzo prospettante il cortile dei Paggi.

I due bolognesi completarono il ciclo pittorico celebrativo del governo di Ferdinando II nelle tre sale di rappresentanza del quartiere estivo, proponendo soluzioni tipologiche caratterizzate da due logge sovrapposte, di cui quella superiore risolta secondo modalità che ricordano quella dipinta nel citato salone del primo piano di Palazzo Lancellotti a Roma da Agostino Tassi; questa considerazione porta a riflettere ulteriormente sugli apporti dell'ambiente romano al quadraturismo anche bolognese.

Nella seconda metà del Seicento Jacopo Chiavistelli, sull'esempio del Colonna e del Mitelli, diede inizio a una scuola che avrà significativi protagonisti nella realizzazione di architetture e sculture dipinte che non giocano solo un ruolo illusivo, inteso a sedurre o a sviare lo spettatore, ma attraverso motivi prospettici – scale, arcate, fughe di stanze – mettono in relazione gli ambienti dipinti con quelli dell'osservatore, unificando spazio reale e spazio virtuale. Il Chiavistelli fu uno degli artisti più attivi alla corte medicea e molte sono le testimonianze che ancora restano degli arredi pittorici eseguiti dal prospettico in Palazzo Pitti, pur se alcuni furono successivamente distrutti e sacrificati alle necessità di ammodernamento del palazzo, un destino subìto in parte anche dagli apparati dell'inganno realizzati da altri pittori che lavorarono nella residenza granducale.[10]

Le macchine virtuali nei diversi ambienti mostrano un repertorio in cui il loggiato scenografico costituisce uno dei motivi peculiari, l'elemento cardine del costrutto architettonico illusionistico, un tema che verrà ampiamente riproposto a Firenze fino al Settecento inoltrato in numerose varianti e che trova ampia diffusione nelle residenze europee, come i loggiati piani cassettonati aperti su quinte prospettiche, molto vicini a quelli del Colonna e del Mitelli; ricordo le logge dipinte da Ludovico Burnacini negli anni sessanta del Seicento per Leopoldo I sul soffitto del teatro imperiale sulla Cortina di Vienna,[11] andato distrutto nel 1683, così affini alle architetture illusionistiche realizzate nel salone del castello di Petronell in Bassa Austria da Carpoforo Tencalla su commissione del conte Abensberg nel 1667.

Il successo ottenuto portò il Chiavistelli a servirsi, per far fronte alle numerosissime commissioni, di numerosi collaboratori che diedero vita alla prima scuola quadraturista fiorentina e che costituiscono i precedenti diretti di molti pittori operanti nel Settecento, quali Lorenzo Del Moro, Marco Sacconi, Ferdinando e Francesco Melani, Niccolò Pintucci, Pietro Anderlini, Giovan Filippo Giarrè e il figlio Anton Domenico. Nella Toscana granducale i pittori di architettura si formano attraverso una reinterpretazione degli apporti "stranieri", soprattutto bolognesi e in parte romani, condotta secondo i modelli dell'architettura tardorinascimentale e manierista; artisti che, come riferisce il *Museo Fiorentino*, «fiancheggiati dalle certissime regole della geometria, e, della Prospettiva si cimentarono ad imitar con più vaga finzione macchine ideali di vasti edifici, ingannando in sì fatta guisa l'occhio coll'indurlo a credere quel che non è, come se realmente fosse».[12]

Il ciclo pittorico realizzato dal Chiavistelli nel quartiere estivo di Palazzo Corsini è da considerare tra i più stupefacenti del Barocco toscano; il maestro e la sua scuola trasformano sedici ambienti sia nelle volte sia nelle pareti, che ci permettono di godere in sequenza, al di là degli interventi successivi, delle felici proposte dell'artista: dall'illusionismo architettonico al tema della stanza che si dischiude al paesaggio; macchine architettoniche dell'inganno che rivelano le conoscenze anche delle soluzioni bolognesi postmitelliane, le lezioni di architettura virtuale e di scenografia dei Bibiena.

Uno dei suoi allievi e collaboratori più apprezzati, Rinaldo Botti, collaborò a lungo con Lorenzo Del Moro, realizzando costrutti che mostrano un'evidente interconnessione tra architettura virtuale e decorazione plastica. Un esempio significativo di questa commistione è l'illusio-

51. Rinaldo Botti, Lorenzo Del Moro, decorazioni a *trompe-l'œil*, 1711. Firenze, Palazzo Ricasoli, piano nobile, parete del salone.

nistica macchina architettonica dipinta dai due prospettici in Palazzo Ricasoli di via delle Terme,[13] dopo i numerosi lavori di rinnovamento condotti dal senatore Giovan Francesco, «dilettante di architettura», e dal fratello Cesare Ricasoli, che chiamarono per decorare le nuove sale gli artisti più celebri del periodo, fra i quali nel 1709 Giuseppe Tonelli[14] e Carlo Marcellini.[15] Dell'ampio intervento che i due prospettici portarono avanti a partire dal 1711 rimane l'apparato decorativo del salone, che può essere considerato una delle prove più alte della pittura quadraturistica toscana del primo Settecento, un punto di riferimento essenziale per ristudiare il percorso e il rapporto fra i due pittori di architettura: Botti a mio avviso potrebbe essere il progettista dell'impianto architettonico, Del Moro soprattutto il plasticatore virtuale. Una galleria architravata, di stampo chiavistelliano, percorre tre pareti della sala (fig. 51) e, riprendendo tipologicamente il costrutto del salone di Palazzo Incontri da loro dipinto, si apre nelle campate centrali dei due lati brevi con arcate a tutto sesto che lasciano intravedere brani di architettura classica (fig. 52). Negli intercolunni centrali della seconda quinta prospettica, analogamente al salone della Villa Panciatichi di Montebuono, nel Pistoiese, dipinto da Giuseppe Tonelli,[16] sono inserite figure a monocromo come i due telamoni posti ai lati della porta centrale, che ricordano le figure maschili dipinte dai bolognesi Mitelli e Colonna nelle sale terrene di Palazzo Pitti, dalla possente muscolatura messa in evidenza dalla luce, come quelle che decorano la parete in cui si aprono le finestre. Il valore plastico dell'ingannevole costrutto è accentuato dai busti femmini-

li posti al centro dei timpani invertiti delle sovrapporte, dai Tritoni e dalle Nereidi proprie del repertorio decorativo chiavistelliano e del Botti,[17] amplificati nelle loro dimensioni; i numerosissimi elementi figurativi plastici invadono e vivificano l'architettura virtuale che si dispiega sulle pareti, come in una delle sale terrene di Palazzo Albizzi, nel borgo omonimo, da attribuire a mio avviso al Del Moro. Lo stesso repertorio costruisce l'apparecchiatura virtuale della copertura attorno all'*Ercole che sconfigge il vizio ottenendo la fama per l'eternità* di Matteo Bonechi (fig. 53),[18] l'allievo più significativo di Camillo Sagrestani, al fianco dei due prospettici in altri cantieri decorativi. Le finestre vere e simulate dell'ordine superiore delle pareti del salone Ricasoli sono inquadrate da virtuali unghie acute, enfatizzate nella loro curvatura dalle figure dei Tritoni e delle Nereidi dalla coda bifida squamata e arrotolata, che formalmente richiamano le analoghe figure a stucco realizzate nella Sala di Giove a Palazzo Pitti da Pietro da Cortona, un artista di riferimento anche per Giuseppe Tonelli. Il quadraturista fiorentino infatti incluse copie degli stucchi del Cortona nel suo album di disegni di architettura.[19]

La modalità con cui è risolto l'angolo fra pareti contigue e la copertura voltata, citazione e adattamento di soluzioni dipinte o disegnate da Andrea Pozzo e Antonio Galli Bibiena,[20] mostra straordinarie analogie con altri apparati realizzati dai due artisti[21] e trova i propri precedenti nell'ambito del repertorio del Chiavistelli e del Botti (fig. 54). Stringenti assonanze possono essere colte anche con l'ingannevole costrutto del soffitto di una sala del palazzo di Sebastiano Cellesi a

52. Rinaldo Botti, Lorenzo Del Moro, decorazioni a *trompe-l'œil*, 1711. Firenze, Palazzo Ricasoli, piano nobile, parete del salone.

53. Matteo Bonechi, *Ercole sconfigge il vizio ottenendo la fama per l'eternità*, 1711. Firenze, Palazzo Ricasoli, piano nobile, soffitto del salone.

54. Rinaldo Botti, Lorenzo Del Moro, decorazioni a *trompe-l'œil*, 1711. Firenze, Palazzo Ricasoli, piano nobile, soffitto del salone, particolare.

55. Lorenzo Del Moro, decorazioni a *trompe-l'œil*, 1717-1719. Pistoia, Palazzo Cellesi, primo piano, soffitto della galleria.

56. Lorenzo Del Moro, *Nereide e Tritone*, 1715. Gaiole in Chianti, castello di Meleto, sovrapporta del salone.

Pistoia (fig. 55)[22] in cui Del Moro dipinse, immediatamente dopo l'intervento in Palazzo Ricasoli, tra il 1717 e il 1720,[23] assieme a Niccolò Nannetti e Giovanni Domenico Ferretti. Le affinità sono tanto evidenti nella scelta tipologica e compositiva, nel repertorio decorativo, nelle figurazioni plastiche dei Tritoni e nella qualità dei cromatismi da ritenere che il prospettico abbia impiegato i medesimi cartoni Ricasoli, adattandoli alle diverse dimensioni dell'ambiente pistoiese.

Il costrutto prospettico, realizzato con l'uso di cartoni,[24] è monofocale in quanto i punti di fuga sono ravvicinati fra loro lungo l'asse centrale di simmetria, a un'altezza di poco inferiore a quella dell'osservatore, e crea l'illusione di compenetrazione fra finzione e realtà. Oltre le arcate che articolano le pareti impostandosi su un ordine antropomorfico si intravedono brani di architettura in rovina che si inseriscono nel genere ruinistico, già utilizzato dal Botti in altri cantieri decorativi e che trova grande diffusione anche in Toscana;[25] fra gli esempi più straordinari a Firenze di questa tipologia decorativa si ricordano la galleria di Palazzo Ricasoli Firidolfi e alcuni ambienti di Palazzo Naldini.[26] Uno dei motivi di architettura di rovina rappresentato è la trasposizione di un disegno con *Architetture in rovina* conservato presso la Biblioteca Marucelliana di Firenze.[27] Lo stemma Ricasoli di Meleto, che domina l'ordine mediano di una parete lunga, nel 1721 fu inquartato con quello Ramirez di Montalvo da Lorenzo Del Moro, in occasione del matrimonio di Giovan Francesco con Elisabetta di Bernardino Ramirez di Montalvo;[28] nell'Ottocento allo stemma, riportato alla luce dal recente restauro, fu sovrapposto quello della famiglia Del Bene, in quel tempo proprietaria del palazzo. Anche i Buondelmonti rimodernarono nel 1712 il loro palazzo, adiacente a quello Ricasoli, affidando il cantiere decorativo ad artisti dell'ambiente fiorentino quali Benedetto Fortini, Dionisio Predellini, Niccolò Francesco Lapi e lo stuccatore Bartolomeo Portogalli.[29]

Lorenzo Del Moro nel 1715 intervenne nella residenza di campagna dei Ricasoli a Gaiole in Chianti, il castello di Meleto, prima dei lavori di ampliamento e di adeguamento al nuovo gusto portati avanti dal senatore Giovan Francesco a partire dal 1736;[30] nel 1739, dopo la sua morte, fu chiamato Rinaldo Botti.[31] Uno dei sovrapporta del salone (fig. 56), definito da un motivo architettonico mistilineo messo in evidenza dalle figure di una Nereide e un Tritone dalle code bifide analoghe a quelle del repertorio del salone cittadino, mostra chiaramente la mano di Lorenzo, come quelli della sala attigua, in cui l'architettura ingannevole è ravvivata da due putti del tutto simili a quelli dipinti sulla volta di una sala di Palazzo Cellesi a Pistoia fra il 1717 e il 1719.[32] Al Botti potrebbero essere assegnate le altre quattro sovrapporte, il cui repertorio decorativo è risolto con una modalità che trova riferimenti in analoghe soluzioni del grande prospettico, come ad esempio nella Villa Bellavista dei marchesi Feroni a Borgo a Buggiano. L'asse centrale è messo in evidenza da un vaso dorato colmo di frutta, uva bianca e rossa, pesche, melagrana aperta, cocomero, ciliegie, motivi di grande naturalezza intramezzati da fasci di erba, un uso di *naturalia* che riprende i modelli della tradizione fiorentina.[33] Sulle pareti del salone, a fingere quadri di grandi dimensioni, sono affrescate entro cornici di stucco due vedute paesaggistiche a quinte prospettiche, vivacizzate da comparse figurative nelle quali è riconoscibile la mano dello stesso quadraturista. Il brano architettonico di una delle due vedute mostra strette analogie con un disegno eseguito da Rinaldo Botti nel 1722 conservato a Londra, presso il British Museum, mentre la fontana da cui scende acqua trova riferimenti in una delle scene architettoniche eseguite tra il 1689 e il 1690 da Jacopo Chiavistelli in una sala terrena di Palazzo Gerini, vere e proprie scenografie teatrali.[34] Questo modo di decorare le pareti trova seguito in ambiente fiorentino, o meglio toscano, ad esempio nelle quattro tele dipinte da Lorenzo Del Moro in una delle sale del palazzo del priore Leonardo Geri della Rena;[35] nel salone al primo piano della Villa Tempi a Montemurlo, nelle tele di Niccolò Pintucci, autore anche di quelle della villa di Broncigliano di proprietà di Giuliano Dami; nelle sei vedute architettoniche del salone del primo piano di Palazzo Amati a Pistoia, realizzate intorno al 1765, o ancora nella Villa Ramirez di Montalvo a Campi Bisenzio, in cui le numerose vedute di architettura in rovina eseguite in una sala terrena sono andate a coprire un precedente costrutto dell'inganno di grande complessità, tutto bolognese, che è stato possibile ricostruire attraverso le incisioni del disegno sull'intonaco. Da segnalare anche le vedute del salone del piano nobile di Palazzo Simi a Pescia, una delle quali sviluppa il tema della rovina in una modalità che richiama i riquadri di Palazzo Balbani a Lucca, realizzati da Lorenzo Castellotti e Bartolomeo De Santi. Si può presumere l'attività del quadraturista lucchese anche in una sala del primo piano dello stesso palazzo, la cui copertura voltata è risolta con una apparecchiatura architettonica di grande ariosità i cui stilemi rimandano al De Santi.

Durante i lavori di rinnovo del castello di Meleto, che portarono la proprietà extraurbana ai livelli dei più prestigiosi palazzi cittadini, fu costruito nel 1741 anche un teatro (fig. 57); le decorazioni pittoriche e le scenografie furono affidate al bolognese Vincenzo Torrigiani, figlio dell'architetto Alfonso, e al figlio di Francesco Ciuti, suo collaboratore;[36] le tre scene raffiguranti il carcere, l'atrio e la sala regia sono in buono stato di conservazione. Spesso i quadraturisti sono operosi anche nel campo della scenografia e in quello degli allestimenti effimeri; la stretta affinità tra quadraturismo e scenografia è cosa nota, anzi si può presumere che talora l'uno mutui dall'altra strutture e tipologie. Tra i due generi che traggono ispirazione dalle forme dell'architettura reale sussistono infatti affinità di procedimenti tecnici, di fondamenti scientifici basati sull'applicazione delle regole prospettiche e quindi sull'invenzione di ambienti illusori: entrambi hanno come intento lo spettacolo della meraviglia. Alcuni dei numerosi disegni pervenuti dei quadraturisti bolognesi e fiorentini mostrano una diretta relazione con il repertorio architettonico e decorativo delle strade delle loro città, di cui talora restituiscono immagini: valgono come esempi significativi un disegno di Rinaldo Botti con uno scorcio urbano in cui è riconoscibile il palazzo all'angolo fra via dello Sprone e borgo San Jacopo di Firenze, o quanto scrive il Crespi a proposito di Agostino Mitelli, che «portava sempre in saccoccia un libretto, su cui, quanto venivagli veduto di bello, e di grazioso, sia di vedute, sia di fogliami, o capitelli, o volute, o cose simili, tratto tratto disegnava, e roccava».[37]

Dagli ultimi decenni del Seicento i pittori di architettura fiorentini furono molto richiesti nel territorio della Dominante: a Prato, a Pistoia, a Pescia, fino ai centri al confine dello stato.[38] Per Pistoia e Pescia il Seicento e i primi decenni del Settecento costituirono una stagione particolarmente ricca di iniziative architettoniche e artistiche; si tratta di opere affidate oltre che ai bolognesi Marcantonio Chiarini e Antonio Galli Bibiena e ai lucchesi Pietro Paolo Scorsini e Bartolomeo De Santi, anch'essi di formazione bolognese, ad artisti fiorentini come Pier Dandini, Niccolò Lapi, Giovan Domenico Ferretti, Lorenzo Del Moro, Rinaldo Botti, Pietro Anderlini.

A Pistoia dall'ottobre 1754 fu impegnato nella ricostruzione del seicentesco teatro dell'Accademia dei Risvegliati il celebre Antonio Galli Bibiena,[39] che a Firenze stava dipingendo in Palazzo Pucci;[40] l'anno precedente il pittore, che godeva della fiducia della corte imperiale, mentre si trovava a Siena impegnato nella ricostruzione del teatro dell'Accademia degli Intronati era stato chiamato a Firenze dagli Accademici Immobili che guidavano la Pergola per realizzare le nuove scene, che trovavano assonanza con quelle da lui dipinte per il teatro dei Risvegliati.

Nel gennaio 1748 aveva ottenuto a Vienna, dove si era trasferito su invito del fratello Giuseppe nel 1721, la carica di primo architetto e scenografo teatrale; a questo periodo risalgono le numerose opere di architettura e quadratura eseguite in Austria, Ungheria e Slovacchia,[41] affermandosi soprattutto nella realizzazione di cupole virtuali organizzate secondo una precisa prospettiva centrale od obliqua che denotano inequivocabilmente la lezione di Andrea Pozzo.

L'inedito *Dettaglio del Teatro di Pistoia colla pianta, spaccato et altre osservazioni* conservato nel fondo Rossi Cassigoli, datato 1769 e ampliato nel 1796, riporta un'accurata descrizione dell'attività di Antonio per il teatro di Pistoia a cui sono allegati otto disegni: quattro riproducono la soluzione progettuale realizzata dal bolognese e demolita alla fine del Settecento.[42] La Tavola E (fig. 58), in particolare, illustra le pareti del teatro, il tergale del telone con i meccanismi per movimentarlo e la scena con «la carcere» dipinta sulla faccia anteriore. Gli scenari, dipinti con la collaborazione dei suoi giovani, tra cui Francesco e Giuseppe Brizzi e Mauro Tesi,[43] erano dieci, di cui quattro corti e sei lunghi.[44] I numerosissimi disegni scenografici da lui realizzati, conservati nei diversi musei europei, mostrano nell'uso della soluzione angolare, nel repertorio architettonico – che si avvale anche di colonne bugnate e di fontane – e in quello decorativo la sua influenza sulla produzione dei quadraturisti toscani, in particolar modo fiorentini, che si dedicarono alla scenografia.

Negli stessi anni Pietro Anderlini in Palazzo Sansedoni a Siena, in Palazzo Pucci a Firenze e in Palazzo Flori a Pescia mette a punto una soluzione angolare basata sul sistema di contrapposizione concavo-convesso impostato sulle archeggiature angolari oltre le quali si aprono sfonda-

57. Vincenzo Torrigiani, teatro, 1742. Gaiole in Chianti, castello di Meleto.

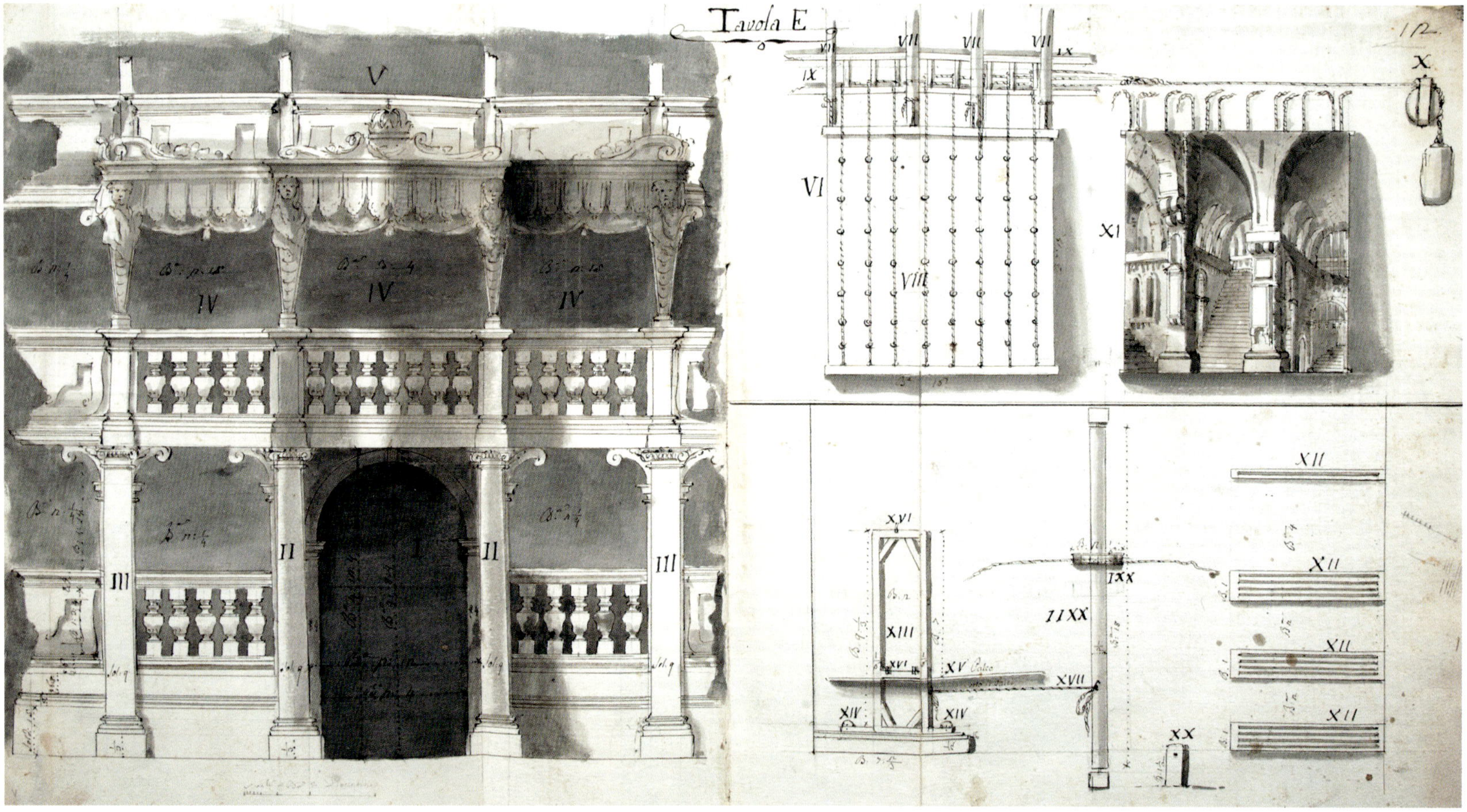

ti (fig. 59) che trova affinità nel costrutto utilizzato da Giovanni Battista Crosato in Ca' Rezzonico a Venezia così come nell'apparato decorativo realizzato da Andrea Pozzo a Vienna in Palazzo Liechtenstein, un modello pittorico che trova rispondenza nell'architettura di Filippo Juvarra e di Bernardo Vittone.

La grande quadratura che mira all'illusione, all'inganno, alla meraviglia trovò diffusione capillare anche negli altri paesi europei, con scenografici fondali, spesso con inganni totalizzanti, grazie all'attività di artisti italiani, soprattutto bolognesi e fiorentini, e alla circolazione dei trattati e delle stampe sull'argomento, dalle tre serie di cartelle incise da Agostino Mitelli e diffuse sul mercato francese, dove riscossero grande successo per essere «così ben toccate all'acquaforte e così utili a frescanti, stuccatori e intagliatori», ai testi di Andrea Pozzo e di Ferdinando Galli Bibiena.[45] Per ragioni di spazio si può solo accennare alla prestigiosa attività di alcuni protagonisti, a partire da Angelo Michele Colonna e Agostino Mitelli, chiamati a Madrid da Filippo IV, che segnarono un nuovo corso della pittura spagnola con la formazione di una scuola locale di grande qualità e una diffusione sull'intero territorio spagnolo.[46] Gli apparati decorativi dello scomparso Salone degli Specchi dell'Alcázar furono un laboratorio del quadraturismo per i decenni a seguire e una scuola di pittura murale per tre generazioni di artisti spagnoli, fra cui Francisco Rizzi e Antonio Palomino.

Angelo Michele Colonna e Giacomo Alboresi furono operosi nella reggia di Versailles per Luigi XIV, Giovanni Francesco Grimaldi in precedenza era stato impegnato in Palazzo Mazzarino a Parigi e Gioacchino Pizzoli, fra il 1680 e il 1699, venne chiamato come scenografo e pittore d'interni; va inoltre ricordata l'attività francese di Giovanni Gherardini considerata precedente al suo viaggio in Cina (1698-1705), dove decorò con finte quadrature una chiesa di Pechino.[47] Verso la metà del Settecento, nella cappella dell'Hospice des Enfants-trouvés, oggi distrutta, venne realizzato uno spettacolare episodio di rovinismo che simulava una diruta architettura; a que-

58. Giuliano Gatteschi, *Dettaglio del Teatro di Pistoia colla pianta, spaccato et altre osservazioni*, 1769, Tavola E, particolare.
Firenze, Biblioteca Nazionale Centrale di Firenze, Rossi Cassigoli, 9.

59. Pietro Anderlini, Giovan Domenico Ferretti, *Giove e le Grazie*, metà del XVIII secolo. Pescia, Palazzo Flori, primo piano, volta di una sala.

60. David Antonio Fossati, decorazione delle pareti e della copertura del refettorio, particolare, 1728-1729. Monastero di Pannonhalma (Ungheria).

61. Antonio Pipi, finta cupola costruita secondo il modello di Andrea Pozzo, 1739. Gozo (Malta), cattedrale.

62. Decorazione a illusionismo architettonico, metà del XVIII secolo. La Valletta (Malta), cattedrale di San Giovanni, copertura.

sto proposito il Thiéry scriveva: «L'intero soffitto rappresenta una volta in pezzi, sostenuta da enormi puntelli che sembrano minacciare di rovinare da un momento all'altro».[48] Di quest'opera abbiamo memoria in quindici tavole incise da Étienne Fessard che riproducono il lavoro condotto dal bolognese Gaetano Brunetti[49] assieme al figlio Paolo Antonio, che fu scenografo, «peintre doreur et décorateur» del Théâtre Français dal 1753, partecipò all'allestimento e al restauro delle scene di ben centocinquanta opere e realizzò le decorazioni di numerose sale in vari palazzi, teatri e chiese, purtroppo quasi tutte andate distrutte.[50] Prima di trasferirsi in Francia, nel 1739, Gaetano Brunetti era stato abile quadraturista a fianco di Jacopo Amigoni in palazzi e in ville inglesi, dipingendo pure scenari. In Inghilterra in precedenza aveva condotto la propria attività anche il leccese Antonio Verrio, che per gli Stuart decorò nel castello di Windsor e che a partire dal 1672, dopo un soggiorno a Tolosa e a Parigi, diffuse il trionfalismo mitologico e l'illusionismo teatrale.

Per oltre un secolo, e per più generazioni, furono i componenti della celebre famiglia Bibiena a diffondere le invenzioni dell'illusionismo barocco. Nel 1708 il capostipite Ferdinando si trasferì a Barcellona, e successivamente seguì l'imperatore Carlo VI alla corte di Vienna, dove nel 1704 il fratello Francesco, dal 1707 attivo anche per la corte lorenese di Nancy, aveva rinnovato lo Hoftheater operando anche come scenografo; Francesco sarebbe tornato alla corte viennese nel 1709 come scenografo e architetto dell'imperatore Giuseppe I. Particolarmente fervida fu l'opera prestata da Antonio Luigi, figlio di Ferdinando, come quadraturista e decoratore, oltre che come architetto, estesa poi alle imponenti imprese nell'odierna Slovacchia, nel XVIII secolo territorio del grande Regno di Ungheria, per il principe Imre Eszterházy, arcivescovo di Esztergom e grande mecenate, a partire dal 1738; ad Antonio si devono gli illusionismi della grande cupola dei Trinitari di Pozsony (Presburgo), l'odierna Bratislava, realizzati nel 1744-1745, l'opera più prestigiosa per dimensione e ricchezza linguistica che l'artista abbia eseguito in quei territori. Sulla cupola, impostata su un tamburo virtuale, l'artista realizzò un costrutto illusionistico secondo una prospettiva centrale, riproponendo motivi impiegati nella Peterskirche di Vienna, che si avvale di un ricco repertorio decorativo. A Vienna in precedenza avevano dato prova della loro abilità di quadraturisti pure Marcantonio Chiarini e il genero Gaetano Fanti nelle dimore del principe Eugenio di Savoia.

Anche in Russia, in particolare a San Pietroburgo e nella reggia di Pavlovsk, in cui Pietro Gonzaga, allievo dei Galliari,[51] realizzò inganni che dilatavano l'ambiente,[52] a partire dalla seconda metà del Settecento si sviluppò un interesse per i colonnati virtuali e i costrutti architettonici ingannevoli, che furono realizzati da decoratori e scenografi stranieri. A San Pietroburgo arrivarono artisti italiani che insegnarono le regole della prospettiva, della scenografia, della decorazione presso l'Accademia delle Scienze e nella giovane Accademia di Belle Arti; fra questi Giuseppe Valeriani,[53] che diffuse la lezione di Andrea Pozzo, dello Juvarra e della scuola bolognese.[54] A lui si deve la decorazione di un soffitto nel palazzo del conte Stroganov nella prospettiva Nevskij, in buono stato di conservazione, diversamente dagli altri numerosi apparati che sono andati distrutti durante l'ultimo evento bellico mondiale. Furono a San Pietroburgo anche Carlo Bernardo Bibiena,[55] dal 1776 al 1778 (nella città russa si conserva un ricco *corpus* di disegni di sua mano, circa quaranta), e Serafino Barozzi, che dal 1759 al 1764 fu alla corte di Caterina II di Russia, dove ottenne importanti commissioni oltre a prestigiosi titoli accademici. Non si può non ricordare la complessa architettura dipinta sulla copertura piana del salone del Palazzo di Caterina a Tsarskoye Selo, costruito da Francesco Bartolomeo Rastrelli, che modifica la geometria e le dimensioni del soffitto, così diversa dalla soluzione ad illusionismo architettonico del padiglione del palazzo di Pavlovsk, progettato dall'architetto Vincenzo Brenna alla fine del Settecento, che ha perso i caratteri di "solida architettura".

A Ingrid Sjöström si deve la messa a fuoco dei complessi percorsi di Domenico Francia dapprima nei territori dell'impero asburgico, poi a Stoccolma, dove esercitò la propria attività di quadraturista in varie sale del castello reale, poi a Lisbona. In Portogallo, dove diversamente dalla Spagna artisti di secondaria importanza arrivarono nella prima metà del Settecento, la diffusione del quadraturismo fu capillare e nella seconda metà del secolo raggiunse anche numerosi luoghi del Brasile; le quadrature di José da Rocha, contraddistinte da una rigorosa correttezza nel disegno e dalla vivacità "mediterranea" del colore, denotano la conoscenza della lezione della scuola bolognese e di quella di Andrea Pozzo.[56]

Il fiorentino Vincenzo Bacherelli arrivò a Lisbona nel 1701, suscitando l'interesse per questo nuovo genere pittorico, una novità per l'ambiente portoghese.[57] I venti anni del soggiorno di Bacherelli a Lisbona determinarono la formazione di una fiorente scuola quadraturistica locale che mostra di acquisire i modelli decorativi introdotti dal pittore fiorentino. Jerónimo de Andrade nel soffitto ligneo voltato della navata della chiesa di São Paulo di Lisbona mostra una profonda conoscenza dei modelli emiliani nel virtuale portico trabeato, con colonne su alti piedistalli collegate da balaustre, per la cui credibilità la luce è un fattore importante. Molto diverso l'ingannevole costrutto architettonico dalla struttura molto semplificata, ma con un ricco repertorio decorativo, dipinto sulla copertura lignea della chiesa di Nossa Senhora da Conceição do Colégio dos Jesuítas a Santarém da António Machado Sapeiro, vicino al Bacherelli, o da un suo allievo, e recentemente restaurata. Diversamente dai modelli del quadraturismo fiorentino, a cui rimanda la soluzione d'angolo del secondo livello prospettico, che trova assonanza con l'apparato illusionistico del soffitto della Biblioteca Joanina di Coimbra realizzata da António Simões Ribeiro fra il 1723 e il 1725, la macchina architettonica virtuale di Santarém presenta limitati intenti di dilatazione dello spazio. Nel 1752 anche Giovanni Carlo Sicinio Bibiena, uno dei figli di Francesco, fu invitato da Giuseppe V a Lisbona, in un ambiente artistico molto attento alla lezione di Andrea Pozzo, e la sua opera risulta significativa. Nel 1725 giunse a Oporto il senese Niccolò Nasoni, che tra il 1716 e il 1720-1721 aveva completato la sua formazione a Bologna presso Stefano Orlandi, e diffuse il quadraturismo nel nord del Portogallo; in questa regione sono rintracciabili significativi esempi di quadraturismo, presumibilmente per la presenza tra Oporto e Coimbra di artisti italiani come Giacomo Azzolini, architetto e scenografo teatrale della scuola dei Bibiena che svolse a Coimbra una intensa attività come pittore di architettura reale e virtuale in cui dimostra la sua frequentazione dell'Accademia Clementina di Bologna. Il pittore bolognese fu determinante nella formazione di Pasquale Parente, proveniente dal Regno di Napoli, attivo a Coimbra nel 1756 e che, tra il 1763 e il 1776, realizzò interessanti quadrature in piccole

63-64. Pasquale Parente, architettura dipinta su una parete e decorazione del soffitto ligneo, 1771. Trevões (Portogallo), Nossa Senhora da Conceição.

chiese e cappelle della Beira Alta; all'ormai famoso pittore si rivolse nel 1771 Francisco Xavier de Almeida Caiado Melo e Vasconcelos per la decorazione della cappella de Nossa Senhora da Conceição a Trevões (figg. 63-64), che ora versa in uno stato di grave degrado, adiacente il loro palazzo, il Solar Caiado Ferrão.[58]

Negli ultimi decenni del Settecento in Italia e in altri paesi il quadraturismo scivola verso una decorazione con limitati effetti di illusionismo architettonico o del tutto priva di questi, un ornato che simula sempre più lo stucco per avviarsi poi verso il rigore neoclassico. Giustificata è la frase del Lanzi, «niun'arte si estese più presto; ma niuna più presto degenerò»,[59] che sembra raccogliere il giudizio critico espresso da alcuni teorici alla fine del secolo, in un periodo in cui si registrano a questo proposito anche singolari dibattiti.

1 F. Baldinucci, *Vocabolario toscano dell'arte del disegno*, Firenze 1681, p. 130.

2 Gli artifici pittorici per ampliare gli spazi angusti dei cortili trovano ampia diffusione non solo in Italia ma anche in Inghilterra e in Francia; ricordo la prospettiva raffigurante un giardino fatta dipingere verso la fine degli anni trenta del Seicento da Bernardino Spada a sfondo del giardino segreto della sua residenza romana e la prospettiva realizzata da Jean Lemaire nella piccola corte di una residenza in rue Saint-Honoré a Parigi per offrire una piacevole visuale al salone «fort triste» del ministro Sublet des Noyers, che era «renfermé entre les murailles d'une petite cour derobée». Per la quadratura in Francia si veda il saggio di Antoine Schnapper, *Colonna et la "Quadratura" en France à l'époque de Louis XIV*, «Bulletin de la Société de l'Histoire de l'Art Français», 1966-1967, pp. 65-97.

3 Si fa riferimento ai colonnati, ai portici dipinti nelle *domus* pompeiane, di Ercolano e di Roma, che talora si aprono facendo intravedere brani di giardini.

4 Le citazioni potrebbero essere molteplici, da Paolo Veronese a Raffaello, al Peruzzi nella cosiddetta Sala delle Prospettive a Villa Farnesina, ai fratelli Giovanni e Cherubino Alberti nella Sala Clementina in Vaticano.

5 Per il quadraturismo a Verona cfr. F. Flores d'Arcais, *Appunti per una storia della quadratura secentesca a Verona*, in *Realtà e illusione nell'architettura dipinta. Quadraturismo e grande decorazione nella pittura di età barocca*, atti del convegno internazionale di studi (Lucca, 26-28 maggio 2005), a cura di F. Farneti e D. Lenzi, Firenze 2006, pp. 267-274 (con bibliografia precedente).

6 A.M. Matteucci Armandi, *Architetture dell'inganno*, in *Architetture dell'inganno. Cortili bibieneschi e fondali dipinti nei palazzi storici bolognesi ed emiliani*, catalogo della mostra (Bologna, Palazzo Pepoli Campogrande, 1991-1992), a cura di A.M. Matteucci e A. Stanzani, Bologna 1991, pp. 17-39: 18.

7 Prima di collaborare con Baccio del Bianco nella villa di Mezzomonte di Giovan Carlo de' Medici nel 1634, Giovanni era stato a Roma, dove aveva lavorato per i Bentivoglio con il Guercino, che per le architetture dipinte si avvaleva di Agostino Tassi.

8 Purtroppo è andata perduta la decorazione pittorica realizzata nel 1603 da Bernardino Poccetti in Palazzo Acciaioli, in cui il pittore mostra di recepire la lezione romana di Giovanni e Cherubino Alberti. Si rimanda a G. Leoncini, *Una "Vita di Jacopo Chiavistelli pittore di figure et eccellente nell'architettura a fresco"*, «Rivista d'arte», s. IV, I [XXXVII], 1984, pp. 269-346: 274 e nota 12; E. Acanfora, *La pittura ad affresco fino a Giovanni da San Giovanni*, in *Storia delle arti in Toscana. Il Seicento*, a cura di M. Gregori, Firenze 2001, pp. 45-60: 46.

9 Per i riferimenti bibliografici si rimanda a N. Bastogi, *Le sale affrescate da Angelo Michele Colonna e Agostino Mitelli*, in *Fasto di corte. La decorazione murale nelle residenze dei Medici e dei Lorena. II. L'età di Ferdinando II de' Medici (1628-1670)*, a cura di M. Gregori, Firenze 2006, pp. 60-82: 60.

10 L. Baldini Giusti, *Jacopo Chiavistelli a Palazzo Pitti*, in F. Farneti, S. Bertocci, *L'architettura dell'inganno a Firenze. Spazi illusionistici nella decorazione pittorica delle chiese fra Sei e Settecento*, Firenze 2002, pp. 281-284.

11 Il Burnacini, giunto a Vienna con il padre Giovanni nel 1651, decora il soffitto con quadrature secondo la tradizione del Dentone e del Colonna che costituiscono nell'ambiente viennese una straordinaria novità, dopo gli apparati pittorici realizzati dal fiorentino Donato Mascagni nel castello di Hellbrunn alla fine del secondo decennio del Seicento. Si vedano U. Knall-Brskovsky, *Italienische Quadraturisten in Österreich*, Wien-Köln-Graz 1984, pp. 113-118, 122, a proposito del Mascagni; G. Brucher, *Deckenfresken*, in *Die Kunst des Barock in Österreich*, a cura di G. Brucher, Salzburg 1994, pp. 197-296: 208.

12 O. Marrini, *Serie di ritratti di celebri pittori dipinti di propria mano in seguito a quella già pubblicata nel Museo Fiorentino esistente presso l'Abate Antonio Pazzi e con brevi notizie intorno a' medesimi*, 2 voll. in 4 tomi, Firenze 1764-1766, II/2, p. 1.

13 Archivio Ricasoli Firidolfi (ARF), *Entrata e uscita di casa Ricasoli dal 1706-1720*, Segnato C 167, 15 agosto 1711; un altro pagamento effettuato da Giovan Francesco è datato 11 dicembre 1711. La presenza di Lorenzo Del Moro nel palazzo viene riferita anche da Orazio Marrini (1764-1766, cit., II/2, pp. 7-8); cfr. anche L. Puccini, *Gli illusionismi architettonici nelle residenze dei Ricasoli da Meleto*, Tesi di laurea, Università degli Studi di Firenze, a.a. 2007-2008, relatrice prof. F. Farneti.

14 ARF, *Entrata e uscita di casa Ricasoli dal 1706-1720*, Segnato C 167, nota di pagamento del 29 giugno 1709 al Lapi e al Tonelli. Inoltre dal 1706 al 1720 furono effettuati pagamenti al pittore Stefano Papi per l'esecuzione di numerosi fregi.

15 ARF, *Entrata e uscita di casa Ricasoli dal 1706-1720*, Segnato C 167.

16 F. Farneti, *Giuseppe Tonelli*, in Farneti-Bertocci 2002, cit., pp. 65-81: 67-68. Nel 1692 sembra avere inizio l'attività del Tonelli per Giovanni Panciatichi, che gli commissionò la decorazione del salone e della loggia del primo piano della villa.

17 A titolo esemplificativo si rimanda agli apparati a illusionismo architettonico delle sale terrene di Palazzo Corsini.

18 ARF, *Entrata e uscita di casa Ricasoli dal 1706-1720*, Segnato C 167, 22 marzo 1711, nota di pagamento di Giovan Francesco per «spese della nuova fabbrica, scudi centocinque per conto al Sig. Matteo Bonechi Pittore per saldo allo sfondo fatto alla nuova sala, della nuova casa di Terma».

19 Fra i numerosi disegni della collezione Santarelli attribuiti al Tonelli – circa quattrocento – si trovano copie degli affreschi e stucchi di Pietro da Cortona e Ciro Ferri nell'appartamento detto "dei Pianeti" al piano nobile di Pitti. Per approfondimenti sui disegni di quadrature e di scenografie del Tonelli cfr. G. Raggi, *Disegni di Giuseppe Tonelli, quadraturista a Firenze*, «Annuario della Scuola di Specializzazione in Storia dell'Arte dell'Università di Bologna», I, 2000, pp. 81-103.

20 Significativo al riguardo è il disegno con *Atrio di reggia* che si trova nella raccolta Albasini Scrosati di Milano (*Drawings by the Bibiena Family and their Followers*, London 1991, n. 8).

21 Si fa riferimento ad esempio al coro della Santissima Annunziata a Pistoia (1720) e alla cappella di Villa I Collazzi a Giogoli della famiglia Dini, dipinta negli anni trenta dai due prospettici.

22 Lorenzo Del Moro fu molto attivo nelle residenze di Pistoia; per approfondimenti si rimanda a F. Farneti, *Lorenzo Del Moro*, in Farneti-Bertocci 2002, cit., pp. 103-116.

23 Francesco Maria Niccolò Gabburri, *Vite di pittori*, ms., 4 voll., 1719-1741, Firenze, Biblioteca Nazionale Centrale di Firenze (BNCF), Palat. E.B. 9.5., III, cc. 1780-1782; Pistoia, Biblioteca Comunale Forteguerriana (BCFP), Raccolta Alberto Chiappelli, vol. II, ins. 186, cc. 119, 225-226.

24 La tecnica della luce radente ha messo in evidenza le incisioni, dirette e indirette, del trasporto del cartone sull'intonaco.

25 Come esempio significativo si ricorda l'atrio della fattoria di Lilliano ad Antella, realizzato in collaborazione con Andrea Landini nel 1703 su commissione del cardinale Francesco Maria de' Medici.

26 Niccolò Pintucci dipinse in Palazzo Naldini numerosi ambienti con illusionismi architettonici e «prospettiva con architetture rotte e aperte» negli anni in cui era impegnato per la famiglia Tempi nella Villa del Barone a Montemurlo, dove sulle pareti del salone del primo piano eseguì vedute di paesaggio con soggetti ruinistici. Cfr. Archivio Naldini Del Riccio, Fondo Naldini, Documenti Naldini, Spese di fabbrica 1763, filza 277 (ex 1054), ins. 63, 23 febbraio 1764.

27 Firenze, Biblioteca Marucelliana, vol. E, 116, Lorenzo Del Moro, *Veduta prospettica per soffitto sagomato*.

28 ARF, *Entrata, e uscita e quaderno di cassa del Sig. cav. Giò: Francesco Ricasoli dal 1721-1730*, Segnato D 168, 6 marzo 1721: «… a Lorenzo Del Moro Pittore per aver dipinto nello scudo di sala l'arme della Sig. sposa, e fatte diverse pitture a imposte di finestre, e altrove in tutti li appartamenti nobili». Il matrimonio fu celebrato il 15 febbraio 1721. ARF, N.S. 178-25, V.S. 186-24. Luigi Passerini nella *Genealogia e storia della famiglia Ricasoli* riporta il 1716 quale data delle nozze; Firenze, Archivio di Stato di Firenze, Raccolta Sebregondi, 4398, carta sciolta.

29 Firenze, Archivio Corsini Fondo Buondelmonti, Carte Buondelmonti, filza 27, stanza II.

30 ARF, *Entrata e uscita di casa Ricasoli dal 1706-1720*, Segnato C 167, 12 agosto 1715.

31 ARF, *Entrata e uscita e Ricordi del Sig. Sen. Cav. Giò: Francesco Ricasoli dal 1730-1756*, 1739.

32 Per i putti di una sovrapporta si potrebbe pensare all'uso dello stesso cartone.

33 Festoni di fiori e frutta descritti con grande naturalezza e vasi colmi di specie floreali erano già stati impiegati a Firenze nella decorazione murale di fine Cinquecento, ad esempio dal Cigoli in Palazzo Pitti o da Giulio Parigi nello Stanzino delle Matematiche della Galleria de-

gli Uffizi. Cfr. F. Farneti, *Quadraturismo e pittura di architettura. Il recupero delle decorazioni di Palazzo Guadagni*, «Opus Incertum», n. 3, II, 2007 [*Palazzo San Clemente a Firenze. Architettura e decorazione dai Guadagni ai Velluti Zati*, atti della giornata di studi (Firenze, 23 novembre 2006), a cura di M. Bevilacqua e E. Insabato], pp. 77-87: 80-81; E. Acanfora, *La galleria degli Uffizi. La "stanza de li strumenti matematici"*, in *Fasto di corte. La decorazione murale nelle residenze dei Medici e dei Lorena. I. Da Ferdinando I alle reggenti (1587-1628)*, a cura di M. Gregori, Firenze 2005, pp. 42-44.

34 Le immagini di Palazzo Gerini sono pubblicate in F. Farneti, *Quadraturismo e grande decorazione nella Toscana granducale*, in *Firenze e il Granducato. Province di Grosseto, Livorno, Pisa, Pistoia, Prato, Siena*, a cura di M. Bevilacqua e G.C. Romby, Roma 2007, pp. 205-232: 217.

35 Per approfondimenti si rimanda a V. Gallai, *Per Lorenzo Del Moro: nuove opere su tela*, in *Realtà e illusione* 2006, cit., pp. 207-212.

36 ARF, *Entrata e uscita e Ricordi del Sig. Sen. Cav. Giò: Francesco Ricasoli dal 1730-1756*, 1742, note di pagamento del 26 gennaio e del 29 marzo 1742. Il Torrigiani nella metà del secolo lavorò nel palazzo cittadino dei Panciatichi; A. Floridia, *Palazzo Panciatichi in Firenze*, Roma 1995, p. 130.

37 L. Crespi, *Felsina pittrice. Vite de' pittori bolognesi*, tomo III, che serve di supplemento all'opera del Malvasia, Roma 1769, *ad voc.*

38 Cfr. C. Costa, A. Panchetti, *Pistoia e Pescia: centri del quadraturismo di età barocca*, Tesi di laurea, Università degli Studi di Firenze, a.a. 2007-2008, relatrice prof. F. Farneti.

39 F. Tolomei, *Guida di Pistoia per gli amanti delle belle arti con notizie degli architetti, scultori e pittori pistoiesi*, Pistoia 1821, p. 125; *I teatri storici della Toscana. Censimento documentario e architettonico. VI. Pistoia e provincia*, a cura di E. Garbero Zorzi e L. Zangheri, Venezia 1995, p. 67.

40 La sua presenza in Palazzo Pucci è documentata da quattro pagamenti, pubblicati per la prima volta dalla scrivente in Farneti, *Quadraturismo e grande decorazione* 2007, cit., p. 214.

41 Crespi 1769, cit., p. 92; *Meravigliose scene, piacevoli inganni: Galli Bibiena*, catalogo della mostra (Bibbiena, Palazzo Comunale, 1992), [Arezzo] 1992, p. 109.

42 BNCF, Rossi Cassigoli, Miscellanee, *Parere per Migliorare il Teatro di Pistoia.* Venne allargato il proscenio, arretrato il palco e aumentato il numero dei palchetti, che divennero novantaquattro; BNCF, Rossi Cassigoli, 9, p. 7.

43 Crespi 1769, cit. p. 324.

44 BNCF, Rossi Cassigoli, 9, pp. 8, 9; BCFP, Raccolta Alberto Chiappelli, ins. 89, I, 2, cc. 11r-v, 12r, 19r-v, 20v.

45 A. Pozzo, *Perspectiva pictorum et architectorum*, 2 voll., Roma 1693-1700; l'opera fu tradotta e diffusa in molti paesi: in Portogallo, dove i suoi insegnamenti vennero utilizzati nel *Breve tratado de Pintura Pratica speculativa* di Francisco Xavier Lobo; in Spagna, dove influenzò Antonio Palomino, che scrisse *El Museo pictórico y escala óptica*, Madrid 1715-1724, inserendovi alcune tavole desunte dal Pozzo; nelle Americhe e perfino in Cina; F. Galli Bibiena, *L'architettura civile*, Parma 1711.

46 Dalla Spagna non ebbe un'espansione significativa nelle colonie dell'America ispanica. F. Pereda, Á. Aterido Fernández, *Colonna y Mitelli en la corte de Felipe IV: la decoración del salón de los Espejos*, in *L'architettura dell'inganno. Quadraturismo e grande decorazione nella pittura di età barocca*, atti del convegno internazionale di studi (Rimini, 28-30 novembre 2002) a cura di F. Farneti e D. Lenzi, Firenze 2004, pp. 31-47 (con bibliografia precedente); F. Quiles García, *La cuadratura en el barroco sevillano. Pintando arquitecturas a la manera italiana*, ivi, pp. 191-204 (con bibliografia precedente); Á. Aterido, *Il Salone dell'Eremo di San Paolo nel Buen Retiro*, in *Realtà e illusione* 2006, cit., pp. 29-41.

47 La sua attività è stata illustrata in Schnapper 1966-1967, cit., pp. 87-89; E. Corsi, *Gherardini, Giovanni*, in *Dizionario Biografico degli Italiani*, LIII, Roma 1999, pp. 596-597.

48 L.-V. Thiéry, «Almanach du voyageur à Paris», 1787, p. 331: «Tout le plafond représente les débris d'une voûte, soutenus par d'énormes étais qui semblent menacer d'une ruine prochaine».

49 Gaetano, prima di stabilirsi a Parigi dal 1739, aveva lavorato a Londra. Le incisioni e i disegni pervenuti rivelano la sua abilità come quadraturista.

50 Schnapper 1966-1967, cit., pp. 93-94; C. Frajese, *Brunetti, Gaetano*, in *Dizionario Biografico degli Italiani*, XIV, Roma 1972, pp. 576-577; L. Malvano, *Brunetti, Paolo Antonio*, ivi, pp. 582-583.

51 Ricoprì la carica di primo scenografo dei teatri imperiali e dopo il 1796 fu pittore per l'imperatrice Maria Fëdorovna nella residenza di Pavlovsk (opere andate distrutte durante la seconda guerra mondiale).

52 Molte sue opere sono andate distrutte, ma si conservano numerosi disegni acquerellati, presumibili studi per realizzare le pitture.

53 F. Rossi, *Giuseppe Valeriana, primo scenografo alla corte degli Zar*, «Studi piemontesi», XXXIV, 2005, pp. 367-380; *San Pietroburgo 1703-1825. Arte di corte del Museo dell'Ermitage*, catalogo della mostra (Torino, Palazzina di Caccia di Stupinigi, 1991), a cura di S. Pettinati, Milano 1991.

54 Il Valeriani con la collaborazione di Antonio Peresinotti dipinse i soffitti di alcune sale delle residenze imperiali di Peterhof e di Tsarskoye Selo, nei dintorni di San Pietroburgo.

55 Il suo debutto nella carriera di scenografo sembra sia avvenuto nel 1746, quando dipinse le scene per la corte di Bayreuth. Cfr. D. Lenzi, *La dinastia dei Galli Bibiena*, in *I Bibiena, una famiglia europea*, catalogo della mostra (Bologna, 2000-2001), a cura di D. Lenzi e J. Bentini, con la collaborazione di S. Battistini e A. Cantelli, Bologna 2000, pp. 19-35: 33-34.

56 Un esempio significativo nella chiesa di Nossa Senhora da Conceição da Praia a Salvador, Bahia.

57 M. Mello, *Vincenzo Bacherelli tra Firenze e Lisbona, 1701-1721: la decorazione a finte architetture e la sua diffusione nel mondo coloniale portoghese*, in *L'architettura dell'inganno* 2004, cit., pp. 167-176.

58 M. Craveiro, *As Pinturas de Pasquale Parente em Trevões*, «Mundo da Arte», n. 7, 1982, pp. 9-14; G. Raggi, *Pinturas de fundais e falsos interiores. Decorações pictóricas integrais de Pasquale Parente*, «Monumentos», n. 18, 2003, pp. 108-117.

59 L. Lanzi, *Storia pittorica della Italia dal risorgimento delle Belle Arti fin presso al fine del XVIII secolo*, 3a ed. corretta ed accresciuta dall'autore, 6 voll., Bassano 1809, V, p. 164.

Veri maestri: il *trompe-l'œil* in America

MARK D. MITCHELL

La storia del *trompe-l'œil* in America è fatta di episodi, non ha avuto un corso costante o progressivo. La sua comparsa – in una forma pienamente sviluppata e riconosciuta – in tre epoche molto diverse è un riflesso dell'instabilità culturale propria di quei momenti storici così come delle peculiarità connaturate a questo genere artistico. L'impressione complessiva che si ricava da queste emergenze è di populismo e antagonismo a un tempo, poiché il *trompe-l'œil*, se da una parte tenta di raggiungere un più vasto pubblico, dall'altra sfida il gusto artistico dominante. Il *trompe-l'œil* fu come un bastoncello aguzzo – forse una bacchetta magica – per i fautori di un cambiamento repentino e radicale nel campo dell'arte: in ciascuno di questi casi, fu uno strumento al servizio di un'intelligenza versatile, buono per tagliare così come per dar forma.

Il filosofo francese Jean Baudrillard ha messo in luce dei paralleli concettuali tra il *trompe-l'œil* e il surrealismo, contribuendo alla comprensione del carattere eccentrico di questo genere artistico rispetto alla storia. Il *trompe-l'œil* e il surrealismo creano mondi visivi che simulano il nostro mondo, ma seguono regole diverse e conferiscono alla realtà una *inquiétante étrangeté*.[1] Entrambi questi approcci sradicano le nozioni acquisite del mondo che ci circonda e sono dunque infinitamente seducenti, *dazzling* ("abbaglianti"), come ha osservato un altro filosofo, Arthur Danto.[2] In questo studio si indagheranno appunto i tre momenti storici in cui il *trompe-l'œil* fece la sua comparsa nell'arte americana: all'alba del XIX secolo, in un'epoca in cui la cultura americana era ben definita, alla vigilia della guerra di secessione, quando la percezione che la nazione aveva di sé era in frantumi, e tra le due guerre mondiali, un'epoca nella quale il tema del "trauma" divenne un assillo diffuso.

Questi tre momenti hanno in comune un aspetto capitale: la trasformazione. Il *trompe-l'œil* non emerse durante i periodi di crisi, ma in un momento successivo, quando i pensatori di varie discipline – scrittori, filosofi e storici, tra gli altri, ma anche artisti – si trovarono faccia a faccia con gli effetti del cambiamento. In quelle circostanze il *trompe-l'œil* fu una delle tante costruzioni in cui trovare risposta a domande di senso che si estendevano ben oltre il mondo dell'arte, interrogando la realtà e ispirando concezioni nuove.

Ambizione

La prima forma d'arte americana è stata il ritratto. In quanto rappresentazione della personalità oltre che dei lineamenti di un individuo, un buon ritratto assolveva nell'America coloniale una funzione pratica: attraverso lunghe distanze, e perfino dopo la morte, si faceva ricordo di una persona cara, garante delle sue qualità (reali così come immaginarie), testimonianza di rapporti umani per la posterità. Con il tempo questo genere artistico prosperò, dando impulso alla formazione da un lato di una sorta di classe itinerante di ritrattisti professionisti che si spostavano di comunità in comunità per brevi periodi, dall'altro di una categoria di artisti più stabili, cosmopoliti, nelle grandi città. Allo scoppio della rivoluzione americana, nel 1776, commissionare un ritratto era una tradizione consolidata tanto tra i commercianti agiati quanto per figure pubbliche come politici e ministri. In un simile contesto, non sorprende che il primo grande *trompe-l'œil* americano sia stato un ritratto.

Si tratta di un dipinto a grandezza naturale di Charles Willson Peale dal titolo *Staircase Group* (*Gruppo sulle scale*; fig. 65), eseguito nel 1795 per la prima mostra del Columbianum, un'associa-

65. Charles Willson Peale, *Staircase Group* (*Portrait of Raphaelle Peale and Titian Ramsay Peale*) [*Gruppo sulle scale* (*Ritratto di Raphaelle Peale e Titian Ramsay Peale*)], 1795. Filadelfia, Penn., Philadelphia Museum of Art, The George W. Elkins Collection, E1945-1-1.

zione di artisti costituita a Filadelfia in quell'anno dallo stesso Peale. I figli dell'artista, Raphaelle (in basso) e Titian Ramsay (sopra) volgono lo sguardo verso lo spettatore da una scala a chiocciola, il volto messo in risalto da una luce che cade obliqua sulla soglia. I due ragazzi sembrano salire le scale, verso l'oscurità, creando uno spazio contiguo a quello dello spettatore. Si dice che Peale espose il dipinto inserendolo nella cornice di una porta con l'aggiunta di un finto gradino in basso, così da prolungare l'illusione nello spazio reale.[3]

L'opera non aveva precedenti nell'arte americana. A soli diciannove anni dalla dichiarazione di indipendenza, proponeva un nuovo traguardo ai giovani artisti della nazione nascente, compresi i due ritrattati. Peale pensava in grande. Nel 1766 era partito per Londra, dove aveva studiato arte con l'insigne pittore di quadri di storia e di ritratti Benjamin West, un altro suddito della corona britannica originario delle colonie americane. Dopo il suo ritorno in patria, nel 1769, aveva cominciato a coltivare una varietà di interessi (fra cui la storia naturale), aveva prestato servizio nell'esercito per tre anni durante la rivoluzione e in seguito aveva aperto un museo, il primo in America. Peale era onnipresente a Filadelfia – capitale della nazione fino al 1800 – e coglieva ogni opportunità disponibile per promuovere le arti. Il *Gruppo sulle scale* incarnava le sue aspirazioni, per sé e per la nazione.

Una seconda pietra miliare del primo *trompe-l'œil* americano, il dipinto di Charles Bird King intitolato *Poor Artist's Cupboard* (*La credenza dell'artista povero*, 1815 ca.; fig. 66), è un utile contraltare della composizione di Peale. Anziché mettersi alla testa del pubblico americano proponendosi come guida, il dipinto di King si pone alle sue spalle per rimproverarlo, accusandolo di trascurare gli aspiranti artisti e di non sostenere le arti. Per quanto King personalmente non avesse problemi finanziari, la sua opera racconta una storia diversa e il pubblico non poteva certo conoscere la sua situazione nel dettaglio.[4] Come il *Gruppo sulle scale*, il dipinto si concentra su Filadelfia. Ogni singolo pezzo di carta presente nella composizione rimanda alle tribolazioni dell'artista povero eponimo del dipinto, con in alto a sinistra l'annuncio di un'asta giudiziaria che minaccia di mettere all'incanto i suoi scarni averi, compresi i libri aperti che recano titoli come *Advantages of Poverty* ("Vantaggi della povertà") e *Pleasures of Hope* ("Piaceri della speranza"). È probabile che gli spettatori interpretassero come autobiografico un quadro che con il suo stesso sfoggio di eccezionale maestria tecnica additava l'assurdità dell'oltraggio e della sofferenza subiti da un artista tanto talentuoso. Dal punto di vista del soggetto il contrasto con l'opera di Peale è radicale, e tuttavia i due dipinti hanno una funzione analoga come fattori di progresso e realizzazione.

Come Peale, King aveva studiato a Londra con Benjamin West, ed è forse da lui che entrambi, così come altri artisti americani, mutuarono le proprie ambizioni. King dipinse varie nature morte prima e dopo la *Credenza dell'artista povero*, ma nessuna di esse si avvicinò al livello di complessità e compiutezza di quest'opera. Come quella di Peale, essa fu quasi certamente eseguita per essere esposta al pubblico piuttosto che su commissione di un privato. Il dipinto supera in maniera significativa le precedenti fatiche del suo autore nel campo della natura morta e offre una vasta gamma di superfici e consistenze che sfidano il pittore a renderle con la specificità del *trompe-l'œil*.

La natura morta era criticata all'epoca – anche dallo stesso Peale – perché considerata puramente meccanica e perciò priva di qualità artistica.[5] Nei suoi contributi al *trompe-l'œil*, tuttavia, questo genere pittorico si poneva al servizio di un proposito diverso: dimostrare una perizia tecnica straordinaria. La modestia degli oggetti contenuti nella composizione di King è immediatamente contraddetta dalla loro complessità formale. Per un pubblico abituato a essere tacciato di provincialismo culturale, dipinti come quelli di Peale o di King costituivano una risposta diretta in termini di iperrealismo che anche il profano poteva comprendere e ammirare.

Ci si può chiedere, tuttavia, se Peale e King nutrissero la speranza di trarre in inganno l'occhio dello spettatore, sia pure per un solo istante. Forse sì, ma nel contesto delle esposizioni quella strategia aveva l'effetto collaterale di risvegliare l'attenzione, piuttosto che smorzarla. Quando vi si imbattevano, gli spettatori non si limitavano a salutare i figli di Peale, come un episodio apocrifo narra avesse fatto George Washington: subito dopo si soffermavano a esaminare la causa della propria sorpresa. Nel bel mezzo di una stanza gremita di opere d'arte, il *Gruppo sulle scale* di Peale si distingueva per genere e per intenzione. Nel contesto della mostra del Columbia-

66. Charles Bird King, *Poor Artist's Cupboard* [*Credenza dell'artista povero*], 1815 ca. Washington, D.C., Corcoran Gallery of Art, Museum Purchase, Gallery Fund and Exchange, n. 55.93.

num, che comprendeva vari inganni opera del giovane Raphaelle, quel dipinto apriva una porta sul futuro dell'arte, rappresentando gli stessi artisti della generazione a venire mentre invitavano lo spettatore a unirsi a loro in una metaforica ascesa. A fronte dello scarso sostegno pubblico offerto alle arti in America, questi giovani artisti dovevano confidare che il pubblico del Columbianum li seguisse, se l'arte americana doveva fiorire.

Peale e King offrivano visioni dell'arte diverse, ma si rivolgevano entrambi direttamente al loro pubblico. L'opera di King era incentrata sulla "rieducazione", quella di Peale sulle aspirazioni, ma entrambe avevano un carattere didascalico: invitavano lo spettatore a entrare nel mondo degli artisti, a vedere la loro realtà e il loro artificio nello stesso tempo. Questo è ciò che un artista è e fa, dichiaravano. Per il pubblico americano, la mostra del Columbianum fu la prima opportunità di vedere dell'arte, e in particolare dell'arte americana, e King giunse poco dopo. Per questi americani provvisti di una nuova coscienza di sé, nelle cui case e nella cui vita quotidiana non c'era posto per l'arte, le prime esposizioni erano bizzarrie cui non erano abituati, ma che promettevano di contribuire a dare un senso alla loro indipendenza e diversità. Esse crearono un'immagine composita dell'arte americana cui sia Peale che King dettero immediatezza, collegandola con il senso della realtà dello spettatore. Questi *trompe-l'œil* illusivi offrivano a spettatori non avvezzi alle finzioni dell'arte un gradino sulla scala che conduceva nel mondo dell'artista e dell'arte stessa.

Possesso

La seconda comparsa del *trompe-l'œil* in America si confronta più con il passato che con il futuro. La rapida industrializzazione che il paese aveva visto attuarsi a metà del XIX secolo e la devastazione causata dalla guerra civile nei primi anni sessanta segnarono la cultura americana in ogni suo aspetto. Nel corso della conversione degli Stati Uniti da economia agricola a potenza industriale si costituirono a una velocità vertiginosa fortune enormi e rapaci monopoli. La popolazione aumentò fino a diventare più del triplo, passando dai circa 23 milioni del 1850 ai 76 del 1900, una tendenza che si tradusse in uno sviluppo spropositato delle città. Nella seconda metà dell'Ottocento l'America si trasformò in una società preminentemente urbana, abbandonando le sue radici rurali a un passato che era ormai solo un dolce ricordo.

Questi mutamenti furono accompagnati da una crescita direttamente proporzionale della frode. La gente escogitava quasi quotidianamente nuovi sistemi per approfittare dei ritardi che segnavano la legislazione e la sua applicazione. I politici erano notoriamente corrotti, così come lo era la polizia, e le gang imperversavano nei quartieri più poveri delle città in espansione. Il *trompe-l'œil* introdusse la cultura del travisamento nell'arte. Anche quando aveva sposato l'idea di ingannare l'occhio, la precedente arte americana del *trompe-l'œil* raramente era parsa un raggiro. Il truffatore – il *confidence man* di melvilliana memoria – fu invece una figura paradigmatica del tardo Ottocento, che approfittava della cupidigia della sua vittima così come della sua stupidità.

Il più autorevole fra i pittori americani di *trompe-l'œil* dell'epoca fu William Michael Harnett, che sperimentò per primo tutti i nuovi soggetti di un qualche rilievo e ispirò altri artisti a seguire la sua strada. Come molti americani della sua generazione, Harnett era un immigrato. Nato in Irlanda nel 1848 durante la Grande carestia, si era trasferito con la famiglia negli Stati Uniti l'anno successivo. I motivi che furono alla base della sua decisione anticonformista di dedicarsi alla natura morta restano per noi un mistero, ma a partire dalla fine degli anni settanta Harnett divenne un membro affermato della comunità artistica di Filadelfia e continuò a dedicarsi a questo genere pittorico lungo tutto il suo percorso artistico. Godeva di una reputazione sbalorditivamente solida e non aveva difficoltà a vendere le sue opere ai collezionisti americani, in special modo agli uomini d'affari. A fronte di questa popolarità, sembra quasi un'ironia della sorte che abbia trascorso il momento più alto della sua carriera in Europa, per lo più a Monaco. La sua morte prematura, nel 1892, destò forte impressione, ma aprì ad altri artisti la possibilità di sfruttare il suo successo.

L'opera più nota di Harnett, *After the Hunt* (*Dopo la caccia*, 1885; fig. 67), fu influenzata dall'arte europea, dall'antica natura morta tedesca fino alla più recente fotografia *still life*. Il dipinto di cui parliamo costituisce la quarta e ultima versione – nonché quella di maggiori dimensioni – della serie creata da Harnett, e fu terminato per il Salon di Parigi del 1885. Come Peale con il suo *Gruppo sulle scale*, Harnett voleva aprire una nuova frontiera artistica e sfidare le aspettative di un pubblico scettico. Il dipinto non fece parlare molto di sé a Parigi, e Harnett non riuscì a venderlo, cosicché lo riportò con sé negli Stati Uniti, dove fece immediatamente sensazione. L'artista non avrebbe potuto prevedere che il palcoscenico migliore per il suo dipinto non sarebbe stato il Salon francese ma un locale di New York.

Il bar in questione si trovava in Warren Street, nella Bassa Manhattan, ed era di proprietà di Theodore Stewart, che aveva scelto come tema del locale un'esposizione eterogenea di opere d'arte. Stewart acquistò *Dopo la caccia* poco dopo il ritorno di Harnett negli Stati Uniti e costruì quello che l'autorevole biografo dell'artista Alfred Frankenstein ha descritto come «un enorme armadio o una bacheca coperta da tende, protetta da una ringhiera», con una speciale illuminazione che consentiva di esporre il dipinto, attrazione principale del locale, in modo da amplificare i suoi effetti *trompe-l'œil* mantenendo nel contempo i clienti a debita distanza.[6] Sul quadro di Harnett e sulle reazioni divertite e incantate degli spettatori del dipinto furono versati fiumi d'inchiostro, e non solo in patria. Il corrispondente di un giornale londinese descrisse le

67. William Michael Harnett, *After the Hunt* [*Dopo la caccia*], 1885.
San Francisco, Calif., Fine Arts Museums, Mildred Anna Williams Collection, n. 1940.93.

diverse reazioni di cittadini e campagnoli, raccontando come i secondi insistessero nel dire che gli oggetti raffigurati erano veri: che non si sarebbero fatti mettere in trappola, non si sarebbero lasciati convincere che fossero dipinti. *Dopo la caccia* divenne tanto famoso che per decenni i dipinti di cacciagione furono un *must* nei saloon di tutto il paese.

I bar, come la caccia, erano in genere appannaggio degli uomini. I soggetti di Harnett erano spesso legati a occupazioni maschili e venivano esposti in spazi riservati agli uomini (anche se la notorietà raggiunta da *After the Hunt* indusse perfino il bar di Stewart a stabilire degli orari di apertura riservati alle donne che volevano ammirare il quadro, al mattino). Se gli affari – e la tregua da essi – erano soggetti di grande attualità, la caccia non era un passatempo comune per la gente di città, e rispondeva a una fantasia di autosufficiente virilità.[7] Nondimeno, le rappresentazioni di Harnett legate alla caccia erano tra le sue opere di maggiori dimensioni, più elaborate e accolte con maggior favore. Derivate dalla sua esperienza europea e raffiguranti in maniera evidente attrezzature e specie forestiere, esse offrivano una visione della mascolinità non solo preindustriale, ma radicata nella discendenza dal continente europeo.

Cosa insolita per il *trompe-l'œil*, l'illusionismo di Harnett si affida al rispetto di una certa distanza da parte dello spettatore. Come il suo amico e contemporaneo John F. Peto, Harnett creava l'impressione della realtà più che replicarne i dettagli. In un'intervista con il *New York News* osservava: «Quando dipingo una natura morta non imito fedelmente la natura. Molte cose le tralascio e molte ne aggiungo. Alcuni modelli non sono che suggestioni».[8] Quando in un quadro di Harnett compare un articolo di giornale, come in *Still Life with Pipe and New York Herald* (*Natura morta con pipa e New York Herald*, cat. II.16), non c'è ingrandimento che permetta di leggerne il testo, anche se visto da una certa distanza il dipinto dà l'impressione di poter superare un simile esame. L'illusionismo impermetrope di Harnett si serviva di inganni limitati, per quanto non gli abbia risparmiato giudizi severi da parte di critici e artisti che lo accusavano di essere un ottuso copista di dettagli. Era un illusionismo che scaturiva dalla stupefacente capacità dell'artista di suggerire consistenze e forme pur senza delineare ogni capello, ogni piuma, ogni filo. Per quanto non cercasse l'inganno vero e proprio, Harnett aprì la porta ai giovani artisti intenzionati a farlo.

Fu il denaro a metterlo nei guai. Dopo aver esposto un *trompe-l'œil* di una vecchia banconota attaccata a una parete, l'artista ricevette la sgradita visita del Dipartimento del Tesoro. Gli agenti lo accusarono di contraffazione e lo arrestarono per interrogarlo, sequestrando inoltre i suoi dipinti di banconote. Anche se non fu ritenuto colpevole di un reato, Harnett abbandonò immediatamente questo soggetto. In questa come in altre occasioni, il pittore non sembra alla ricerca di pubblicità, ma la riconoscibilità che questa circostanza gli fruttò ispirò molti imitatori di diverso avviso. Fu comunque Harnett il primo a toccare il nervo scoperto sotteso ai dibattiti sulla valuta nazionale del tardo Ottocento e a iniziare, a dispetto del carattere effimero del suo esperimento, il sottogenere enormemente popolare della rappresentazione di denaro a *trompe-l'œil* in America.

In un'epoca di produzione industriale, il dibattito sulla valuta cartacea (in particolare sulla sua contraffazione) e sul sistema aureo sollevava una serie di interrogativi filosofici che questo genere di *trompe-l'œil* non tardò ad affrontare. La diffusione di una valuta nazionale e di un sistema bancario comune si era consolidata solo durante la guerra di secessione – laddove in precedenza fiorivano le banconote locali e statali – ed era oggetto di periodiche crisi di fiducia. La guerra stessa aveva spezzato il legame apparentemente sacro tra la moneta cartacea e i metalli rari (oro o argento) che ne dovevano garantire la convertibilità. Il dibattito sulla valuta imperversava, e la questione del valore che può avere un pezzo di carta fu uno tra i temi fondamentali dell'epoca. Nell'opera di Harnett così come in quella di Jefferson David Chalfant, John Haberle, Thomas Hope, Charles Alfred Meurer e Nicholas Alden Brooks, tra gli altri, questo motivo fruttò alla pittura dedicata a questo soggetto un mercato fiorente.[9] Concentrando l'attenzione sulla banconota come *medium*, il *trompe-l'œil* consentiva all'artista e allo spettatore di osservare il denaro stesso, di meditare sulla sua autenticità e di riflettere sul suo significato. Se doppiezza c'era, questa andava imputata alla carta che fingeva un valore e non alla pittura, con il suo scrupoloso realismo e la sua fedeltà al soggetto.

Gli artisti che si posero sulla scia di Harnett non cessarono di affrontare i temi che egli aveva sollevato, ma spesso lo fecero in una forma quintessenziale. Non si limitarono a riprodurre fedelmente la natura: a volte la sfidarono senza mezzi termini, come nel caso di *Which is Which?* di Chalfant (1889 ca., Chadds Ford, Penn. Brandywine River Museum). Chalfant affiancò un francobollo vero a una sua raffigurazione, sfidando lo spettatore a stabilire quale fosse l'originale; accentuando l'inganno e rendendolo esplicito, l'artista dipinse un ritaglio di giornale su cui compaiono tra le altre queste parole: «Il signor Chalfant si propone di appiccicare sulla tela, accanto a quello da lui dipinto, un vero francobollo; e la sconcertante domanda sarà: "Qual è quello vero?"».[10] Nel 1888, a soli due anni dal ben pubblicizzato contenzioso di Harnett con il Dipartimento del Tesoro, anche Chalfant si lasciò sedurre dall'idea di ricercare una controversia con un dipinto il cui titolo si commenta da solo, *Perfect Counterfeit* (*Contraffazione perfetta*, di ubicazione ignota), raffigurante un biglietto da un dollaro: non scontò neppure un giorno di prigione, ma la copertura mediatica dell'evento fu capillare.[11]

Durante gli ultimi anni dell'Ottocento la pittura a *trompe-l'œil* giocò con i dubbi degli spettatori. Solleticando lo smaliziato come il credulone, Harnett e i suoi pari riassumevano le inquietudini della loro epoca in termini che stimolavano la conversazione e suscitavano un vivace dibattito, ma non costavano il sonno a nessuno (a eccezione forse degli agenti del Dipartimento del Tesoro). Essi riuscirono a disinnescare timori diffusi su temi come l'inganno e la disonestà trasportandoli nella finzione dell'arte, ovvero in una zona di confine tra lo spettatore e le incertezze del mondo reale, a distanza di sicurezza dagli imbrogli della vita vera. Anche se altri pittori si sentirono autorizzati a esasperare le invenzione di Harnett, il pubblico conosceva bene i loro trucchi e alla fine del secolo la loro astuzia aveva ormai fatto il suo corso.

«Similar magics»

Del *trompe-l'œil* ci si può domandare se possa non essere surreale. Nel 1938 Julien Levy, propugnatore del surrealismo oltre che proprietario di una prestigiosa galleria di New York negli anni Trenta e Quaranta, organizzò una mostra dal titolo "Old and New Trompe-l'Oeil" affiancandovi dipinti d'epoca e contemporanei per giustapporre le loro «similar magics».[12] I surrealisti spesso tentarono di raggiungere un obiettivo simile a quello degli antichi pittori di *trompe-l'œil*: l'illusione dello spazio reale. La definizione di "reale" tuttavia era mutata, e il loro fascino si era moltiplicato.

La conclusione della prima guerra mondiale, nel 1918, e la Grande Depressione degli anni Trenta crearono nuovamente in America una temperie adatta all'emergere del *trompe-l'œil*, seppure assai diversa dalle precedenti. All'inizio del secolo Sigmund Freud aveva diffuso nella coscienza popolare la nozione di subconscio e l'impatto della Grande Guerra portò la nozione di trauma psicologico al centro del dibattito pubblico. La Grande Depressione, dal canto suo, scosse la fiducia degli americani nelle fondamenta della loro società. Quello che essi davano per scontato – quello che avevano creduto ciecamente che fosse "reale" – era scomparso. I rituali e l'ordine dell'economia industriale emersi ai tempi di Harnett furono sostituiti dall'instabilità e dall'inquietudine. L'enorme crescita demografica dell'ultimo Ottocento era stata resa possibile dall'espansione del settore manifatturiero e dal suo apparentemente insaziabile bisogno di manodopera, che offriva agli immigrati la sicurezza di un lavoro fisso. D'improvviso, nel 1929, quella sicurezza era sparita.

Il *trompe-l'œil* fa il suo ritorno in questo periodo, sotto la spinta del surrealismo, per esplorare la frattura emergente tra la realtà della veglia e il sogno. L'arte americana tra le due guerre è pervasa da uno spaesamento che porta all'apparizione di un'estetica di ispirazione surrealista conosciuta come "realismo magico", una definizione che a partire dal 1942 descriverà in America gli artisti influenzati dal surrealismo che tuttavia non aderivano a quel movimento. L'obiettivo era quello di «cercare di convincerci che il semplice fatto di dipingerle come se esistessero rende possibili cose straordinarie».[13] Questa efficace sintesi si adatta alla perfezione ai realisti magici che guardavano con interesse alle convenzioni del *trompe-l'œil* come Ivan Albright. Non c'è forse una sola opera d'arte o un singolo personaggio della statura di Peale o Harnett in grado di incarnare questo momento storico, ma Albright fu uno dei maggiori tra gli artisti che come Peter Blume, Hananiah Harari e John Wilde attirarono su di sé l'attenzione della nazione dedicandosi al *trompe-l'œil*.

L'arte di Albright ha come motivo centrale lo scorrere del tempo. Gli oggetti che compaiono nei suoi dipinti invecchiano sotto i nostri occhi mentre popolano uno sconcertante crepuscolo di

decadimento e decrepitezza; e tuttavia sono affascinanti. Originario di Chicago, Albright spesso lavorava sullo stesso dipinto per anni, adoperandosi instancabilmente per creare le sue formidabili realtà alternative. *Wherefore Now Ariseth the Illusion of a Third Dimension* (*Nasce così l'illusione di una terza dimensione*, 1931; fig. 68) raffigura una veduta dall'alto del piano di un tavolo con sopra della frutta, un bicchiere, un portasigarette con qualche sigaretta sparsa, un paio di guanti e – naturalmente – del denaro, al di sotto dei quali compare un elaborato motivo di pizzo che dà unità alla composizione. Alle due estremità superiore e inferiore lo sguardo corre fino al pavimento sottostante. Lo spazio altrimenti poco profondo del dipinto, il trattamento minuzioso, la resa della superficie e il forte effetto chiaroscurale appartengono tutti al lessico del *trompe-l'œil*.

Il titolo stesso del dipinto di Albright è anacronistico nella scelta del linguaggio, e autoreferenziale nel suo rimandare al suo carattere illusivo. Il suo inglese arcaico ci traporta indietro nel tempo per rimandare alle vestigia di un passato più stabile, come la tradizionale attrezzatura da caccia tedesca appese alla porta di Harnett. Albright aumentava l'illusionismo del suo quadro suggerendo di esporlo secondo diverse angolazioni e orientamenti, dalla collocazione orizzontale a quella sulla parete;[14] cercava di cambiare il contesto in cui il dipinto era esposto per rinnovare così continuamente la sua illusione.

La *vanitas* – il *memento mori* – è uno dei grandi temi del *trompe-l'œil* e Albright, dedicandosi al tema del tempo e del decadimento, le diede nuova vita. In questa opera la sua simbolica non si limita a pochi segni della fuggevolezza dell'esistenza, come le macchie che compaiono su un frutto avvizzito, una candela che lentamente si consuma o un teschio, ma si estende fino ad avvolgere l'intera composizione. Nelle mani di Albright l'orologio da tasca che compare sulla sinistra, simbolo quintessenziale della *vanitas*, diventa una macchina del tempo che fa invecchiare gli oggetti della vita di tutti i giorni. Il suo dipinto getta uno sguardo nel futuro mentre consuma il presente sotto i nostri occhi. La scena suggerisce i gesti che si compiono quando ci si prepara a uscire di

68. Ivan Albright, *Wherefore Now Ariseth the Illusion of a Third Dimension* [*Nasce così l'illusione di una terza dimensione*], 1931. Chicago, Ill., Art Institute of Chicago, Gift of Ivan Albright, n. 1977.23.

69. Mark Tansey, *The Innocent Eye Test* [*Prova dell'occhio innocente*], 1981. New York, Metropolitan Museum of Art, Partial and Promised Gift of Jan Cowles and Charles Cowles, in Honor of William S. Lieberman, n. 1988.183.

casa e si raccolgono le proprie cose: l'orologio, le sigarette, i guanti. Ogni giorno che passa vediamo quegli oggetti logorarsi e invecchiare a poco a poco. Albright comprime il tempo tra il presente e un futuro indeterminato, come se ce andassimo e tornassimo dopo tanto tempo. C'è qui un confronto impressionante e implacabile con la caducità che costringe lo spettatore a entrare nel mondo crepuscolare dell'artista, un mondo che la maggior parte di noi vede solo nei sogni.

Per usare l'espressione elogiativa dell'artista francese Jean Dubuffet, nei dipinti di Albright vediamo oggetti in cui possiamo riconoscere facilmente le cose che ci circondano, e che tuttavia sono inconoscibili.[15] Questo dipinto non si risolve in verità o finzione, ma getta un velo permanente su entrambe. Esso smaschera l'idea che il *trompe-l'œil* possa mai rappresentare la realtà. Anche nelle sue precedenti incarnazioni, il *trompe-l'œil* simula la percezione dello spettatore attraverso una serie di convenzioni che questi deve essere intenzionato ed esercitato ad assumere. *Nasce così l'illusione di una terza dimensione* crea un suo mondo insulare che obbedisce a regole di tempo e spazio alterate, ma ci mette sotto gli occhi una serie di oggetti familiari ripresentandoceli come insoliti e misteriosi. Quello di Albright è un *trompe-l'œil* che guarda *attraverso* il tempo e non *nel* tempo.

La magia di questo artista risiede nell'inventare regole tanto vicine alle convenzioni che lo spettatore può aderirvi senza esitare, come accade con la sospensione dell'incredulità prontamente accettata dallo spettatore di un film di fantascienza o dell'orrore: un'analogia tutt'altro che illegittima, poiché proprio Albright dipinse uno spaventevole *Ritratto di Dorian Gray* (1943-1944; Chicago, Ill., Art Institute of Chicago) per un horror hollywoodiano dell'epoca ispirato al romanzo di Oscar Wilde, con la sua storia faustiana di decadimento e immoralità. Si sa che nel romanzo il ritratto invecchia mentre Dorian Gray rimane giovane e bello a dispetto della sua vita sfrenata; alla fine però egli è costretto a confrontarsi con le sue vere sembianze, che nel film sono raffigurate nel dipinto del nostro artista. Come Hollywood, Albright crea realtà alternative che possono essere accettate come reali nei sogni, se non nel mondo della veglia.

Qualcosa di simile era accaduto con il *Gruppo sulle scale* di Peale, che aveva cambiato le regole della visione della sua epoca, ma non in maniera tanto drastica che il pubblico americano non potesse seguirlo. Questo tipo di prudenti incursioni erano i ferri del mestiere del *trompe-l'œil* americano. In entrambi i casi, l'artista chiedeva al suo pubblico di fare un passo in avanti rispetto a quello che aveva accettato in precedenza, lasciando spazio alla sorpresa dei sensi provocando una rinnovata messa a fuoco dei sensi e una sensazione che richiama quella di essere "ingannati". Ancora oggi rimaniamo ammirati della capacità di Peale di simulare gli effetti spaziali percepiti dall'occhio umano, ma non ci lasciamo abbindolare. Conosciamo già il trucco. L'ambizione di Peale resta straordinaria, ma la sua illusione si è dissolta. La composizione di Albright colpirà senz'altro molti lettori come una rottura rispetto al *trompe-l'œil*, ma è proprio della natura del *trompe-l'œil* rompere con sé stesso ogni volta.

* * *

Dopo l'età del surrealismo, in America il *trompe-l'œil* è stato in genere sfruttato come concetto più che effettivamente praticato. Con la possibile eccezione di Duane Hanson, le cui figure di grandezza naturale (cat. VII.7) propongono al visitatore di un museo una sfida degna di quella lanciata nel 1795 dal *Gruppo sulle scale* di Peale, gli artisti che usano il *trompe-l'œil* lo trattano come un fenomeno storico piuttosto che come un tema di attualità.

Innocent Eye Test di Mark Tansey (*Prova dell'occhio innocente*, 1981; fig. 69), per esempio, esplora con ironia il ricorso ai riferimenti storici nell'era postmoderna, raffigurando un esperimento volto a dimostrare il realismo di un'opera d'arte. Una "vera" mucca interagisce con una mucca dipinta dal maestro olandese Paulus Potter in un celebre quadro del 1647. Alcuni signori dall'atteggiamento serioso, riuniti di fronte al quadro, osservano la reazione dell'animale dopo aver lasciato cadere il drappo che copriva l'inganno: rappresentati come nostri contemporanei più che come uomini dell'epoca di Potter, essi incarnano la nostra ossessione per le ricerche di mercato pseudoscientifiche e le indagini di qualità che testano le illusioni che oggi ci circondano. La serietà simulata di Tansey ci invita insomma a riflettere sulla nostra stessa realtà, per non cadere in un nuovo, diverso inganno.

1 J. Baudrillard, *De la séduction* [1979], Paris 1988, p. 91.

2 A.C. Danto, *Trompe-l'oeil*, «The Nation», n. 254, 1992, pp. 603-608: 606.

3 W. Bellion, *Illusion and Allusion: Charles Willson Peale's "Staircase Group" at the Columbianum Exhibition*, «American Art», XVII, 2003, 2, pp. 18-39: 24-27.

4 A.J. Cosentino, *The Paintings of Charles Bird King (1785-1862)*, catalogo della mostra (Washington, D.C., Smithsonian Institution, National Collection of Fine Arts, 1977-1978), Washington 1977, p. 28.

5 B.B. Fortune, *A Delicate Balance: Raphaelle Peale's Still-Life Paintings and the Ideal of Temperance*, in *The Peale Family: Creation of a Legacy, 1770-1870*, catalogo della mostra (Philadelphia, Penn., Philadelphia Museum of Art, 1996-1997; San Francisco, Calif., Fine Arts Museums of San Francisco, M.H. de Young Memorial Museum-Washington, D.C., Corcoran Gallery of Art, 1997), a cura di L.B. Miller, New York 1996, pp. 134-149: 138-139.

6 A.V. Frankenstein, *After the Hunt. William Harnett and Other American Still Life Painters, 1870-1900*, Berkeley, Calif. 1953, p. 79: «an enormous shrouded cabinet or shadow box, protected with a guardrail».

7 D. Lubin, *A Manly Art: American Trompe-l'oeil Painting and the Manufacture of Masculinity*, in *The Material Culture of Gender, The Gender of Material Culture*, atti del convegno (Winterthur, Del., Winterthur Museum, novembre 1989), a cura di K. Martinez e K.L. Ames, Winterthur, Del. 1997, pp. 365-392: 372.

8 «In painting from still life, I do not closely imitate nature. Many points I leave out and many I add. Some models are only suggestions» (in Frankenstein 1953, cit., p. 55).

9 B.W. Chambers, *Old Money: American Trompe-l'oeil Images of Currency*, catalogo della mostra (New York, Berry-Hill Galleries, 1988), New York 1988, pp. 13-15; E.J. Nygren, *The Almighty Dollar: Money as a Theme in American Painting*, «Winterthur Portfolio», XXIII, 1988, 2-3, pp. 129-150: 129-130.

10 «Mr. Chalfant proposes to paste a real stamp on the canvas beside his painting, and the puzzling question will be "Which is which?"».

11 J.H. Gorman, *Jefferson David Chalfant, 1856–1931*, catalogo della mostra (Chadds Ford, Penn., Brandywine River Museum-Newark, N.J., Newark Museum, 1979), Chadds Ford, Penn. 1979, p. 13.

12 J. Levy, *Old and New Trompe-l'œil: Illusion, Double Image, Perspective*, catalogo della mostra (New York, Julien Levy Gallery, 1938), New York 1938, p. n.n.

13 L. Kirstein, *Introduction*, in *American Realists and Magic Realists*, catalogo della mostra (New York, Museum of Modern Art, 1943), a cura di D.C. Miller e A.H. Barr, Jr., New York 1943, pp. 7-8: 7: «Magic realists try to convince us that extraordinary things are possible simply by painting them as if they existed».

14 R. Cozzolino, in *Ivan Albright*, catalogo della mostra (Chicago, Ill., The Art Institute of Chicago-New York, Metropolitan Museum of Art, 1997), a cura di S.F. Rossen, Chicago, Ill.-New York 1997, p. 106, n. 21.

15 J. Dubuffet, *A Commentary*, in F.A. Sweet, *Ivan Albright. A Retrospective Exhibition*, catalogo della mostra (Chicago, Ill., Art Institute of Chicago, 1964; New York, Whitney Museum of American Art, 1965), [Chicago, Ill. 1964], p. 7: «we see in them objects that we easily discern to be those which surround us but which are nevertheless unknowable».

OAKL
Race
rack
SixGreat Races

I. Sulle orme di Zeusi e Parrasio

I.1. Barend van der Meer
(Haarlem 1659-*ante* 1702)
Grappolo d'uva appeso davanti a una nicchia

seconda metà del XVII secolo
dipinto su tela; cm 53 × 43
L'Aia, Museum Bredius, inv. n. 182-1946

Firmato in basso a sinistra: «B. van der meer».

Figlio del paesaggista Jan Vermeer van Haarlem II, Barend fu ammesso alla gilda di San Luca di Haarlem nel 1681. Trasferitosi in seguito ad Amsterdam, si specializzò nella pittura di natura morta sontuosa alla maniera di Willem Kalf.

Questo dipinto è un *unicum* nella produzione del Van der Meer. La composizione nasce dall'idea tradizionale del *bouquet* di fiori entro una nicchia apparsa fin dal Cinquecento nella pittura dei Paesi Bassi (si veda la scheda III.1). Tuttavia il pittore usa come elemento della rappresentazione non i fiori, ma un grappolo d'uva rossa matura che pende davanti alla nicchia, sospeso in alto a un nastro azzurro elettrico: l'idea ricorda il festone di fiori di Jérôme Galle (cat. II.4), e la perfezione tecnica aumenta la sensazione ingannevole dello spazio che si apre dietro al grappolo.

L'intento allusivo alla *vanitas* e alla vita che passa è esplicito: la bellezza dell'uva matura, i cui chicchi sono colti nella loro preziosità quasi di pietra dura, ma alcuni dei quali sono già troppo maturi, è insidiata dalla libellula in alto a sinistra, dalla mosca a destra e dalla farfalla in basso; la foglia in basso a sinistra, ancora fresca, contrasta con le due in alto a destra, già appassite, che cadranno fra poco. L'ombra portata del nastro e del grappolo all'interno della nicchia aumenta la sensazione dello spazio creato da questo elemento, il tutto realizzato con tecnica superba.
M.C.

BIBLIOGRAFIA. Blankert 1978, pp. 81-82, n. 97; F. Ribemont, in *Les Raisins du silence* 1999, p. 104, n. 31 (con bibliografia).

I.2. Tiziano Vecellio
(Pieve di Cadore 1488/1490-Venezia 1576)
Ritratto dell'arcivescovo Filippo Archinto

1556-1558 ca.
dipinto su tela; cm 114,8 × 88,7
Filadelfia, Philadelphia Museum of Art,
John G. Johnson Collection, 1917, n. 204

La tela, una delle più enigmatiche nella produzione ritrattistica di Tiziano Vecellio, presenta l'immagine dell'arcivescovo Filippo Archinto (1500-1558), nella classica posa ufficiale, in poltrona, di tre quarti e rivolto a destra, con le vesti e gli attributi del suo ruolo. Davanti alla figura, però, un leggero velo bianco, quasi trasparente e traslucido, nasconde il lato sinistro del corpo, e in particolare il volto, lasciando in evidenza solo l'occhio destro, che fissa intensamente l'osservatore, e l'anello episcopale al dito della mano destra. Questo singolare artificio pone al centro dell'interesse proprio questi due particolari, che vengono a rappresentare i due fulcri dell'immagine.

L'Archinto, di nobile ed antica famiglia lombarda, si affermò dal 1527 come diplomatico presso le corti imperiale e papale, bruciando le tappe di una carriera sempre in ascesa: inviato più volte presso l'imperatore da Paolo III Farnese, di cui fu intimo, ricevette la tonsura nel 1536. Fu poi nominato governatore di Roma (1537), vescovo di Borgo San Sepolcro (1539), e ottenne nel corso degli anni successivi numerosi e ben remunerati incarichi dalla Curia. Dal 1546 al 1548 partecipò attivamente ai lavori del Concilio di Trento, appoggiando la Compagnia di Gesù, alla quale fu molto vicino. Nunzio apostolico a Venezia dal 1554, fu nominato nel 1556, su proposta dell'imperatore Filippo II, arcivescovo di Milano, innescando però un vivace contrasto interno alla diocesi ambrosiana, che gli impedì di fatto di prendere possesso della nuova sede. Nel gennaio del 1558, al culmine di questa crisi, pur vedendo definitivamente confermata la carica episcopale, l'Archinto dovette rinunciare e abbandonare Milano per Bergamo, dove morì il 21 giugno dello stesso anno senza essersi mai insediato nell'episcopio ambrosiano.

Le vicende biografiche dell'Archinto (cfr. Alberigo 1961) sono certamente rilevanti per tentare di spie-

gare l'originalissima iconografia di questo ritratto "velato". Bernard Berenson (il primo ad attribuire la tela a Tiziano nel 1913, anche sulla base della tradizione della famiglia Archinto, in possesso dell'opera sino al 1863; cfr. Litta 1843, disp. 97, tav. II; *John G. Johnson Collection* 1966, p. 76, n. 204) interpretò la singolare iconografia del velo come allusione agli anni passati oscuramente a Venezia come nunzio papale (datando quindi l'opera al 1554-1555): questa ipotesi non trova però riscontro nella biografia dell'Archinto. Altri studiosi hanno discusso il dipinto, insieme all'altra versione oggi al Metropolitan Museum of Art di New York di cui si dirà più avanti – Fischel (1924) lo riteneva copia debole dell'esemplare di New York; Zarnowski (1938) lo dice opera di Girolamo Dente; Valcanover (1960) lo include senza commento tra le opere attribuite; Pallucchini (1969) lo considera invece autografo –, ma non hanno commentato l'iconografia.

Nel 1964 Ruth Wedgwood Kennedy, in uno studio sui rapporti di Tiziano con i pittori dell'antichità, aveva accennato alla possibilità che l'artista veneto avesse voluto esplicitamente confrontarsi con Parrasio, emulando la sua maestria nel dipingere un velo, secondo il racconto di Plinio relativo alla celebre contesa con Zeusi. Anche per questo motivo, la studiosa riteneva che la tela di Filadelfia fosse stata concepita come "coperta" dell'altro ritratto di Filippo Archinto, conservato a New York.

Questa ipotesi è stata però contestata da Richard Betts, nel primo studio monografico sul ritratto, del 1967. Lo studioso osservava che il velo è in effetti un vero *tour de force* di virtuosismo e illusionismo pittorico da parte di Tiziano, poiché non risulta sovrapposto al ritratto già finito, ma è stato concepito sin dall'inizio come parte dell'immagine. D'altra parte il Betts (forse non a torto) riteneva poco probabile che Tiziano avesse utilizzato l'occasione di ritrarre un così importante e potente personaggio della curia per una pur colta e raffinata autocelebrazione. Inoltre lo studioso non considerava autografa la versione di New York, ritenuta una copia "normalizzata" del ritratto di Filadelfia, e non poteva quindi accettare per quest'ultimo la funzione di "coperta". La singolare iconografia è stata invece spiegata dal Betts come riferimento all'impossibilità da parte dell'Archinto di prendere possesso della sede vescovile di Milano, in analogia con la posizione dell'esule san Paolo accennata nella II Lettera ai Corinti (4, 1-4). L'evidenza dell'anello episcopale, che resta visibile al di fuori del velo, sarebbe per lo studioso una prova e indicherebbe la piena legittimità *de iure* della carica, negata *de facto*. La datazione dell'opera viene quindi spostata al 1556-1558, più probabilmente nella prima metà del 1558, quando le vicende milanesi prima accennate trovarono il loro culmine, concludendosi con la morte del prelato.

È importante però, per valutare l'iconografia, considerare il rapporto con la versione newyorkese del ritratto, che raffigura l'arcivescovo in maniera identica ma senza il velo. Questa tela proviene anch'essa dalla famiglia Archinto, con un'attribuzione tradizionale a Leandro Bassano. Se, come hanno affermato alcuni studiosi (si veda Zeri 1973, pp. 75-76, per i vari pareri), la tela di New York è solo una versione o una copia più tarda uscita dalla bottega di Tiziano, o addirittura eseguita da un artista del primo Seicento (quale ad esempio Leandro Bassano), il ritratto di Filadelfia risulta un'invenzione completamente autonoma. Ma se anche la tela di New York è autografa, e forse anteriore a quella qui eposta, come sembra aver confermato il restauro del 1980 (cfr. T. Scarpa, in *Tiziano* 2006, p. 170; ma il ritratto era già considerato opera di Tiziano da Berenson 1913; Fischel 1924; Suida 1933; Kennedy 1964; Zeri 1973, pp. 75-76; e più recentemente Baetjer 1995, p. 79), l'esistenza di due dipinti eseguiti a breve distanza per lo stesso committente può rendere più esplicita la simbologia del velo, che non può essere considerato un'invenzione autonoma di Tiziano, ma certamente una precisa richiesta da parte dell'Archinto.

Questo punto di vista fonda la più recente interpretazione di James Hall (2008), che per la sua complessità può essere qui solo sintetizzata. Hall considera i due ritratti dell'Archinto strettamente connessi e il velo come una spia che teatralizza una personale visione religiosa e spirituale, non necessariamente legata alle vicende biografiche del prelato. Le due immagini sono viste cioè come i due lati di una stessa medaglia, come rappresentazioni opposte ma complementari di due momenti fisici e spirituali della stessa persona: la versione di New York, probabilmente anteriore anche per l'età dimostrata dall'Archinto (1554-1556 ca.), manifesterebbe il suo aspetto più esteriore, "mondano", secondo il paradigma ufficiale del ritratto curiale, mentre la tela "velata", verosimilmente dipinta negli ultimi anni dell'arcivescovo di Milano, palesemente più avanti con l'età (1556-1558 ca.), presenterebbe in modo assai più sottile ed enigmatico il suo lato interiore e più profondo, rivelato proprio dall'invenzione illusionistica del tessuto semitrasparente, che allo stesso tempo nasconde e manifesta. Hall pone l'attenzione sull'occultamento del lato sinistro del corpo, che nella tradizione occidentale rappresenta il lato negativo e più materiale, qui nascosto dal velo e quasi espulso a favore del lato destro, quello spirituale, che si preparava all'incontro col Creatore al momento della morte, alla quale l'Archinto si sentiva probabilmente vicino. E nel lato non velato, l'occhio vigile che ci richiama con forza a scrutare nell'interiorità dell'anima e l'anello, simbolo del matrimonio spirituale con Dio e con la Chiesa, emergono come spie eloquenti di questa visione.

Questa lettura collegata dei due ritratti presuppone un preciso orientamento dell'immaginazione di Tiziano da parte dell'Archinto, del tutto plausibile se si considera l'importante personalità religiosa e culturale del committente, ponendo in secondo piano la funzione puramente illusionistica del velo e il rapporto con Parrasio e con l'aneddoto pliniano. Non possiamo però escludere che Tiziano non abbia saputo cogliere da par suo l'occasione offertagli dall'Archinto, per alludere in maniera raffinata e consapevole al confronto con l'antichità.

Si ricorda infine la probabile citazione del ritratto da parte di Francis Bacon nel suo *Study after Velázquez's Portrait of Pope Innocent X* del 1953 (Des Moines Art Center), sul quale le pennellate verticali e trasparenti sovrapposte alla figura del papa urlante diventano simbolo inquietante della dimensione dell'inconscio e della morte (il rapporto con la tela di Tiziano, notato da Lawrence Alloway nel 1963, è stato ripreso nella mostra di Vienna e Basilea del 2003-2004, "Francis Bacon and the Tradition in the Art"; per una diversa interpretazione si veda però Hall 2008).

S.C.

BIBLIOGRAFIA. Litta 1843, disp. 97, tav. II; Berenson 1913, pp. 127-128, n. 204; Fischel 1924, p. 185; Zarnowski 1938, pp. 103-108; Valcanover 1960, II, p. 71; Kennedy 1964, p. 168; *John G. Johnson Collection* 1966, p. 76, n. 204; Betts 1967; Pallucchini 1969, I, pp. 302-303; Valcanover 1969, n. 402; Wethey 1971, pp. 74-75, n. 4; Zeri 1973, pp. 75-76; Faré-Chevé 1996, trad. it. 1997, p. 129; D.A. Brown, in *Deceptions and Illusions* 2002, p. 124, n. 7; *Francis Bacon* 2003, pp. 133 sgg.; T. Scarpa, in *Tiziano* 2006, p. 170; Hall 2008, pp. 115-122.

I.3. Gerrit Dou
(Leida 1613-1675)
Autoritratto con tenda verde

1645 ca.
dipinto su tavola; cm 48 × 37
Amsterdam, Rijksmuseum, inv. SK-A-86

Firmato sul cartiglio: GDOV.

Dou fu allievo di Rembrandt a Leida fino a quando questi non si stabilì a Amsterdam, nel 1632. Rimasto sempre a Leida, fu il fondatore della locale scuola dei "pittori raffinati", avendo per allievi Frans van Mieris, Gabriel Metsu, Godfried Schalcken e Carel de Moor. Ebbe moltissimi estimatori, tra i quali Cosimo III de' Medici (si veda la scheda X.1).

L'artista si raffigura affacciato a mezzo busto a una specie di finestra arcuata: ha capelli lunghi fino alle spalle, giacca ruggine e cappello di velluto rosso; regge con la sinistra una lunga pipa di schiuma che tiene in bocca, mentre la destra è poggiata accanto a un grosso volume aperto posto di traverso sul davanzale. Al di sotto si vede un cartiglio appuntato alla parete dell'incorniciatura il cui angolo superiore sinistro è ripiegato: su di esso si legge la firma. Sia il volume sia l'angolo ripiegato del cartiglio proiettano decise ombre portate che, con quella della figura, sono intese ad accrescere il senso tattile delle cose rappresentate. Ma la finzione che porta ai suoi estremi l'illusionismo della presentazione è la tenda verde aperta che pende da un'asta metallica applicata alla finta cornice nera che il pittore ha dipinto come inquadratura all'elaborata apertura dalla quale egli si sporge. Questo elemento crea quindi un'ulteriore sensazione di inganno, rendendo l'immagine ancora più intrigante per chi la guarda, rievocando il noto episodio del pittore Parrasio, che ingannò con questo espediente il collega Zeusi, fingendo che il suo quadro fosse coperto da una tenda chiusa, talmente ben dipinta che Zeusi volle aprirla. È interessante notare che anche Tiziano usò questo motivo, ma con significati diversi, nel ritratto dell'arcivescovo Archinto qui esposto (cat. I.2).
M.C.

BIBLIOGRAFIA. Baer 2000, p. 94, n. 16; A.K. Wheelock, Jr., in *Deceptions and Illusions* 2002, pp. 126-127, n. 8 (con bibliografia).

I.4. Henri Cadiou
(Parigi 1906-1989)
La déchirure [*Lo strappo*]

1981
dipinto su tela; cm 81 × 54
Parigi, Collezione Pierre Gilou

Firmato sul cartellino in basso a destra: «Cadiou | 9, CITÉ FLEURIE, PAR[IS]».

Un grande involucro di carta fine, sgualcita, è stato lacerato per tutta la sua altezza. Il risvolto è chiuso da tre pezzetti di scotch, e in una delle aperture lasciate da questo precario e maldestro imballaggio è infilato di traverso un cartellino sul quale sono stampati il nome e l'indirizzo del mittente, o del destinatario che sia: è l'espediente usato dall'artista per farsi riconoscere.

L'involucro brutalmente squarciato rivela una sorprendente immagine della *Gioconda*. Il volto e l'incarnato, così come la scollatura, sono resi con una fedeltà sconcertante: possiamo vedere perfino la *craquelure* dell'antico dipinto. Ma esiste davvero questa *craquelure* nell'originale? Più in basso, quanto si può intravedere delle mani della donna desta qualche dubbio: eseguite con minor precisione, esse danno l'impressione che quella qui rappresentata non sia che una riproduzione – forse su carta, se si considera la leggerezza dell'involucro) della famosa *Monna Lisa*.

Cadiou ha forse raffigurato, come in tanti suoi *trompe-l'œil*, un oggetto che appartiene al mondo di gente modesta, che può permettersi solo una riproduzione di un celebre capolavoro, magari comprata in un grande magazzino. Viene in mente che la molla del gesto brutale con cui questo logoro involucro è stato strappato possano essere state la curiosità e l'impazienza.

Cadiou rende ogni dettaglio – ogni piega, grinza, ombra – della carta lacerata con un virtuosismo sbalorditivo; non solo, ma riesce a giocare con la sorpresa dello spettatore di fronte a questa improvvisa apparizione della *Gioconda* e a trasformare pian piano il suo stupore nel dubbio di quale sia la verità delle cose e il messaggio sotteso al dipinto. Ma è altrettanto possibile che egli avesse in mente una reale presenza del prezioso originale e volesse con questo alludere alla simbolica della *Vanitas*, sottolineando la caducità e fragilità che non risparmiano neppure il "capolavoro assoluto" della pittura occidentale.
M.M.

BIBLIOGRAFIA. Milman 1982, p. 45; *Trompe-l'œil* 1985, p. 63; Monestier 1993, p. 43 (ripr.); Monneret 1993, p. 200 (ripr.).

Cadiou
9 CITE FLEURIE PA

II. Natura morta o *trompe-l'œil*?

II.1. Sebastiano Lazzari
(Verona?, 1730 ca.; attivo a Vicenza fino al 1791)
"Finto asse" e natura morta
con cocomero e sfera armillare

1783
dipinto su tela; cm 54 × 66
Milano, Galleria d'Arte Studiolo

Datato sulla parete a sinistra: ESTE 1783.

Il dipinto raffigura in primo piano una classica natura morta: delle fette di cocomero sono disposte tutt'intorno al "cuore" del frutto (curiosamente, su una di esse è posato un uccellino) su un piatto, contro il quale poggiano la calotta superiore del cocomero stesso e un coltello; sulla sinistra si vedono due pere e un calamaio con una penna d'oca. Il tavolo è collocato contro una parete in legno d'abete su cui è appoggiato un libro, sulla cui costola compare la scritta GALILEO | T(OMO) I. Domina la composizione una sfera armillare.

La parete lignea ci offre una rappresentazione assai chiara, per quanto sobria, di un tipico *trompe-l'œil* del genere del *quodlibet*: abbiamo un chiodo cui è appeso un *pince-nez* e un gancio da cui pende un nastro logoro cui sono attaccate due chiavi. Una forte luce proveniente da sinistra disegna il netto contorno di un'ombra scura sulla parete, il cui colore chiaro, quasi monocromo è in vivo contrasto con i colori del primo piano. Si è tentati di concludere di essere di fronte a una classica natura morta con un tavolo carico di oggetti e sullo sfondo la citazione di un *trompe-l'œil*.

In questa descrizione, tuttavia, abbiamo omesso due elementi di grande importanza: la carta da gioco e il bigliettino che compaiono agli estremi del dipinto. Entrambi non sono rappresentati per intero, ed è questa la chiave per comprendere la nostra immagine: tutti e due sono infatti infilati nella cornice, che deve esistere *realiter* per rispettare la logica della rappresentazione. La loro ombra in realtà non si proietta sulla parete di legno, ma sulla superficie di una natura morta con *trompe-l'œil*.

Diventa perciò chiaro che abbiamo a che fare con un "quadro" da incorniciare, mentre la carta da gioco e il bigliettino sono gli elementi "reali": in altre parole, essi hanno il ruolo di un elemento di contrasto che relega la natura morta e la parete di legno nel dominio dell'artificio e che nel contempo fa dell'intera composizione un *trompe-l'œil*. La presenza di una vera cornice è essenziale per la comprensione dell'opera. Si tratta qui del *trompe-l'œil* di un'opera d'arte. Raffigurando questi due elementi l'artista si serve dello stesso stratagemma rappresentato dalla presenza di una tenda, di una mosca o di un vetro rotto che si dichiarano "reali" e spingono sullo sfondo un "dipinto", quale che sia il suo soggetto.

Il dipinto rivela inoltre un preciso interesse dell'artista o del committente nei confronti dell'astronomia, dichiarato dalla presenza della sfera armillare e del libro di Galileo, nonché dai versi iscritti nel bigliettino: «[...] faccia all'Universo intero | [...] anni la bassa Terra vedi, | [q]uanta parte di questa esser mai credi? | Pon freno dunque al cieco fasto altero» (si ringrazia Stefano Cribiori per aver decifrato il testo e per le informazioni cortesemente fornite). L'ultimo verso contiene peraltro un'esortazione morale che avvicina l'opera al concetto di *Vanitas*. M.M.

BIBLIOGRAFIA. Inedito.

II.2. Sebastiano Lazzari
(Verona?, 1730 ca.; attivo a Vicenza fino al 1791)
"Finto asse" e natura morta
con pesche e globo terrestre

1785
dipinto su tela; cm 54 × 66
Milano, Galleria d'Arte Studiolo

Firmato e datato in basso a sinistra sulla carta geografica: «Sebastiano Lazari Veronese F(ecit) 1785».

Come il suo pendant (cat. II.1), questo dipinto rappresenta una natura morta: sull'angolo di un tavolo sono disposti un piatto di pesche, un ramo fogliuto carico di prugne e un imponente globo terrestre; in basso a sinistra, un borsellino e delle monete. Anche in questo caso il tavolo è collocato contro una parete in legno d'abete, cui sono appesi un regolo e uno strumento simile a uno stilo, con le due estremità appuntite, nonché una carta coeva dell'Europa con un'iscrizione che ne riporta «le città capitali». La parete riceve una forte luce da sinistra e su di essa compare un'ombra originata da un elemento non visibile. Anche in questo dipinto la parete lignea suggerisce la composizione di un *trompe-l'œil* tradizionale a fare da sfondo a una natura morta convenzionale.

Ponendosi a una diversa distanza focale, tuttavia, si notano in primo piano due carte da gioco con un angolo interrotto dal margine del dipinto che sembrano in procinto di cadere dal tavolo. Lazzari non ha certo voluto registrare un movimento repentino: ancora una volta, l'artista offre la rappresentazione ingegnosa di un *trompe-l'œil* in cui si suppone che le carte siano "vere" e infilate nella cornice del quadro. Esse costituiscono l'elemento che sposta la natura morta e il suo presunto sfondo a *trompe-l'œil* su un altro piano, nel dominio della rappresentazione artistica: anche qui la loro ombra non si proietta sul tavolo, ma sulla superficie rilucente del dipinto.

Accanto alla sua sottigliezza concettuale e agli esiti raggiunti su un piano tecnico, il dipinto palesa un evidente interesse per gli studi geografici, con il suo globo terrestre, la bella carta appesa alla parete e i versi iscritti sull'assito di fondo: «Senza Navi o Destrier coll'occhio solo / Scorrer potrai Città Provincie e Regni, / E giugnere dall'uno all'altro Polo».
M.M.

BIBLIOGRAFIA. Inedito.

II.3. Sebastiano Lazzari
(Verona?, 1730 ca.; attivo a Vicenza fino al 1791)
"Finto asse" e natura morta
con pesche, sfera armillare e gatto

seconda metà del XVIII secolo
dipinto su tela; cm 68 × 89
Venezia, Gallerie dell'Accademia, n. 1363

Firmato sulla tavola raffigurante i sistemi cosmologici in basso a destra: «Sebastianus Lazari F(ecit)».
Iscrizioni: sul cartellino sulla destra, «À Son Excellence | La N.D. Marianne Soranz[o] | née Labbia | Avec une Cassette | Marquée son nom [?] à Ve[nise]».

Sul lato destro di un tavolo sono disposti un'alzata colma di pesche, un fiasco di vino e un piatto di ossocollo con dietro una sfera armillare; il salume ha naturalmente attirato un gatto, che ne sta rubando una fetta. Il tavolo poggia contro un assito in legno d'abete sul quale figurano un *pince-nez* e una tavola con i sistemi cosmologici di Copernico e Tycho Brahe. È per la presenza di questo assito – «poiché il loro fondo, o sia campo, è finto di tavole di pino piceo, detto volgarmente pezzo» – che Diego Zannandreis (1768-1836), nelle *Vite dei pittori, scultori e architetti veronesi* (ed. Biadego 1891, pp. 422-424), parlò delle opere di Lazzari come di «quadri che chiamansi finti assi». Con questa definizione il biografo intendeva che era un pittore di *trompe-l'œil* del popolare genere del *quodlibet*, ovvero la rappresentazione di carte e oggetti attaccati o appesi su pannelli di legno. Tuttavia, se lo sfondo di questa composizione è di fatto un *quodlibet* semplificato, il primo piano è senz'altro costituito da un'elaborata natura morta.

Come nel caso degli altri dipinti di Lazzari (cat. II.1-2), tuttavia, sono stati trascurati degli elementi, ovvero la carta da gioco tagliata dal margine inferiore e il biglietto sulla destra, che reca il nome della committente ed è in parte "nascosto". La loro presenza e il loro significato sono complessi e contribuiscono in forte misura alla comprensione del contesto dell'intera opera. La carta da gioco non sta semplicemente "cadendo" dal tavolo, così come è logico che il biglietto non può semplicemente "levitare" nell'aria: e infatti essi sono infilati in una cornice vera e propria, per quanto assente. Questi sono i due elementi *trompe-l'œil* del dipinto, poiché si suppone che siano reali; e in quanto tali confinano tutto il resto dell'opera – la natura morta e il presunto sfondo a *trompe-l'œil* – nel campo dell'artificio, dichiarandone la natura di dipinto. Si noti la sottigliezza di Lazzari, che ha perfino reso l'ombra, quasi invisibile, proiettata dalla carta e dal biglietto non sul tavolo o sul muro, ma sulla superficie del dipinto.

Le parole che compaiono sull'assito in alto a sinistra suonano come una negazione della possibilità di rappresentare un'opera illusionistica, di imitare in maniera plausibile la natura: «Indarno superar tenta quest'arte / L'oprar della Natura: e sol le basta / Se il di lei merto adombra in qualche parte» (si ringrazia Giulio Manieri Elia per le informazioni cortesemente fornite). Pittore modesto ma ingegnoso (sulla sua figura si vedano Veca 1980, pp. 186-189; Milman 1982, p. 97; Safarik-Bottari 1989; L. Caburlotto, in *La natura morta* 2005), Lazzari segnala ancora una volta il suo interesse – o quello della committente – per l'astronomia.

M.M.

BIBLIOGRAFIA. Fantelli-Rizzi 1984, pp. 219-221, 223 e fig. 25; L. Caburlotto, in *La natura morta* 2005, pp. 92-95, n. 30 (con bibliografia).

II.4. Jérôme Galle
(Anversa 1625-Bruxelles? *post* 1681)
Festone di fiori

1655
dipinto su tavola; cm 45 × 67
Firenze, Palazzo Pitti, Galleria Palatina,
Inv. 1890, n. 1268

Firmato e datato in basso ai lati: «Hieronimus. Galle. f(ecit) A(nno) 1655».

Il Galle si specializzò nella pittura di fiori seguendo l'esempio di Daniel Seghers (Anversa 1590-1661), il più grande specialista di questo genere del Seicento fiammingo. Il Galle ne imitò l'"iperrealismo" nella rappresentazione preziosa delle specie floreali, raggiungendo una notevole eleganza compositiva.

Diversamente dal suo maestro, il pittore non dipinse solo ghirlande che racchiudono eventualmente immagini sacre o ritratti, ma si avvalse, come in questo caso, di espedienti "a inganno" che rendono la rappresentazione floreale particolarmente attraente e innovativa rispetto alla rappresentazione del tradizionale *bouquet* di fiori in vaso entro una nicchia (si veda la scheda III.1). Qui l'artista immagina un festone d'edera appeso a due anelli ai lati di una nicchia profonda e ombrosa che fa risaltare il mazzo di fiori al centro – composto soprattutto da rose, anemoni e tulipani –, con notevole effetto di spazio evocato proprio dal contrasto tra luce e ombra. È stato proprio questo contrapposto a suggerire un'interpretazione moraleggiante del soggetto, che sarebbe ispirato alla tradizionale rappresentazione della *Vanitas*, tema ricorrente nella pittura di natura morta nei Paesi Bassi, e che vede sempre confrontarsi la bellezza terrena dei fiori con il concetto della fragilità e brevità della vita di fronte alla morte: qui rappresentata dal buio del vano oscuro e anche dall'edera alla quale sono intrecciati i fiori.
M.C.

BIBLIOGRAFIA. B. Riemens, in *Floralia* 1988, pp. 50-51, n. 20 (con bibliografia).

II.5. Cesare Dandini
(Firenze 1596-1657)
Due uccelli acquatici appesi

1634-1645 ca.
dipinto su tela; cm 82 × 71
Firenze, Galleria degli Uffizi, Inv. 1890, n. 4716

L'effetto di illusionismo ottico offerto da questo dipinto – ben noto nella storia della natura morta a Firenze – è affidato innanzitutto al bellissimo ed elegante doppio gancio metallico, sul quale poche pennellate di bianco rialzano la superficie nera e lucida, rendendo con evidenza i riflessi della luce. Il gancio, di gusto ancora tardomanierista, è formato in fusione da due figure femminili grottesche dal corpo fitomorfo, contrapposte di schiena l'una all'altra e sospese con le braccia a un elemento centrale, a sua volta appeso a un chiodo per mezzo di un cerchietto posto al centro esatto del bordo superiore del dipinto. Il gancio metallico è simmetrico rispetto all'asse verticale della tela (solo i due viticci terminali presentano piccole varianti) ed è anche perfettamente parallelo rispetto al fondo. Il cerchietto di sospensione è leggermente ruotato intorno al suo asse verticale, rendendo così evidente la profondità dello spazio, necessaria per accogliere il volume dei corpi degli uccelli. Inoltre il cerchietto tocca con millimetrica precisione il bordo superiore della tela, dal quale sembra pendere, creando in tal modo una sensazione di astrazione accentuata anche dal fondo neutro del dipinto, realizzato con un colore ocra unito e privo di qualsiasi elemento che evochi un ambiente definito.

Dato il soggetto, si potrebbe trattare dell'interno di una dispensa o di una cucina, ma la preziosità ricercata del gancio metallico non sembra adatta alla modestia di un ambiente di servizio, per quanto principesco. Infine, i due uccelli acquatici (in realtà si tratta dello stesso esemplare di femmina di smergo maggiore in due vedute) sono sì raffigurati secondo una modalità di intenso e fedele naturalismo, quasi scientifico (cfr. Fumagalli 2009, p. 256), che restituisce acutamente la soffice compattezza del piumaggio variegato e la liscia e intensa colorazione aranciata del becco e delle zampe, ma sembrano allo stesso tempo racchiusi in forme idealizzate e geometricamente perfette, entro una linea di contorno netta e purissima, che una luce fredda a nitida staglia sullo sfondo. Inoltre, a esaltare ancora il senso aulico, quasi "araldico", dell'immagine, le due vedute contrapposte dell'animale sono come inquadrate in una griglia dimensionale ortogonale che ne determina con assoluta esattezza l'altezza e la posizione dei becchi, delle penne remiganti delle code, delle punte delle ali, delle zampe raccolte al ventre.

Nell'essenzialità della composizione, ogni dettaglio converge quindi a definire un'immagine di forte impatto visivo, esatta ma priva di ogni immediatezza, che mira a un effetto di calcolato illusionismo.

Il dipinto deve d'altra parte essere letto anche nel solco della tradizione, cara ai Medici come a tutte le famiglie aristocratiche appassionate di caccia, di far rappresentare le loro prede (in particolare degli uccelli di passo) appese come trofei, una tradizione documentata in questa mostra anche da altre opere.

Per la tela degli Uffizi gli studi hanno dapprima suggerito la provenienza dalla collezione di Don Lorenzo de' Medici nella villa della Petraia, con la possibile attribuzione a Justus Suttermans (cfr. M. Gregori, in *La natura morta italiana* 1964; E. Borea, in *La Quadreria* 1977); e successivamente la sua presenza nelle raccolte del cardinale Giovan Carlo de' Medici, riunite nel Casino degli Orti Oricellari in via della Scala in anni anteriori al 1647. In quella data, infatti, un inventario registra nella residenza del cardinale un dipinto detto di mano di Cesare Dandini, la cui descrizione corrisponde con esattezza alla nostra tela (Mascalchi 1982). Anche se, come ha notato Elena Fumagalli (*Il granducato di Cosimo II* 1997), nelle raccolte medicee (ad esempio in quelle di Mattias e del cardinale Leopoldo) esistevano altri dipinti molto simili a questo e tra loro, circostanza che può lasciare un margine di incertezza nell'identificazione, è oggi opinione prevalente che il dipinto qui esposto sia opera di Cesare Dandini e che sia da riconoscere proprio con quello elencato nell'inventario del Casino degli Orti Oricellari del 1647. In effetti, lo stile pittorico netto e acuto corrisponde a quanto espresso in altre opere del pittore eseguite intorno agli anni quaranta del Seicento.

Il Dandini è d'altra parte documentato come autore di tele di soggetto venatorio appartenute a Don Lorenzo de' Medici (cfr. E. Fumagalli, in *Il Seicento fiorentino* 1986), e su base stilistica gli sono state attribuite anche alcune "pale" dell'Accademia della Crusca, vere e proprie nature morte (cfr. M. Gregori, ivi, p. 351; S. Casciu, in *La natura morta italiana* 2003, pp. 268-269).

Anche in alcune sue opere di tema profano (cfr. *Il Seicento fiorentino* 1986, nn. 1.153-155; Bellesi 1996, nn. 88, 115) si ritrovano, sotto una luce fredda e cristallina, oggetti metallici estremamente raffinati, analoghi nelle tipologie e nel trattamento pittorico al gancio presente in questa tela, confermando ulteriormente l'attuale ipotesi attributiva.

S.C.

BIBLIOGRAFIA. De Logu 1962, p. 69; M. Gregori, in *La natura morta italiana* 1964, p. 78; E. Borea, in *La Quadreria* 1977, pp. 61-62; Mascalchi 1982, p. 53; Salerno 1984, p. 403; E. Fumagalli, in *Il Seicento fiorentino* 1986, p. 313; Bellesi 1996, p. 131, n. 72; Fumagalli, *Il granducato di Cosimo II* 1997, pp. 83-84, 87, nota 43; Mascalchi 1997, p. 114; S. Casciu, in *La natura morta italiana* 2003, pp. 266-267; Fumagalli 2009, pp. 252-256; E. Fumagalli, in *Il cannocchiale e il pennello* 2009, pp. 375-376, n. 124.

II.6. Michael Bechtel
(Norimberga?; doc. 1663)
Finta tavola con uccelli appesi

1663
dipinto su tela; cm 60 × 45
Strasburgo, Musée des Beaux-Arts, inv. 2083

Firmato e datato sul cartellino: «Michael Bechtel | F(ecit) M.DCLXIII».

Dall'assoluta oscurità e dal dubbio che il cartellino con firma e data apposto al centro del quadro sia in realtà un'iscrizione Michael Bechtel scampa grazie ad altre due opere: una al Musée des Arts Décoratifs a Parigi e una *Natura morta di cucina* al Pokrajinski Muzej di Maribor in Slovenia. Secondo Magali Philippe egli era di famiglia norimberghese (in *Le Trompe-l'œil* 2005, p. 130), e la data 1663 lo colloca come contemporaneo di pittori come Melchior d'Hondecoeter (Utrecht 1636-Amsterdam 1695), Jacobus Biltius (L'Aia 1633-Bergen op Zoom 1681) e Samuel van Hoogstraten (Dordrecht 1627-1678). Egli pare nell'opera qui in mostra unificare tre tipi di *trompe-l'œil*. Innumerevoli dal Cinquecento in poi sono le nature morte di cacciagione con uccelli appesi, tra cui come esempio prossimo al Bechtel ricordiamo gli *Uccelli morti* dello Hondecoeter ad Aquisgrana (ripr. in Koester 1999, p. 249). Il motivo del pannello racchiuso entro una cornice ricorda poi opere del Biltius come il *Finto dipinto in cornice con uccelli e trappola* (ripr. ivi, p. 230, n. 39). In più, il pittore adotta trucchi prospettici come il coltello conficcato tra il fondo e la finta cornice per rafforzare l'effetto prospettico e d'inganno, come nella *Vanitas* di Sebastiaen Bonnecroy (attivo *ante* 1641-*post* 1676) a San Pietroburgo (ripr. ivi, p. 234, n. 41).

P.S.B.

BIBLIOGRAFIA. M. Philippe, in *Le Trompe-l'œil* 2005, p. 88, n. 37 (ripr.).

II.7. Willem van Aelst
(Delft 1626/1627-Amsterdam 1683/1684)
Natura morta con zucca, frutta e vasellame

1652
dipinto su tela; cm 73 × 58
Firenze, Palazzo Pitti, Galleria Palatina,
Inv. OdA 1911, n. 509

Firmato e datato sull'orlo della tovaglia, in basso a destra: «W.V.aelst 1652».

Nel 1663, alla scomparsa del cardinale Giovan Carlo de' Medici, che ne era stato il committente, il dipinto si trovava nella camera da letto del suo proprietario, la Stanza della Quiete del casino di via della Scala, insieme con altri due quadri dello stesso autore, il *Vaso di fiori* della Galleria Palatina (Inv. OdA 1911, n. 508) e un'altra *Natura morta con uccelli, armi da caccia e un berretto* poi dispersa probabilmente nella vendita dei beni del defunto, gaudente e indebitato. Nell'inventario (*Inventario* 1663, ed. Barocchi-Gaeta Bertelà 2007, p. 684) il loro autore è detto semplicemente «l'Olandese», perché Willem van Aelst fu dal 1649 circa al 1659 stipendiato e protetto sia da Giovan Carlo che dal fratello Leopoldo, entrambi grandi appassionati d'arte e di temi naturalistici (sulla sua relazione con i suoi mecenati fiorentini si vedano Mascalchi 1997, pp. 129-130, 136; Fumagalli, *Il granducato di Ferdinando II* 1997, pp. 141-142). L'esattezza ottica e il talento del giovane pittore di trarre dagli oggetti una muta ed elegante poesia tramite il contrasto tra le trasparenze e le opacità, i riflessi e le luci (caratteri specifici della scuola di Delft, sostanziati poi di esperienze centroeuropee e praghesi: si veda A. Rüger, in *Vermeer* 2001, p. 212) dovettero piacere moltissimo al cardinale, che riunì nella sua collezione almeno quindici opere dell'olandese.

Ma ritorniamo alla camera della Quiete (*Inventario* 1663, ed. Barocchi-Gaeta Bertelà 2007, pp. 683-686), dominata dall'alto dall'allegoria omonima dipinta da Pietro da Cortona tra rabeschi dorati e decorata da tappezzerie turchine, ricamate di rosso e di verde e bordate d'argento e d'oro. Il proprietario vi aveva riunito un vero universo: due dipinti di Carlo Caliari rappresentavano l'origine dell'uomo (*Storie di Adamo ed Eva*, Firenze, Galleria degli Uffizi, Inv. 1890, nn. 954, 960); il letto a colonne scolpite con le

allegorie dei Quattro continenti rendeva presente il mondo conosciuto; lo stipo di ebano intarsiato di rare pietre dure suggeriva considerazioni sul mondo minerale; l'organo nascosto in un armadio era pronto per l'armonia; tre orologi figurati scandivano il passare del tempo, e i dipinti di Raffaello (la *Madonna del cardellino* e il *Ritratto del cardinale Bibbiena*) e di Salvator Rosa, insieme con altri quadri preziosi, richiamavano continuamente la contesa tra la natura e l'arte; il Crocifisso, il Cenacolo e i dipinti con i santi penitenti facevano presente il dover essere rispetto alle dissipazioni cui Giovan Carlo non si negava. L'immensità del mare era evocata dalle torciere per far luce nella notte, scolpite a forma di esotiche figure femminili dorate con conchiglie sul capo. Le tre tele del Van Aelst offrivano poi, con poesia silenziosa e artificio di verità, i cibi, i vini, i fiori e la cacciagione che tanto piacevano al padrone di casa. I preziosi vetri – come il bicchiere "façon de Venise" che figura in questo dipinto – scintillavano sulla tela, tra il vedi e non vedi; il piatto d'argento si protendeva, con i semi sparsi sopra e riflessi come in uno specchio, ultima traccia di una dolce porzione già gustata: piacevole inganno in una camera che in sé stessa era illusione della mente e dei sensi. Ad essi i particolari della decorazione portavano, con varietà e misura, ognuno un po' del respiro del cosmo dentro la vita quotidiana, artisticamente mantenuta tra la realtà e il sogno.
P.S.B.

BIBLIOGRAFIA. Chiarini 1989, p. 5, n. I.4 (ill.; con bibliografia); Mascalchi 1997, pp. 127-128, 136, nota 101 (ill.); M. Chiarini, in *La natura morta* 1998, pp. 30-31, n. 1 (ill.); Kiers-Tissink 2000, pp. 186, 330, n. 126 (ripr.); M. Chiarini, in *La Galleria Palatina* 2003, II, p. 23, n. 7b (ripr.).

II.8. Pierre Gilou
(Parigi 1938)
La citrouille [*La zucca*]

1973
dipinto su tela; cm 46 × 65
Parigi, Collezione Madame de Linière

Una zucca emerge imponente, aggressiva, dall'opaca oscurità di una cassetta da frutta per irrompere nello spazio dello spettatore.

A destra dell'ortaggio, sul quale è adagiato un telo bianco stropicciato, compaiono due ramoscelli di alloro trattenuti da una cordicella, appesi a un chiodo fissato sulla cornice superiore della cassetta.

Nelle sue violente tonalità arancio e verde, la superficie rugosa della scorza della zucca è resa con un allucinato rigore; sembra catturare la luce che la investe, lasciandone sfuggire solo quel tanto che basta a sottolineare le pieghe della stoffa candida e la presenza delle foglie di lauro. In contrasto con l'emergenza opulenta della zucca, sulla destra si scorge un vasetto di ceramica illuminato dal riverbero del drappo, mentre sullo sfondo si indovina la presenza, appena visibile, di una bottiglia. Gli sprazzi di luce sulla superficie illuminata del piano ligneo suggeriscono ingegnosamente la profondità.

Pur richiamando i *bodegones* di Juan Sánchez Cotán, il dipinto di Gilou è notevole e originale per i forti contrasti di colore, consistenza e illuminazione degli oggetti rappresentati.

L'oscurità assoluta e misteriosa dello sfondo che contrasta con la luminosa presenza della zucca contribuisce a suggerire l'impressione di tangibilità, di una vera presenza a inganno.
M.M.

BIBLIOGRAFIA. *Six artistes* 1999, p. 5; Monestier 1993, p. 92 (ripr.).

II.9. Filippo Napoletano
(Teodoro Filippo di Liagno o Filippo Angeli; Roma 1589-1629)
Due conchiglie

1619
dipinto su tela; cm 39 × 56
Poggio a Caiano, Villa Medicea,
Museo della Natura Morta, Inv. 1890, n. 6580

Nella sezione "Natura morta o *trompe-l'œil?*" rientrano di diritto le conchiglie di Filippo Napoletano: una *Tridacna elongata* a sinistra e una *Cassis cornuta* a destra.

Filippo Napoletano, pittore "realista", come indicano molti suoi quadri (ad esempio la rappresentazione della *Fiera dell'Impruneta*, dove compaiono molti ritratti di personaggi contemporanei, a cominciare da Cosimo II de' Medici e sua moglie, Maria Maddalena d'Austria, che tiene per mano una delle figlie, oltre all'autoritratto del pittore: Chiarini 2007, p. 264, n. 34), ebbe interessi assai vasti e ritrasse soggetti, come in questo caso, con occhio "scientifico": non per nulla conobbe Galileo e incise una serie di scheletri di animali per Johannes Faber (1574-1629), illustre scienziato tedesco oltre che archiatra pontificio, che apprezzava l'estrema precisione di Filippo nella rappresentazione degli animali e degli scheletri della sua collezione (ivi, pp. 476-484).

Le conchiglie appartengono a questa categoria di immagini, la cui verosimiglianza è sottolineata dal colore e dalla corposità della tecnica a olio. Il Napoletano le rappresenta "al naturale" – come dicono i documenti del tempo anche a proposito dei *Due cedri* dipinti sempre per il granduca fiorentino (ivi, p. 273, n. 43) –, cioè della grandezza reale dei due nautili. L'effetto, quindi, è proprio quello di creare una loro presenza illusionistica, sottolineata dall'estrema precisione con la quale sono descritte le peculiarità che contraddistinguono i due esemplari marini, visti con un occhio – al quale non era estraneo l'esempio del Caravaggio – capace di restituirne la consistenza materica.
M.C.

BIBLIOGRAFIA. Chiarini 2007, pp. 69, fig. 42, 253, n. 26; M. Chiarini, in *Filippo Napoletano* 2007, p. 28, n. 15; E. Fumagalli, in *Villa Medicea* 2009, pp. 212-213, n. 75 (con bibliografia).

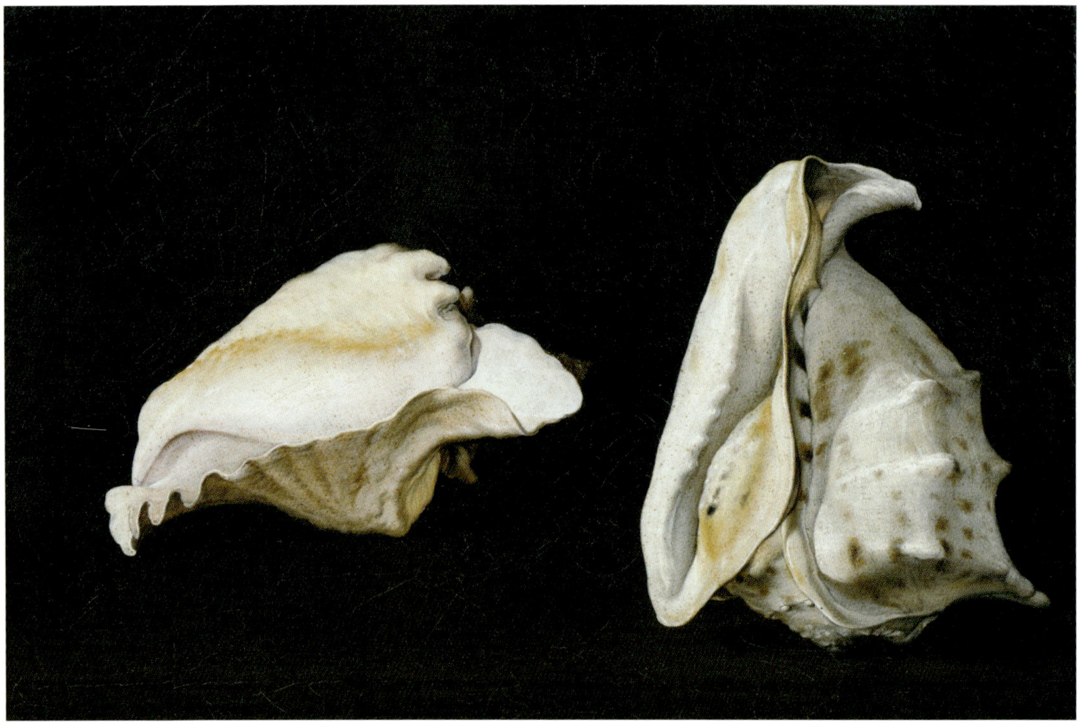

II.10. Manifattura granducale di Firenze
su modello di Carlo Carlieri
(doc. 1781-1822)
Composizione di conchiglie, coralli e perle

1816
commesso di pietre dure su fondo di porfido;
cm 58 × 119
Firenze, Museo dell'Opificio delle Pietre Dure, inv. 671

Assieme al suo pendant, conservato anch'esso all'Opificio delle Pietre Dure (inv. 672), il piano si colloca fra le creazioni più brillanti della manifattura specializzata nei lavori di pietre dure fondata nel 1588 da Ferdinando I de' Medici per servizio della corte granducale, e da allora incessantemente attiva per tre secoli. Ultimati nel 1816 per una coppia di *commodes*, i piani derivano da due disegni acquerellati di Carlo Carlieri, disegnatore attivo esclusivamente per la manifattura dalla fine del Settecento fino alla morte, avvenuta nel 1822.

Le «produzioni marine», come i documenti del tempo definiscono questo tipo di sofisticate nature morte, fecero il loro esordio fra i soggetti dei mosaici fiorentini verso il 1760, in un piano di consolle oggi a Vienna (Koeppe-Giusti 2008, pp. 285-286, n. 104) ideato dal pittore Giuseppe Zocchi (Fiesole 1711-Firenze 1767) nel solco di una tradizione pittorica che a Firenze aveva goduto di non pochi precedenti (cat. II.9). Nel prototipo in pietre dure tratto dal modello dello Zocchi il tema delle conchiglie intrecciate a rami di corallo e nastri di perle forma una ghirlanda drappeggiata a bordare il piano sagomato della consolle, fondendo insieme perspicuità naturalistica e leggiadria decorativa, sì da divenire uno dei soggetti prediletti dei mosaici fiorentini, più volte utilizzato dal periodo neoclassico fino alla Restaurazione.

A partire dai due grandi piani di porfido della Galleria Palatina realizzati verso il 1790 (A. Giusti, in *La Cappella dei Principi* 1979, p. 273, nn. 68-69), nelle successive variazioni sul tema, tra le quali è da annoverare il piano del Museo dell'Opificio, il tema introdotto dallo Zocchi nei mosaici fiorentini viene depurato da ogni capricciosità *rocaille*, sostituita da una puntigliosa indagine del reale che approda a effetti prossimi al *trompe-l'œil*. Vi contribuisce la suggestione materica delle pietre dure, che sembrano aver trasformato in fossili preziosi le conchiglie levigate dai fondali marini e catturato magicamente la luminosità iridescente delle perle, incassando nella lastra del piano semisfere di calcedonio traslucido.
A.G.

BIBLIOGRAFIA. Bartoli-Maser 1954, p. 11; González-Palacios 1977, pp. 196-197; A. Giusti, in *Il Museo dell'Opificio* 1978, pp. 276-277, n. 11; González-Palacios 1986, I, pp. 160-161.

II.11. Jacques Poirier
(Parigi 1928-2002)
Coquillages [*Conchiglie*]

2001
dipinto su tela; cm 30 × 30
Parigi, Galerie Michelle Boulet

Firmato in basso a destra: «Jacques Poirier».

Dopo gli studi giovanili all'École Supérieure des Beaux-Arts di Parigi e una carriera di successo nell'ambito dell'illustrazione editoriale, all'inizio degli anni ottanta Jacques Poirier, già più che cinquantenne, si dedica alla pittura esordendo con il movimen-

to Trompe-l'œil/Réalité, di cui diviene ben presto uno dei più apprezzati esponenti, insieme a Pierre Gilou (cat. II.8) e Pierre Ducordeau (cat. IV.17, X.7).

Ideale continuatore del movimento dei Peintres de la Réalité, fondato nel 1955 da Henri Cadiou (cat. I.4, III.11), il gruppo Trompe-l'œil/Réalité si mostra – al pari dei pittori della generazione precedente – capace di rinnovare il genere del *trompe-l'œil* arricchendone i motivi classici di suggestioni fantastiche e oniriche di matrice surrealista. Così nella serie *Conchiglie* Poirier riprende il repertorio tradizionale del *quodlibet* con il finto asse di fondo a cui sono assicurate le carte e la mensola lignea su cui sono disposti i pochi utensili del mestiere. Scegliendo di comporre accanto ai raffinatissimi disegni di nautili, alla matita abbandonata nel suo temperino, alla boccetta dell'inchiostro e al pennino una sontuosa conchiglia perlacea che pare presa a prestito dalla collezione di *naturalia* di un *cabinet* seicentesco (cat. III.3), Poirier raggiunge esiti originali che ricordano gli accostamenti incongrui e le atmosfere rarefatte di un maestro surrealista con la passione per i *trompe-l'œil* come Pierre Roy (Monestier 1993, ed. 2002, pp. 165-168; *Jacques Poirier* 1998).

G.B.

BIBLIOGRAFIA. Inedito.

II.12. Domenico Fetti
(Firenze 1591/1592 ca.-Venezia 1623)
Velo della Veronica

1618-1622 ca.
dipinto su tavola; cm 82,5 × 68 (con aggiunte posteriori; 80,6 × 66,3 la tavola originale)
Washington, D.C., National Gallery of Art, Samuel H. Kress Collection, 1952.5.7

Il nome Veronica indica insieme il personaggio dei Vangeli apocrifi e il tessuto su cui Gesù ha impresso la propria effigie. La leggenda, che ha origine nel VI secolo, trovò solo fra Due e Trecento la forma narrativa con cui oggi è conosciuta: sulla via del Calvario una donna, Veronica, porse il proprio velo a Cristo perché potesse asciugarsi sangue e sudore. Sul tessuto sarebbe rimasto miracolosamente impresso il volto coronato di spine e sanguinante: un Cristo stremato dal dolore ma non morto. Secondo un'errata etimologia medievale Veronica sarebbe una contrazione di *vera icon*, cioè immagine veritiera, mentre si tratta di una traduzione del nome greco della donna, Berenike.

Il tessuto con l'immagine acheropìta (cioè non eseguita da mano umana ma impressa miracolosamente) sarebbe giunto a Roma, a San Pietro, dove il suo culto si accrebbe dal XIII secolo; poiché rappresenta una delle più importanti reliquie della Passione, dal primo Anno Santo del 1300 giunsero a Roma folte schiere di pellegrini per venerare il velo, che divenne emblema di pellegrinaggio dei romei. Con la rapida diffusione di copie in tutta la cristianità d'Occidente, la reliquia si trasformò in raffigurazione. Il velo fu forse rubato dai lanzichenecchi di Carlo V durante il Sacco di Roma del 1527, ma secondo la tradizione venne inserito da Bernini in uno dei pilastri della cupola di San Pietro, dove ancora si conserverebbe. Nel Quattro e Cinquecento numerose rappresentazioni mostrano la pia donna che ostenta il velo; il Concilio di Trento mise in discussione la figura di Veronica, ma la popolarità della reliquia vera e propria non ne risentì, e per questo motivo a partire dalla Controriforma il tessuto viene generalmente mostrato isolato, nonostante la proibizione di raffigurarlo stabilita nel 1616 da papa Paolo V.

Domenico Fetti si è ispirato a immagini precedenti, in particolare ai dipinti che El Greco ha dedicato al tema, dai quali però si distingue per il modo con cui il panno bianco, terminante in piccole frange, è appoggiato su un bastone formando pieghe accuratamente disposte. Al centro del tessuto il volto di Cristo emerge circondato da aloni rossastri: è allungato, come il naso che scende verso le labbra carnose, appena schiuse e violacee, la fronte è cinta da una tripla corona di spine, gli occhi guardano verso il basso, rifuggendo il contatto visivo con l'osservatore.

Nuovo l'espediente del tessuto sul bastone – che sarà poi ripreso da Jacopo Amigoni nel dipinto oggi al Prado (1739-1745) – e non appeso alla parete, chiara la volontà di mostrare l'immagine come apparizione divina, caratterizzata da un dolce patetismo e da una forte intensità spirituale volti a muovere la devozione del fedele, ma con un rapporto distaccato e privo di contatto diretto e coinvolgente.
L.S.

BIBLIOGRAFIA. Lehmann 1967, p. 200, n. 56; Chastel 1978, p. 78; Safarik 1990, pp. 241-243, n. 106; *The Age of the Marvelous* 1991, p. 446, n. 212; De Grazia-Garberson 1996, pp. 85-89.

II.13. Philippe de Champaigne
(Bruxelles 1602-Parigi 1674)
Velo della Veronica

ante 1654
dipinto su tela; cm 70,2 × 56
New York, Otto Naumann, Ltd.

Iscrizioni: in basso, «Dedi genas meas vellentibus. | Faciem meam conspuentibus. | Isaia. 50. v. 6».

Il Velo della Veronica è sostenuto lateralmente da cordicelle, che stringono il tessuto in due cocche, appese a chiodi infissi sopra una nicchia in pietra sulla cui base appare un'iscrizione – «Ho presentato il dorso ai flagellatori, il volto a coloro che sputavano» – ispirata a Isaia, 50, 6. Il viso di Cristo, terreo, è segnato dal sangue che scende dalla fronte e dal capo, infiamma gli occhi, gocciola sul tessuto e arrossa la corona di spine appoggiata nella nicchia. La raffigurazione evita il ritratto naturalistico, seguendo invece gli antichi stilemi dell'immagine di Cristo con il volto allungato, i capelli divisi dalla scriminatura centrale che terminano in riccioli, la barba bipartita. Dal dipinto, spesso ritenuto perduto, sono state trat-

te numerose incisioni, la prima delle quali, di Barthélemy Kilian, risale al 1654 (Dorival).

Il culto della Veronica, finalizzato a incoraggiare la devozione e la meditazione, era particolarmente sentito in Francia per la presenza nella Sainte-Chapelle parigina della reliquia della corona di spine già nel palazzo imperiale di Costantinopoli. Il dipinto di Philippe de Champaigne rappresenta un *trompe-l'œil* di stupefacente qualità tecnica, per la volontà illusiva riscontrabile nella nicchia, nei chiodi cui è appeso il tessuto, nella stoffa restituita in modo concreto e quasi palpabile, ma è insieme immagine devozionale di profonda religiosità. La raffigurazione delle lacrime, importante novità introdotta dai fiamminghi, rivela la formazione dell'artista, e insieme al sangue costituisce segno tangibile della sofferenza; anche lo sguardo magnetico di Cristo, immerso in quello dello spettatore per cercare un contatto visivo, è tema ricorrente in molte opere devozionali nordiche. Il dipinto raffigura una rivelazione soprannaturale adeguata all'originaria immagine acheropìta, cioè non fatta da mano umana, ma insieme vuole rendere reale un'apparizione tramite la capacità illusiva dell'effetto *trompe-l'œil*, per il quale Philippe de Champaigne ha forse tratto ispirazione dalle numerose versioni del soggetto offerte da Zurbarán tra il 1635 e il 1640.

L.S.

BIBLIOGRAFIA. Dorival 1972, pp. 30-32; Dorival 1976, II, p. 142, n. 260; Dorival 1992, pp. 65-67; *Tableaux* 2008, lotto n. 48.

II.14. Antonio Cioci
(Firenze; doc. 1750-1792)
Angolo di atelier con autoritratto

1789
dipinto su tela; cm 67 × 58
Firenze, Galleria degli Uffizi,
Collezione degli Autoritratti, Inv. 1890, n. 9459

Siglato e datato sulla cassa in basso a destra: A.C.F. 1789.

Il dipinto reca a destra una sigla che va sciolta in «Antonio Cioci Fecit» e la data 1789. L'autoritratto dell'artista, che si rappresenta nel quadretto nell'atto di accennare ai disegni al centro della composizione, è appeso sullo sfondo a un ripiano sul quale sono poggiati altri oggetti. L'allusione è naturalmente all'attività svolta dal Cioci all'Opificio delle Pietre Dure e anche altrove (ad esempio quale autore di sovrapporte nella villa del Poggio Imperiale; si veda *Arte e manifattura di corte* 2006, p. 167, n. 88): ad essa rimanda tutta la congerie di oggetti, strumenti e utensili che l'artista rappresenta "a inganno" sul piano di uno studiolo con un gusto di chiara derivazione nordica. La nostra attenzione è attratta soprattutto dai fogli al centro della composizione, sui quali sono tracciati studi di figure e altro che nascondono una statuetta muliebre nuda della quale si vede in basso una gamba, mentre in trasparenza se ne intravedono un braccio e il busto con la testa.

Questo tipo di autoritratto "illuminista", che ricompone in una visione astratta di oggetti le qualità artistiche del soggetto più che rappresentarne l'aspetto fisico, com'era tradizionale, ritorna anche in un'altra tela attribuita al Cioci (anch'essa agli Uffizi, Inv. 1890, n. 3512; cfr. *Gli Uffizi* 1980, n. A228), dove ancora una volta sono gli oggetti della composizione a indicare l'attività dell'artista (Chiarini 1984).
M.C.

BIBLIOGRAFIA. Chiarini 1984, pp. 840, 843, fig. 835; A. Cecchi, in *Autoritratti* 1990, pp. [128-129], n. 27; S. Casciu, in *La natura morta italiana* 2003, pp. 468-469; M. Chiarini, in *Arte e manifattura di corte* 2006, p. 174, n. 93 (con bibliografia).

II.15. Antonio Cioci
(Firenze; doc. 1750-1792)
Atelier del pittore

1771 ca.
dipinto su tela; cm 125 × 98
Firenze, Museo dell'Opificio delle Pietre Dure, s.n.

Il Cioci, seguendo la moda del tempo, amò creare fittizi ambienti dove esporre gli oggetti del suo mestiere ai quali aggiungeva spesso il suo autoritratto (Chiarini 1984, p. 840). È questo il caso del presente esemplare, dove l'"inganno" è apertamente perseguito nell'abile assemblaggio di oggetti appiccati a una tavola, alcuni dei quali sporgono dai limiti della stessa per aumentare l'effetto visivo del loro spessore nella terza dimensione: è questo il caso dell'album di disegni, che lascia intravedere un quadretto con quella che sembra una scena erotica (forse da Giulio Romano) e del chiaroscuro che finge un rilievo con la *Fucina di Vulcano* in alto, del nastro che regge un biglietto e una penna d'oca a sinistra, della tavolozza a destra e della valva di un'ostrica in basso. Un altro espediente che aumenta il gioco illusionistico è quello della rappresentazione di un piccolo telaio sulla cui traversa in basso sono poggiati un ritrattino in ovale e un compasso: è molto probabile, come ha notato per prima Annamaria Giusti (in *Il Museo dell'Opificio* 1978), che nel piccolo ritratto siano ravvisabili le fattezze del giovane Cioci, che qui si rappresenta forse intorno al 1770. È possibile che la tela sia stata donata dall'artista stesso in occasione della sua entrata all'Opificio delle Pietre Dure, nel 1771, quando egli fu chiamato a rimpiazzare Giuseppe Zocchi collaborando con i Siries padre e figlio (si veda M. Chiarini, in *Arte e manifattura di corte* 2006).

Nel dipinto qui esposto il ricorso alla tradizione nordica del *trompe-l'œil* è particolarmente evidente, come è palese il richiamo all'opera di Cornelis Norbertus Gijsbrechts (cat. III.5, III.19, IV.1), che raggiunse l'apice di questo genere nei suoi *Angolo di studio* e *Retro di un dipinto* (figg. 3, 10). Queste esercitazioni virtuosistiche si estesero anche alla sua attività per la creazione di oggetti di pietre dure, come i mirabili piani a commesso per la Galleria Palatina dove conchiglie, coralli e perle sono immaginati come poggiati sulla sabbia sulla quale proiettano le proprie ombre (*La Cappella dei Principi* 1979, p. 273, n. 69).
M.C.

BIBLIOGRAFIA. A. Giusti, in *Il Museo dell'Opificio* 1978, p. 337; Chiarini 1984, pp. 840, 842-843 e figg. 833-834; M. Chiarini, in *Arte e manifattura di corte* 2006, p. 175, n. 94.

II.16. William Michael Harnett
(Clonakilty 1848-New York, N.Y. 1892)
Natura morta con pipa e New York Herald

1878
dipinto su tela; cm 50,8 × 45,7
Delray Beach, Fla., Collezione Walter e Lucille Rubin

Firmato e datato in basso a sinistra: WM [inscritte nella H] HARNETT. | 1878.

Verso la fine degli anni settanta del XIX secolo William Michael Harnett arricchì di nuovi soggetti il lessico della natura morta americana. Con un cambiamento di rotta senza precedenti, si allontanò dai motivi attinti all'abbondanza della natura per avvicinarsi al tema dell'accumulazione di proprietà e di denaro. La guerra di secessione si era conclusa nel 1865, e gli artisti erano alla ricerca di strumenti utili a interpretare l'essenza di una società profondamente mutata. Harnett, da parte sua, scelse il "virile" mondo degli affari per creare una serie di composizioni su tavolo come questa, all'interno dei cui titoli comparivano parole come *comfort* e *solace*, "consolazione". La pipa, il *mug* e il giornale raffigurati in questo dipinto offrono un'idea di tranquillità, di un momento privato di tregua dagli impegni di lavoro.

Elementi costanti nell'opera di Harnett, i quotidiani – e il *New York Herald* in particolare – sono un vero e proprio simbolo dei tempi. Nell'America degli anni settanta dell'Ottocento rappresentavano il progresso: se in precedenza l'informazione giornalistica era stata dominata dagli interessi politici e di partito, dopo la guerra di secessione si era liberata sempre più da qualsiasi spirito di parte, diventando una preziosa fonte di notizie sugli sviluppi di una cultura in rapida evoluzione. Accanto alla pipa consumata e al boccale di terracotta, il giornale ripiegato introduce qui un legame con il mondo esterno che va al di là della composizione essenziale e per altri versi introspettiva dell'opera.

Nelle sue nature morte Harnett dimostra di conoscere le convenzioni del *trompe-l'œil*, e tuttavia i suoi dipinti raramente ingannano, fosse pure per un istante. Nonostante vi sia stato qualche caso di confusione – peraltro di larga risonanza – sull'autenticità degli oggetti che vi erano rappresentati, tra i quali si annovera un'irruzione compiuta nel suo studio alla ricerca di banconote contraffatte nel 1886, le opere di Harnett non richiedono un esame ravvicinato. Il carattere immediatamente familiare degli oggetti che compaiono in questa natura morta fa anzi pensare che i suoi committenti preferissero essere rassicurati piuttosto che ingannati, sentirsi a proprio agio di fronte alla riproduzione fedele delle cose più care.
M.D.M.

BIBLIOGRAFIA. *America the Beautiful* 2003, pp. 122, 143 (ripr.), 185.

II.17. John Frederick Peto
(Filadelfia, Penn. 1854-Island Heights, N.J. 1907)
Office Board [*Bacheca*]

1885
dipinto su tela; cm 61,9 × 50,5
New York, Metropolitan Museum of Art,
George A. Hearn Fund (1955), 55.176

Firmato e datato in basso a destra: «John F. Peto | 4.85. | Phila».

Le bacheche e i "portalettere" permettevano a chi li possedeva di organizzare la propria corrispondenza, e ai pittori di nature morte di dipingere un ritratto all'interno di semplici raccolte di lettere, fotografie e altri documenti. John F. Peto fece di questo soggetto la propria sigla distintiva. Si ritiene che questa *Bacheca* costituisca il "ritratto" di un vicino di casa dell'artista a Filadelfia, il podologo Bernard Goldberg. Il dipinto comprende una fotografia – presumibilmente un ritratto del medico – e una varia corrispondenza recante il suo nome e il suo indirizzo accanto a riviste e opuscoli che rispecchiano i suoi interessi. Spesso l'artista assemblava in anticipo la composizione delle sue bacheche, disponendo i vari elementi in modo da soddisfare il suo senso estetico e adattando solo in seguito il loro contenuto a un particolare individuo.

Questo dipinto partecipa delle caratteristiche di entrambe le serie di dipinti di "portalettere" intraprese dall'artista, la prima tra il 1879 e il 1885, la seconda tra il 1894 e il 1907. La specificità del soggetto e la relativa freschezza del dettaglio sono caratteristiche della prima serie, per quanto la tavolozza misurata e il senso di astratto schematismo che sottende alla composizione vadano già in direzione delle opere successive. L'usura dell'assito di legno sullo sfondo affronta, così come i pezzi di carta strappati e sciupati che vi sono attaccati, il tema dello scorrere del tempo, destinato a diventare sempre più dominante nell'opera del pittore.

Gli effetti *trompe-l'œil* di Peto si estendono alla piegatura dell'opuscolo e della rivista, nel tentativo di indurre lo spettatore a ricercare maggiori informazioni. Con i loro dettagli indistinti, tuttavia, i dipinti di Peto non si prestano a un esame ravvicinato. Di rado l'artista provvede un testo leggibile a parte i titoli e gli indirizzi, spesso frustrando il desiderio dello spettatore di scoprire il significato di quei titoli frammentari e di interpretare le scritte in piccolo. Peto amava tendere delle trappole allo spettatore in modo da attirare la sua attenzione sul dipinto, per poi negargli un disvelamento pieno, in un brillante riadattamento dell'inganno del *trompe-l'œil*. L'impressione di dettaglio infinitesimale che l'opera di Peto è in grado di comunicare se vista da una certa distanza è in realtà il suo tranello migliore.
M.D.M.

BIBLIOGRAFIA. Burke 1980, pp. 172-173 (con bibliografia); Wilmerding 1983, pp. 219-220, 242, fig. 208.

III. Miraggi ambientali

III.1. Jan Provost
(Mons 1465 ca.-Bruges 1529)
Bicchiere con fiori in una nicchia

1510 ca.
dipinto su tavola; cm 26,2 × 17,1 (parte dipinta)
Piacenza, Galleria del Collegio Alberoni

Il quadretto appartenne al cardinale Giulio Alberoni (1664-1752), intraprendente primo ministro di Filippo V di Spagna dal 1714 al 1719. Rientrato in Italia, questi fondò a Piacenza il collegio che porta il suo nome e che conserva le opere d'arte da lui collezionate. Com'è risultato solo nel secolo scorso (Rossi 1939), la tavoletta era un tutt'uno con un'altra raffigurante una *Madonna col Bambino sotto un baldacchino sorretto da angeli* in un giardino con fontana e roseto, dalla quale fu divisa già nel XVIII secolo, poiché i due dipinti sono elencati indipendentemente in un inventario della collezione del cardinale nel 1735: al n. 244 si cita infatti, ma senza nome d'autore, «Altro Quadro picciolo in tavola rappresentante un Bicchiere con fiori» (Rossi 1978). I due dipinti furono attribuiti a Jan Provost da Max J. Friedländer (1931), attribuzione ormai unanimemente accettata, e datati intorno al 1510 (Arisi 1991).

Il Provost, la cui formazione artistica è tuttora ignota, si stabilì a Bruges nel 1494, anno della morte di Hans Memling, divenendo il pittore locale più importante prima della conversione al Rinascimento italiano.

Questa rappresentazione di pochi fiori in un semplice recipiente – qui un bicchiere di vetro del tipo di quello esposto alla mostra di Bruges del 1960 (*Le Siècle des Primitifs Flamands* 1960, p. 218, n. 116 – posto all'interno di una nicchia deriva evidentemente da esemplari di Hans Memling come ad esempio il *Ritratto di giovane uomo in atteggiamento di preghiera* della collezione Thyssen-Bornemisza, che ha sul retro un'analoga rappresentazione a *trompe-l'œil* di fiori in una brocca entro una nicchia.

Questa semplice "natura morta di fiori" non ha solo un significato decorativo ma anche simbolico, rapportandosi alla rappresentazione della tavola che ne costituiva il fronte: infatti la rosa è simbolo per eccellenza della Vergine e il garofano, in genere simbolo dell'amore (oltre ai suoi significati cristologici), qui può alludere a quello per la Madonna.

Considerato fra le prime rappresentazioni autonome di un *bouquet* di fiori, l'idea di collocarlo entro una nicchia prospettica che vuole suggerire una profondità spaziale tale da ingannare l'occhio risale probabilmente a esempi di oggetti ugualmente immaginati a *trompe-l'œil* che ritroviamo agli inizi del Quattrocento nei dipinti del cosiddetto Maestro di Flémalle o nella scena con l'*Annunciazione* dipinta da Jan van Eyck in uno degli sportelli dell'*Adorazione dell'Agnello mistico* della cattedrale di Gand (1432). Tuttavia vasi entro nicchie si vedono in alcune pagine miniate dal Maestro di Maria di Borgogna nel libro d'ore di Engelbert von Nassau (Oxford, Bodleian Library) tra il 1485 e il 1490 e vasi con fiori, anch'essi entro nicchie, compaiono nel *Breviario Grimani* (Venezia, Biblioteca Marciana), opera di collaborazione di diversi artisti fiamminghi della fine del XV secolo.

M.C.

BIBLIOGRAFIA. Friedländer 1931, trad. ingl. 1973, IX/2, pp. 85-94, 129-130; Rossi 1939, p. 10; *Fleurs et jardins* 1960, p. 130, n. 115; Rossi 1978; J. Lammers, in *Stilleben in Europa* 1979, p. 484, n. 247; Arisi 1991, pp. 42-48.

III.2. Georg Flegel
(Olomouc 1566 ca.-Francoforte 1638)
Natura morta in una nicchia con bicchiere e pipa

1635 ca.
dipinto su tavola; cm 21,5 × 17
Francoforte, Historisches Museum, inv. n. B.10.97

Siglato in basso a destra: GF (monogramma intrecciato).

Le nature morte in una nicchia hanno una ben antica tradizione, sia nel sud che nel nord dell'Europa. Hana Seifertová (1992, p. 46) ne ha rintracciate alcune nella pittura pompeiana, e le ha interpretate come *xenia*, ovvero doni per gli ospiti. Ma, considerando il valore sacrale dell'ospitalità nel mondo greco, non è difficile scorgere il passaggio al significato religioso, allegorico e morale della natura morta nella nicchia, come la vediamo ovunque in Europa nel Medioevo e nel Rinascimento, da Taddeo Gaddi al Gossaert.

Nella nicchia dipinta dal Flegel gli oggetti sono pochi e accuratamente composti in una prospettiva lievemente a volo d'uccello. Il calice *roemer*, dallo stelo robusto e lavorato con un motivo a more, è colmo di un vino bianco e trasparente; accanto al suo piede due fragole rosse; sopra il calice è posato uno stoppino infiammato, e sulla sua destra un cartoccio bianco contiene del tabacco. Il dipinto è giocato su pochi colori, ma ben bilanciati: al colore pallido del vino e al bianco del cartoccio di tabacco fa contrasto il rosso delle fragole; alla qualità opaca e spessa della superficie della pipa di schiuma risponde il vetro sottile del *roemer*, che rimanda il riflesso di ciò che si trova al di qua della superficie del quadro, creando un'illusione di continuità con l'ambiente che circonda lo spettatore. Come spesso nella natura morta centroeuropea del Cinque e Seicento, e ancor più nel caso del *trompe-l'œil*, che di per sé stesso si presenta come un invito a molteplici piani di lettura, il dipinto del Flegel deve essere letto come una metafora. I quattro oggetti rappresentati rimandano, con il loro stesso numero, ai quattro elementi (acqua, fuoco, aria e terra) di cui si credeva composto l'universo. Tuttavia la disposizione bilanciata degli oggetti, disposti in uno schema compositivo continuo, può far pensare piuttosto a un'allegoria dei quattro umori o temperamenti che costituiscono il corpo umano secondo la medicina antica (K. Wettengl, in *Georg Flegel* 1993): l'umore freddo e secco (il fumo del tabacco, di cui si elogiavano le virtù calmanti e meditative), l'umore freddo e umido (le fragole), l'umore caldo e secco (il fuoco dello stoppino), e l'umore caldo e umido (il vino, bevanda che riscalda i sensi). Il loro equilibrio significava la salute del corpo e l'armonia dell'anima, augurio che è simboleggiato nel dipinto. La parca sobrietà degli oggetti e l'atmosfera di intenta contemplazione indicano anche la moderazione e la vita semplice come strumenti essenziali per raggiungere quella condizione ideale.

P.S.B.

BIBLIOGRAFIA. Lammers 1979, pp. 484-485 e fig. 248; K. Wettengl, in *Georg Flegel* 1993, pp. 126-127, n. 40 (ripr.; con bibliografia).

III.3. Georg Hinz
(Hainz; Altona 1630/1631 ca.-Amburgo 1688)
Armadietto con oggetti preziosi

1665-1667
dipinto su tela; cm 83,5 × 61
Copenaghen, Statens Museum for Kunst,
inv. n. KMSsp768

Firmato in basso al centro: «GEORG·HINZ fe(cit)».

Se i *trompe-l'œil* con oggetti in una nicchia hanno sempre una connotazione mistico-allegorica, quelli a forma di armadietto colgono il registro tipico della pittura illusionistica, lo stimolo della meraviglia e della curiosità attraverso la presentazione di vere e proprie "stanze delle meraviglie" che raccoglievano rarità preziose e oggetti strani, a metà tra scienza e alchimia. Il nostro pittore si specializzò in questa sorta di rappresentazioni, che ebbero moltissimo successo nelle corti dell'Europa del nord, per la preziosità delle sue rappresentazioni (S. Ebert-Schifferer, in *Deceptions and Illusions* 2002, p. 249).

Il dipinto è attestato nell'inventario della Kunstkammer di Copenaghen del 1690 (al tempo di Cristiano V di Danimarca). In mezzo alla composizione troneggia un bicchiere d'avorio, istoriato con figure femminili danzanti e scene mitologiche e con un coperchio sormontato da un Bacco fanciullo. Esso è identico a un boccale appartenuto a una delle figlie di Cristiano IV di Danimarca e di Kirsten Munk, già nel castello di Ovesholm in Scania (Svezia) e ora nelle collezioni reali danesi a Rosenborg (Hein 1999, pp. 76-77, ripr.). Si è pensato che la miniatura in avorio inserita nel medaglione prezioso sulla sinistra rappresentasse l'imperatore Leopoldo I (O. Koester, in Koester 1999, p. 246), ma considerando i tratti del volto e la presenza di oggetti riferibili alla corte di Danimarca essa pare piuttosto un ritratto del principe ereditario Cristiano (1603-1647), grande collezionista di rarità – se ne veda il ritratto da ragazzo al Castello di Rosenborg (S. Heiberg, C. Christensen, in *Christian IV and Europe* 1988, p. 40, n. 98, ripr.) –, mentre per l'altro ritratto pare da confermare l'identificazione con il suocero di lui, l'Elettore di Sassonia Giovanni Giorgio I (cfr. Hein 1999, p. 78). La custodia foderata di velluto rosso racchiude un cucchiaio in oro che era riservato all'uso personale dei sovrani (ripr. in *Christian IV and Europe* 1988, pp. 199-200, n. 705). Gli oggetti in corallo – la collana, il piccolo teschio che forse era un contenitore di unguenti (per oggetti simili si veda ivi, pp. 177-178, n. 637, 242-243, n. 818) – hanno valore scaramantico, in corrispondenza con l'origine mitologica dei coralli, nati dalle alghe marine pietrificate dal contatto con il sangue di Medusa (Conticelli 2008, pp. 28-29, 39, nota 74) e dunque capaci di pietrificare ogni oppositore.

Il modello cui si ispira Hinz, nato ad Altona (oggi distretto di Amburgo) e vissuto prevalentemente ad Amburgo, è certamente Georg Flegel (si veda il suo *Armadietto con fiori, frutta e vasi di cristallo* a Praga, Národní muzeum, inv. n. 1451, anch'esso diviso in due ripiani, con oggetti disposti in maniera illusionistica). Nell'opera dello Hinz si rispecchia così tutta la civiltà manieristica e barocca delle *Wunderkammern*: la stessa che con Baccio del Bianco, dopo il suo soggiorno in Germania e a Praga come ingegnere militare, giunse fino a Firenze, allo sportello del "Pensatoio" nella Casa Buonarroti (De Luca Savelli 1972, p. 80). Se tuttavia per il Flegel queste rappresentazioni potevano ancora avere un risvolto simbolico e morale, per lo Hinz la rappresentazione dei preziosi oggetti pare divenire una ricca e piacevole ostensione di oggetti suntuari accuratamente disposti e rappresentati.
P.S.B.

BIBLIOGRAFIA. O. Koester, in Koester 1999, pp. 244-247, n. 46 (ripr.; con bibliografia).

III.4. Francesco di Giovanni detto il Francione
(Firenze 1428-1495)
Giuliano da Maiano
(Giuliano di Leonardo d'Antonio;
Maiano di Fiesole 1432-Napoli 1490)
e soci
Dante, Petrarca e libri;
Vasi di fiori e sportelli aperti

1480
legno intarsiato; cm 270 × 75 ciascuna
Firenze, Palazzo Vecchio, accesso
alla Sala dell'Udienza dalla Sala dei Gigli

La porta, costituita da due ante intarsiate sull'intera superficie, mostra su ambedue le facce una composizione organizzata su quattro ampie specchiature, definite in verticale dal taglio del battente, in orizzontale da immaginari piani prospettici. Sul lato principale lo spazio superiore è occupato dalla raffigurazione di due nicchie all'interno delle quali sono rispettivamente le figure di Dante Alighieri e Francesco Petrarca, di profilo e volte verso l'asse centrale, nell'atto di indicare il testo dei libri aperti che ostentano. La parte inferiore di ciascun pannello si apre a un'illusoria scansia con due ripiani su cui sono, in apparente disordine, tre libri per vano. Quest'ultimo spazio è profilato da una cornice che presenta nell'angolo superiore interno un elaborato pomo a fungere da maniglia, reso in tarsia e con identico disegno agli altri angoli. Sul lato che guarda la Sala dell'Udienza, di minor complessità, sono raffigurati nella parte superiore due sportelli dischiusi e in forte scorcio, inferiormente due elaborati vasi fioriti volutamente bidimensionali, nel loro riferirsi a un tema decorativo al tempo consueto e proprio di spalliere e arredi lignei, non direttamente allusivo alla realtà tridimensionale degli oggetti.

Nella lettura dell'opera si tenga presente come, a differenza di quanto oggi proposto nell'itinerario di visita, la funzione originaria degli ambienti – di carattere pubblico quello della Sala dei Gigli, decisamente privato quello dell'Udienza, dove si amministrava la giustizia – comportava che la porta fosse per lo più chiusa, imponendo un'interpretazione dei motivi e delle figure così come si presentano con le ante serrate. Per le stesse ragioni la presenza delle figure di Dante Alighieri e di Francesco Petrarca, «sommi cantori degli ideali di libertà» (Quinterio 1996, p. 279), è da leggere in rapporto con il ciclo pittorico della Sala dei Gigli.

Ciò detto sappiamo, per via documentaria, come le mostre marmoree, un tempo lumeggiate in oro, fossero state scolpite da Benedetto da Maiano fra il 1478 e il 1480, e la parte lignea comunque conclusa entro il 24 giugno 1480, festa del Battista e giorno nel quale la Sala dell'Udienza venne inaugurata. Del lavoro ligneo rimane la documentazione di un pagamento nel dicembre 1480 e del saldo definitivo nel corso dell'anno seguente (Poggi 1909), nel quale vengono esplicitamente ricordati come beneficiari sia il Francione sia Giuliano da Maiano, ciascuno con i propri «soci». Per quanto si sia voluto ricon-

DANTE

PETRARCHA

durre la figura del Petrarca a Giuliano e quella di Dante al Francione (sulla base di osservazioni di Otella Caprara), le varie parti non consentono una sicura divisione del lavoro tra i maestri coinvolti nell'opera, e comunque il problema appare del tutto secondario, in ragione dell'unitarietà del progetto.

Per quanto concerne l'effetto illusionistico delle tarsie (che ricordiamo essere valore insistentemente ricercato e tema indissolubilmente legato alle sperimentazioni dei "maestri di prospettiva"), appaiono decisamente ben risolti i pannelli che guardano alla Sala dell'Udienza, dove gli sportelli dischiusi vanno a collocarsi in una posizione assolutamente verosimile rispetto all'assetto della sala, al di sopra di una pannellatura con vasi fioriti che, come detto, ripropone un elemento decorativo bidimensionale proprio del tempo. Lo stesso può dirsi per le scansie dove si dispongono i libri, anche in ragione di un loro collegarsi a un tema già ben sperimentato a questa altezza cronologica. Viceversa è da notarsi – come già sottolineato da Massimo Ferretti (1982) – un'incertezza nel rapporto tra i piani che compongono la parte con le figure dei grandi fiorentini, così come un'eccessiva ricerca di effetti cromatici (si vedano le minute tessere disposte a tratteggio in particolare sul volto di Dante) che esula dai modi propri della tarsia. E questo, quasi sicuramente, per l'impiego di cartoni prodotti al di fuori della bottega e quindi non perfettamente calibrati sugli spazi proposti dal progetto complessivo. Ciò non toglie nulla alla bellezza delle singole figure, condotte peraltro su disegni forniti da Sandro Botticelli, prescelto tra i vari artisti interpellati, tra i quali era anche il giovane Filippino Lippi, autore di un disegno preparatorio per la figura del Petrarca oggi conservato al Musée des Beaux-Arts et d'Archéologie di Besançon (Cecchi 1999, p. 238).

C.P.

BIBLIOGRAFIA. Finocchietti 1873, p. 52; Poggi 1909, pp. 157-159, docc. 8, 10, 11; Tinti 1928, p. XXII; Lensi 1929, p. 67; Arcangeli 1942, pp. 12-13, tavv. 22-23; Pedrini 1948, p. 187, fig. 466; Allegri-Cecchi 1980, pp. 40, 394-395; Ferretti 1982, pp. 475, 521-522, tavv. 488-490; Haines 1983, pp. 222-223; Flade 1986, p. 59, tavv. 34-35; Massinelli 1993, pp. 28, 30; Cecchi 1994, pp. 148-153; Digiesi 1994, p. 87; Rubinstein 1995, pp. 29-32; Quinterio 1996, pp. 279-280; Cecchi 1999, pp. 235, 237-238; Raggio 1999, p. 156, tav. 5.133; Wilmering 1999, pp. 100, 115, 119, tavv. 2.85-87; Rohark 2007, p. 218.

III.5. Cornelis Norbertus Gijsbrechts
(Anversa?; attivo 1659-*post* 1675?)
Armadietto aperto con arredi da tavola

seconda metà del XVII secolo
dipinto su tela; cm 62 × 47
Gand, Museum voor Schone Kunsten, inv. 1914-CS

Il tema del ripostiglio, o armadietto per oggetti vari, è un tema che ha affascinato soprattutto i pittori di "inganni" ottici per le possibilità offerte dall'idea degli sportelli aperti che lasciano vedere o intravedere gli oggetti che vi sono contenuti: senza ricorrere a Giotto nella Cappella degli Scrovegni a Padova o a Taddeo Gaddi in Santa Croce a Firenze, tra gli esempi più antichi si trovano quelli dei Paesi Bassi meridionali (1480 ca., Rotterdam, Museum Boijmans Van Beuningen) e del ceco Georg Flegel (1566-1638). In mostra se ne può vedere un esemplare nello *Scarabattolo* attribuito a Domenico Remps (cat. III.6).

M.C.

BIBLIOGRAFIA. *Museum of Fine Arts, Ghent* 2007, p. 93.

III.6. Domenico Remps
(attivo nella seconda metà del XVII secolo),
attribuito
Scarabattolo

seconda metà del XVII secolo
dipinto su tela; cm 99 × 137
Firenze, Museo dell'Opificio delle Pietre Dure, inv. 780

Si veda il saggio di Jan Muylle, *supra*, pp. 75-80.

III.7. Domenico Remps
(attivo nella seconda metà del XVII secolo)
Finta tavola con memorie cavalleresche

seconda metà del XVII secolo
dipinto su tela; cm 57,5 × 45,5
Grassina, Bagno a Ripoli, Collezione Camilla Bruschi

Iscrizioni: sulla lettera al centro, «All'Ill(ustrissi)mo Sig(nor) Sig(nor)e P(adro)ne mio Col(endissi)m(o) | Il Sig(nor) Caval(ie)re Guglielmo Lanfranchi | Capi(ta)no di Gal(er)a di S(ua) A(ltezza) S(erenissima) | Pisa».

In ottimo stato di conservazione, ancora in prima tela con supporto originale, l'inedito dipinto qui proposto, già nella raccolta artistica di un'illustre casa toscana con l'attribuzione, più volte riconfermata, a Domenico Remps, va ad arricchire l'esiguo *corpus* di opere di questo maestro fiammingo.

Autore del noto *Scarabattolo da studiolo* conservato nel Museo dell'Opificio delle Pietre Dure (cat. III.6), Domenico Remps, del quale abbiamo solo scarne e confuse notizie, risulta attivo nella seconda metà del Seicento ad Anversa, dove era presente un suo omonimo o forse consanguineo, Andrea Remps, dedito allo stesso genere di pittura illusionistica. Va anche detto che alcuni studiosi propendono a identificare Domenico e Andrea in un'unica persona. Troviamo il nostro artista, che talvolta si firmava aggiungendo al cognome il predicato «de Warnicourt», suo probabile luogo di nascita, operante a Venezia e in altre città d'Italia alla fine del secolo. Non meno di altri emuli di Zeusi e Parrasio del suo tempo, egli riesce a raggiungere col pennello risultati di impressionante verismo che paiono anticipare di secoli quel movimento artistico a noi contemporaneo noto come Iperrealismo. Nel dipinto in esame, in cui la luce viene resa da sinistra a destra, i manufatti rappresentati a grandezza naturale non sono stati scelti per caso. Inscritti come note musicali su un pentagramma, offrono infatti non pochi dati biografici riferibili al committente dell'opera: una minuteria che sottintende significati assai chiari. Mentre da una parte si percepisce la volontà di fermare sulla tela oggetti personali e affettivi sottoposti come tutte le cose terrene alla distruzione del tempo, dall'altra emerge invece l'umana vanagloria di perpetuare la dignità e il grado militare conseguiti in vita: un icastico insieme che rispecchia l'identità del personaggio destinatario del dipinto, una sorta, insomma, di simbolico ritratto dal vero.

Per sfondo appare riprodotto un pannello costituito da due tavole di abete bianco, il nordico *Abies alba*. La commettitura e la disuguale larghezza delle assi vengono espresse rappresentando il taglio in verticale di un nodo e delle venature; con differente tono di colore a sfumatura grigiastra viene evidenziato l'alburno, la parte più tenera del legno.

A sinistra, quasi fosse tenuta dal chiodo di legno infisso nello spessore della finta tavola, appare minuziosamente descritta una decorazione dell'Ordine di Santo Stefano di Toscana, una sorta di *breloque* vagamente a foggia di stella o di rosa araldica d'oro con diamanti incastonati su cui spicca la rossa croce di cavaliere priva di gigli. Trattasi forse di una prima versione della placca che gli insigniti, senza alcuna distinzione di grado, portavano sul petto a sinistra. Appesa a un nastro rosso vivo risalta invece la medaglia di Cosimo III, coniata in metallo bianco, di cui un esemplare uniface è visibile nelle raccolte del Bargello. L'oggetto è forse da interpretare come un dono ricevuto dalle mani dello stesso Cosimo III, granduca di Toscana e Gran Maestro dell'Ordine di Santo Stefano dal 1670.

Un po' più in alto è riconoscibile il *Suonatore di ghironda*, incisione eseguita da Jacques Callot nel 1622. Puntualmente corredato di cornice e attaccagnolo, un quadretto di impronta fiamminga propone un paesaggio con marina dove in una insenatura dalle coste frastagliate si notano affusolate imbarcazioni solcare le acque.

Al centro del pannello, sostenuti da una striscia di cuoio o di metallo inchiodata alle estremità, sono esposti alcuni strumenti scrittòri: la piuma d'oca con l'affilato coltellino atto a temperarne la punta e un bastoncino di ceralacca rossa messo a zeppa dietro due missive poste l'una sull'altra. Su ciascuna di queste risultano vergati, con le consuete abbreviazioni del tempo, nome, grado e luogo di residenza del dedicatario dell'opera.

In basso, con l'anello di sospensione infilato a un chiodo, l'insegna dell'Ordine: croce bordata d'oro, smaltata di rosso, accantonata da quattro gigli d'oro e biforcata, le otto punte simboleggiavano per numero le Beatitudini enunciate da Cristo nel Discorso della montagna.

A marcare i contorni irregolari, per i quali il dipinto è classificabile come uno *chantourné*, concorrono i due elementi che fuoriescono lateralmente, e non meno il tassello mancante in alto dell'asse di sinistra dove, oltre al taglio lasciato dalla lama dentata, compaiono evidenti scheggiature, proprie del legno non troppo duro segato a mano e contro verso.

Dai documenti dell'Ordine equestre di Santo Stefano di Toscana, conservati nell'Archivio di Stato di Pisa, sappiamo che Guglielmo Lanfranchi – casato di dantesca memoria – era nato il 13 dicembre 1645 (*ab Incarnatione* secondo l'uso pisano), e che il 29 maggio 1663 «vestì l'abito di cavaliere milite per giustizia», iniziando così una lunga carriera nella marina militare dell'Ordine, che lo condurrà al grado di capitano e al comando di una delle più importanti galee della flotta stefaniana.

A.BR.

BIBLIOGRAFIA. Inedito.

III.8. Gaspard Gresly
(L'Isle-sur-le-Doubs 1712-1756)
Sportelli di libreria

1750 ca.
dipinti su tela; cm 113 × 69 ciascuno
Collezione privata

Firmato sulla legatura metallica sotto lo spartito (fronte): «G Gresly p(inxit)».

Le due tele di Gresly erano destinate a coprire i due lati dello sportello di una libreria, di cui è ancora visibile la toppa, ora sigillata. La prima corrisponde al fronte dello sportello: su questo lato lo spazio dello spettatore è invaso da una profusione di oggetti trattenuti da un'asticella. La trasparenza del vetro lascia intravedere l'interno della libreria, con i suoi i volumi, una clessidra e una *pochette*, il violino da tasca comunemente usato dagli insegnanti di ballo. Dietro le legature a piombo, il vetro è incrinato. Sull'altra tela è rappresentato, con rigore perfetto, il retro degli invadenti fogli posti sul fronte: una volta aperta, la porta mostra l'altro lato della realtà, con il suo vuoto e la sua oscurità.

Le numerose carte, così come gli oggetti all'interno della libreria, svelano ai nostri occhi il mondo del committente, ma anche alcuni significati nascosti.

I due pendant raffigurano l'armamentario simbolico della *Vanitas* che tanto di frequente ricorre nelle nature morte del XVIII secolo: la clessidra che misura il tempo, la mosca che si è posata su una stampa, il vetro rotto e i fogli sgualciti che alludono al consumarsi del tempo stesso. Anche il violino, gli spartiti e le opere grafiche su fogli dagli angoli arricciati e laceri palesano la vanità dei piaceri legati ai sensi. Sul libricino di cui si intravede l'interno, si leggono le ultime lettere della parola *almanach*: questo elemento compare in molti dei *trompe-l'œil* dell'artista, che spesso lo inserisce nella composizione allo scopo di inserirvi con discrezione la data dell'opera. Il suo nesso con il tempo va ad aggiungersi alla simbologia della clessidra.

Se lo spartito si rivela una trascrizione poco accurata delle danze per *opéra-ballets* tratte intorno al 1685 da composizioni di Lully, l'incisione raffigura un paesaggio che reca la firma di Perelle («Perelle Invenit et fecit Se vendent chez le Blond Ruë St Iac[ques]»), un celebre incisore parigino. I disegni con i filosofi barbuti sul retro e il torso a sanguigna sul fronte evocano invece una certa raffinatezza italianeggiante in un mondo altrimenti tutto francese.

Al centro del fronte compare una stampa raffigurante un salasso eseguito da un cerusico di campagna su un paziente terrorizzato, sotto gli occhi – peraltro celati da un cappello – di un terzo personaggio. L'immagine riprende un dipinto di Adriaen Brouwer, *Il tatto*, eseguito tra il 1635 e il 1638 (dell'opera sono note almeno due versioni, una a Monaco, Alte Pinakothek, l'altra a Salisburgo, Residenzgalerie) e riprodotto in un'acquaforte eseguita subito dopo da Ignatius Cornelius Marinus (Marinus Robyn van der Goes), che con ogni probabilità poté avere accesso diretto all'opera quando essa si trovava presso il suo primo proprietario. Pierre de Loisy II, un incisore che come Gresly viveva a Besançon, riprese l'incisione di Marinus nel 1654. Riflessa due volte, l'immagine recupera l'orientamento proprio dell'originale. Loisy illustrava la sua incisione, peraltro piuttosto rozza, con qualche verso in italiano di dubbio gusto: la prima parola di questo testo, «piano», è visibile nel *trompe-l'œil* di Gresly (entrambe le incisioni sono a Vienna, Albertina; cfr. Milman 1987 e M. Milman, in *Le Trompe-l'œil* 2005, p. 58).

Quella di rappresentare i due lati di una porta a vetri non è un'idea del tutto originale: già nel 1670 Cornelis Gijsbrechts aveva decorato in questo modo

delle vere porte poste su cardini, ancor oggi apribili (Copenaghen, Statens Museum for Kunst, inv. nn. KMS3075, KMS3076). L'autodidatta Gresly, tuttavia, adattò questa idea a una situazione reale con abilità e penetrazione, offrendoci un'immagine di quello che poteva essere nel XVIII secolo il mondo di un modesto ma colto insegnante di ballo francese.

Questi due pendant sono stati a lungo attribuiti a Cristoforo Munari: privi di una firma immediatamente visibile, si pensava potessero appartenere alla mano del noto pittore di nature morte bergamasco. Nel 1987 un rigoroso studio iconografico ha dimostrato come, appartenendo a un ambiente francese, le *Librerie* potessero costituire un'importante aggiunta al catalogo di Gresly; in seguito una pulitura ha consentito di scoprire la firma dell'artista sul pannello raffigurante il fronte della libreria.
M.M.

BIBLIOGRAFIA. Veca 1980, pp. 174-177; Milman 1987; M. Milman, in *Le Trompe-l'œil* 2005, pp. 55-58, n. 9.

III.9. Jean Valette-Penot
(Montauban 1710-*post* 1777)
Armadietto con statuetta di Ercole

1748 ca.
dipinto su tela; cm 80 × 63
Rennes, Musée des Beaux-Arts, inv. 1794.1.141

L'armadietto raffigurato in questo *trompe-l'œil* contiene – conforme alla tradizione della *Kunstkammer*, questa forma di museografia privata comparsa durante il Rinascimento – un buon numero di oggetti legati agli interessi del suo proprietario, il marchese di Robien, che rispecchiano l'eclettismo di un collezionista esperto. Si tratta di *naturalia* (contenitori con rettili, conchiglie rare, farfalle, pozioni), *artificialia* (congegni, oggetti d'arte: un poliedro ligneo, uno strumento di misura di sua invenzione, ma anche una statuetta di porcellana, una sfera di avorio tornito di provenienza tedesca e una fruttiera di vetro finemente decorato) e *antiquitates* (una statuetta di Marte e un'altra di Ercole su un basamento stile Boulle, parte di una serie ancora oggi visibile al Musée des Beaux-Arts di Rennes).

Completano il contenuto dell'armadietto e consentono di immaginare le attività del proprietario dei fogli ripiegati, un temperino aperto, una boccetta, un bastoncino di ceralacca.

Vale la pena di segnalare che nelle collezioni dello stesso museo si conservano altri due *trompe-l'œil* direttamente connessi a questo, uno con medaglia di Anna di Bretagna, l'altro con incisione di Sarrabat: sono delle stesse dimensioni, furono eseguiti nello stesso spirito ed erano evidentemente destinati a coprire gli sportelli di armadietti realmente posseduti dal collezionista, rappresentando in pittura gli oggetti che si trovavano *realiter* dietro gli sportelli.

Il pittore rende con cura e fedeltà estrema il contesto in cui essi erano esposti: gli altri due dipinti rappresentano chiaramente la fonte di luce sulla sinistra, mentre questo è illuminato in maniera evidente da destra. La fonte di luce, ovvero la finestra che si riflette su molti degli oggetti rappresentati nel dipinto, doveva senz'altro essere collocata tra questo pannello e gli altri due. Si tratta di una riproduzione perfetta delle vetrate che si possono vedere ancor oggi all'Hôtel de Robien a Rennes.
M.M.

bibliografia. Bergot 1972; Milman 1982, p. 84; Aubert 2001, p. 242; M. Milman, in *Le Trompe-l'œil* 2005, p. 103, n. 46.

III.10. De Scott Evans
(David Scott; Boston, Ind.
1847-Oceano Atlantico 1898)
A New Variety–Try One
[*È una nuova varietà, assaggiane una!*]

1890 ca.
dipinto su tela; cm 30,5 × 22,9
Delray Beach, Fla., Collezione Walter e Lucille Rubin

Firmato in basso a destra: «S.S. David».
Iscrizioni: sul cartellino, «A New Variety | Try One».

La semplicità è complice dell'inganno, nelle mandorle offerte da De Scott Evans. Il pannello grezzo, scabro e la manciata di frutti offerta in bella mostra, cui altri passanti hanno già attinto per un assaggio, non offrono grandi motivi per dubitare della loro realtà. Nello stesso tempo i frammenti del vetro spezzato, che sembrano trattenuti a stento da pochi chiodi fissati lungo il bordo dell'apertura, ci impediscono di cedere alla tentazione di allungare le mani, nel timore di tagliarci o di mandare definitivamente in frantumi il vetro, e riescono così a prolungare l'illusione ancora per un istante. Il successo del modello creato da Evans è confermato dal gran numero di versioni note di questo soggetto (oltre venti), per la maggior parte dei casi raffiguranti arachidi, negli altri mandorle. La disposizione dei frutti, apparentemente casuale, differisce nel dettaglio in ciascuna composizione, e senza dubbio era fonte di "nuova varietà" anche per l'artista, che ne produsse un esemplare dietro l'altro per il vorace mercato di fine Ottocento.

È ormai largamente condivisa la teoria proposta nel 1971 da William H. Gerdts e Russell Burke secondo la quale anche la firma «S.S. David» che l'artista era solito apporre, tra altre iterazioni, su queste composizioni avesse una connotazione illusionistica, comparendo come per incanto per nascondere l'identità di un artista raffinato che non voleva essere collegato a questi inganni da salotto. Le rappresentazioni a *trompe-l'œil* in piccolo erano oggetti molto comuni nei bar e nei negozi, destinati a catturare l'interesse di un pubblico assai diverso dalla ricca committenza dedita al collezionismo artistico presso la quale Evans era noto come raffinato artista di genere per i suoi eleganti interni alla moda, popolati di affascinanti ritratti femminili.

Pur essendo per loro natura senza pretese, le sue noccioline erano anch'esse "alla moda". Come suggerisce l'annuncio contenuto nel cartellino scritto a mano nel dipinto, le nuove varietà di mandorle e noccioline incontrarono in America un notevole successo popolare dopo la fine della guerra di secessione, nel 1865, e nei primi decenni del Novecento divennero un'industria di rilievo. Gli "assaggi" offerti da Evans costituiscono una parodia di una trovata sfruttata dal mercato per interessare la gente agli ultimi ibridi e per incoraggiare gli acquisti. L'artista stesso contribuì a fare delle noccioline un prodotto alla moda adottandole come soggetto di una forma d'arte popolare all'epoca, il *trompe-l'œil*.
M.D.M.

BIBLIOGRAFIA. Inedito.

III.11. Henri Cadiou
(Parigi 1906-1989)
Vestiaire d'usine [*Armadietto spogliatoio*]

1970
dipinto su tavola; cm 175 × 62 (misure massime)
Parigi, Collezione Pierre Gilou

Firmato sul coperchio della scatola di formaggio in basso a sinistra: CADIOU.

Un armadio alto e stretto poggia su due zampe massicce che proiettano la loro ombra sul pavimento; aperto, rivela il suo contenuto: al suo interno sono appese sulla sinistra una giacca da lavoro blu, stinta e logora, sul lato opposto una sciarpa rossa. Dietro agli indumenti, nell'oscurità dell'armadietto, si scorge un ripiano sul quale figurano un bicchiere di vetro e un foglio stampato sul quale si legge «tiercé» e, sotto, «[d]ernière»: si tratta evidentemente di un giornale con un articolo dedicato alle ultime notizie sulle corse. Gli indumenti proiettano una lunga ombra scura sulla parete interna dell'armadio: quasi umana nelle dimensioni e nella forma, la giacca evoca un'umana presenza. Il fondo dell'armadietto è coperto da una griglia sulla quale si vedono, in prospettiva secondo il punto di vista dello spettatore, una confezione di *camembert* aperta che lascia intravedere una forma già tagliata del popolare formaggio francese. Sul coperchio si legge il nome dell'artista, un modo spiritoso e discreto di firmare il dipinto. Una bottiglia mezza vuota di vino rosso, i resti di una *baguette* e un coltello sono ciò che rimane del pasto dell'operaio.

Lo sportello dell'armadio, con la sua grata per la ventilazione, è "reale" e ruota su cardini metallici: quando è aperto, mostra un ritaglio di giornale con la figura decisamente audace di una *pin-up* dai lunghi capelli, con indosso solo un paio di calze autoreggenti nere, che volge il capo verso lo spettatore lanciandogli uno sguardo esplicito. Qualche brandello di carta rimasto sull'anta lascia intendere che in passato sull'armadietto erano attaccate altre immagini, che sono poi state staccate.

Con un'accuratezza perfetta nel minimo dettaglio e con una tecnica magistrale, Cadiou ci offre una testimonianza della vita quotidiana di un operaio. Pur dichiarandosi sempre estraneo alla politica, l'artista ha spesso rappresentato con umorismo e con una sorta di tenerezza il mondo della strada e delle classi sociali di condizione modesta.
M.M.

BIBLIOGRAFIA. *Trompe-l'œil* 1985, p. 63; Monestier 1993, p. 40 (ripr.).

III.12. Jacques Poirier
(Parigi 1928-2002)
Artnica

1997
dipinto su tela; cm 162 × 130
Washington, D.C., Collezione Ian M. Cumming

Dall'inizio degli anni ottanta Jacques Poirier si è imposto come il più originale esponente del gruppo francese Trompe-l'œil/Réalité (si veda la scheda II.11) per i suoi celebri dipinti in cui l'inganno visivo è associato a giocosi artifici verbali. Secondo il gusto, di ispirazione surrealista, per le sovrapposizioni e ambiguità linguistiche e per gli ironici spostamenti di senso, le sue complesse composizioni pittoriche funzionano come trappole visive e insieme come rebus, quiz, calembour.

In *Artnica* quella che a prima vista appare come una piramide di scatole lignee impilate l'una sull'altra a comporre una bacheca dal contenuto caotico e vario si rivela a uno sguardo più attento come la tabella di un vero e proprio cruciverba in cui oggetti di uso comune, desueti strumenti scientifici, chincaglieria e arnesi da rigattiere sono disposti a imitare le lettere dell'alfabeto. Il cartiglio fermato alla cassapanca centrale contiene le definizioni, ordinatamente suddivise in "orizzontali" e "verticali" e contrassegnate secondo i due ordini di numeri presenti sulle assi lignee, in alto e a sinistra, che inquadrano la composizione.

Sul cartiglio, al 4 verticale leggiamo: «Hordes rustiques». La parola che riconosciamo sul cruciverba è JACQUES, abbreviazione di *jacqueries*, le violente rivolte di contadini scoppiate in Francia alla metà del XIV secolo. Mentre la domanda successiva recita: «Peut être une assemblée de bons chrétiens». La risposta è POIRIER, ossia "pero", con riferimento a una varietà del frutto che i francesi chiamano appunto *bons-chrétiens*. Su queste colonne ritroviamo dunque la firma del pittore, con la *J* di Jacques suggerita da una pipa, l'attributo iconografico con cui il pittore è solito ritrarsi e che qui, isolato entro una cornice su un fondo blu, pare funzionare anche come un omaggio a René Magritte. Così un atto di gaia riverenza ad altri due maestri del *trompe-l'œil* come Parmigianino ed Escher pare l'autoritratto del pittore con la grande tavolozza in mano che scorgiamo, sulla destra, riflesso su uno specchio convesso ricoperto d'oro, un motivo ricorrente nell'opera di Poirier. Un altro autoritratto, stavolta di profilo e firmato, compare sulla placchetta in alto, sotto il numero 8.

Queste le definizioni del cruciverba con la loro soluzione:

Horizontalement [Orizzontali]

I. *Néant* [Niente (si riferisce alle caselle vuote, così come le successive allusioni al vuoto o al nulla); *Métal alcalin* [Metallo alcalino]: RB [simbolo del rubidio]; *Vacant* [Vacante (vuoto)].

II. *À voir* [Da vedere (nulla)]; *Roi au 4° top* [Re al quarto bip (con allusione al servizio telefonico dell'ora esatta)]: POLI [con riferimento all'espressione *L'exactitude est la politesse des rois*, "La puntualità è la cortesia dei re"]; *Libre* [Libero (vuoto)].

III. *Mot* [Parola (vuoto)]; *Ne laisse pas souffler* [Non fa soffiare (con riferimento all'espressione usata nel gioco della dama *Souffler n'est pas jouer*, "Soffiare non è giocare", ovvero non costituisce una mossa, dunque si ha diritto a un altro turno di gioco)]: JOUER.

IV. *À venir* [Da venire (futuro: nulla)]; *Piquant* [Pungente]: AIGUISÉ [affilato].

V. *Prise à la terre* [Presa a terra]: OCRE [ocra]; *Va au neuf* [con riferimento all'espressione *propre comme un sou neuf*, "pulito come un soldo nuovo"]: SOU.

VI. *Note* [Nota, voto (zero!)]; *Tour de tête* [Misura della testa]: QI [quoziente d'intelligenza]; *Sur le bouillon* [Sul brodo]: YEUX [occhi (di grasso)].

VII. *Chinoises vernies* [Cinesi verniciate]: LAQUÉES [laccate].

VIII. *Arséniate de cuivre* [Arseniato di rame]: VERT [verde].

IX. *Terminus pour les louanges* [Capolinea delle lodi]: NUES [nuvole, con riferimento all'espressione *porter aux nues*, "portare alle stelle"].

Verticalement [Verticali]

1. *Vous attend* [Vi attende (il nulla)]; *On peut en suivre le fil dans les deux sens* [Si può seguirne il corso in entrambi i sensi]: LIN [lino (bifronte di *Nil*, Nilo)].

2. *Ras* [Raso (nulla: in questa colonna compaiono solo lettere singole, non definite)].

3. *Idem* [Idem (nulla)]; *Fin d'époque* [Fine di *époque*]: QUE.

4. *Hordes rustiques* [Orde rurali]: JACQUES [*jacqueries*].

5. *Peut être une assemblée de bons chrétiens* [Può essere un'adunata di buoni cristiani/*bons-chrétiens*]: POIRIER [pero].

6. *Fait tache lorsqu'il est gros* [Macchia quando è ordinario]: ROUGE [rosso, con riferimento all'espressione *gros rouge qui tache*, a indicare un vino di bassa qualità]; *Lie* [Lega]: ET [e].

7. *Nouveau venu* [Nuovo venuto]: BLEU [matricola, novellino]; *Ville d'eau* [Città d'acqua]: YS [mitica isola bretone sommersa dalle acque].

8. *En fait voir de toutes les couleurs* [Ne fa vedere di tutti i colori]: IRISE [rende iridescente].

9. *Neuf?... C'est du propre!...* [ancora con riferimento all'espressione *propre comme un sou neuf*; cfr. V orizzontale]: SOU.

10. *Heu?...* [grido] *Elle et lui* [lui e lei]: EUX [essi].

Un gioco verbale e visivo umoristico e complesso è rappresentato dalla copertina del dizionario in basso al centro, che reca il titolo *La Rousse & Le Robert* (sulla costola, «Dictionnaire de mots croisés La Rousse et Le Robert») impresso sull'illustrazione, un particolare del celebre ritratto di Gabrielle d'Estrées, amante di Enrico IV, con la sorella. Poiché la donna ha i capelli rossi e *roberts* è un'espressione popolare per indicare il seno femminile (dalla marca dei primi biberon con la tettarella di gomma, lanciati sul mercato alla fine dell'Ottocento), il titolo del volume – ovvia citazione dei due più diffusi dizionari francesi, il Larousse e il Robert – può leggersi come "la rossa e la tetta".

Non mancano i riferimenti al titolo del dipinto, fusione di "arte" e "arnica": questa pianta, normalmente usata contro dolori muscolari e contusioni, richiama i più cari ricordi d'infanzia dell'artista, la cui nonna si serviva di questo rimedio per curare i bernoccoli che il nipotino si procurava nelle sue scorribande (cfr. *Jacques Poirier* 1998, pp. 4-5). In basso a destra, sull'etichetta azzurra attaccata a una delle casse, si scorgono tre anagrammi a frase, sottolineati dalle linee che collegano le lettere: «L'Artnica traite la bosse» ("L'Artnica cura il bernoccolo"), «L'âne brossa cet attirail» ("L'asino ha spazzolato/spennellato questo armamentario"), «L'art abolit le tracassin» ("L'arte fa passare l'agitazione"). In basso a destra, su una cassa verniciata di rosso, si intravede la scritta «Artnica Bosse» (dove il *bosse* è anche un'allusione al bernoccolo inteso come talento, ma anche un altro richiamo all'infanzia di Poirier, con il nonno che lo iniziava ai segreti dell'arte e in particolare della scultura, dal *ronde-bosse* al *demi-bosse*); sul bassorilievo a sinistra della scatola oltre alla data 1997 si legge «Artnica», che torna, fra l'altro, sulla placchetta sopra la pipa (la *j* di JOUER), nella *a* (sulla regina di quadri), nella seconda *i* e nella *s* di AIGUISÉ, sul tappo di sughero della *y* di YS, sulla *l* e sulla seconda *e* di LAQUÉES; sulla scatola di matite colorate che compone la *e* di JOUER si legge «Arnicolor».

L'opera di Poirier si rivela una fonte inesauribile di indizi più o meno misteriosi, dall'uso dei colori alle numerose carte da gioco che figurano nella composizione, dalle banconote da 500 rubli che per due volte compongono una *u* alla mosca posata sul bassorilievo datato, motivo costante del *trompe-l'œil*.

G.B., J.M.B.

BIBLIOGRAFIA. *Jacques Poirier* 1998, pp. 8-17 (ripr).

LE ROBERT

III.13. Piero Fornasetti
(Milano 1913-1988)
Gio Ponti
(Milano 1891-1979)
Trumeau "Architettura"

1951
litografie su masonite, legno dipinto, metallo, vetro;
cm 218 × 80 × 40,5
Milano, Archivio Fornasetti

Il mobile presenta una struttura lineare, con due sportelli nel corpo superiore, un piano a ribalta e due cassetti nel corpo inferiore. A caratterizzare fortemente l'arredo sono le litografie che rivestono tutte le superfici, rielaborate da incisioni sei-settecentesche: in basso è l'atrio dell'Università di Genova, in alto la facciata della casa del Bramante di corso Venezia a Milano, sulla ribaltina un motivo ispirato al portico del palazzo di Brera, mentre i disegni degli spazi degli interni sono di fantasia.

L'arredo (da un'idea di Gio Ponti per la Triennale del 1951) è uno tra i molti esempi di inganno ottico presenti nell'estesa produzione di Pietro Fornasetti, che, influenzata dai procedimenti creativi propri del surrealismo e della metafisica, non poteva non fare proprio uno dei temi centrali dei suoi diretti modelli di riferimento. Si assiste così a una continua ricerca su due diversi registri, da una parte legata alla riproduzione illusionistica di oggetti e spazi posti là dove l'esperienza comune li vorrebbe collocati, dall'altra basata su accostamenti inopinati, secondo un modo di procedere proprio dell'astrazione surreale. In tutti i casi si mantiene una grande capacità di personalizzare il procedimento, grazie ad una inesauribile fantasia nutrita di *humour* e ironia. Nel caso degli arredi, più in particolare, ci si muove con l'intento di trasformare strutture elementari e caratterizzate da superfici piane in sistemi complessi, ricchi di aggetti e rientranze, ovvero di illudere l'occhio sulla reale natura della cosa. Due in particolare i metodi di lavoro seguiti: da una parte spaccati sull'ipotetico contenuto dell'arredo, dall'altra varianti sui possibili arricchimenti della struttura architettonica. Nel primo caso siamo chiamati a osservare scansie ricolme di oggetti (con chiari riferimenti a quelle proprie delle *Wunderkammern* seicentesche), nel secondo al dispiegarsi in superficie di finti vani e scalinate, con profusione di colonne e balaustre, in modo da trasformare l'arredo, come nel caso esposto, in un'architettura complessa, in cui il gioco prosegue aprendo le ante del mobile, così da consentire la visione di ulteriori e illusori vani, passaggi e architetture.
C.P.

BIBLIOGRAFIA. Scardino 1987, pp. 99-102; Bossaglia 1990, p. 92; Mauriès 1991, pp. 100-101; Bony 2003, p. 195; *Il Modo Italiano* 2007, p. 259.

III.14. Patrick Hughes
(Birmingham 1939)
Gerund [*Gerundio*]

2008
dipinto su tavola con rilievi tridimensionali;
cm 53 × 162
Londra, Flowers, inv. AFG 45457

La maggior parte dei *trompe-l'œil* mira a ingannare lo spettatore facendogli credere che una superficie piana abbia una profondità, servendosi in genere di una serie di quelli che la psicologia della percezione definisce come "indizi pittorici": la prospettiva, l'occlusione, la luminosità, lo scorcio (si veda in proposito il saggio di Richard Gregory in questo catalogo, con le sue nozioni di *cue* e *clue*). Così i dipinti prospettici possono essere visti sia come bidimensionali che come provvisti di uno sviluppo nello spazio. Ma cosa accade se si dipinge un quadro come si farebbe normalmente su una superficie piana su una superficie che invece non è tale? Patrick Hughes crea quelle che chiama *perverspectives* su superfici in rilievo, con il risultato che le parti fisicamente più vicine allo spettatore appaiono distanti da un punto di vista pittorico. Non solo: le sue *perverspectives* sembrano piane, ma quando lo spettatore si muove subiscono una trasformazione sbalorditiva: le parti più aggettanti, che appaiono più distanti, si muovono nella direzione opposta rispetto a quella degli occhi di chi guarda, mentre ciò che appare più vicino, ma è fisicamente più distante, si muove nella stessa direzione. Scrive Hughes (comunicazione privata) dell'opera in mostra: «*Gerund* accommodates itself exactly to our movements: when we move, it changes. When a noun becomes a verb it is a gerund, when a bookcase begins to move it comes alive» ("*Gerundio* si adatta alla perfezione ai nostri movimenti: quando ci muoviamo, cambia. Quando un sostantivo diventa un verbo è un gerundio, quando una libreria comincia a muoversi prende vita"). L'illusione della "profondità rovesciata" si differenzia dagli altri tentativi di "ingannare l'occhio", poiché non esige che lo spettatore assuma una posizione precisa per poter apprezzare l'illusione. Hughes, che ama raccontare di come durante l'ultima guerra lui e sua madre dormissero sotto alle scale per sfuggire ai bombardamenti tedeschi, guardandole dunque a rovescio, si compiace apertamente della natura paradossale della sua arte: «My philosophy is paradox. I am of a logical cast of mind, and find common sense hopeless ... With reverse perspective I am letting the viewer experience a paradoxical relation between the self and the work of art» ("Il paradosso è la mia filosofia. Ho una mentalità logica, e trovo insulso il senso comune ... Con la prospettiva rovesciata permetto allo spettatore di sperimentare un rapporto paradossale con l'opera d'arte"). Non a caso l'artista è autore di libri come *Vicious Circles and Infinity. A Panoply of Paradoxes* (con George Brecht, 1975) e *More on Oxymoron* (1983).

J.M.B.

BIBLIOGRAFIA. Inedito.

III.15. Arte romana
Tre uccelli appesi a un chiodo

terzo quarto del I secolo a.C.
affresco; cm 71 × 64
Napoli, Museo Archeologico Nazionale, inv. 8733

Quadretti con nature morte, o *xenia*, compaiono già col cosiddetto secondo stile pompeiano, ma sarà soprattutto col quarto stile che il genere conoscerà la sua massima fortuna, finendo col costituire il soggetto principale di interi cicli pittorici (Baldassare *et al.* 2002, pp. 234-239). Accanto a vassoi colmi di frutta o brocche colme di acqua, la cui trasparenza è spesso resa abilmente con uno sfoggio di virtuosismo pittorico, i gruppi di pesci o uccelli appesi a un chiodo costituiscono uno dei temi più ricorrenti. In questi casi, con abile inganno, il pittore suggerisce la tridimensionalità di un soggetto quotidiano, comunemente visibile all'interno di una cucina o di una dispensa, il cui realismo talvolta – come nell'affresco in esame, raffigurante probabilmente tre tordi – è ribadito dal particolare delle penne cadute a terra. Il piccolo quadretto, riferibile ancora all'avanzato secondo stile e proveniente con ogni probabilità da Pompei, trova diretti raffronti iconografici in composizioni più recenti di circa mezzo secolo, come per esempio in una natura morta da Ercolano con tre uccelli appesi fra frutti di mare e contenitori d'argento (*Le collezioni del Museo Nazionale di Napoli* 1986, p. 164, n. 296) o in un secondo affresco con tre anatre appese a un chiodo, anch'esso conservato presso il Museo Nazionale di Napoli (De Franciscis 1963, p. 76, tav. LXXXV).
F.P.

BIBLIOGRAFIA. Eckstein 1957, p. 28, fig. 1; Croisille 1965, p. 46, n. 67; De Caro 2001, p. 52, fig. 19; A. Oliver, in *Deceptions and Illusions* 2002, pp. 148-149, n. 17.

III.16. Diego Rodríguez de Silva y Velázquez
(Siviglia 1599-Madrid 1660)
e pittore spagnolo del XVIII secolo
Palco di corna di cervo e altri trofei di caccia

1629 ca.; *post* 1734
dipinto su tela; cm 122 × 146
Madrid, Palacio Real, inv. 10010138

La tela è stata scoperta nel Palacio de Riofrío e pubblicata per la prima volta nel 1966 da Diego Angulo (1966, 1967), che l'ha attribuita a Velázquez. Lo studioso l'ha riconosciuta infatti in un dipinto citato a partire dal 1636 negli inventari della residenza reale dell'Alcázar di Madrid come opera del grande artista spagnolo e raffigurante un palco di corna di cervo accompagnato da un cartellino che ne ricordava l'uccisione nel 1626 da parte del re di Spagna Filippo IV.

La tela, coinvolta nel grande incendio dell'Alcázar del 1734, ricompare citata nell'ambito della collezione dell'Infante Don Luis nel Palacio de Villaviciosa a Odón in una guida del 1772-1792 (Ponz 1772-1794, ed. 1947, p. 561), nella quale viene descritto anche il grande gufo, precedentemente mai segnalato negli inventari reali.

In realtà l'opera era stata ingrandita – di certo in seguito ai danni subiti nell'incendio – dalle dimensioni originali (cm 107 × 146) a quelle attuali, ed erano stati aggiunti l'inquietante gufo reale ad ali spiegate e le altre quattro teste dei cinghiali, del lupo e della volpe. Queste aggiunte, di ottima qualità, si devono a un abile pittore che ha saputo riprodurre le caratteristiche tecniche della pittura secentesca, e che è stato indicato in via ipotetica in Juan García de Miranda (Pérez Sánchez 1983, pp. 84-85). Forse a causa dell'incendio, o del successivo restauro, la scritta nel cartiglio è andata del tutto perduta, anche se è nota dalle descrizioni inventariali. Il restauro dell'opera, completato in occasione della mostra, ha consentito nuove osservazioni che verranno presto pubblicate da Carmen García-Frías Checa nella rivista ufficiale del Patrimonio Nacional, «Reales Sitios».

La parte più antica del dipinto, che gli studiosi spagnoli sono concordi nell'attribuire a Diego Velázquez (cfr. Pérez-Sánchez 1983, con bibliografia; l'opera è stata in seguito esposta con la stessa attribuzione anche ad altre mostre: si vedano *De Greco à Picasso* 1987; *Pintura española* 1992; *Schittering van Spanje* 1998 e *Esplendor de España* 1999; ringrazio la collega Carmen García-Frías Checa del Patrimonio Nacional, che mi ha gentilmente fornito le informazioni bibliografiche e tecniche, non altrimenti rintracciabili in Italia), comprende quindi il palco di corna, la pietra sulla quale esso è appoggiato e il cartiglio. Fortemente caratterizzate sono le ombre delle corna, proiettate sul fondo unito bruno-verdastro, con un potente effetto illusionistico, che crea spazio, così come a inganno è dipinto il cartiglio attaccato alla pietra, un *topos* della pittura illusionistica. La tecnica e le scelte cromatiche della parte riferibile a Velázquez rimandano, secondo la critica spagnola, a una datazione intorno al 1629, anteriore al suo primo viaggio in Italia. Si ricorda inoltre, per analogia,

un altro dipinto di Velázquez che raffigura una bellissima *Testa di cervo*, su uno sfondo azzurro di cielo (Madrid, Prado).

Può essere di qualche interesse notare che il tema dei palchi di cervo raffigurati secondo le modalità del *trompe-l'œil* vede un rinnovato successo nella pittura francese dalla metà del Settecento, in seguito al completamento da parte di Jean-Baptiste Oudry nel 1741-1752 di una serie di sei tele per il castello di Fontainebleau che raffigurano i bizzarri trofei della caccia al cervo del re Luigi XV, accompagnati da cartellini che descrivono le circostanze della loro uccisione, secondo modalità molto simili a quelle di questa tela di Velázquez.
S.C.

BIBLIOGRAFIA. Ponz 1772-1794, ed. Rivero 1947, p. 561; Angulo 1966; Angulo 1967; Gudiol 1973, n. 54; Peréz Sánchez 1983, pp. 84-85, n. 56 (con bibliografia); *De Greco à Picasso* 1987; *Pintura española* 1992, pp. 84-85, n. 20; *Schittering van Spanje* 1998 (*Esplendor de España* 1999).

III.17. Jan Baptist Weenix
(Amsterdam 1621-De Haar 1659/1661)
Pernice appesa a un chiodo

1650-1652 ca.
dipinto su tela; cm 50,6 × 43,5
L'Aia, Mauritshuis, inv. 940

Firmato nell'ombra a destra: «Gio. Batta: Weenix f(ecit)».

Il Weenix è più noto come pittore di paesaggi "italianizzanti" che non di nature morte: infatti passò qualche anno a Roma, dove fu protetto dal cardinale Giovanni Battista Pamphili, divenuto papa Innocenzo X nel 1644, dipingendo luminose vedute della campagna romana.

Questa "natura morta" di una pernice appesa a un muro è quasi un *unicum* nella sua scarsa produzione di dipinti di questo genere (il figlio Jan – Amsterdam 1640/1642-1719 – fu assai più prolifico del padre, producendo anche grandi quadri di caccia in paesaggi).

È intorno al 1650 che inizia nella pittura olandese, con Carel Fabritius e Samuel van Hoogstraten, la rappresentazione di cacciagione appesa sia a una tavoletta sia contro una parete monocroma, come il Weenix esemplifica in questo quadro che è forse, per la finezza esecutiva nel rappresentare il piumaggio dell'animale e l'efficacia del *trompe-l'œil*, il capolavoro di questo genere.

M.C.

BIBLIOGRAFIA. L. Russel, in *Deceptions and Illusions* 2002, pp. 150-151, n. 18 (con bibliografia); Buvetot 2004, pp. 332, n. 940, 333, fig. 940 (con bibliografia).

III.18. William Michael Harnett
(Clonakilty 1848-New York 1892)
Plucked Clean [*Spennato a puntino*]

1882
dipinto su tela; cm 86,7 × 51,4
Washington, D.C., Corcoran Gallery of Art,
Museum Purchase, William A. Clarke Fund, n. 1977.38

Firmato e datato in basso a sinistra: WM [inscritte nella H] HARNETT. | 1882.

È difficile lasciarsi sfuggire il contenuto umoristico di *Spennato a puntino*. Un povero pollo, del cui piumaggio si sono salvate solo le penne della coda, penzola miseramente legato per le zampe in attesa dell'ora di pranzo; sull'assito di fondo sono rimaste attaccate qualche piuma e un'unica piccola penna. Perfino Harnett – forse il più serio tra i pittori americani di *trompe-l'œil* – questa volta sfrutta la capacità di divertire propria di questa forma artistica.

Il contrasto tra questa opera, il primo soggetto "venatorio" di Harnett, e le sue successive rappresentazioni di trofei di caccia è impressionante, specialmente se si considera che l'artista eseguì il primo dei dipinti appartenenti all'apprezzatissima serie dal titolo *After the Hunt* (*Dopo la caccia*; cfr. fig. 67) l'anno successivo. Quelle gagliarde composizioni montate su una porta comprendevano una serie di prede (uccelli, conigli) ancora da spennare o scuoiare, fucili, polvere da sparo, cappelli, bisacce, bastoni da passeggio, corni da caccia: dei sontuosi *tours de force* di consistenze, colori e convincentissimo realismo, studiati per impressionare lo spettatore, con l'ambiziosità del dipinto come con la tecnica impeccabile dell'artista. Harnett nondimeno dovette trovare qualche pregio nel suo quadro, poiché nel 1888 tornò su questo soggetto con *For Sunday's Dinner* (*Per il pranzo della domenica*), dando al dipinto grande visibilità e mettendolo in vendita per la ragguardevole cifra di mille dollari.

Spennato a puntino fu eseguito a Monaco di Baviera, all'inizio di un soggiorno all'estero destinato a durare sei anni. Harnett sposò il gusto locale, adottando come soggetto delle sue opere dei *bric-à-brac* d'epoca e abbandonando i semplici tavoli e "portalettere" che avevano popolato la sua produzione precedente. Nel bel mezzo di queste composizioni "sinfoniche" di crescente complessità, il dipinto in esame indulge ancora nell'espressione diretta e nella semplicità che avevano caratterizzato il primo Harnett: un desiderio di sobrietà e di misura che riemergerà dopo il suo ritorno negli Stati Uniti, nel 1886, in una serie di nature morte raffiguranti un unico oggetto che molto devono a questa opera e che furono alla base della riscoperta di questo artista da parte della critica intorno alla metà del secolo scorso.
M.D.M.

BIBLIOGRAFIA. R. Robinson, E.J. Connell, in *William M. Harnett* 1992, pp. 119, 163, 166, 282, tav. 25; W. Bellion, in *Deceptions and Illusions* 2002, pp. 158-159, n. 22 (con bibliografia).

III.19. Cornelis Norbertus Gijsbrechts
(Anversa?; attivo 1659-*post* 1675?)
Oggetti da caccia al falcone con frustino e coltello

1672
dipinto su tela; cm 116,3 × 88,4
Copenaghen, Rosenborg Slot, De Danske Kongers Kronologiske Samling, inv. C.a. 33-28

Firmato e datato in basso a destra: «C.N. Gijsbrechts A(nn)o 1672».

In questa composizione l'artista ha dipinto pochi oggetti, appesi a una tavola di pino, riguardanti la caccia al falcone (in alto a sinistra si vede il cappuccetto che ricopriva la testa dell'uccello prima e dopo la caccia), più un frustino e un grande coltello da caccia, parzialmente coperto da una tenda di seta blu elettrico: è quest'ultimo il motivo dominante del quadro, con il suo colore squillante e il senso decorativo del drappo sollevato a destra a svelare gli oggetti sottostanti. Questo del "trofeo di caccia" è un motivo ricorrente nella pittura olandese del Seicento, che trova i suoi inizi fin dalla metà del secolo con i dipinti di Willem van Aelst e viene quindi portato a un'evidenza sottolineata dal *trompe-l'œil* da numerosi pittori olandesi e fiamminghi (si veda Boysson-Le Bihan 1991). Il motivo della tenda appesa a un'asta di metallo e sollevata a destra è ripreso, come nel "portalettere" qui esposto (cat. IV.1), da un quadro di Rembrandt. Una composizione simile ma più semplice per la mancanza della tenda, e con l'aggiunta di un'anatra morta, è a Copenaghen (Statens Museum for Kunst, inv. n. KMS3012). Il quadro ha un pendant di tema analogo custodito nello stesso museo.
M.C.

BIBLIOGRAFIA. O. Koester, in Koester 1999, pp. 200-201, n. 26 (ripr.; con bibliografia).

III.20. Johannes Leemans
(L'Aia 1633 ca.-1688)
Oggetti da caccia

1665
dipinto su tela; cm 85 × 167
Dordrecht, Dordrechts Museum, inv. n. DM/004/830, in deposito dall'Instituut Collectie Nederland, Rijswijk/Amsterdam

Firmato e datato in alto a sinistra: «JLeemans F(ecit) | AD 1665.».

Questo pittore minore del Seicento olandese, attivo oltre che all'Aia ad Amsterdam, Alkmaar e Utrecht, si specializzò nella rappresentazione di oggetti da caccia in *trompe-l'œil*, creando dei curiosi "pannelli" decorativi dove la composizione assume quasi l'aspetto di un campionario, come nell'esemplare qui esposto. In esso, come negli altri dipinti noti, gli oggetti rappresentati hanno un carattere realistico, quasi da insegna di negozio specializzato in prodotti per la caccia: appesi su un piano rettangolare, non si amalgamano tra di loro ma sono allineati uno dopo l'altro in una sequenza quasi "didattica", e solo al centro una gabbietta si sovrappone a una borsa e a un coltello che sporgono dalla cornice dipinta, con la volontà evidente di "ingannare" l'occhio. L'effetto è quasi di un monocromo, ma senza raggiungere il virtuosismo descrittivo dei grandi pittori della scuola di Haarlem, Pieter Claesz e Willem Claesz. Heda, che resero vitali gli oggetti rappresentati.

Il soggetto di questo quadro si ritrova, ma con numerose varianti, in due tele del Roskilde Kloster (Copenaghen), una delle quali firmata e datata 1675 (si veda in proposito Koester 1999, pp. 258-259, n. 51, 260-261, n. 52).
M.C.

BIBLIOGRAFIA. Koester 1999, pp. 258-259, al n. 51.

III.21. Cornelis van der Meulen
(Dordrecht 1642-Stoccolma 1692)
Pannello portalettere (*Quodlibet*)

1673
dipinto su tela; cm 48 × 58,2
Dordrecht, Dordrechts Museum, inv. n. DM/003/808

Firmato e datato sul disegno in basso a sinistra: «Cornelis van der | Meulen F(ecit) 1673».

Una finta cornice lignea di cui si intravedono i chiodi racchiude una superficie più scura – probabilmente anch'essa di legno – sulla quale sono fissate, con rilucenti bullette dorate, due nastri di raso rosso. Il "portalettere" contiene una penna d'oca spezzata, un temperino e vari documenti ripiegati, sgualciti e strappati. Sotto il nastro superiore si scorgono i miseri resti di un libro, *Le Jaloux par force*, romanzo pubblicato nel 1668 dalla scrittrice francese Marie-Catherine Desjardins (1632-1683), più nota come Madame de Villedieu. Alcuni dei libri di questa autrice furono stampati nei Paesi Bassi (ringrazio Sander Paarlberg per le informazioni e i suggerimenti).

Dai frammenti di testo leggibili sulle lettere, tutte vergate in francese, si può forse ricavare qualche indizio. Se su una di esse si accenna a un processo («Proces de Janneron [?] | [con]tre La Ramée»), sulla seconda si distinguono in particolare, oltre alla firma «La Rochee», le parole «Banquier a Paris» mentre sulla terza si legge «A Paris»: sembrerebbe dunque certo che questo *trompe-l'œil* sia stato eseguito per un francese, più precisamente per un parigino.

Sotto il nastro inferiore è semiarrotolato un curioso disegno – forse uno studio anatomico (vi si intravedono due polpacci, umani o animali che siano) – che reca in margine la firma del pittore e la data. L'andamento verticale della scritta sembrerebbe indicare che l'autore del disegno non coincide con quello del dipinto. Van der Meulen comunque usa qui lo stratagemma di rendere nota la propria identità firmando una delle carte rappresentate.

Notevole è il trattamento luministico, con il particolare accento posto sulla lettera al centro e l'ombra portata che conferisce al "portalettere" un'insolita profondità: si tratta di elementi che si possono considerare come un retaggio rembrandtiano mutuato dall'artista attraverso il suo maestro, Samuel van Hoogstraten (Dordrecht 1627-1678), nella fase che precedette la sua nomina a pittore di corte a Stoccolma. L'opera di Van der Meulen dimostra chiaramente l'influenza del celebre pittore e teorico, autore di un celebre *Quodlibet* che presenta forti analogie nella composizione. Il dipinto di Van Hoogstraten,

oggi conservato a Karlsruhe (Staatliche Kunsthalle), raffigura infatti un pannello portalettere dalla cornice lignea con due cinghie di cuoio rosso che contengono oggetti e documenti; ma il significato profondo delle due opere è molto diverso. Il *trompe-l'œil* del maestro è una celebrazione narcisistica della propria persona, dei riconoscimenti ottenuti dall'imperatore del Sacro Romano Impero, Ferdinando III (dal quale peraltro non riuscì a ottenere l'incarico di pittore ufficiale a Vienna), e del proprio talento di pittore e poeta, laddove l'opera dell'allievo, in cui prevale il disordine dei documenti strappati e sgualciti, è una chiara allusione alla caducità dell'esistenza umana e alla vanità dei segni che essa lascia dietro di sé.
M.M.

BIBLIOGRAFIA. Faré-Chevé 1996, p. 148; S. Paarlberg, in «Bulletin van de Vereniging Rembrandt», XIII, 2003, 3, pp. 12-15; Paarlberg 2003, p. 78; Spaans 2003.

III.22. John Frederick Peto
(Filadelfia, Penn. 1854-Island Heights, N.J. 1907)
For the Track [*Per la pista*]

1895
dipinto su tela; cm 110,5 × 75,9
Washington, D.C., National Gallery of Art,
Gift of Jo Ann and Julian Ganz, Jr.,
in honor of Earl A. Powell III, 1997.131.1

Firmato e datato in basso a sinistra: «J.F. Peto | 95».

Per la pista è un raro esempio di riadattamento di uno schema compositivo da parte di un artista noto per la sua quasi meccanica ripetitività. Con un cambiamento di rotta rispetto alla sua precedente serie di attrezzature da pesca appese a una porta, Peto rappresenta gli effetti personali di un fantino, ponendo il suo scudiscio a sostituire la netta diagonale della canna da pesca nella costruzione della composizione. Allo stesso modo, il rosso vivace e contrastante del berretto da fantino sostituisce la cerata gialla del pescatore dando al centro del dipinto un tocco di colore primario. Altri dettagli sono invece meramente ripetuti: il ferro di cavallo appeso a un chiodo nella parte superiore, per esempio, è immutato; e se non altro è più appropriato tra gli oggetti appartenenti a un fantino che tra quelli di un pescatore.

Il manifestino al centro ci dice che *Per la pista* è ambientato in un ippodromo – l'Oakley Race Track – nei pressi di Cincinnati (Ohio), al confine con la comunità di Lerado, dove Peto nel 1887 conobbe la sua futura moglie. L'artista si era recato a Lerado per dipingere quella che doveva essere l'opera più ambiziosa della serie dedicata alla pesca: l'esito del suo lavoro fu quasi certamente anche all'origine della commissione del nostro dipinto.

L'aspetto vissuto degli oggetti che vi sono raffigurati è stato interpretato come un'allusione a un'epoca già trascorsa, ma l'ippodromo era stato aperto solo nel 1889, come indica del resto il buono stato del legno che si vede sotto alla cerniera spezzata. In questo caso, la patina che copre le cose vuole piuttosto far sì che Oakley dia l'impressione di aver avviato una "grande" tradizione, come promesso dal manifestino pubblicitario.

Peto eseguì questo dipinto nella fase più tarda del suo percorso artistico. Come *trompe-l'œil* è meno convincente di certe opere precedenti, ma il suo impatto visivo sembra comunque maggiore in ragione dell'accento che pone sullo schema formale piuttosto che sugli effetti illusionistici. Anziché il dettaglio minuto l'artista sottolinea i diversi piani in cui sono collocati gli oggetti variandone elementi coloristici come la saturazione e il tono, spesso sovrapponendoli per dare l'impressione della profondità. In questo senso, Peto porta il *trompe-l'œil* molto vicino al confine concettuale dell'astrazione.
M.D.M.

BIBLIOGRAFIA. F. Kelly, in *Deceptions and Illusions* 2002, pp. 234-235, n. 56 (con bibliografia).

III.23. John Haberle
(New Haven, Conn. 1856-1933)
The Japanese Doll (*Suspended*)
[*La bambola giapponese* (*Sospesa*)]

1889
dipinto su tela; cm 40,6 × 17,8
Delray Beach, Fla., Collezione Walter e Lucille Rubin

Firmato in basso a sinistra: J. HABERLE.

John Haberle ha forzato i limiti del *trompe-l'œil* per come il genere era praticato in America. Il suo percorso in questa forma artistica fu purtroppo breve, dal momento che si protrasse soltanto dalla metà degli anni ottanta all'inizio del decennio successivo, quando dei problemi agli occhi lo costrinsero ad abbandonarlo completamente. Ciò nondimeno, egli creò un corpus di opere che raggiunsero un vasto pubblico e introdussero nel *trompe-l'œil* americano un nuovo stile intellettuale. Il titolo originale e calzante di questo dipinto era *Sospesa*, nel duplice significato di appesa a un chiodo e in delicato equilibrio tra l'arte e la realtà.

La bambola di Haberle era un pezzo da collezione, ed è raffigurata entro una cornice appositamente realizzata per esporla. Il costume dai motivi vivaci, che si confà a una rarità esotica, e la pelle liscia di porcellana spiccano contro il semplice fondo di legno producendo un deciso contrasto. Le braccia della bambola si allargano fino a sovrapporsi alla cornice dipinta.

Per quanto incontrassero il gusto dei committenti medioborghesi, che le esponevano in locali, alberghi, teatri, ristoranti e negozi, le composizioni di Haberle attiravano anche l'attenzione dei collezionisti d'arte. Era tra questi ultimi il proprietario del nostro dipinto, l'industriale della carta James T. Abbe, che lo esibiva all'interno della sua raccolta accanto a importanti opere di Harnett e di altri eminenti artisti contemporanei.

Alla fine dell'Ottocento tanto gli artisti americani quanto quelli europei subivano il fascino di tutto ciò che veniva dal Giappone. Le stampe, i paraventi, i rotoli dipinti, in particolare, mostravano un approccio diverso nei confronti della rappresentazione dello spazio rispetto allo schema prospettico con un unico punto di fuga dominante nella tradizione occidentale. Con la sua enfasi sulla raffigurazione piana delle immagini piuttosto che sull'illusione della profondità, l'arte giapponese influenzò enormemente l'estetica modernista. La *Bambola giapponese* è uno dei tanti soggetti di ispirazione orientale cui l'artista si dedicò, dirottando l'ispirazione modernista in direzione del proprio realismo illusionistico. Anziché attirare l'attenzione sulla superficie dipinta, la bambola giapponese di Haberle le lancia una sfida.
M.D.M.

BIBLIOGRAFIA. Sill 1985, p. 46, n. 12, tav. 4; *America the Beautiful* 2003, pp. 122, 145 (ripr.), 185.

III.24. Nicholas Alden Brooks
(New York 1849-*post* 1904)
Ten Dollar Bill [*Biglietto da dieci dollari*]

post 1893
dipinto su tela; cm 18,4 × 26,7
Delray Beach, Fla., Collezione Walter e Lucille Rubin

Firmato sulla banconota, in basso a sinistra: N.A. BROOKS. N.Y.

Se mai un artista americano ha meritato l'accusa di contraffazione, questi è probabilmente Nicholas Alden Brooks. Più di praticamente tutti gli altri pittori di *trompe-l'œil* della sua epoca, Brooks si guadagnò da vivere… con i soldi. Le sue numerose rappresentazioni di una singola banconota fissata su uno sfondo scuro, indefinito, sembrano librarsi nello spazio, offrendo raramente un qualsiasi punto di riferimento quanto alla loro tridimensionalità: spesso grandi poco più del doppio delle banconote, sono tele che creano un'illusione semplice, efficace.

Brooks raffinò il modello inaugurato da William Michael Harnett nel 1886 aggiungendo maggiore dettaglio, studiando l'invecchiamento e l'usura della carta, e aumentando il contrasto di luci e ombre tra questa e lo sfondo. Una buia parete di osteria – il luogo dove verosimilmente venivano esposti molti pezzi di Brooks – non poteva che accentuare l'effetto dei suoi dipinti.

Lo stesso nome di Brooks è stato tacciato di essere una frode. I primi studi sul *trompe-l'œil* americano – così come gli odierni teorici del complotto – trovarono scarne prove dell'esistenza del pittore, e si congetturò che il suo nome potesse essere uno pseudonimo adottato per evitare all'artista di essere accusato di contraffazione. Gli studi più recenti hanno dimostrato che egli è realmente esisito, ma alla fin fine ancora oggi, per quanto questo abbia tutto l'aspetto di essere un peccato veniale, non siamo in grado di confermare il suo secondo nome.

Brooks era un artista privo di un portfolio. Come ha messo in luce lo storico dell'arte Bruce W. Chambers, cominciò la sua carriera esponendo paesaggi e nature morte di piccolo formato alla Brooklyn Art Association di New York dal 1868 al 1876, dopo di che non si rintracciano altre testimonianze della sua partecipazione a una mostra. Presumibilmente lavorò in maniera più informale, vendendo le sue opere tramite galleristi e amici piuttosto che attraverso le esposizioni. Nel 1889 si stabilì definitivamente a Manhattan, diventando vicino di casa di Harnett: può darsi che questi lo abbia incoraggiato a intraprendere la sua attività di specialista in questo tipo di rappresentazioni. Brooks, in ogni caso, continuò a lavorare su questo tema anche dopo la morte del più celebre collega, nel 1892.
M.D.M.

BIBLIOGRAFIA. *America the Beautiful* 2003, pp. 122, 146 (ripr.), 184.

III.25. Charles Alfred Meurer
(Horb am Neckar 1865-Terrace Park, Ohio 1955)
Money, Money, Money

1898
dipinto su tela; cm 25,4 × 40,6
Delray Beach, Fla., Collezione Walter e Lucille Rubin

Firmato e datato in basso a destra: «CA Meurer | 1898».

L'esperienza di Charles Alfred Meurer costituisce una testimonianza della fama raggiunta a livello nazionale da William Michael Harnett e John F. Peto e dell'influenza che questi artisti esercitarono negli anni ottanta e novanta dell'Ottocento. Nel 1886 il giovane Meurer poté vedere molte opere di Harnett alla fiera industriale di Cincinnati e ne trasse ispirazione dedicandosi a sua volta al *trompe-l'œil*. Non incontrò mai nessuno dei due artisti, poiché viveva in un sobborgo della città dell'Ohio, Terrace Park, ma spese nondimeno gran parte della sua carriera nell'emulazione dei loro modelli, dai piani di tavolo alle porte, al denaro. La sua produzione in quest'ultimo campo attirò l'attenzione delle autorità come potenziale contraffazione, sfociando in almeno un sequestro documentato.

Meurer eseguì *Money, Money, Money* nel momento culminante della sua carriera e della fascinazione degli americani per i dipinti di denaro. I tre diversi valori dei due tipi di valuta qui raffigurati – la banconota e il certificato di deposito – rimandano alla complessità della politica monetaria americana. Le elezioni presidenziali del 1896 come quelle del 1900 furono largamente dominate dalla diversità di vedute su come sostenere la valuta nazionale, se solo con l'oro o con oro e argento. Con le sue opere Meurer non si schiera esplicitamente, ma ci offre una testimonianza dell'enorme diffusione di questo dibattito all'epoca.

Come Peto, Meurer era interessato tanto alla forma quanto al contenuto. L'attenzione per l'organizzazione degli oggetti, dei colori e delle consistenze dei materiali che si osserva in *Money, Money, Money* produce una sensazione di composizione meditata e di simmetria costruita piuttosto che di disordine casuale. Lo sfondo in legno verde cui sono attaccati il denaro e la lettera ha qualcosa di misterioso, con quella serratura in basso al centro, in una posizione insolita per un cassetto o per uno sportello di armadio. Il suo orientamento suggerisce che il quadro potesse essere dapprima disposto verticalmente, con quello che ora è il suo lato destro a fare da base. La firma dell'artista in basso a destra, tuttavia, ci consente di stabilire senza tema di smentita che questi finì per scegliere l'orientamento attuale considerandolo quello corretto.

M.D.M.

BIBLIOGRAFIA. *America the Beautiful* 2003, pp. 122, 146 (ripr.), 185.

III.26. Otis Kaye
(Dresda 1885-?, Germania 1974)
Christmas Piggy Banks [*Salvadanai di Natale*]

terzo decennio del XX secolo
dipinto su tavola; cm 15,2 × 22,9
Delray Beach, Fla., Collezione Walter e Lucille Rubin

Firmato in basso a destra: «Otis Kaye».

Soggetto che costituisce la cifra della sua opera, il denaro è per Otis Kaye ricco di connotazioni sul piano storico così come su quello umoristico. *Christmas Piggy Banks* crea un gioco di parole visivo sul *five-and-dime*, un genere di grande magazzino molto comune negli Stati Uniti che vendeva articoli al prezzo di 5 o 10 *cents*, solo che nel dipinto il nichelino è sostituito da un biglietto da 5 dollari, una banconota sulla quale dal 1928 compariva il ritratto del presidente Lincoln. Kaye la dipinge accanto a una moneta da 10 *cents* recante la testa allegorica della Libertà, una giustapposizione che celebra il ruolo svolto dal presidente nell'emancipazione degli schiavi afroamericani (1863). L'artista usa con efficacia l'allusione storica per creare dietro una superficie illusionistica una profondità densa di significato.

Una svendita a un *five-and-dime* sembra una contraddizione in termini, e tuttavia nel dipinto compare un pezzetto di carta con un annuncio che ne pubblicizza una. Le dimensioni contenute e lo sfondo modesto sottolineano di per sé la miseria del soggetto, verosimilmente autobiografico, poiché l'artista perse il grosso dei suoi risparmi nel crollo di Wall Street del 1929. In questo tipo di rappresentazioni spesso compare un mazzetto di banconote, ma qui il biglietto da 5 dollari è uno soltanto, come indica chiaramente il suo angolo piegato. *Christmas Piggy Banks* contiene riferimenti autobiografici sia nella firma dell'artista, la cui "o" iniziale è costituita dalla moneta, sia nella cornice cui è fissata la banconota, che richiama il retro di una tela.

L'arte di Otis Kaye era anacronistica nello stile come nel soggetto. Il pittore era un estimatore dei maestri americani del *trompe-l'œil* dell'ultimo Ottocento – William Michael Harnett, John F. Peto e John Haberle tra gli altri –, anche se quasi certamente non incontrò mai nessuno di questi artisti. Entrò a contatto per la prima volta con la loro opera nel 1904 grazie a un altro pittore di *trompe-l'œil*, Nicholas Alden Brooks (cat. III.24), ma a quanto sembra avviò la sua serie sul denaro solo nel 1917, quando tale produzione artistica era ormai nella sua fase declinante, mantenendo in vita questa tradizione mentre la permeava di un intenso e personale sguardo retrospettivo.

M.D.M.

BIBLIOGRAFIA. Inedito.

III.27. Otis Kaye
(Dresda 1885-Germania 1974)
D'-JIA-VU? (*The Stock Market*)
[*D'-JIA-VU?* (*Il mercato azionario*)]

1937
dipinto su tavola; cm 68,6 × 99,1
New York, collezione privata

Firmato e siglato su varie carte e sui cassetti.
Iscrizioni: sul cartellino all'estrema destra: D'-JIA-VU?

Con realismo meticoloso e con un'elaborata ricerca simbolica, il *D'-JIA-VU?* di Otis Kaye registra il malessere che percorse la nazione nel 1937, quando gli Stati Uniti, a soli otto anni dalla Grande Depressione, si trovarono nuovamente sull'orlo di un crollo del mercato azionario. Sfruttando l'assonanza fonetica tra l'acronimo DJIA (che sta per Dow Jones Industrial Average, il principale indice azionario di Wall Street) e il francese *déjà*, il dipinto delinea la performance dell'indice Dow Jones negli otto anni precedenti in un grafico composto di banconote e titoli per terminare nella domanda *déjà vu?*, una domanda che riecheggia, sinistra, in questo 2009.

Questa opera rappresentò un'impresa ambiziosa per il pittore, la cui attività artistica ebbe sempre una dimensione privata. Con una sola, significativa eccezione che peraltro rimpianse profondamente, egli non espose né mise mai in vendita le sue opere: la sua arte era una ricerca solitaria, e in quanto tale comprensibilmente autoreferenziale. Kaye del resto aveva intrapreso la professione di ingegnere, formandosi a New York e a Dresda prima di stabilirsi a Chicago; lo studio approfondito e il forte realismo che connotano la sua produzione artistica sono il riflesso di un'immaginazione concreta, che si appaga nella precisione, nell'impegno intellettuale, nei rapporti di natura formale.

La complessità stessa dell'opera, che è confermata da un'analisi approfondita, rende difficile riassumerla. Il declino del mercato azionario è tracciato dalla contrazione del valore di denaro cartaceo e certificati azionari, mentre la fluttuazione conseguente comprende delle obbligazioni, un investimento alternativo. Più in basso, i contenitori di tabacco e sigarette scandiscono la composizione con nomi che vengono a proposito: Old Gold, Bond Street, Lucky Strike; le carte e i dadi alludono all'azzardo del gioco in borsa, accanto a una spilla della campagna presidenziale di Franklin Delano Roosevelt, il cui New Deal aveva avviato la ripresa economica. Le iniziali e il nome dell'artista ricorrono sulle carte ma anche intagliate sui cassetti e sulle modanature, a suggerire che *D'-JIA-VU?* rappresenta attraverso questi oggetti un autoritratto dell'artista, un'autobiografia che corre parallela agli eventi della vita della nazione.
M.D.M.

BIBLIOGRAFIA. Inedito.

III.28. Aaron Bohrod
(Chicago, Ill. 1907-Madison, Wisc. 1992)
Speaking of Money [*A proposito di soldi*]

1962
dipinto su masonite; cm 47,5 × 61
Delray Beach, Fla., Collezione Walter e Lucille Rubin

Firmato in basso a destra: «ABohrod»; datato sui timbri della carta sulla sinistra.

Le nature morte di Aaron Bohrod, centro della sua produzione artistica posteriore al 1954, si collocano all'incrocio tra il regionalismo, con il suo patriottismo devoto e il suo radicamento nella cultura locale, e il surrealismo, con le sue ricerche sui significati profondi e la psicologia. Bohrod trascorse un buon quarto della sua vita da artista residente presso l'Università del Wisconsin a Madison, a nord-ovest di Chicago, dove ebbe origine gran parte della sua arte. *A proposito di soldi* rappresenta un ritratto di Arthur B. Adams, figura di primo piano nella vicina città di Beloit e presidente della Beloit State Bank: l'artista lo eseguì presumibilmente su commissione, poiché Adams fu il primo proprietario del dipinto, che descrive sia la carriera di Adams sia la storia materiale della banca.

Bohrod non riteneva che la sua opera artistica dovesse essere etichettata come *trompe-l'œil.* Tornò più volte a descrivere la sua ambizione di creare una «tingling reality», una realtà esasperata fino a farsi perturbante, piuttosto che un inganno illusionistico. Joseph Czestochowski riassume invece i soggetti trattati da Bohrod come «due temi fondamentali dell'essere umano, il decadimento della bellezza fisica e la fragilità dei sogni» (1975, p. n.n.: «two basic human concerns – the decomposition of physical beauty and the fragility of dreams»). La sua lunga amicizia con il pittore di Chicago Ivan Albright è rivelatrice, poiché consente di collegare il decadimento raffigurato in questo dipinto con le immagini dello scorrere del tempo, spesso sconcertanti, di questo artista.

Bohrod lavorava sulle sue composizioni per mesi, indagando con attenzione le superfici dei soggetti rappresentati, dipingendo su tavole preparate in modo da renderle il più lisce possibile e da far sì che non vi comparisse alcuna consistenza materica che non fosse dovuta alla sua mano. L'accento che Bohrod pone sulla qualità tattile degli oggetti è qui evidente in più elementi: il cavolo con le sue foglie gommose, simbolo del denaro, la patina che vela il metallo dei salvadanai antichi, la lucentezza della penna d'oca, la levigatezza del piano in pietra, le grinze che segnano la coperta in cuoio del libro di banca. L'opera riporta alla mente le precedenti raffigurazioni di "portalettere" di banchieri dipinte da William Michael Harnett e John F. Peto, dando a quella tradizione nuova linfa per un'ulteriore generazione.
M.D.M.

BIBLIOGRAFIA. *America the Beautiful* 2003, pp. 147 (ripr.), 184.

III.29. Stevan Dohanos
(Lorain, Ohio 1907-Westport, Conn. 1994)
Americana

metà del xx secolo
dipinto su masonite; cm 81,3 × 127
Delray Beach, Fla., Collezione Walter e Lucille Rubin

Firmato in basso al centro: «Stevan Dohanos».

Stevan Dohanos è stato, con il suo amico Norman Rockwell, una delle figure di maggior rilievo nel panorama dell'illustrazione americana di metà Novecento, tanto con i suoi dipinti di genere che con le sue nature morte.

Dopo un non lineare esordio come illustratore pubblicitario nell'Ohio, dove era nato, nel 1943 pubblicò la sua prima copertina per il «Saturday Evening Post», la rivista più popolare dell'epoca, raggiungendo il massimo successo immaginabile nel suo campo. Per i quattro decenni che seguirono, contribuì a foggiare la percezione che gli americani avevano di sé e della propria identità nazionale. *Americana* ha in sé molti degli oggetti e dei simboli che assorbirono il pittore per tutto il suo lungo percorso artistico in quello che egli definiva come «the American *genre*», il genere americano.

Dohanos identificava le origini intellettuali della sua arte nel realismo sociale dell'Ashcan School. I pittori aderenti a questo movimento di primo Novecento, che aveva base a New York, avevano elevato a dignità artistica soggetti tratti dal mondo del proletariato. Dohanos apprezzava la bellezza semplice e gli oggetti ordinari, ma il suo stile è assai distante dallo stile audace, di segno fortemente pittorico, spesso cupo di questi artisti: egli si serviva invece, per attirare l'attenzione dello spettatore, di un realismo – e, nel caso del nostro dipinto, un illusionismo – scrupoloso. Amava una "chiarezza" priva di elementi di disordine, considerandola il valore principale di un'opera d'arte, e si sforzava di ridurre i suoi dipinti ai loro elementi più essenziali.

Americana è un peana visivo agli Stati Uniti e dà prova di minore ironia di quanto non sia abitudine nell'arte di Dohanos. Il dipinto comprende una sfilza di simboli e cimeli nazionali disposti sullo sfondo di una parete imbiancata, tra cui compaiono un soldatino con la divisa dei rivoluzionari americani e una pistola d'epoca, l'aquila dorata emblema della nazione recante un gagliardetto, un coltellino multiuso e una bussola, a significare la fiducia nei propri mezzi, un senso di autosufficienza, nonché la scultura di un fanciullo con un fascio di spighe, simbolo di un'agricoltura fiorente. I genitori di Dohanos erano immigrati negli Stati Uniti dall'Ungheria quando erano ancora adolescenti, e avevano inculcato nel figlio un profondo rispetto per gli ideali americani e per la sobrietà del Midwest che egli conservò per tutta la vita.

M.D.M.

BIBLIOGRAFIA. *America the Beautiful* 2003, pp. 155 (ripr.), 184.

III.30. John Atherton
(Brainerd, Minn. 1900-New Brunswick 1952)
Destroyed Building [*Edificio distrutto*]

1950 ca.
dipinto su tavola; cm 45,7 × 61
Delray Beach, Fla., Collezione Walter e Lucille Rubin

Firmato in basso a sinistra: «Atherton».

Spesso i surrealisti nutrono un inspiegabile attaccamento nei confronti del *trompe-l'œil.* Il fatto che una visione interiore *trompe-l'œil* costituisca un paradosso non si è dimostrato del resto di impedimento alcuno per artisti come John Atherton, il cui *Edificio distrutto* sconfina nel vagamente surreale. L'intonaco di un muro si scrosta fino a rivelare il variegato scenario che si cela al di sotto della sua superficie; il profilo irregolare di nudi mattoni che compare sulla sinistra sembra corrispondere approssimativamente all'estensione dell'abrasione sul muro, ingenerando interrogativi sulla sua ragion d'essere destinati a rimanere senza risposta. Il significato di questo dipinto e gli elementi che lo compongono sono così incompleti che sembrano tradire la chiarezza del *trompe-l'œil* per inseguire l'elusività di un sogno vivido, uno tra i motivi fondamentali del surrealismo.

Atherton si guadagnava da vivere lavorando come illustratore commerciale e pubblicitario, un'esperienza che trasferì nella sua attività di artista incoraggiato del suo mentore, Alexander Brook. Al palinsesto di consistenze materiche e di immagini che compare in questo *Edificio distrutto* si sovrappone uno schema composto di punti bianchi: a collegarli è una mano raffigurata sul lacerto di un cartellone pubblicitario, cui si sovrappone un altro manifesto strappato, ormai illeggibile. Per un artista che disegnava manifesti per vivere, le stratificazioni che compaiono nel dipinto proprio in rapporto a questo oggetto suggeriscono di per sé il ruolo svolto dalla grafica pubblicitaria nella formazione della cultura estetica in senso lato.

La notevole fama raggiunta da Atherton superò la durata della sua carriera artistica, prematuramente stroncata dall'incidente che ne causò l'annegamento durante un viaggio di pesca in Canada nel 1952. Il suo contributo, tuttavia, come è accaduto per molti degli artisti americani che operarono nello stile di ispirazione surrealistica del realismo magico, è stato messo in secondo piano negli studi storico-artistici dall'emergere, dopo la seconda guerra mondiale, dell'espressionismo astratto. Per quanto la sua solidità tecnica e la resa dei particolari mostrino in genere una scarsa rassomiglianza con le generose stesure di colore tipiche di questo movimento, il nostro *Edificio distrutto* costituisce un raro documento visivo di una comune ispirazione nel subconscio.
M.D.M.

BIBLIOGRAFIA. *America the Beautiful* 2003, pp. 113 (ripr.), 184.

LECT
UR
RG

III.31. Cornelis Bisschop
(Dordrecht 1630-1674)
Bambino addormentato nel seggiolone, con accanto un gatto

1664 ca.
dipinto su tavola sagomata; cm 97,5 × 66,5
Collezione privata

Riscaldato da un braciere posto sotto il pesante seggiolone, un bimbo (un maschietto nonostante la gonna lunga, come dichiara la forma rettangolare del colletto, che le bimbe invece portavano a punta; cfr. S. Kuus, in *Pride and Joy* 2000, p. 229) è profondamente addormentato. Dalla tavolina gocciola la pappa che il bimbo ha sparso; ai suoi piedi il gatto – da sempre simbolo di voracità, astuzia e sensualità – è invece ben sveglio e forse pronto ad approfittarne. Forse sollecitazione per tutta la famiglia a uno stile di vita sobrio, attivo ed economo, questa immagine tenera e affettuosa completava comunque l'arredo domestico, forse riempiendo con un elemento di buffa e piacevole sorpresa un angolo un po'oscuro di una casa seicentesca, dall'arredo peraltro solitamente scarso. Come denota il suo profilo, la sagoma doveva essere probabilmente sorretta da due sostegni laterali.

Arnold Houbraken, biografo dei pittori olandesi del secolo d'oro, assegna al suo brillante conterraneo Cornelis Bisschop l'invenzione di simili sagome lignee dipinte e ritagliate, che gli procurarono con facilità i denari necessari a sostenere una numerosa prole (1718-1721, II, p. 220). Se è vero che il Bisschop stipulò nel 1664 un contratto di prevendita di cinque sagome a un mercante dell'Aia (Brière-Misme 1950, p. 31), l'affermazione dello Houbraken deve essere però rivista, dato che questo tipo di opere sembra essere stato diffuso già nella prima metà del secolo e soprattutto in Inghilterra. Esiste inoltre una sagoma di *Bambino addormentato su un seggiolone* datata 1654 e firmata da Johannes Cornelisz. Verspronck (Haarlem 1600/1603-1662) in una collezione privata in Belgio (R. Ekkart, in *Pride and Joy* 2000, pp. 227-229, n. 60, ripr.), cui se ne può accostare un'altra – oggi non rintracciabile – con una *Bambina nel seggiolone che mangia un dolce* (R. Ekkart, ivi, p. 229, ripr.). Esse parebbero assegnare a questo artista se non altro una solida attestazione sul mercato di questo genere in un momento in cui il Bisschop, nato nel 1630 e sposatosi nel 1653 (cfr. J. Loughman, in *De Zichtbaere Werelt* 1992, p. 85), non aveva forse ancora le ragioni che secondo lo Houbraken furono il movente della nuova invenzione.

L'opera in esame, già attribuita anch'essa al Verspronck (R. Ekkart, in *Pride and Joy* 2000, p. 228 sostiene ancora questa attribuzione) è comunque avvicinabile allo stile prossimo a quello di Nicolaes Maes (Dordrecht 1634-Amsterdam 1693) che caratterizza i dipinti del Bisschop della metà degli anni sessanta, come il *Bambino che dà da mangiare a un gatto* del Museum Bredius all'Aia (C.A. Brusati, in *De Zichtbaere Werelt* 1992, p. 93; con questa attribuzione concorda anche Pippa Mason, Johnny van Haeften Ltd, Londra, per gentile comunicazione).

È possibile che il Bisschop, rimpatriato nel 1653, abbia velocemente elaborato nella sua nuova maniera anche il genere del *trompe-l'œil* caro alla scuola pittorica di Dordrecht. Essa annovera infatti uno tra i più importanti artisti di questa specialità, Samuel van Hoogstraten (Dordrecht 1627-1678). Il Bisschop poté anche raccogliere gli esempi elaborati sia dal Verspronck che da altri pittori, anche non olandesi o non attivi al momento nei Paesi Bassi, svolgendoli poi con una produzione di bottega ben organizzata, fino a farla divenire una specialità di famiglia (Houbraken 1718-1721, II, p. 222).
P.S.B.

BIBLIOGRAFIA. R. Ekkart, in *Pride and Joy* 2000, p. 228, al n. 60 (con bibliografia).

III.32. Artista inglese (?)
Donna che spazza

quarto-sesto decennio del XVII secolo
dipinto su tavola sagomata; h cm 156
Londra, Victoria and Albert Museum, n. W.90-1921

Secondo Arnold Houbraken (1718-1721, II, p. 220) fu il pittore Cornelis Bisschop (Dordrecht 1630-1674) l'inventore della moda delle sagome dipinte. Poste nella penombra delle stanze scarsamente illuminate, ai lati delle cosiddette "porte volanti" per tenerle aperte, o negli angoli a completare un arredo ancor scarso, esse facevano da sorpresa al visitatore e presso gli intenditori più colti richiamavano i temi classici della pittura superiore alla natura nell'ingannare l'occhio, già espressi da Plinio il Vecchio (*Naturalis historia*, XXXV, XXXVI, 65-66, 95).

Se questa notizia è vera, non pochi quesiti sono sollevati dall'opera in esame, che pare essere nata in un tempo assai precedente rispetto alla sua realizzazione. La donna, dall'aspetto distinto nonostante l'umile compito, è infatti abbigliata in una foggia non più attuale alla metà del Seicento, quando colletti a lattuga, manichini di pizzo, maniche tagliate e spallini a fettucce erano tramontati da almeno vent'anni in tutta Europa. La cuffietta di pizzo che ella porta pare essere stata in uso in Inghilterra verso il 1625, poiché appare anche nel ritratto di Elizabeth Cherry Russell eseguito in quell'anno da Marcus Gheeraerts II (attivo 1561-1635; Strong 1969, p. 274, n. 159, ripr.). Anche gli altri elementi del costume ritornano, benché assai più eleganti e preziosi, in quest'ultimo dipinto. Se d'altra parte consideriamo il pendant di questa sagoma, l'apparentemente ben più maliziosa *Signora con lo specchio* dalla scollatura generosa, troviamo rispondenze precise nelle effigi di nobili matrone quali la duchessa di Richmond e Lennox o di Lady Seymour, databili verso il 1615 circa. Le mani però, pure delicate, sono ben più piene di quelle rarefatte delle signore dell'epoca giacobita; e il volto è più sorridente, ironico e comunicativo. L'opera potrebbe celare dunque un doppio inganno, travestendo la sua protagonista in un ruolo a lei insolito e con panni in uso molti anni prima, sempre con l'intento di creare sconcerto e sorpresa.

Circa l'ambito esecutivo, che potrebbe essere inglese, si può ricordare che la moda delle sagome dipinte dovette conoscere comunque una diffusione rapidissima. Il cardinale Giovan Carlo de' Medici, collezionista curioso e aggiornato, ne possedeva almeno due, nella sua villa di Castello: l'inventario steso alla sua morte nel 1663 ricorda infatti nel «salone grande al piano terreno verso il giardino nuovo», ben distinte dai quadri e tra gli oggetti d'arredo, «numero dua figure di donne dipinte sopra l'asse, che una spazza e l'altra mesce in un bicchiere» (*Inventario* 1663, c. 121r, ed. Barocchi-Gaeta Bertelà 2007, p. 729).
P.S.B.

BIBLIOGRAFIA. Battersby 1974, p. 85, n. 95 (ripr.).

III.33. Artista britannico (?)
Maialino che mangia in un bacile

seconda metà del XVIII secolo
dipinto su tavola sagomata; h cm 25,5
Londra, Victoria and Albert Museum, n. W.81-1926

La buffa figura del porcellino, che mangia in un bacile immergendovi le zampe, appartiene al tipo delle sagome ritagliate destinate a completare con un tono scherzoso l'arredo, forse di una casa di campagna. Ispirato agli animali espressionisticamente rappresentati nei dipinti di cucine o di cortili dai pittori fiamminghi e olandesi del Seicento, come Frans Snyders (Anversa 1579-1657) o Melchior d'Hondecoeter (Utrecht 1636-Amsterdam 1695), la sua fattura pare però più tarda, del Settecento, secondo il suggerimento di Battersby (1974, p. 87). L'ambito esecutivo potrebbe essere britannico.
P.S.B.

BIBLIOGRAFIA. Battersby 1974, p. 86, n. 96 (ripr.).

III.34. Cornelis Saftleven
(Gorinchem 1607/1608-Rotterdam 1681)
Gatto che si sporge da un'apertura

1666
dipinto su tavola; cm 11 × 13,5
Collezione privata

Siglato e datato in basso a destra: CS 1666.

Figlio del pittore Herman Saftleven e fratello di due pittori, Cornelis svolse la sua carriera soprattutto a Rotterdam, dedicandosi in particolare alla rappresentazione della vita contadina sull'esempio di Adriaen Brouwer.

Pur dipingendo il pittore animali nei suoi paesaggi rurali, questa "apparizione" della testa di un gatto quasi a grandezza naturale che ci guarda da un'apertura di una staccionata di legno è eccezionale nella sua opera. Con intenso realismo, il pittore ha saputo rendere perfettamente la complessa personalità di questo animale: il suo sguardo sornione, l'espressione non esattamente cordiale, l'idea che non si sa se gradirebbe una carezza, forse pronto a graffiare, sono tutti rappresentati in modo magistrale. Un quadro del genere precede l'interesse per gli animali che sarà tipico dell'Ottocento, soprattutto in Inghilterra e in Francia.
M.C.

BIBLIOGRAFIA. *Old Master Paintings* 2005, lotto n. 17.

III.35. Manifattura emiliana
Cassapanca e due torciere dipinte

primo quarto del XVIII secolo
legno sagomato e dipinto; cm 150 × 250 (cassapanca), 120 × 80 (torciere)
Pelham Paris & London

Gli arredi presentano una precisa rispondenza tra struttura e decorazione, di modo che quest'ultima suggerisce e sottolinea la tridimensionalità dei mobili individuandone basamenti e mensole in aggetto e al tempo stesso condiziona il profilo delle sagome, che seguono l'andamento dei sistemi di volute fogliacee che profilano gli schienali. L'illusoria natura delle superfici è poi ulteriormente accentuata dalla presenza di figure marine con forte aggetto plastico, due delle quali dipinte al centro dello schienale della cassapanca in atto di reggere un grande medaglione.

Gli arredi, presentati sul mercato antiquario come di manifattura emiliana, sono riconducibili a una estesa produzione da inquadrare tra la fine del Seicento e i primi del Settecento, in particolare localizzabile tra Emilia e Marche, di pretto gusto scenografico e di influenza per lo più romana. Sulla qualità e importanza di questi arredi (purtroppo nella maggior parte dei casi tolti dagli ambienti originari, con i quali è facile supporre dialogassero rimandando alle decorazioni parietali) non si hanno studi e repertori, eccetto il pionieristico lavoro di Maddalena Trionfi Honorati (1970) e le aperture offerte dal contributo di Elisabetta Barbolini Ferrari (*Mobili dipinti* 2004). Certo è che l'esempio in questione presenta una qualità decisamente superiore a quanto fino ad oggi pubblicato, tanto da ricordare le note del Morazzoni, che ricordava come «a Bologna non fosse difficile trovare delle cassapanche con figure d'angeli e allegorie nel manierato e dolce stile caro al Gandolfi» (1940, p. 7).
C.P.

BIBLIOGRAFIA. Inedito.

III.36. Artista fiammingo
Camera ottica con interno di casa fiamminga

1650 ca.
legno dipinto; cm 83 (182 con il basamento) × 53 × 66
Copenaghen, Nationalmuseet, Danmarks Middelalder og Renæssance, inv. n. C20

Questa scatola prospettica rettangolare poggiata su un plinto balaustrato lavorato al tornio rappresenta l'anticamera di una casa fiamminga. Il fronte originale è perduto, ma la costruzione prospettica dei tre lati rivela che la scatola doveva avere tre spioncini, uno dei quali guardava verso il punto di fuga centrale della parete di fondo, mentre gli altri due erano posti lateralmente, rivolti verso il punto di fuga centrale della parete sul lato opposto. I dipinti sulle pareti laterali sono anamorfici e risultavano dunque estremamente realistici quando venivano osservati dai due fori sui lati. Sulle pareti della scatola sono fissate delle figure di cartone che danno quasi l'impressione di una casa di bambole. In questa scena domestica si aprono vedute sull'esterno e su altre stanze: sotto questo aspetto la camera prospettica di Copenaghen richiama quella di Samuel van Hoogstraten oggi a Londra, National Gallery (NG3832).

Il nostro esemplare è menzionato nell'inventario della Camera Prospettica della Royal Kunstkammer del 1690 insieme ad altre quattro scatole prospettiche, due delle quali, raffiguranti rispettivamente una chiesa protestante e una chiesa cattolica, sono giunte fino a noi e sono anch'esse esposte nel museo. Per quanto il suo autore sia a tutt'oggi privo di un'identità, si tratta certamente di un fiammingo.
P.G.H.

BIBLIOGRAFIA. Gundestrup 1991, II, pp. 416-417, n. 895/4; O. Koester, in Koester 1999, pp. 284-285, n. 59 (ripr.; con bibliografia); Pedersen 2003-2004.

IN LODE
EL P. ANDREAPOZZI
CELEBRE
TTORE E ARCHITT.
TRENTINO
Sonetto.
regna quest'arte, e ovunque vale
nar col pennello, o tele, o mura
al volgo della sorte oscura
il gran Pozzi, si vivrà imortale.
e ei non ebbe innanzi eguale
che più pregiasi Pittura,
pure nell'età futura,
ngegno uman tant'alto sale.
che cose e varie, e tante
ssa in largo o stretto piano
erfetto al guardo innante,
vicin sembri lontano,
o, diviso, e che si vante
l'occhio, ancor la man
DIALOG
DI M. LO
DOLC
mente Fabritio:
nello studio delle legg
perfettione, che puoi ad ogni tua vo
adornarti delle insegne del dottora
Tu t'inganni Hortensio: che io ne ho
fatto assai minor profitto di quello
mi: e ciò non per difetto
Me
offend
59
Ranæ duæ inter se propinquis sedibus
Aetatem agebant, altera in via obtinens
stagnum altera.

IV. Giocare con le carte

Oprechte Haerlemse
Almanach

IV.1. Cornelis Norbertus Gijsbrechts
(Anversa?; attivo 1659-*post* 1675?)
Pannello portalettere con libro di musica

1668
dipinto su tela; cm 123,5 × 107
Copenaghen, Statens Museum for Kunst,
inv. n. KMS3059

Firmato e datato sulla stampa con paesaggio in basso al centro: «C.N. Gysbrechts. F(ecit) A(nn)o 1668».

Di questo artista singolare si sa molto poco; non se ne conosce il luogo (probabilmente Anversa) e la data di nascita, quest'ultima solo approssimativamente collocabile, sulla base delle sue opere datate, tra il primo e il secondo decennio del Seicento, la sua formazione e le sue frequentazioni artistiche. Si recò in Germania negli anni sessanta, ma dal 1668 al 1672 fu pittore di corte di Federico III di Danimarca e del suo successore, Cristiano V. Dalla Danimarca passò in Svezia (Stoccolma) e da qui di nuovo in Germania dove se ne perdono le tracce dopo il 1675. Dal 1662-1663 si specializzò nella pittura "a inganno", ovvero a *trompe-l'œil*, producendo una serie di quadri soprattutto per i re danesi nei quali rappresentò "portalettere", trofei di caccia, strumenti musicali e così via, con tecnica raffinatissima nel raggiungere l'illusionismo ottico.

Il dipinto in mostra rappresenta il virtuosismo dell'artista al più alto grado: eseguito con tutta probabilità per Federico III, come dimostrerebbe la presenza del ritratto di profilo del re nel grande bollo di ceralacca che pende a sinistra, riesce a dare pienamente l'illusione di trovarsi davanti a una collezione la più varia di documenti e qualche strumento legato alla scrittura, oltre che uno spartito di musica e un album di stampe, il tutto tenuto insieme da varie strisce di nastro rosso, com'era d'uso in quel tempo, inchiodate a una tavola di pino. L'origine di questo soggetto era assai antica, se ne fa già uso il veneziano Vittore Carpaccio sul retro del frammento del dipinto con la *Caccia in laguna* oggi appartenente al Getty Center di Los Angeles (n. 79.PB.72), ma l'olandese impreziosisce e completa l'immagine rappresentando una tenda di velluto rialzata verso destra: un motivo usato per primo da Rembrandt nella *Sacra Famiglia col gatto* del 1646 (Kassel, Museumslandschaft Hessen), che dette l'avvio a questo tipo di rappresentazione "a inganno". Il quadro ha un pendant con un'analoga tavola di pino alla quale sono fissati gli strumenti di un barbiere-chirurgo.

Una replica del *Pannello portalettere* con molte varianti nelle carte, firmata e datata 1664, è a Gand, Museum voor Schone Kunsten.
M.C.

BIBLIOGRAFIA. H. Jönsson, in *100 Masterpieces* 1997, pp. 82-83; O. Koester, in Koester 1999, pp. 158-159, n. 9 (ripr.; con bibliografia).

IV.2. H. Drost
(attivo in Olanda nel XVII secolo)
Finta tavola con acquaforte raffigurante un fornaio che suona il corno

seconda metà del XVII secolo
dipinto su tela; cm 62 × 47
Copenaghen, Statens Museum for Kunst,
inv. n. KMS3019

Firmato in basso a sinistra: H. DROST. F(ecit).

Dell'autore di questo dipinto e del suo pendant con acquaforte raffigurante un fumatore alla finestra (Copenaghen, Statens Museum for Kunst, inv. n. KMS3020; ripr. in Koester 1999, p. 239), ignoriamo il nome per esteso e tutti i dati biografici. Nell'opera la critica ha correttamente identificato, fissata tramite quattro punti di ceralacca a un pannello di legno chiaro con nodi scuri, una ben nota incisione di Adriaen van Ostade (Haarlem 1610-1685). Essa rappresenta un fornaio (forse il fratello dell'artista Johannes, che esercitò quel mestiere fino al 1650 circa) in atto di richiamare i compratori per offrire i suoi prodotti, esposti in una cesta che si vede sulla destra. L'immagine rientra ovviamente anche nelle allegorie dei sensi, abbinando in questo caso quello dell'udito (il suono del corno) con quello del gusto (il pane), e poteva essere completata da acqueforti come il già citato *Fumatore alla finestra* che compare nel pendant dell'opera in esame (vista e odorato; ripr. in *Everyday Life* 1998, pp. 102-103, n. 10) e gli *Innamorati alla fi-*

nestra (tatto; ripr. ivi, pp. 104-105, n. 11). Il corno del fornaio evoca anche il corno dell'abbondanza (*Brood* 1983, pp. 47-48). La figura del produttore di pane, alimento quotidiano, aveva poi anche uno sfondo religioso, in riferimento al pane eucaristico, sostegno della vita spirituale (si veda ivi, p. 2, la pagina dedicata al fornaio dello *Spiegel van het Menselyk Bedryf*, Amsterdam 1718).

Il dipinto pare un cannocchiale a rovescio nel gioco dell'originale-copia. Se spesso l'opera grafica è una riproduzione di un dipinto, qui essa viene riprodotta; se un quadro viene appeso a una parete, qui la parete di legno viene inserita nel quadro. Ma la stessa precisione lenticolare della riproduzione permette alcune osservazioni che potrebbero tornare utili alla datazione del quadro.

La grana del legno è definita con cura, e anche la sua qualità più compatta e lucida in corrispondenza dei nodi è messa in evidenza. Altrettanto attenta è la descrizione materica della ceralacca, che non trascura le sbavature ai margini e le lievi mutazioni di colore; così come quella della carta, che mostra realisticamente l'impronta del rame e numerose pieghe diagonali, come se la superficie fosse stata tormentata per un lungo tempo. Fa contrasto invece con tanta attenzione mimetica la riproduzione dell'incisione dell'Ostade, che nell'originale (L.J. Slatkes, in *Everyday Life* 1998, pp. 97-98, n. 7, ripr.) è straordinariamente fine negli effetti di chiaroscuro e nel tratteggio, diversificato per lunghezza e intensità secondo gli effetti di volta in volta desiderati. Secondo la nuova datazione proposta anche sulla base delle filigrane (Th. Laurentius, ivi, p. 64; L.J. Slatkes, ivi, pp. 97-98 e nota 3), si può pensare che essa sia stata creata intorno al 1648. Se essa è assai rara nei primi stati, in seguito però non dovette mancarle popolarità, se fu usata come base da molti artisti successivi per autoritratti, e anche alla fine dell'Ottocento da vignettisti che sostituirono al volto del fornaio quello di uomini politici d'attualità (L.J. Slatkes, ivi, p. 98; *Brood* 1983, p. 38, n. 45, ripr.).

Se si deve considerare l'accuratezza mimetica del Drost coerente e convincente in tutte le parti dell'opera qui in mostra, dobbiamo concludere che l'acquaforte da lui riprodotta coincide solo parzialmente con quella dell'Ostade. L'impronta del rame è in primo luogo molto più larga e alta, di modo che la composizione viene completata, sulla destra e sulla sinistra, con molti più particolari sia nel tettuccio ricurvo che protegge la finestra sia nella cesta del pane appoggiato allo sporto. Il personaggio appare delineato con grande crudezza, particolarmente nel volto, che appare deformato e grottesco. Nel rame originale dell'Ostade (vendita Amsterdam, Christie's, 13 novembre 1995, p. 21, n. 5, ripr.) proprio queste parti, e anche il petto della figura, mostrano invece segni più delicati e sottili, come se fossero le parti più consumate della lastra, in contrasto con il segno scuro che rimarca i corrispondenti particolari nell'incisione riprodotta dal Drost. Molte sono anche le discordanze nei particolari accessori, come ad esempio i vetri piombati mancanti o le foglie di vigna che ricadono sulla cesta del pane. Probabilmente si tratta dunque di una delle copie che nel corso degli anni vennero tratte dall'originale dell'Ostade, tra le quali si dovrebbe indagare per giungere a una datazione più precisa anche del dipinto del Drost e a qualche indizio sulla sua biografia.

P.S.B.

BIBLIOGRAFIA. Gammelbo 1960, p. 175, n. 272; Gemar-Koeltsch 1995, II, p. 302, n. 104/2 (ripr.); P. van der Coelen, in *Everyday Life* 1998, pp. 27-28 (ripr.); O. Koester, in Koester 1999, pp. 240-241, n. 44 (ripr.; con bibliografia).

IV.3. Dominique Doncre
(Zegerscappel 1743-Arras 1820)
Finte tavole con putti

fine del XVIII secolo
dipinti su tela; cm 51 × 43 ciascuno
Collezione privata

Questi due pendant rappresentano una tavola in legno d'abete con una grande cornice, piuttosto grossolana, della stessa essenza, spaccata lungo le venature. Al suo interno sono appesi a dei chiodi due piccoli dipinti. L'angolo leggermente arricciato di uno di essi indica che sono eseguiti su tela.

Il primo rappresenta, in un interno sontuoso, tre putti intenti a osservare e ritrarre un mezzobusto marmoreo. Il dipinto è chiaramente ispirato a opere di François Boucher (Parigi 1703-1770) raffiguranti il *Disegno* (o la *Pittura*) che si trovano a New York, Frick Collection, e a San Pietroburgo, Hermitage; più precisamente, derivano con ogni probabilità da un'incisione che Pierre Aveline (Parigi 1710-1760) aveva tratto da Boucher (Jean-Richard 1978, n. 241). È più difficile stabilire cosa stiano facendo esattamente i putti dell'altro pannello. Uno di essi pare seduto su una botte con dei grappoli d'uva sparsi ai suoi piedi: potrebbe forse trattarsi di una scena bucolica ambientata all'aperto. Dietro alle piccole tele sono infilate delle carte da gioco che appartengono molto probabilmente a una serie creata a Parigi intorno al 1750 (Seguin 1989). Abbiamo già discusso alcuni casi di dipinti a inganno con carte da gioco "infilate" sotto la cornice (si vedano le schede II.1-3): si tratta non solo di un'abitudine diffusa, ma anche di un motivo che può far scattare un meccanismo proprio di certi *trompe-l'œil*.

Sulla cornice del primo pannello compare, appeso a un chiodo, un *pince-nez*; sotto la tela è infilata una busta ripiegata sulla quale si distinguono, tra le altre, le parole «Monsie[ur] | Mons(ieu)r Bert | marchand orfoèvr[e]» e «Duynk[erque]». Alla fine del XVIII secolo era attivo a Dunkerque un orafo che portava questo cognome (informazione fornita da Jacques Kugel, Parigi) e che quasi certamente fu il committente dell'opera. Sull'altro pannello compaiono invece un medaglione ovale con un mezzobusto femminile e un disegno con un uomo che fuma nello stile di Teniers, del quale il pittore ha imitato la firma.

Nonostante i piccoli dipinti esercitino, con le loro tonalità calde e vivaci, un certo fascino, essi comunicano un'impressione generale di disordine, trascuratezza, decadimento. Si possono riconoscere allusioni alla vista (il *pince-nez*), l'odorato (il fumatore), il tatto (le carte) e il gusto (l'uva): un richiamo insomma alla simbolica della *Vanitas* che così spesso sottende al *trompe-l'œil*. Nello stesso contesto moraleggiante, pittura, scultura e disegno sono interpretate come manifestazioni biasimevoli delle arti, diversioni colpevoli di corrompere la natura umana.

Questi due pendant costituiscono un interessante esempio di un *trompe-l'œil* non particolarmente raffinato inserito in una cornice rustica.
M.M.

BIBLIOGRAFIA. Milman 1982, p. 65; M. Milman, in *Le Trompe-l'œil* 2005, pp. 66-67, n. 18.

IV.4. Giuseppe della Santa
(Firenze?; attivo nella seconda metà
del XVIII secolo)
"Inganno" con carte, cammei e medaglia

1777
tecnica mista su carta con parti in pastiglia dipinta;
cm 23,3 × 35,2
Firenze, Fondazione di Studi di Storia dell'Arte
Roberto Longhi

Firmato e datato sul biglietto in basso a sinistra: «Giuseppe della Santa. F(ecit) | In Fir(enze) l'Anno 1777.».

Ben poco si conosce di Giuseppe della Santa (o Della Santa, come talvolta il nome è stato riportato), padre di Caterina e Pietro Leopoldo, anch'essi autori di inganni ottici. Dall'atto di nascita di quest'ultimo (9 gennaio 1772, Firenze, Archivio dell'Opera di Santa Maria del Fiore, Battezzati maschi, 109), sappiamo che Giuseppe si era sposato in San Lorenzo a Firenze con Anna di Giacomo Polani. Inoltre siamo a conoscenza dell'attività del Della Santa per il granduca, sia come restauratore che come «scrittore» della Biblioteca Laurenziana, della Magliabechiana e degli archivi granducali (Archivio Storico delle Gallerie Fiorentine, 1774, filza VII, ins. 30). La sua indubbia abilità manuale in questo campo ha fatto sì che del Della Santa padre si ricordi come questi abbia «lasciato virtuosamente molte memorie nelle Stampe e nei Codici, stampati e manuscritti, da lui medesimo maravigliosamente riparati e rifatti al naturale» (De Angelis 1808, p. 336) e come fosse «abilissimo nel restaurare le antiche edizioni, tanto coi caratteri a mano, che con le dorature e con gli altri convenevoli adornamenti» (Sardini 1796-1798, III, p. 23), nonché «imitatore di caratteri» (Tondo 1990, p. 11). Tra le opere restaurate dal Della Santa delle quali ci è rimasta memoria, il cosiddetto "Virgilio di Aproniano" della Laurenziana, del cui restauro ci informa in uno scritto Angelo Maria Bandini, interessante figura di collezionista, bibliotecario ed erudito (Sestini 1772, pp. 30-31). Nel 1777, cinque anni dopo la nascita del figlio Pietro Leopoldo, che lo seguirà nella professione libraria, Giuseppe firma questo inganno ottico conservato nella collezione del celebre storico dell'arte Roberto Longhi. Sopra un semplice piano ligneo sono illusionisticamente raffigurati in questo *trompe-l'œil* vari oggetti, tra i quali riconosciamo due cammei e una moneta antica. Il cammeo di maggiori dimensioni, sulla sinistra, raffigura il profilo di Michelangelo Buonarroti così come tramandatoci nella celebre incisione di Giulio Bonasone, datata 1546, che ritrae l'artista nel all'età di settantadue anni. Tra le stampe notiamo una cariatide di aspetto rinascimentale norditaliano, probabilmente proveniente da un trattato di architettura, e due paesaggi, mentre tra le pagine di libro sono riconoscibili un brano degli *Annali* di Tacito con iniziale miniata (VI, 31), il frontespizio di un a noi sconosciuto *L'arte di ben* [?] *scrivere* dedicato al celebre bibliotecario e fondatore della Biblioteca Marucelliana Francesco Marucelli (1625-1713), una lettera di Cicerone a Fabio Gallo (*Fam.* 467), il VII canto dell'*Orlando furioso* di Ludovico Ariosto e infine un celebre e antico proverbio toscano: «Non conosce la pace, e non la stima | Chi provato non ha la Guerra prima» (G. Giusti, *Raccolta di proverbi toscani*, [ed. postuma ampliata da G. Capponi], Firenze 1853, p. 163). Secondo una consuetudine che sarà propria anche dei figli, questo è scritto da Giuseppe su un foglietto volante, in questo caso strappato, ingentilito da una sottile riquadratura.
F.B.

BIBLIOGRAFIA. Inedito.

IV.5. Caterina della Santa
(documentata a Firenze tra il 1786 e il 1791)
"Inganno" con carte, cammei, monete e oggetti da scrittura

1791
tecnica mista su carta con parti in pastiglia dipinta;
cm 36,7 × 51,8
Firenze, Palazzo Pitti, Galleria d'Arte Moderna
Inv. 1890, n. 5440

Firmato e datato sul margine inferiore della stampa in basso a destra: «Io Caterina della Santa feci nel 1791. m(a-n)o p(ropri)a».

Questo "inganno", come il suo compagno, eseguito nello stesso anno dal fratello Pietro Leopoldo (cat. IV.6), fa parte di un gruppo di otto conservato nelle collezioni di Palazzo Pitti; gli altri sei erano stati realizzati dagli stessi autori tre anni prima, nel 1788. I due esposti in mostra si differenziano dagli esemplari precedenti essenzialmente per le misure, lievemente maggiori, per le cornici e soprattutto per il fondo sul quale sono finti gli oggetti deposti, negli altri un tavolino con cornici intarsiate, nei nostri *trompe-l'œil* un piano di legno semplice. Come di consueto, gli oggetti più vari sono raffigurati con rara perizia sulla superficie dipinta.

Tra questi è degno di particolare attenzione il sonetto – incorniciato, a differenza degli altri fogli – in lode di padre Pozzo, una personalità di non poca importanza per l'arte fiorentina del Settecento (si veda Gregori 2006, pp. 22-23), autore lodato significativamente proprio per la sua abilità di finzione illusiva – «Che quello ch'è vicin sembri lontano, / Quel, ch'è unito, diviso, e che si vante / D'inga(n)nar no(n) che l'occhio, ancor la mano» – che rese celebri le sue volte dipinte e che lo avvicina idealmente allo spirito di mimesi che anima questi "inganni". Un altro artista citato in questa composizione è il Tribolo, celebra artista "tuttofare" della corte medicea, del quale in basso a destra, seminascosta da veri oggetti, scorgiamo la biografia vasariana contenuta nelle *Vite*. Ulteriori pubblicazioni riconoscibili citate nel nostro dipinto sono la *Favola* 38 di Esopo (*Ranae duae vicinae*), arricchita da un'incisione, in basso al centro, e il *Dialogo nel quale si ragiona del modo di accrescere e conservar la memoria* di Ludovico Dolce, pubblicato per la prima volta a Venezia nel 1562, che compare sia in questo *trompe-l'œil* che in quello compagno eseguito dal fratello Pietro Leopoldo. Tra le stampe rappresentate, particolare rilievo è dato a una grande raffigurazione riconducibile alla produzione vascolare dell'antica Grecia, che ci riporta al gusto neoclassico di moda negli anni in cui quest'opera venne eseguita da una presumibilmente molto giovane Caterina: l'artista, il cui primo lavoro conosciuto è l'*Inganno* conservato alla Fondazione Roberto Longhi di Firenze datato 1786 (si veda M.P. Mannini, in *La Fondazione Roberto Longhi* 1980, p. 306, n. 154, tav. 177), scriveva ancora nel 1788 dietro ad uno dei suoi lavori di averlo eseguito «senza il minimo altrui aiuto» e «col permesso de' miei Genitori» (S. Pinto, in *Curiosità di una reggia* 1979, p. 134, n. 50). Anche sul retro di questo dipinto si legge la firma: «Io Caterina figlia di Giuseppe della Santa ho fatto il presente Tocco in penna detto Inganno in Firenze nel 1791. Ed in fede mano propria.»

F.B.

BIBLIOGRAFIA. S. Pinto, in *Curiosità di una reggia* 1979, pp. 134-135, n. 50.

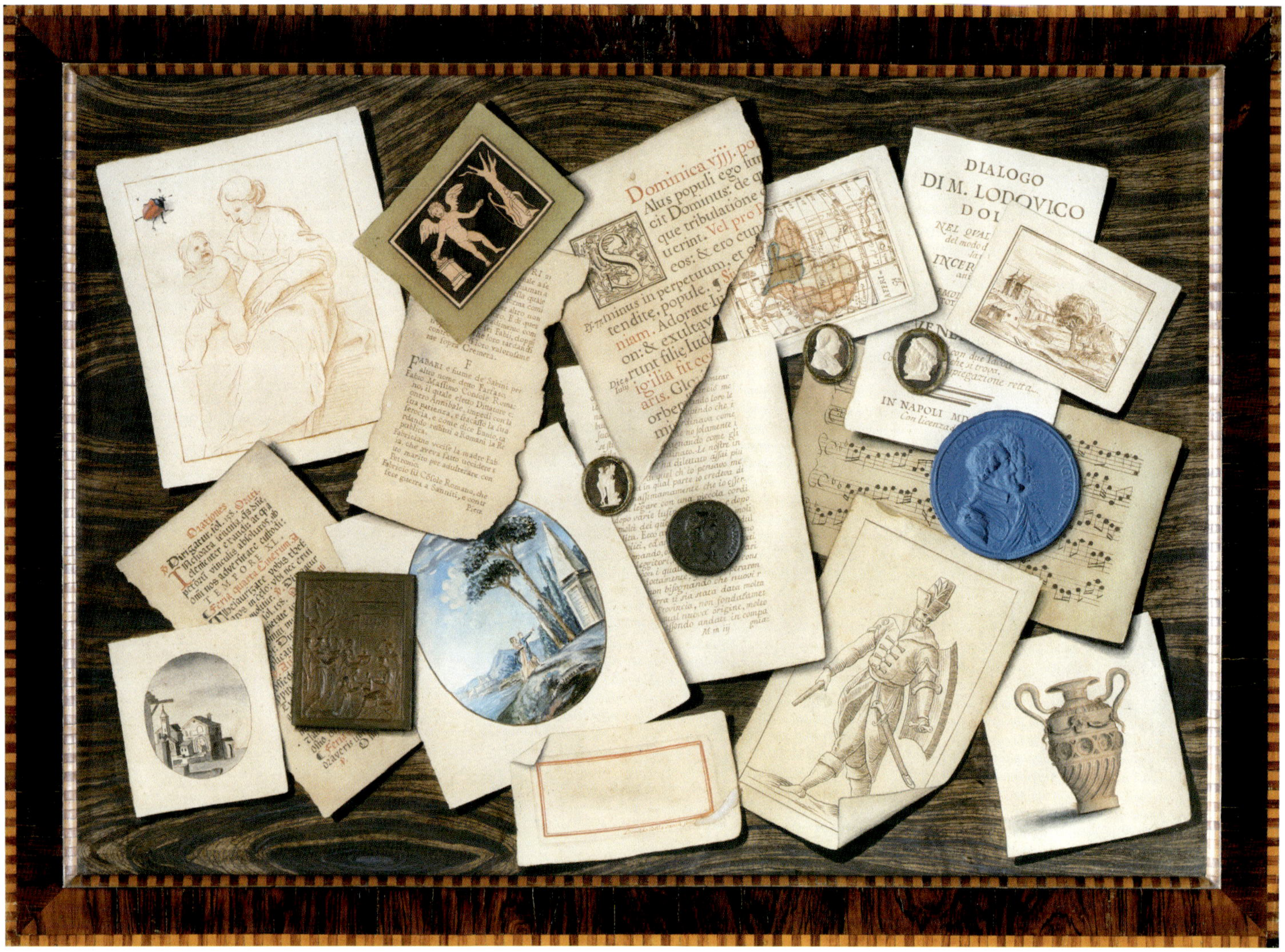

IV.6. Pietro Leopoldo della Santa
(Firenze 1772-1827)
"Inganno" con carte, cammei, monete, medaglie e insetto

1791
tecnica mista su carta con parti in pastiglia dipinta;
cm 36,7 × 51,8
Firenze, Palazzo Pitti, Galleria d'Arte Moderna,
Inv. 1890, n. 5436

Firmato nel cartellino in basso al centro: «Leopoldo Della Santa fece [una finta macchia o cancellatura nasconde la data]».

Dei tre Della Santa, Pietro Leopoldo – o Leopoldo, come talvolta questi si firma; l'esistenza di un suo *trompe-l'œil* del 1789 firmato «Leopoldo Della Santa» in collezione Tettamanti smentisce la tesi già proposta in precedenza che questi si facesse chiamare così a partire dal 1790 seguendo la scelta dell'omonimo sovrano lorenese (si veda S. Pinto, in *Curiosità di una reggia* 1979, p. 135, n. 50) – è forse il personaggio al giorno d'oggi più noto, in particolare per essere l'autore di un testo fondamentale di biblioteconomia, *Della costruzione e del regolamento di una pubblica universale biblioteca*, pubblicato a Firenze nel 1816. Come già ricordato, il padre fu attivo, come restauratore e «scrittore», in varie biblioteche fiorentine, e quindi Leopoldo seguì sostanzialmente la via paterna. Fu inoltre sicuramente Giuseppe a istruire il giovane figlio, come anche la sorella Caterina, per l'esecuzione di questi "inganni", che per il Della Santa padre dovevano costituire dei veri e propri saggi di abilità per mostrare la competenza nel mestiere di riparatore e imitatore di libri in cui eccelleva.

L'"inganno" che presentiamo, parte di un gruppo di otto conservati a Palazzo Pitti (si veda la scheda IV.5), fu eseguito a pendant con uno della sorella nello stesso anno 1791 (sul retro si legge: «Io Leopoldo figlio di Giuseppe della Santa ho fatto il presente Tocco in penna detto Inganno in Firenze nel 1791 ed in fede mano propria»). Il repertorio è il consueto dei lavori dei due fratelli, e in questo caso notiamo degli oggetti che sono ripetuti in entrambi, come la piccola cartina dell'Africa, il paesaggio con casetta entro ovale e il frontespizio del *Dialogo nel quale si ragiona del modo di accrescere e conservar la memoria* di Ludovico Dolce. Tra gli oggetti più interessanti raffigurati con la consueta perizia tecnica nel nostro *trompe-l'œil* notiamo in alto a sinistra un disegno, o una stampa, raffigurante una donna col figlio, dal carattere emiliano, che sembra riecheggiare lo stile delle realizzazioni grafiche del Guercino. Sopra di essa si è posato un insetto, inganno nell'inganno, secondo una consuetudine che, come riporta Plinio, risale agli albori della pittura antica. Altre presenze di rilievo che ci piace sottolineare sono la medaglia bronzea che compare a destra sopra lo spartito, raffigurante i busti di profilo di Enrico IV di Francia e della moglie Maria de' Medici, realizzata nel 1603 da Guillaume Dupré (Sissonne 1574 ca.-Parigi 1642; *Medaglie straniere* 1990, pp. 31-32, nn. 11-12), e, in basso a sinistra, una placchetta riconoscibile come quella, sempre in bronzo, raffigurante l'*Adorazione dei Magi* di Valerio Belli detto Valerio Vicentino (Vicenza 1468-1546), della quale esistono una versione incorniciata in un'edicola al Museo Stibbert (*Il Museo Stibbert* 1974, I, p. 94, n. 899, II, tav. 175b), una lievemente variata alla National Gallery of Art (Samuel H. Kress Collection, 1957.14.484; Pope-Hennessy 1965, pp. 8-9, n. 4, fig. 349) e una in argento per la cassetta in cristallo di rocca di Palazzo Pitti eseguita dal Belli nel 1532 (Mosco 2004, p. 66, n. 2).
F.B.

BIBLIOGRAFIA. S. Pinto, in *Curiosità di una reggia* 1979, pp. 134-135, n. 50.

IV.7. *Composizione di documenti teatrali*

1657-1809
incisioni e documenti assemblati entro cornice di legno dorato; cm 59 × 85
Firenze, Teatro della Pergola, Archivio dell'Accademia degli Immobili, inv. 1454

Su un pannello ligneo, e dentro una cornice chiusa da un vetro, sono applicati tredici diversi fogli, di varia datazione e tenore, accomunati dal legame con l'Accademia degli Immobili. Fu questa, tuttora esistente, una delle accademie sorte a Firenze nel corso del XVII secolo: fondata nel 1651, ebbe tra le sue molteplici finalità la promozione delle attività teatrali, fattore questo che la portò a realizzare, nel 1656, il primitivo teatro della Pergola, predecessore dell'attuale edificio.

La serie di carte riunite assieme vanno da un frontespizio del *Potestà di Colognole*, «dramma civile rusticale» (1657) rappresentato per l'inaugurazione dell'attività della Pergola, fino a un invito dell'aprile 1809 per un concerto e festa da ballo. Tra i documenti che si distribuiscono in questo arco temporale spiccano, per la datazione alta, una convocazione vergata a mano per una riunione accademica del 1688 e, per la rarità e la leggiadria, tre biglietti settecenteschi d'ingresso ai palchi di quart'ordine, con la numerazione dei posti scritta a penna entro una capricciosa incorniciatura *rocaille*.

Ma, al di là dell'intrinseco interesse documentario, il quadro-bacheca si segnala per l'inconsueta sistemazione delle carte, in una composizione che richiama analoghi assemblaggi di carte stampate e scritte spesso rappresentati dalla pittura a *trompe-l'œil*, di moda in particolare nel corso del Settecento. L'anonimo archivista che in data successiva al 1809 volle dare questa "artistica" sistemazione ai documenti dell'Accademia degli Immobili sembra essersi intenzionalmente ispirato a questo genere di pitture a inganno (cat. IV.4-6), percorrendo in direzione inversa l'intrigante rapporto fra l'oggetto reale e la sua finzione pittorica.

A.G.

BIBLIOGRAFIA. Inedito.

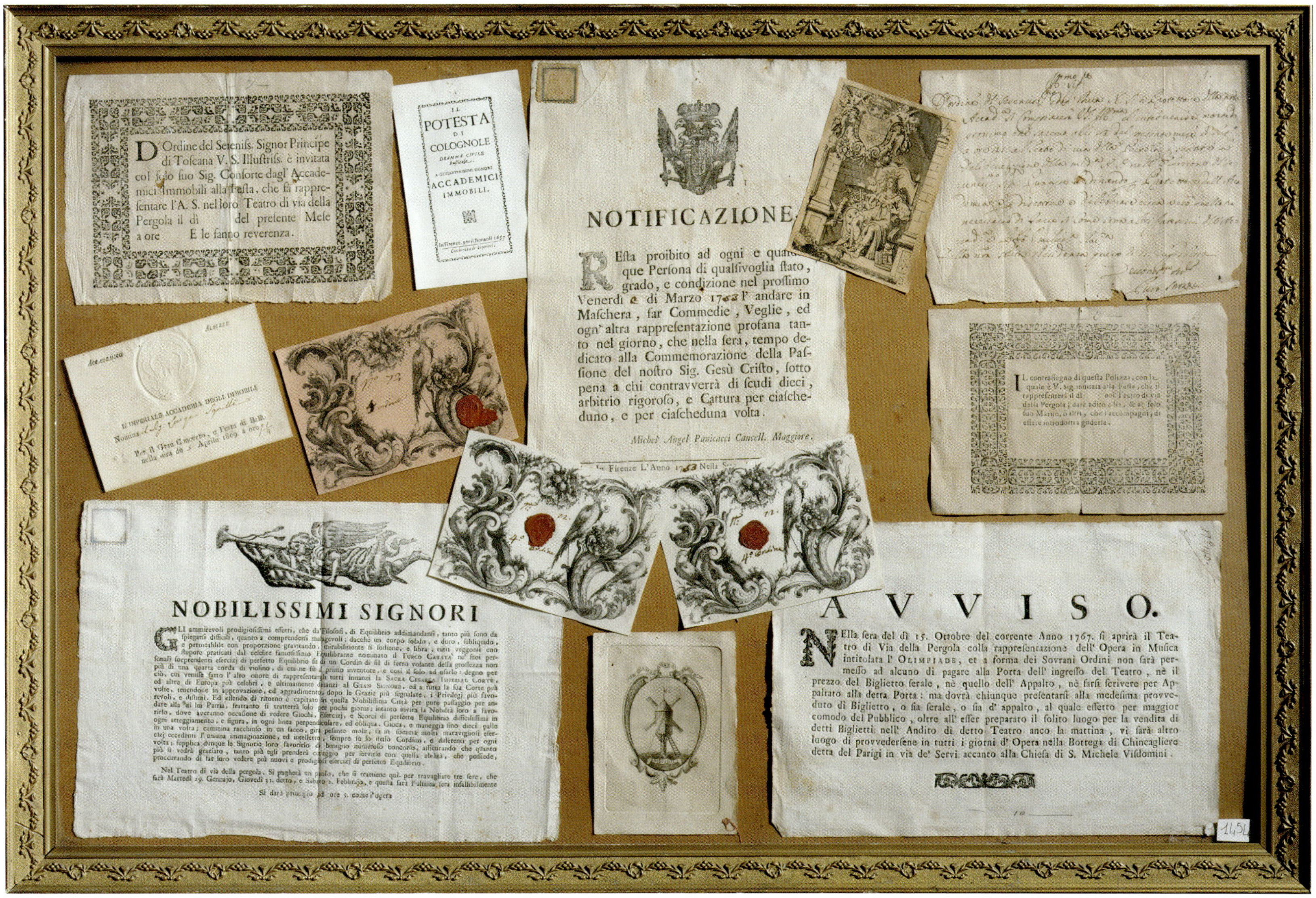

IV.8. Artista italiano (?)
Finta tavola con carte e ritratto di Farinelli

metà del XVIII secolo
dipinto su tavola; cm 64 × 78
Firenze, Collezione Cei

Questo affascinante *trompe-l'œil* deve indubbiamente gran parte del suo non comune interesse alla presenza di un'immagine a stampa che ritrae in ovale il cantante Carlo Broschi detto Farinelli (1705-1782). L'evirato cantore, nato ad Andria in Puglia nel 1705, ebbe un rapido e travolgente successo europeo, che culminerà, dopo alcuni anni di successi londinesi, nel trasferimento in Spagna alla corte di Filippo V. L'immagine presente nel nostro "inganno" deriva da quella che Joseph Wagner realizzò in incisione nel 1735 da un dipinto del celebre pittore veneto amico del Broschi, Jacopo Amigoni (si veda Heartz 1990, ed. 2004, p. 114, fig. 7.1). Anche il foglietto appoggiato con apparente casualità sulla stampa riproduce alla lettera il breve componimento encomiastico di padre Giovanni Battista Martini, noto musicologo bolognese – si ricorda che Farinelli fu aggregato all'Accademia Filarmonica di Bologna nel 1730, e nel 1732 divenne cittadino onorario della città felsinea – che compare nell'opera del Wagner per celebrare il glorioso cantore: «Partenope il produsse, e le Sirene / tutte fur vinte al paragon del canto: / Fama il Guidò sù le Brittanne Scene / E furon nomi suoi prodigio, e incanto». Da notare anche la presenza di uno spartito aperto, probabilmente collegato a un'opera che la portentosa voce del cantante rese celebre, secondo una consuetudine non rara nella pittura, come nel caso del dipinto di Andrea Casali, che ritrae Angelo Maria Monticelli, successore di Farinelli a Londra (si veda *Farinelli ricordato* 2003).

Tra le altre curiosità presenti nel nostro "inganno" notiamo innanzitutto l'iscrizione funebre di Torquato Tasso, riportata nella stampa in basso sulla destra, riconoscibile – sebbene lievemente variata – in quella «scolpita nel luogo dove fu sotterrato» (si veda Ferrazzi 1865-1877, III, p. 385, n. 7: «D.O.M. | Torquati Tassi | Ossa | Hic jacent | Hoc ne nescius | Esses hospes | Fres [*scil.* Fratres] hujus Eccl. | P.P. | MDCI. | Obiit Anno MDXCV»). Un altro testo riconoscibile, appena coperto dall'iscrizione tassiana, è tratto dalle *Rime* (n. 64) del ferrarese Giovan Battista Guarini, un autore, forse non a caso, vicino al Tasso, del quale fu amico e avversario poetico. Poco sotto, un foglietto con un'iscrizione in latino datata 1745 fornisce la data più recente e quindi il termine *post quem* del dipinto, databile così con buona probabilità intorno alla metà del secolo, periodo peraltro nel quale regnò Carlo III di Borbone, re delle due Sicilie dal 1735 al 1759, il cui nome compare nella stampa posta nell'angolo destro in alto. Mentre per la datazione ci sono degli indizi, più difficile è il ricondurre questo manufatto a un'area geografica e a una precisa scuola artistica, anche se alcuni elementi, come la stampa borbonica, potrebbero far pensare a una fattura meridionale, plausibile anche per il tavolo su cui gli oggetti sono finti, verosimilmente un piano ebanizzato con sottili intarsi in avorio. Un'altra caratteristica di questo *trompe-l'œil*, stavolta veramente inconsueta, sono i frammenti di carta appiccicata, parzialmente strappati, che si ritrovano dipinti sia sul piano appena descritto sia, ad esempio, sul ritratto di Farinelli. Probabilmente tali frammenti, così come la presenza dell'epigrafe del Tasso e della rima di Guarini sull'amore senile, sono da ricondursi a un significato di *Vanitas* di questo dipinto, come del resto potrebbe far pensare anche l'accentuata spiegazzatura dei fogli in esso rappresentati.

F.B.

BIBLIOGRAFIA. Inedito.

IV.9. Louis Fischer
(Louis-François Poisson de Marigny;
Parigi 1784-Schwerin 1845)
Finta tavola con carte, dipinti e vetro rotto
(Quodlibet)

1838
dipinto su tela; cm 98 × 81
Schwerin, Staatliches Museum Schwerin, G 2854

Firmato e datato in basso a destra: L. FISCHER 1838.

Fedele al suo titolo, il dipinto rappresenta un assito in legno di abete sul quale sono esposte alla rinfusa, in parte sovrapposte, carte e opere d'arte trattenute in maniera precaria da due sottili corde assicurate alla parete con dei piccoli chiodi, forse spilli. Un quadretto a olio nello stile degli artisti seicenteschi di Leida rappresenta, affacciato al davanzale di una nicchia ornata da un rampicante, un giovane che ammaestra un cagnolino. Sotto la piccola tela sono infilati un disegno, apparentemente di Oudry, raffigurante dei cani da caccia con la preda e una busta sigillata, cui si sovrappone un'incisione riprodotta sulla copertina del «Sonntags Magazin». Il centro del *trompe-l'œil* è occupato da un'acquaforte tratta dalla *Madonna della seggiola* di Raffaello, dietro la quale si scorgono un'incisione derivata da un ritratto di Ter Borch e una natura morta dipinta a olio nello stile della pittura olandese del Seicento, oltre a una penna di pavone e due penne d'oca. All'assito è appeso anche un bassorilievo in avorio con Cristo davanti a Pilato, il cui originale è ancora oggi conservato nello stesso museo di Schwerin.

La composizione è coperta da una lastra di vetro rotto il cui significato simbolico è del tutto ovvio: insieme alle carte ormai arricciate e all'ordine casuale degli oggetti allude alla vanità e caducità dell'arte e dell'esistenza; ma, in maniera sottile, può anche giocare un ruolo sul piano concettuale, proponendo con chiarezza la questione della "realtà" di questo *trompe-l'œil*. Il vetro rotto ha infatti una funzione di elemento di contrasto nei confronti degli oggetti e della tavola di legno: coprendo l'artefatto, ovvero quella che è di fatto la "rappresentazione" di un *trompe-l'œil*, esso diviene l'unico dato "reale" del dipinto. Questo *quodlibet* è insomma un *trompe-l'œil* nel *trompe-l'œil*.

Nato a Parigi da una nobile famiglia – era marchese di Marigny, nonché nipote della marchesa di Pompadour (si ringrazia Kristina Hegner per le informazioni) –, Louis Fischer servì a lungo come ufficiale nell'esercito francese prima di trasferirsi in Germania; oltre che artista polivalente fu probabilmente un discreto *connoisseur* ed ebbe occasione di frequentare i raffinati giochi di *trompe-l'œil* praticati in Francia sul passaggio tra XVIII e XIX secolo.
M.M.

BIBLIOGRAFIA. Schlie 1884, pp. 20-22, n. 1192.

IV.10. John Frederick Peto
(Filadelfia, Penn. 1854-Island Heights, N.J. 1907)
Finta tavola con fotografia di Lincoln

1890 ca.
dipinto su tela; cm 55,9 × 40,6
Delray Beach, Fla., Collezione Walter e Lucille Rubin

Abraham Lincoln fu assassinato nell'aprile del 1865, al termine della guerra di secessione americana. Per John F. Peto il ritratto del presidente era carico di richiami paterni. La vita dell'artista era stata segnata dall'assenza del padre, e gli studiosi che si sono occupati della sua figura sono per lo più concordi nel ritenere il lutto per la scomparsa di Lincoln una sorta di proiezione nei confronti di una figura sostitutiva. Peto gli dedica composizioni che annoverano la sua fotografia e talvolta, come nel nostro caso, l'anno del suo assassinio, rozzamente intagliato sull'assito di fondo. In questa composizione condensata, così dominata dal dramma, anche i pezzi di carta strappati e la spaccatura che attraversa il legno hanno un significato simbolico.

La fotografia ebbe un ruolo decisivo nella vita e nella presidenza di Lincoln, che fu il primo candidato a servirsene per presentarsi agli elettori, ricavandone un successo straordinario. Il suo ritratto continuò a circolare per tutto il suo mandato, creando tra i suoi sostenitori un forte senso di familiarità con la sua figura. I primi ritratti fotografici condividevano molte delle caratteristiche della pittura a *trompe-l'œil*, come la scarsa profondità dello sfondo, ridotta a mero vuoto nella fotografia, e il dettagliato realismo, che ne facevano per questo artista un alleato naturale. I bordi intaccati della carta e i contorni sfocati della figura, tuttavia, alludono alla fragilità e alla vulnerabilità dell'immagine come dell'uomo. L'evocazione della fotografia, insomma, è pertinente da un punto di vista storico ma anche consonante con il soggetto.

La sensazione complessiva comunicata dal dipinto di Peto è quella di un'assenza. Dietro i fogli strappati, di cui restano solo gli angoli incollati o imbullettati, emerge il vuoto dei rettangoli più chiari, là dove il legno era protetto dalla carta, insieme ai fori lasciati da vecchi chiodi. In alto a sinistra, sporgente dall'assito, è rimasto un chiodo la cui funzione originaria è stata da tempo dimenticata. In basso a destra, dei numeri sbiaditi compongono una somma misteriosa; ma nel risultato si può forse riconoscere una successione familiare, 1776, l'anno in cui fu fondata la nazione e in cui ebbe inizio la vicenda che avrebbe condotto al sacrificio di Lincoln.
M.D.M.

BIBLIOGRAFIA. *America the Beautiful* 2003, pp. 122 (ripr.), 185.

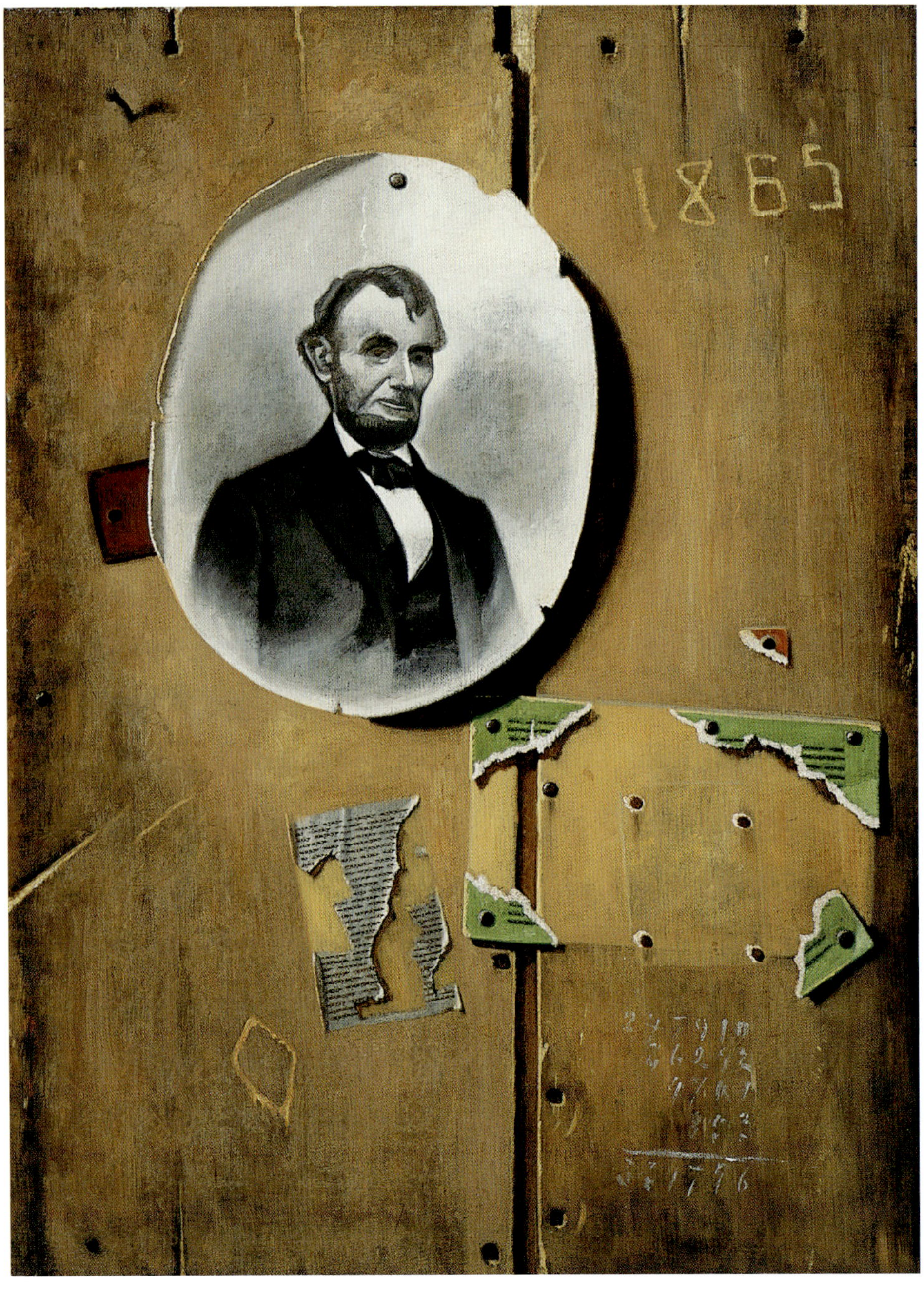

IV.11. Ton de Laat
(Amsterdam 1946)
Parcel [*Pacco postale*]

1986
dipinto su carta; cm 65 × 50
Amsterdam, ING Collection

Siglato e datato in basso a destra: «AdL 86».

La ricerca, fin nei minimi dettagli, della massima illusione di realtà che pervade l'opera di Ton de Laat è erede della più raffinata tradizione pittorica fiamminga, recuperata con consapevolezza ed originalità dal movimento di pittori realisti – da Wim Schuhmacher a Matthijs Röling – fiorito nei Paesi Bassi alla metà del XX secolo.

Se nella composizione per piani sovrapposti e nell'assunzione di un punto di osservazione che riporta l'immagine alla superficie della tela si coglie l'aggiornamento di Ton de Laat sulle nature morte di Dick Ket – primo tramite in Olanda delle sperimentazioni cubiste –, ogni altra componente del linguaggio dell'artista è il segno della sua ideale discendenza dal Seicento olandese. A cominciare dal campionario iconografico messo in campo: copertine di libri che recano i segni di ripetute letture, pacchi postali lacerati dai vari passaggi di mano, talvolta semplici stracci. Ne emerge quel gusto per il logoro, per l'usurato che caratterizza brani celebri della pittura seicentesca nordeuropea.

La capacità di rendere la qualità materica degli elementi rappresentati – la ruvidità della carta da imballo, la grammatura leggera dei fogli di giornale, la rigidità della cartolina postale – con un'evidenza maggiore che in una riproduzione fotografica è ancora più sorprendente perché ottenuta mediante l'applicazione di una tecnica difficile da dominare come l'acquerello, che Ton de Laat struttura con una particolareggiata ossatura grafica e utilizzando una gamma cromatica ristretta agli ocra, seguendo un procedimento meditato e accuratissimo, possibile solo a condizione di possedere quella piena padronanza tecnica che ha caratterizzato nei secoli la scuola fiamminga (cfr. Bekkers-Stegeman 1995).
G.B.

BIBLIOGRAFIA. *The Art of Banking* 1989, p. 56, fig. 17, *Glossary, ad voc.*; *La pittura nei Paesi Bassi* 1997, III, pp. 760-761, fig. 757.

IV.12. Manifattura francese
Bottoni con biglietti a soggetto galante

1770-1790 ca.
base metallica, corpo in carta dipinta all'acquerello con iscrizione a penna, copertura in vetro; ø cm 3,81
Firenze, Palazzo Pitti, Galleria del Costume, inv. 11.605, 11.608, 11.618-621, 11.631-634

L'effetto di illusione, di gioco, di falsa verità investe il nostro quotidiano, dall'indefinitamente grande di un'architettura dipinta allo smisuratamente piccolo della superficie racchiusa nella circonferenza di un bottone. È quanto accade in dieci bottoni che fanno parte di una vasta collezione di circa 3000 esemplari acquisiti dalla Galleria del Costume e raccolti da un ingegnere industriale milanese, Alberto Riva, deceduto nel 1924. Il piccolo nucleo, ascrivibile fra il 1770 e il 1790, proviene quasi certamente da un'unica marsina; erano cioè maschili, come la maggior parte dei bottoni in quel secolo, le signore usando più frequentemente nastri e lacci.

Questi bottoni, dalla base in lega di ferro e coperti da bassa calottina in vetro, presentano il corpo in carta dipinta ad acquerello e con iscrizione a penna; i bigliettini che vi sono raffigurati contengono scritte a soggetto amoroso e galante. Più frequenti sono i bottoni in cui il medesimo soggetto è espresso attraverso una chiara iconografia simbolica, in cui ricorrono più volte riferimenti a Cupido quali arco, frecce e faretra. In entrambi i casi questi piccoli capolavori diventavano latori di messaggi amorosi legati all'abbigliamento maschile e si indossavano in occasioni galanti, sebbene presumibilmente la stessa marsina potesse servire anche in altre e diverse occasioni, avendo cura di cambiarne appunto i bottoni.

Gli esemplari di questo gruppo sono contraddistinti da una pittura di fondo dal forte effetto di illusione spaziale, dato da tre bigliettini parzialmente sovrapposti in senso divergente, di colore diverso (giallo, rosso e azzurro), su cui sono raffigurati paesaggi con alberi dalle cime rivolte all'esterno, e sopra i quali si appoggiano a loro volta i bigliettini bianchi, le *cartes de visite* su cui si leggono i messaggi amorosi.

I brevi messaggi, per quanto effimeri, come effimera è la consistenza del supporto sul quale si finge siano scritti, acquistano veridicità attraverso la disposizione delle cartine "nello spazio", il cui effetto compete con la realtà.

Il contenuto delle scritte si diversifica in ciascun bottone; un bottone, una frase, scritta in grafia settecentesca: «L'attente | m'ennuie»; «Votre image | est dans mon coeur»; «C'est un excés | de votre bonté»; «C'est mon plaisir | d'être avec vous»; «Le parfum est | dedans»; «Aimez-moi | il ne vous en coûte rien»; «A la plus | chere»; «L'Amour | apothicaire»; «Sovuenez [*sic*] vous de | la vraie Amitié»; «Assez joli | pour moi».

In un ambiente ricco di mimica e gestualità come quello del Settecento, in cui la realtà sembra vissuta attraverso un filtro di teatralità e di inganno, il contenuto talvolta mellifluo, tanto sdolcinato quanto sibillino, delle scritte all'interno dei bottoni rivela una perfetta corrispondenza con il linguaggio in codice del ventaglio. La danzante gestualità femminile trovava riscontro nella silenziosa galanteria maschile, che si esprimeva attraverso messaggi brevi e incisivi, ma visibili anche ad altri. Le dame, da parte loro, rispondevano con la gestualità connessa all'uso del ventaglio, molto più riservata, rapida e talvolta impercettibile agli altri, a eccezione del gentiluomo che avevano di fronte, sebbene analoghi messaggi si ritrovino talvolta scritti anche sopra le pagine degli stessi ventagli femminili.
C.C.

BIBLIOGRAFIA. Casprini 2007.

IV.13. Pietro Antonio Paolini
(Lucca?; attivo nella prima metà del XVIII secolo)
Piano di tavolo a trompe-l'œil

1732
scagliola; cm 68 × 142
Firenze, Galleria degli Uffizi, Inv. Mobili Artistici, n. 1499

Firmato e datato sul disegno con la testa di Pan: «Petrus Antonius Paolini fecit Liburni anno MDCCXXXII».
Iscrizioni: sul cartellino sotto la mappa, «A Sua Altezza Reale il Gran Duca di Toscana».

Sul piano rettangolare a fondo nero, bordato da una doppia profilatura a finto marmo, figurano oggetti diversi: due fogli sovrapposti, uno con testa di Pan tratteggiata a penna che reca in basso firma e data, l'altro con figura disegnata a matita rossa; un violino con archetto, sovrapposto a uno spartito aperto; una mappa a stampa della Fortezza di Livorno che deborda sulle fasce di contorno al tavolo e quasi nasconde un biglietto con la dedica scritta a penna al granduca di Toscana. Completano la composizione un uccellino su una ciocca di frutta, un tralcio fiorito, due farfalle e una mosca, temi eleganti ma non così efficaci, quanto a effetto illusivo, come gli oggetti inanimati protagonisti dell'assieme.

Il piano si pone comunque tra gli esiti più felici della scagliola toscana, opera di Pietro Antonio Paolini, che lo firmava nel 1732, realizzandolo a Livorno e dedicandolo al granduca Gian Gastone de' Medici. Poco si sa di questo artefice, nonostante i due piani di tavolo che al momento possono essergli riferiti con certezza ne attestino le qualità di inventiva e la tecnica raffinata: oltre a questo, il Paolini firmava nel 1737 un altro piano di tavolo passato a un'asta londinese (Massinelli 1997, p. 23, fig. 10), nel quale l'effetto illusivo è riservato al medaglione centrale, dove è "posato" un disegno su carta, mentre la ricca composizione circostante, di fiori e frutta policromi su fondo nero, è ispirata agli ornati dei mosaici fiorentini.

Erano stati questi, d'altro canto, la principale fonte di ispirazione della scagliola toscana della seconda metà del Seicento, mentre il tavolo degli Uffizi si segnala per la diversa e più originale invenzione, mirata a dare illusoria tangibilità ai diversi soggetti sparsi, con studiata casualità, sul piano. E in tal senso commentava quest'opera Antonio Benci nel suo *excursus* sulle vicende della scagliola in Toscana (1821): «le quali cose appariscono rilevate e vere, come se prendere e maneggiar si potessero: quantunque la superficie ne sia piana, e molto più liscia che non è una tavola o tela dipinta». È sempre il Benci ad accreditare, peraltro con il beneficio di un «dicono», l'origine lucchese del Paolini, che può a mio modo di vedere essere suffragata dal prolungato soggiorno a Lucca, tra fine Seicento e inizi Settecento, di Carlo Ghibertoni, originario di Carpi, nella cui produzione sono frequenti analoghi piani di tavolo (E. Colle, in *I mobili di Palazzo Pitti* 1997, p. 174) che mettono in campo variati assortimenti di mappe geografiche, fogli cartacei, spartiti, penne per scrivere, calamai ecc.

Non è improbabile che per questi "piani a inganno" la scagliola, nella sua costante ricerca di fonti artistiche da imitare, si ispirasse ai tavoli lignei intarsiati che l'avevano preceduta in questo gioco illusivo, nel quale la favoriva la possibilità di impiegare una policromia pressoché illimitata. E a sua volta la scagliola, invertendo il rapporto tradizionale che l'aveva vista a lungo e in più occasioni dipendere dai modelli degli intarsi lapidei, fu probabilmente di spunto alla serie di superbi tavoli a commesso di pietre dure con composizioni a *trompe-l'œil* che non a Firenze, bensì nella manifattura madrilena di mosaici fiorentini, nella seconda metà del Settecento fissarono la labilità dell'illusione nella perennità delle pietre dure (González-Palacios 2001, pp. 170-187).
A.G.

BIBLIOGRAFIA. Benci 1821, p. 305; *Gli ultimi Medici* 1974, p. 372; E. Colle, in *I mobili di Palazzo Pitti* 1997, pp. 173-174, n. 48; Massinelli 1997, pp. 22-23; Giusti 2002, pp. 272-273.

IV.14. Pietro Piffetti
(Torino 1700-1777)
Tavolino rettangolare con piano a trompe-l'œil

1758
legno di noce, impiallacciatura di legno violetto
con intarsi in legni vari, avorio, tartaruga e ottone;
cm 70 × 68 × 48
Torino, Palazzo Madama, Museo Civico d'Arte Antica,
inv. 1352/L

Firmato e datato sul frontespizio del libro aperto: GEOGRAFIA DE' FANCIULLI | IN TORINO | NELLA STAMPERIA DI PIETRO | PIFFETTI | MDCCLVIII.

L'arredo, fornito di un cassetto nella fascia sottopiano, presenta gambe arcuate terminanti a ricciolo scanalato. A caratterizzarlo fortemente è comunque il piano dove sono intarsiati, con ampio uso di avorio, vari oggetti in apparente disordine. Sul lato destro sono una penna d'oca e alcune carte da gioco, a sinistra un foglio di musica, al centro una pianta alla quale si sovrappongono una riga, un rosario e un libro aperto.

Il tavolino, riconducibile agli arredi di Casa Reale e realizzato per la camera di un ragazzo (come indicano l'altezza e il tema trattato dal libro, allusivo al fortunato testo di Nicolas Lenglet Du Fresnoy, *Géographie des enfans*, del 1736, tradotto in italiano nel 1738 e più volte ripubblicato), è pervenuto nell'attuale collocazione nel 1876.

Il tema illusionistico delle carte da gioco casualmente gettate su di un piano appare più volte richiamato nei *trompe-l'œil* del periodo, e in particolare ricorre in un tavolo da parete dello stesso Piffetti (lo si veda in Ferraris 1992, pp. 110-111, n. 40), in questo caso con il fondo intarsiato con un vaso di fiori inscritto in girali fitomorfi, che vale e viene percepito non in modo illusionistico ma come proprio di un lavoro di ebanisteria, sul quale le carte spiccano proponendosi come appartenenti a un diverso livello di realtà. A sua volta questo arredo è da collegare a una bellissima coppia di tavoli impiallacciati e intarsiati in legno e avorio eseguiti nel 1731 a Roma, su committenza della famiglia Barberini, dall'ebanista francese Pierre Daneau. In uno di questi appare il motivo delle carte da gioco gettate verso un angolo (mentre nell'altro è sempre angolare

una composizione con una penna d'oca, un raschiatoio e un album), e le tangenze con la composizione che il nostro propone sono tali da far ipotizzare una diretta derivazione dell'arredo torinese da questi romani, e quindi un rapporto tra Pietro Piffetti (nel 1730 a Roma) e la bottega del maestro francese (A. González-Palacios, in *Fasto romano* 1991, pp. 161-162, nn. 92-93).
C.P.

BIBLIOGRAFIA. Bernardi 1937, p. 11; Aprà 1962, p. 219; E. Baccheschi, in *Mobili piemontesi* 1963, p. 45; V. Viale, in *Mostra del Barocco piemontese* 1963, III, p. 21, n. 27, tav. 36; González-Palacios 1969, II, p. 53, fig. 73; *Mobili e arredi lignei* 1972, p. 160; *Styles, meubles, décors* 1972, I, p. 206; Mallé 1973, p. 377; Colombo 1975, fig. 198; Colombo 1981, fig. 382; Antonetto 1985, pp. 321, 327; Ferraris 1992, p. 109, n. 39.

IV.15. Giuseppe Maria Bonzanigo
(Asti 1745-Torino 1820)
Pietro Paolo Palmieri
(Bologna 1737-Torino 1804)
Tavolino ovale con piano a trompe-l'œil

inizi del nono decennio del XVIII secolo
legno di noce, legno di pero (intagli);
cm 80 × 93 × 72
Torino, Palazzo Madama, Museo Civico d'Arte Antica, inv. 1418/L

Il tavolino (eseguito per la corte sabauda) è opera dell'intagliatore Bonzanigo e del disegnatore bolognese Pietro Paolo Palmieri, anche in altre occasioni affiancati in una felice collaborazione, come attestano alcuni disegni del secondo inseriti in preziose cornici intagliate del primo (Baudi di Vesme, *Schede*, ed. 1963-1982, III, pp. 762-763). Il Palmieri, virtuoso disegnatore di *trompe-l'œil*, firmò il ripiano, con una casuale disposizione di disegni e incisioni di vari maestri (tra i quali Carracci, Rosa, Castiglione, Vernet, Berchem) affiancati dalla riproduzione di vari strumenti da disegno. Al Bonzanigo si deve invece l'in-

taglio ligneo, in particolare le raffinate microsculture sul piano con girali fitomorfi sviluppati da figurette affrontate, come pure i minuti intagli della fascia.

Nel suo insieme l'arredo indica una chiara adesione al gusto francese Luigi XVI, assecondando un'ormai imperante tedenza alla ripresa del repertorio ornamentale antico, peraltro riproposto con una grazia tutta settecentesca. Nell'opera del Palmieri (giunto a Torino nel 1778 dopo aver operato a Bologna, Parma e, appunto, a Parigi) è tuttavia un voluto recupero di un gusto e di temi cari al Seicento europeo: a questo secolo fanno riferimento i fogli sparsi nei suoi *trompe-l'œil*, che spesso ripropongono, oltre agli autori che anche il nostro tavolino dispiega, lavori di Guercino, Jacques Callot e Stefano della Bella, di modo che ci appare calzante quella definizione di «neoseicentismo cordiale» sotto la quale Franca Dalmasso (1972) ha pensato di indicare il suo stile.

Per quanto riguarda l'inganno ottico, è sempre Franca Dalmasso (ivi, p. 133) a notare nell'opera del disegnatore un doppio procedimento: «quello per così dire tradizionale che conferisce a queste "stampe" attraverso determinati artifici – soprapposizione casuale, bordi accartocciati, ombre portate – un maximum di illusoria realtà; e l'altro, meno frequente, dello scambio delle tecniche (il disegno che finge l'incisione)». A questi due, sottolineiamo noi, è in questo specifico caso da aggiungerne un terzo, ancor più raffinato, dato che, riconosciuta la parte centrale del piano come finzione e quindi individuata come "quadro", rimane pur sempre il dubbio sul livello di realtà degli oggetti che si dispongono al di fuori della cornice, ancora capaci di trarci in inganno circa la loro reale natura e consistenza.

C.P.

BIBLIOGRAFIA. *Mostra del Barocco piemontese* 1963, III, tav. 105; Dalmasso 1969-1970, pp. 200-201; Brosio 1971, p. 132, tavv. 74-75; Dalmasso 1972, p. 137; Antonetto 1985, pp. 370-371; Baccheschi 1989, pp. 131-132.

IV.16. Manifattura Dagoty, Parigi
Piattino con foglio di punteggi del boston

1810 ca.
porcellana dipinta con smalti policromi e filettature dorate; ø cm 17,7
Firenze, Palazzo Pitti, Museo degli Argenti e delle Porcellane, Inv. A.c.e. 1911, n. 807

Marche: stampigliata in rosso, «Dagoty | à Paris».

Il fondo d'oro lucido è parzialmente coperto da un biglietto rettangolare dipinto a *trompe-l'œil* recante l'elenco delle prese e i relativi punteggi per il gioco del boston; il bordo è blu, con motivo a foglie lanceolate in rilievo e bande dorate opache.

L'esemplare proviene dalle raccolte granducali di Palazzo Pitti e figura in un inventario del 1816, dove è descritto insieme a «due piccoli macchinetti di legno contornati da piccoli diamanti d'acciaio che servono per detto gioco», di cui oggi ne resta solo uno.

Inventato nel 1773 durante l'assedio inglese alla capitale del Massachusetts, il boston era un gioco di carte ricco di varianti che in breve tempo divenne molto popolare anche in Europa, dove fu introdotto dai francesi, alleati degli stati nordamericani nella guerra d'indipendenza dall'Inghilterra. È probabile che il piattino facesse parte in origine di una serie di quattro esemplari, uno per ogni giocatore, utilizzati al termine della partita per il computo del punteggio, basato su molteplici combinazioni di presa e sul colore delle carte.

Eseguita a Parigi intorno al 1810, l'opera presenta motivi decorativi semplificati, ma resi preziosi dall'abbondante uso dell'oro tipico della fabbrica Dagoty, fondata negli ultimi anni del XVIII secolo e divenuta celebre ai tempi dell'imperatrice Giuseppina per le sue raffinate creazioni, contraddistinte dall'uso di spesse dorature di diverse tonalità (brillanti e/o opache) che conferivano agli oggetti un aspetto estremamente sontuoso.

R.G.

BIBLIOGRAFIA. Eriksen 1973, p. 140, n. 82.

IV.17. Pierre Ducordeau
(Parigi 1928)
Piatto con rottura e foglio

2001
porcellana dipinta; ø cm 27
Parigi, Pierre Ducordeau

Iscrizioni: sull'incisione, in alto a sinistra «Pag. 90.», a destra «Tom. III.»; in basso a destra, «Rembrandt: f. | 1636».

Il piatto, in porcellana di colore bianco sporco, è ornato da una decorazione azzurra che alterna mulini a vento e barche a vela, nello stile di Delft. Spezzato in due, si presenta come se fosse stato rimesso insieme alla bell'e meglio sul retro, senza curarsi di far combaciare le due metà, com'è evidente guardandone il fronte. Al centro del piatto è attaccata con una striscia di nastro adesivo trasparente, come per mascherare la rottura, una pagina tagliata da un libro sulla quale è riprodotta piuttosto liberamente una testa femminile tratta da un'acquaforte di Rembrandt (*Studio di tre teste femminili, una solo leggermente abbozzata*, Bartsch 367; G. Schwartz, in *Rembrandt* 1978, n. 367), la cui firma compare sul margine inferiore destro. La stampa ormai consunta è resa con precisione estrema, tanto che se ne può vedere l'impressione. Sotto il suo margine inferiore, leggermente sollevato, compare discreta un'ombra. È semplicemente impossibile credere che questo piatto, eseguito con abilità straordinaria, non sia "realmente" rotto; con la consueta intelligenza e inventiva, Pierre Ducordeau dipinge una porcellana monocroma alla perfezione, così da farla sembrare un povero coccio spezzato riparato alla meno peggio. Solo un'osservazione estremamente ravvicinata può rivelare l'artificio.

Com'è ovvio, è possibile interpretare l'opera come un velato richiamo alla fragilità e alla vanità dei beni terreni, cui, secondo una riflessione personale dello stesso artista, allude anche lo sguardo melanconico, interrogativo del volto ritratto nella stampa.
M.M.

BIBLIOGRAFIA. Inedito.

V. L’incanto della lettura

V.1. Giovanni da Verona
(Verona 1457 ca.-1525)
e aiuti
Leggio corale

1500-1501
legno intagliato e intarsiato; h cm 306
(37 × 46 le tre tarsie della base)
Verona, chiesa di Santa Maria in Organo

Il leggio presenta un corpo inferiore a sezione triangolare, poggiante su una base che in corrispondenza di un angolo si allarga a fornire una predella utile a raggiungere il livello del libro. Da questo corpo si sviluppa il fusto, riccamente intagliato a motivi vegetali, che si raccorda e sostiene il leggio a due facce inclinate, coronate da una cimasa costituita da due figurette che sostengono cornucopie e tra le quali si imposta una colonnina al cui vertice è una figura umana in metallo (su questo supporto era un tempo l'asta metallica girevole del portalume). Così come le colonne e i profili dei vari corpi sono arricchiti da minuti intagli, così tutte le superfici piane sono nobilitate da tarsie. Sul corpo inferiore, in particolare, in corrispondenza dei lati, appaiono tre pannelli di cui due fingono ante dischiuse, oltre le quali sono vari oggetti legati al rito sacro: in uno è una composizione formata da mitria, pastorale e secchiello dell'acqua santa, nell'altro un calice con un vaso e delle candele. La terza tarsia coincide con lo sportello che consente di accedere al vano del corpo nel quale si riponevano i corali e i lezionari, e presenta inopinatamente l'immagine di un coniglio selvatico accovacciato e immoto sul fondo di un paesaggio brullo e roccioso. Sulle facce del leggio sono poi raffigurati due corali aperti su antifone proprie della Vergine, rispettivamente l'*Alma Redemptoris Mater* e la *Regina Caeli*, mentre nelle specchiature laterali sono intarsiati tondi (a rendere un immaginario foro sul corpo del leggio) recanti uno l'immagine di una civetta, l'altro quella di uno scoiattolo (spesso nella letteratura individuato anche come gatto).

Il leggio è parte di una complessa opera eseguita a partire dal 1491 da fra Giovanni da Verona e aiuti, comprendente il coro della chiesa, le incorniciature degli altari delle cappelle a fianco dell'altare maggiore e il candelabro per il cero pasquale. Per il nostro leggio sono in particolare documentati pagamenti tra l'ottobre del 1500 e l'aprile del 1501, in un caso relativi all'acquisto di foglie d'oro, ad attestare – come peraltro immaginabile – la presenza di diffuse lumeggiature sulle parti intagliate.

Per quanto concerne le soluzioni adottate per la resa illusionistica degli elementi appaiono chiare le affinità con il leggio costruito nel 1498 da Bernardo della Checca per la chiesa olivetana di San Miniato al Monte a Firenze (oggi al Museo del Bargello), visto da fra Giovanni poco prima di lavorare al suo, durante la sosta fiorentina del viaggio a Roma in occasione del giubileo, tra l'autunno del 1499 e la primavera del 1500. Oltre a questo debito, si deve tenere presente un ulteriore contributo esterno per la definizione di alcune figure, in accordo con quanto

annotato dal frate cellerario il 16 ottobre 1500 in relazione a una spesa sostenuta da «frate Zuan per certi desegni fece fare per lo legilo»: disegni che si tende a identificare come relativi al pannello del coniglio e come forniti da Girolamo Dai Libri (Peretti 1996, pp. 29-31), in quegli anni impegnato nel cantiere di Santa Maria in Organo e proprio nel 1500 documentato come coinvolto assieme a fra Giovanni nella realizzazione di un'ancona lignea intagliata oggi perduta. In effetti il coniglio del badalone presenta strette analogie con uno dei due dipinti da Girolamo nella *Natività con i santi Giovanni Battista e Girolamo*, nota come *Presepio dei conigli*, ora nel Museo di Castelvecchio, ma sempre proveniente dalla chiesa di Santa Maria. Quanto detto nulla toglie d'altra parte al nostro maestro intarsiatore, che esprime al meglio la propria arte nelle due specchiature in cui si fingono sportelli aprirsi sui tesori posti in vani illusori, con oggetti che il maestro riproporrà in alcuni dei più tardi pannelli di Monte Oliveto Maggiore.

Nella valutazione dell'opera si tenga presente anche la complessa vicenda conservativa, scandita da un restauro nel 1863, dai danni provocati dall'inondazione dell'Adige del 1882, dal furto del pannello del coniglio (poi fortunosamente recuperato) e quindi dai nuovi restauri eseguiti entro l'aprile del 1921 da Francesco Ferrario e nel 1947 da Pietro Ferrario.
C.P.

BIBLIOGRAFIA. Franco 1863; Garzoti 1864, pp. 5-6; Gerola 1910; Pedrini 1948, p. 217, figg. 534-535; Rognini 1978, pp. 22-23; Ferretti 1982, pp. 534-535; Rognini 1985, pp. 30-31, tavv. 28-30; Peretti 1996, pp. 29-31; Wilmering 1999, pp. 124-125, tav. 2.95; Bagatin 2000, pp. 73-77; Tosatti 2000, pp. 64-69; Rohark 2007, p. 263.

V.2. Scuola tedesca
Codice miniato

primo quarto del XVI secolo
dipinto su tavola; cm 70,2 × 65
Firenze, Galleria degli Uffizi, Inv. 1890, n. 6191

Dal fondo nero della tavola si staglia in primo piano un manoscritto aperto, visibile di sotto in su ma non privo di incongruenze prospettiche, con legatura e due cinghie di cuoio posizionate tra le pagine sfogliate, che lascia intravedere sulla pagina piana a destra una miniatura raffigurante una *Crocifissione* (sono visibili il teschio ai piedi della croce e la parte terminale della figura di san Giovanni), completata da un bordo floreale, in cui appaiono anche una farfalla e un grillo. Le pagine danno l'illusione di una scrittura di cui sono leggibili solo alcuni capilettera e una parte con testo musicale.

L'opera figura nelle collezioni medicee almeno dal 1669, quando è registrata nella Villa di Lappeggi come una tavola «entrovi il ritratto un Libro, in carta pecora» tra le proprietà del principe Mattias de' Medici, che potrebbe averla acquisita, per l'originalità del soggetto figurato, in occasione di qualcuno dei suoi numerosi viaggi. Di questa natura morta di iconografia rara esistono alcune repliche; una di formato appena inferiore al Frances Lehman Loeb Art Center (Poughkeepsie, N.Y., Vassar College) recentemente attribuita a Ludger tom Ring il Giovane, un pendant con le cinghie a destra a Kassel, attribuito al Maestro di Großgmain, e un altro già in Collezione Thyssen. Di qualità più o meno alta, con ricchezza d'impaginazione variamente espressa, questi libri illusionistici sono da riferire, come indicato giustamente da Sterling, alla tradizione che passa dalle tarsie lignee degli studioli di Urbino o Gubbio a quelle dei cori del Duomo di Modena o di Santa Maria in Organo a Verona (cat. V.1); conosciute e apprezzate dagli artisti del Nord, tanto da idearne versioni dipinte, esse potevano probabilmente essere inserite negli armadi di sagrestia, al cui interno venivano conservati i testi sacri.
G.G.G.

BIBLIOGRAFIA. Sterling 1952, pp. 19-20; S. Meloni Trkulja, in *Gli Uffizi* 1980, p. 505, n. P1553; G. de Julis, Scheda OA, 1980, n. 09/00134048.

V.3. Francesco Rosselli
(Firenze 1445/1448-*post* 1513/*ante* 1527)
Frontespizio

Firenze, Biblioteca Medicea Laurenziana, Plut. 71.7, c. 2r

Aristotele, *Logica*, nella traduzione latina di Giovanni Argiropulo; ms. membr., sec. XV terzo quarto; mm 315 × 205, cc. I, 159, I'; legatura dei Plutei in cuoio su assi con fornimenti e catena metallica, restaurata.

La bella pagina di apertura, razionalmente calibrata nella disposizione degli spazi, con le proporzioni delle bordure matematicamente strutturate e la corrispondenza studiata dei dettagli ornamentali, obbedisce a un'orchestrazione collaudata nel codice umanistico, che utilizza i moduli di classica ponderazione. Il testo, trascritto dalla bella mano di Gundisalvus de Heredia Hispanus (De la Mare 1985, p. 503), affermato copista più volte richiesto dai Medici, si inserisce in armonia all'interno delle bordure, splendenti per gli intrecci a maglie metalliche da oreficeria, dove lo stemma mediceo è incastonato come un gioiello.

La cifra di pagina del codice classico per i Medici, coniata da Francesco Rosselli, obbedisce a un programma iconografico che affonda le sue radici in una precisa ideologia politica e culturale. Sulle basi intellettuali della trasmissione della sapienza greca, attraverso la riscoperta dei testi degli antichi e grazie allo studio della lingua che i Medici avevano favorito si spiegano i tre medaglioni angolari, collocati nei luoghi deputati, riservati di solito agli evangelisti e ai profeti nei manoscritti liturgici. Tutti i personaggi sono racchiusi nella cornice circolare: la forma del clipeo, diretta e cosciente citazione dell'*imago clipeata*, è tratta dall'usanza romana di porre i ritratti degli avi sugli scudi appesi nell'atrio della casa, come memento e monito per le generazioni a venire, che non dovevano dimenticare le virtù degli antenati, ma anzi ricavarne insegnamento e incitamento. Il clipeo, dunque, viene scelto come cornice eccellente per un personaggio importante, un santo, un sovrano, un uomo illustre.

Nella pagina, mirabilmente equilibrata, del Rosselli la misura classica diventa l'elemento formale che sostanzia la struttura. Le dimensioni e le corrispondenze delle figure sono improntate a rigore e simmetria, ogni personaggio è al suo posto e riveste un ruolo. La lettera iniziale *I* di Iohannes quasi scompare dietro il clipeo, di cui diventa puro elemento portante; il primo artificio dell'illusionistica scenografia è proprio il sostituire la lettera con il suo contenuto. Il segno grafico perde la sua funzione, assoggettato ad altri canoni iconografici, che devono catalizzare l'interesse del lettore, ora soprattutto spettatore e interprete. Aristotele, girato di tre quarti con il libro in primo piano, è tagliato secondo criteri che oggi sarebbero da macchina da presa; emerge da uno schermo ed è il protagonista. Ma non è solo. Di contro, nel ruolo che gli compete, si nota in alto a destra Giovanni Argiropulo, l'altro greco, il traduttore, e in basso due dotti orientali, distinguibili per le connotazioni levantine della barba a punta, del copricapo, della veste "alla grecanica", come si definiva all'epoca quel dignitoso abbigliamento. La sapienza degli antichi rivive nella traduzione per il nuovo signore, colto e illuminato. I cammei, che si incastonano nel ricco tessuto della bordura, abilmente giocato sugli elementi orafi di cui era maestro Francesco Rosselli, forte della sua esperienza di bulino, emergono potenti grazie al fondo nero e al brillare opalescente del colore madreperla, così realistici da parer veri. La citazione delle monete e dei gioielli o delle pietre incise nelle bordure dei manoscritti obbediva all'intento di glorificazione del committente o destinatario, equiparando gli imperatori ai nuovi signori, che ne erano diretti discendenti in nome delle stesse virtù etiche e politiche. I profili di Cosimo e Piero diventano quindi monete d'oro in tutto simili a quelle romane e poggiano sulla pagina come se fossero vere. Solo l'abito e la somiglianza fisionomica, che non era completamente esclusa neanche dai ritratti dei Cesari, consente di riconoscerli dai loro illustri, ideali antenati. Anzi, l'oro in cui sono incisi copia letteralmente le monete coniate dalla zecca imperiale, come il *titulus* ben in evidenza – COSMVS MEDICES DECRETO PVBLICO P.P. E PETRVS MEDICES COSMI P.P.F. –, ricordando il titolo di *pater patriae* conferito a Cosimo *post mortem* per pubblico decreto. L'avvicinamento all'altro Aristotele mediceo del tutto analogo (Firenze, Biblioteca Medicea Laurenziana, Plut. 84.1) appare assai calzante, soprattutto per la messa in relazione con la poco più tarda decorazione della Sala dei Gigli di Palazzo Vecchio, dove i busti romani assolvono alla stessa funzione di celebrazione e propaganda politica (Garzelli 1985, pp. 176-177). I cammei, nella suggestione del monocromo che li isola nel tempo contrapponendoli al colore dei ritratti e alla glorificazione dell'oro, così fedelmente riprodotti da dar l'illusione della realtà, si inseriscono nelle maglie oreficeresche con quell'intento ideologico che torna, con lo stesso artificio cromatico e il carattere di riproduzione fedele dal vero, nella sala del palazzo del Popolo. Forse proprio nel libro della celebrazione privata avviene la messa a punto di quel repertorio che poi andrà a fregiare anche l'edificio pubblico, dove certamente dovrà fare i conti con il potere ancora repubblicano dominante sulla città. La parentela tra il codice personale e il centro dello stato è forte e intrigante, e ancora una volta il libro parla più di un linguaggio su vari livelli di lettura. All'illusione della riproduzione dal vero delle monete e dei cammei si aggiunge il piano sottile dell'iconografia politica, che svela la celebrazione della famiglia nei suoi rappresentanti più autorevoli. La precisione elegante del conio, rendendo tattile e visibile la figura nell'austero profilo da medaglia e nello sfolgorare dell'oro, che aumenta la suggestione della verità, nasconde o, per meglio dire, rivela la verità del messaggio. L'occhio viene ingannato dalla precisione della rappresentazione che guida lo sguardo sulle due monete, così ben realizzate da sembrare vere anche se non lo furono mai. La lettura reale dell'elegante frontespizio sta tuttavia nel suo messaggio, sottile ma non ingannevole, perché gli intellettuali della cerchia medicea avevano coniato un repertorio di segni significanti utilizzato con chiarezza anche se, di necessità, con quella cautela che imponeva il ruolo di una famiglia che ancora non aveva il riconoscimento formale del potere sulla città.

G.L.

BIBLIOGRAFIA. Garzelli 1985, pp. 176-177; M. Tesi, in *Biblioteca Medicea Laurenziana* 1986, pp. 206-207, tav. CLIII; D. Galizzi, in *Dizionario biografico dei miniatori* 2004, pp. 914-916.

PRAEFATIO IOHANNIS AR
GIROPYLI BIZANTII IN LI
BROS ARISTOTELIS DE IN
TERPRETATIONE AD PRESTAN
TISSIMUM VIRUM PETRUM
MEDICEM.

IOHANNES ARGIROPILUS. BIZANTIUS. PRE
clarissimo uiro Petro medici florentino. S. P. D. Me
mini me iam dudum magnificentissime Petre librũ
Aristotelis de interpretatione: & priorum eam pri
mam partem: qua ratiocinationis ortus exprimit
tua causa traduxisse: tibiq quasi lucubrationum
nostrarum degustationem studiorumq primitias
obtulisse. Que & si ad utriusq nostrum dignita
tem accommodata esse uidentur: quid enim illius
diuini hominis: si a me tibi hoc pacto offeratur, nõ
decens munus esse putabitur. Tamen si eos secum
libellos esse desiderant: quibus ut elementis indige
re uidentur. Diminutum non iniuria quispiam mu
nus & non perfectum esse putabit. Quamobrem
ne id quispiam nobis uitio tribuat. censoremq re

2

V.4. Monte di Giovanni detto Fora
(Firenze 1448-1532/1533)
Crocifissione e Compianto della Vergine su Cristo morto

Firenze, Biblioteca Medicea Laurenziana, Edili 109, c. 186v

Messale romano; ms. membr., sec. xv (1493-1494); mm 395 × 280, cc. I, 378, I'; legatura restaurata recuperando il velluto rosso controtagliato con motivo a inferriata dell'originale, adorna di due nielli con l'*Annunciazione* e l'*Adorazione del Bambino* di Alessandro di Giovanni (1500) rimontati su fettucce di filaticcio d'oro.

Nel dicembre 1493 Zanobi de' Moschini sottoscrive (c. 318v) il magnifico Messale, e già agli inizi dell'anno successivo Gherardo e Monte di Giovanni si dividono la fatica della complessa e ricchissima decorazione. Gli stemmi del Popolo di Firenze e dell'Opera del Duomo (c. 7v) dimostrano l'appartenenza alla cattedrale, che conservò il maestoso volume fino al 1778, quando fu trasferito alla Biblioteca Laurenziana (M. Tacconi, in *I libri del Duomo* 1997).

La splendida pagina della *Crocifissione* si impone come una pala d'altare, dove il *Compianto* funge da predella. La prima illusione è il trasferimento del grande formato della tavola sul foglio: una potenza da affresco pare emergere nell'affondo prospettico, che squaderna una città sullo sfondo, ove si potrebbe leggere Firenze in veste di nuova Gerusalemme. Partendo da lontano si snoda il percorso del corteo, memore di quello celebrativo dei Magi di cui Benozzo Gozzoli aveva riempito le pareti nella cappella privata più conosciuta e resa pubblica di Firenze, quella di Palazzo Medici, con scoperto intento politico. Come nel sacello dei signori, in testa alla processione si notano gli orientali, variopinti nei loro abiti levantini. L'idea della missione di Firenze, che raccoglie il testimone delle grandi civiltà classiche – Troia, Roma, Bisanzio – e quindi il trasferimento delle spoglie dell'impero e della cristianità sulle rive dell'Arno, è noto tema umanistico che si era espresso fino dalla *Laudatio Florentine urbis* di Leonardo Bruni e aveva trovato fertile terreno nei circoli intellettuali, soprattutto nella cerchia medicea, che di questo concetto aveva fatto una bandiera di propaganda politica.

Nella bellissima edicola si mescolano le suggestioni classiche dal mondo greco-romano, che nell'architrave creano stucchi scolpiti rivelando esperienze dirette almeno di progetto grafico su complessi decorativi di largo respiro, e fanno rivivere le panoplie e il fregio, con i suoi elementi ittiomorfi di sapore funerario. La scelta del monocromo per i dettagli ornamentali che non fanno parte dello svolgersi della scena nel tempo è coerente e significativa: da un lato cita direttamente le lastre marmoree, i rilievi scolpiti, aderendo ancor più alla realtà dei modelli, dall'altro distingue nettamente lo svolgersi reale della scena, calato nelle coordinate del tempo e dello spazio, dal puro elemento decorativo. Le panoplie, tratte dall'arte ufficiale romana, ricordano tuttavia gli strumenti della Passione, come la croce, la colonna della flagellazione, il velo della Veronica, la corona di spine, la brocca della lavanda delle mani di Pilato. Ultimo tocco geniale, in questo ingannevole gioco di realtà e suggestione della realtà, le collane di perle e coralli, al tempo stesso simbolo del martirio di Cristo, con i loro grani rossi come le gocce di sangue, e della purezza della Madonna, nel pallore iridescente delle perle, segno della fede. È proprio l'intreccio realistico dei vezzi, che pendono mobili dall'alto del fastigio architettonico e scendono lungo i lati, che crea questa illusione di poter sgranare veramente i preziosi monili e prendere in mano i gioielli che li interrompono, resi con estrema concretezza nei loro castoni con l'evidenza delle perle forate, secondo quel sistema di infilarle diffuso nell'oreficeria del Quattrocento.

Certo non si può far a meno di notare l'influenza della sensibilità fiamminga su Monte di Giovanni, a cui si deve la splendida pagina, avvicinata all'analogo soggetto dipinto da Jan van Eyck (Venezia, Galleria Giorgio Franchetti alla Ca' d'Oro) anche per la visione dall'alto della città (Garzelli 1985, pp. 290-291). Tornano anche il *pathos* del Cristo crocifisso, contorto nella sofferenza, che tuttavia mantiene un classico decoro nel corpo marmoreo e nel panneggio del perizoma ondeggiante a un colpo di vento, il volto attonito del giovane apostolo prediletto, Giovanni, dai lunghi riccioli biondi e la postura di un senatore romano, la scultorea figura della Vergine, chiusa in un dolore dignitoso grazie all'avvolgersi del manto azzurro. E nella predella un'aria di composta serenità priva di drammi gridati pervade la scena, strutturata per dolci curve grazie all'abile scenografia prospettica che la chiude in una sorta di palcoscenico come una sacra rappresentazione, dominata dal tema del *Vesperbild*, con l'arco dolente del corpo del figlio sulle ginocchia della madre, straziata eppur orante.

La fusione armonica di una serie di elementi e di suggestioni dà vita a una pagina vigorosa, che non fa meraviglia sia opera di un pittore miniatore, abile nel cimentarsi nel minuscolo libro d'ore come nella tavola. Il linguaggio figurativo della decorazione libraria non dimentica le allusioni al testo, a cui di necessità assoggetta l'iconografia e la scelta degli elementi compositivi. A Firenze, tuttavia, la potente lezione dei classici consente di recuperare l'equilibrio tra ragione e fede, senza dimenticare, al di là delle allusioni politiche, il senso di appartenenza a una città capace di assumere un ruolo egemone grazie alla sua cultura e alle virtù di chi governa, secondo il grande insegnamento dell'umanesimo civile. Le memorie dell'antico adottate dalla cultura moderna si uniscono ai significati religiosi e danno vita a un linguaggio di lucida coerenza in un magnifico codice liturgico, destinato alla chiesa metropolitana, quella che racchiude l'essenza della fede ma anche dell'anima del popolo.

G.L.

BIBLIOGRAFIA. M. Tesi, in *Biblioteca Medicea Laurenziana* 1986, pp. 250-252, tav. CLXXXVI; M. Tacconi, in *I libri del Duomo* 1997, pp. 193-194, n. 67 (con bibliografia); D. Galizzi, in *Dizionario biografico dei miniatori* 2004, pp. 798-801.

I·N·R·I·

V.5. Monte di Giovanni detto Fora
(Firenze 1448-1532/1533)
e bottega
Battesimo di Cristo

Firenze, Archivio dell'Opera di Santa Maria del Fiore, Corale C, n. 11, c. 4v

Antifonario; ms. membr., Firenze, sec. XVI (1520 ca.); mm 720 × 520, cc. 126; legatura in assi e cuoio, eseguita dopo il 1966.

Raggiunto dalle acque dell'alluvione del 1966, il manoscritto è stato tuttavia danneggiato in misura minore degli altri, anche se è stato necessario sostituire completamente la legatura.

A questo volume si riferisce probabilmente un documento del 1519 relativo al pagamento per il copista don Filippo di Polidoro frate a Camaldoli; fu comunque miniato dopo l'elezione di papa Leone X nel 1513 o forse dopo il suo trionfale ingresso a Firenze nel 1515, in quanto il Medici è ritratto come pontefice da solo (c. 95r secondo la numerazione moderna), in una suggestiva immagine di profilo, rivestito del rosso squillante della mozzetta, con le chiavi di san Pietro ben evidenti, mentre nel taglio di tre quarti pare affacciarsi a una finestra costituita dall'ovale della lettera *D*, nella sua elegante forma onciale. E il ritratto del figlio di Lorenzo, salito ai fasti del soglio pontificio, compare anche tra i pochi astanti nella ricca pagina del *Battesimo di Cristo* (c. 4v), dove la monumentale impostazione della scena, solenne come una tavola, acquista immediatezza fotografica grazie anche alla posa dell'angelo inginocchiato in primo piano, che si volge in un muto colloquio verso lo spettatore trascinandolo nel vivo dell'azione scenica. Alla grandezza dell'immagine principale fa riscontro la raffinata trama metallica degli ornati, che marcano la lamina lucente del campo d'oro; e non cessa la cura della redazione dei gioielli, con il brillar delle perle e dell'oro. Ma la pagina acquista una vitalità straordinaria per l'originale soluzione dei segni araldici, che si disaggregano e si sparpagliano in mezzo a uno zoo naturalistico. Le palle dello stemma mediceo ruzzolano a terra, saldamente bloccate dalle zampe dei leoni, che evocano il segno del marzocco fiorentino; alla città alludono ancora la croce del Popolo e il giglio, che tuttavia pendono da arbusti d'alloro, il lauro laurenziano, segno della famiglia al potere; l'Opera del Duomo è rappresentata dall'agnello sorretto dal serafino rosso, secondo la segnaletica più comune. Tutti i soggetti coinvolti nella decorazione, come committenti, destinatari o comunque degni di omaggio, sono coerentemente indicati con segni distintivi, non del tutto scoperti, tuttavia vivi proprio perché non manifestati apertamente. La trama delle allusioni, colta e sottile, si fa pretesto per una rappresentazione che contraddice la fredda esattezza dei segnali araldici e sconfina invece nella resa realistica di fiere che i fiorentini potevano vedere ogni giorno nelle gabbie del palazzo pubblico. La pagina si presenta così piena di inganni: un personaggio vero e vivo assiste all'episodio sacro, secondo una consuetudine antica e diffusa con intento celebrativo, e il suo nome è reso vivente dagli animali – i leoni in ricordo del nome Leone –, che però sono rappresentati fotografando una situazione reale e diventano protagonisti di un gioco di trame araldiche, sottile e tuttavia chiaro.

Il linguaggio figurativo della miniatura, allo spirare della sua fortuna e alla fine della sua lunghissima vita, è davvero straordinario ed è talmente padrone dei segni e dei simboli da costituire una sorta di lezione anche per la modernità mediatica.
G.L.

BIBLIOGRAFIA. Garzelli 1985, pp. 317-318; M. Tacconi, in *I libri del Duomo* 1997, pp. 225-226, n. 82 (con bibliografia).

di
e in
iorda ne
baptiçato do

V.6. Miniatore padovano
Frontespizio

Firenze, Biblioteca Riccardiana, 81, c. 3r

Pseudo-Aristotele, *De virtutibus et vitiis* (in greco); Aristotele, *Opere*; ms. composito di due unità, cc. V, 1-14, 1-167, V'; I unità (cc. 1-14): membr., mm 132 × 90, sec. XV *ex.*; II unità (cc. 1-167): cart., mm 174 × 21, sec. XVI-XVII; legatura del sec. XIX prima metà, in cartoni e dorso in pergamena di Angelo Garinei.

In un manoscritto frutto di un assemblaggio di parti diverse e disomogenee emerge, sorprendentemente prezioso, un piccolo fascicolo di pergamena (cc. 3r-14r) contenente il *De virtutibus et vitiis*, conosciuto anche come *Etica Eudemia*, attribuito a Aristotele, copiato in greco da Armonio Ateniese, che si sottoscrive in lettere d'oro.

La carta di apertura si impone, pur nelle ridotte dimensioni, per la maestosità del frontespizio architettonico. Su un fondo erboso cosparso di pietruzze delicatamente ombreggiate in senso illusionistico si erge un'edicola di timbro classico: una coppia di colonne di marmo mischio poggia su una base sagomata, dove due sfingi auree dalle zampe leonine seguono armoniosamente la voluta angolare. Due amorini seduti sullo stipite della cornice marcapiano, assieme alla coppia stante alla base delle colonne, sorreggono e mostrano la finta pergamena, stracciata, piegata e un poco rovinata ai margini. Il testo è introdotto dalla rubrica in oro e l'importante iniziale epigrafica, memore della cosiddetta *littera mantiniana*, la cui invenzione è appunto attribuita a Mantegna, ispirata alla capitale classica, è tracciata in oro sul prezioso fondo oltremarino. Altri due angioletti, inginocchiati, sorreggono lo stemma accuratamente abraso.

I caratteristici eroti richiamano a quel miniatore che è stato da loro denominato proprio Maestro dei putti (Armstrong), ma non mancano assonanze con Bartolomeo Sanvito, specialmente nella decorazione rialzata in oro, tuttavia tipica della miniatura padovano-veneziana (cfr. *La miniatura a Padova* 1999). Diffusa soprattutto in area veneta, anzi invenzione padovana, la pergamena illusionistica, agganciata alla struttura architettonica con una fune e un festone, scende srotolandosi ingannevole, e accentua ad arte l'aderenza alla realtà presentandosi stropicciata e strappata ai margini, quasi lacerata dalla presa energica dei bambini poderosi e dispettosi. Pur nel piccolo formato, la pagina mantiene la monumentalità del frontespizio architettonico, già sperimentato anche in esemplari di ben più notevoli dimensioni, e assume un tono festoso grazie ai putti alati dal piglio giocoso che non contraddicono, in virtù della parentela dichiarata col mondo classico, l'austera severità del dottissimo greco tanto caro agli umanisti.
G.L.

BIBLIOGRAFIA. Fontani, ms., pp. 87-88; *Inventario e stima* 1810, p. 5; Vitelli 1894, p. 527; Vogel-Gardthausen 1909, p. 45; A. Förster, in Aristotelis *De sensu et De memoria*, ed. Förster 1942, pp. XI, XIII; Harlfinger 1971, p. 419; *Aristoteles Graecus* 1976, pp. 352, 357, 362-363; Raby 1983, p. 27; Eleuteri-Canart 1991, p. 59, nota XVII; Pontani 1991, pp. 561-565; Papanicolau 1998, pp. 284 e nota 4, 288, tav. Ib; *Il sorriso della sfinge* 2009, p. 58, n. 34.

V.7. Giovanni Vendramin
(Padova; doc. 1466-1508)
Frontespizio

Ravenna, Biblioteca Classense, Inc. 670/I, c. 1r

Gaius Plinius Secundus, *Naturalis historia* [precede] Suetonius, *De Plinio*, [Venezia], Johannes de Spira, 18 IX 1469, 2°, cc. [196, 177] rom. ill.; vol. membr.; mm 260 × 390; IGI 7878.

PLINIVS secundus nouocomensis equestribus militiis industrię functus: procurationes quoq; splendidissimas atq; continuas summa integritate administrauit. Et tamen liberalibus studiis tantam operam dedit: ut non temere qs plura inotio scripserit. Itaq; bella omnia quę undiq; cum romanis gesta sunt. xxxvii. uoluībus comprębendit. Itē naturalis bistorię. xxxvii. libros absoluit. Periit gadis campanię. Nam cum misenēsi classi pręesset & flagrante VesEuo: ad explorandas propius causas liburnicas prętendisset: neq; aduersantibus uentis remeare posset: ui pulueris ac fauillę oppressus est: uel ut quidam existimant a seruo suo occisus: quē deficiens ęstu ut necem sibi maturaret orauerat. bic in bis libris. xx. milia reꝝ dignaꝝ ex lectione uoluminū circiter duum milium cōplexus est. Primus aūt liber quasi index. xxxvi. libroꝝ sequentium consumationem totius operis & species continet tituloꝝ.

LIBROS NATVRALIS HISTORIAE nouitiū camęnis qritiū tuoꝝ opus natū apud me proxima fętura licentiore epistola narrare cōstitui tibi iocūdissime imperator. Sit enim bęc tui pręfatio uerissima: dum maxime consenescit ī patre. Namq; tu solebas putare esse aliqd meas nugas: ut obicere moliar Catullum conterraneū meum agnoscis & boc castrēse uerbum: ille enim ut scis pmutatis prioribus syllabis duriusculum se fecit q̃ uolebat existimari a uernaculis tuis & famulis. Simul ut bac mea petulantia fiat ꝙ proxime non fieri questuses in alia procaci epistola nostra ut in quędam acta exeant. Sciantq; omnes q̃m exęquo tecum uiuat īperium triumpbalis & censorius tu sexiesq; cōsul ac tribunitię potestatis particeps: et ꝙ iis nobilius fecisti: dū illud patri pariter & equestri ordini pręstas pręfectus prętorii eius omniaq; bęc rei publicę: et nobis quidē qualis incastrēsi contubernio. Nec qcq̃ mutauit īte fortunę amplitudo in bis: nisi ut prodesse tantundē posses ut uelles. Itaq; cū cęteris īueneratione tui pateant omnia illa: nobis adcolēdum te familiarius audatia sola supest. Hanc igit̃ tibi imputabis: et in nostra culpa tibi ignosces. Perfricui faciē: nec tamē profeci quoniam alia uia occurris: īgens & longius etiam summoues īgētibus fascibus fulgorat in nullo unq̃ uerius dicta uis ęloquētię tribunitię potestatis facundię: q̃to tu ore patris laudes tonas: q̃to fratris amas: q̃tus īpoetica es. O magna fęcunditas animi quēadmodum frēm quoq; īmitareris excogitasti: sed bęc quis possęt ītrepidus extimare subiturus īgenii tui iuditiū pręsertim lacessitum. Neq; eīm similis ē conditio publicantium & noīatim tibi dicantiū. Tum possem dicere qd ista legis īperator bumili uulgo scripta sunt agricolaꝝ opificum turbę deniq; studioꝝ ociosis quid te iudicē facis: quia banc operam cum dicerē nō eras in boc albo: maiorem te sciebam quam ut descensurum buc putarem. Pręterea est quędam publica etiam eruditoꝝ reiectio: utitur illa: et M. Tullius extra oēm ingēn italiam positus. etꝙ miremur per aduocatum defendit̃ nec doctissimum ōnium Persium boc legere uolo Lelium Congium nolo. Qꝫ si boc Lucilius qui primus condidit stili nasum legerit quasi abusionem & uituperationē reputabit: primus enim satyricum carmen conscripsit ī quo utiq; uituperatio uniuscuiusq; continet̃. Nasum autē dixit quasi uituperationis signū uel maxime naso declarandum dicendumq; ē: si aduocatum sibi putauit Cicero mutuandum pręsertim cum de re publica scriberet quanto nos cautius ab aliquo iudice defendimur.

Proprio nel 1469 Giovanni da Spira aprì la prima tipografia a Venezia, che conobbe enorme fortuna grazie anche al fratello Vindelino, che ne proseguì la prospera attività dopo la morte, nel 1470. I bellissimi caratteri tipografici riprendono la tradizione di scrittura per cui andavano famosi i più grandi copisti "umanistici", quella *littera antiqua* esemplata sulla carolina che, comunque, affonda le radici nel mondo antico, come del resto la corrispondente decorazione miniata. Anche il manoscritto non si sottrae al nuovo corso della cultura, e rielabora e diffonde velocemente lo stile umanistico esemplato sui classici.

Le prime prove di stampa, soprattutto quelle di grande livello, come l'esemplare di Plinio, si ispirano infatti alle forme più belle dei manoscritti, di cui riprendono anche l'architettura della pagina. Negli anni che seguono la metà del secolo, Padova diventa un centro di eccellenza della decorazione, allineata alle prove dei grandi maestri, primo fra tutti Mantegna, a cui si ispira la lettera capitale, elegante, chiaroscurata, severa come l'epigrafia classica ma raffinata nel gusto scultoreo del corpo, che aggetta dal fondo come in una lastra di marmo. L'iniziale *L* con cui apre il testo, realizzata in forma di *littera mantiniana*, come le altre lettere all'inizio dei libri, introduce subito nel clima di recupero del repertorio antichizzante che l'artista aveva divulgato. È già questa una spia del gusto illusionistico che domina la pittura e soprattutto la miniatura veneta, padovana in particolare, ove alla robusta severità di Donatello si unisce il raffinato cromatismo della bottega dello Squarcione. La lettera dunque non è più mero segno grafico, ma emerge dal fondo e dalla cornice che delimita il campo acquistando una potente individualità: la tavolozza accesa simula le pietre dure e il marmo mischio con l'eleganza di una lastra antica e la ricchezza materica di un paliotto, anche per il sinuoso fraseggio dei tralci dorati.

Le miniature sono state assegnate a Giovanni Vendramin (Mariani Canova 1988, pp. 83-93), figlio di un bidello dell'Università di Padova, poi adottato dallo Squarcione (*Biblioteca Classense* 1996, pp. 96-99), la cui attività è documentata dal 1466 al 1508. Il sistema di far pendere il foglio da un sostegno di cui sono visibili i chiodi, i nastri o addirittura l'asticella intorno a cui si avvolge, già coerentemente definito *trompe-l'œil* (*The Painted Page* 1994, pp. 163-164), diventa tipico della miniatura padovana della seconda metà del Quattrocento, insieme alle citazioni dall'antiquaria. La suggestiva invenzione viene attribuita proprio a Giovanni Vendramin, che utilizzò ampiamente questa vivace e attraente combinazione di architettura e pergamena. E se il timpano curvato, che imprime il timbro all'edicola, può essere in debito da suggestioni del donatelliano altare del Santo di Padova, le citazioni dall'antico, ricordo di Mantegna, si fanno qui particolarmente affascinanti per il cromatismo elegante, giocato sul rosso del porfido di memoria classica, che si mescola agli altri marmi colorati e combina una raffinata architettura dipinta, resa più accattivante dall'arretrare prospettico in profondità del basamento dell'edicola, in chiave antiquaria e classico-albertiana. Le lastre con i monocromi citano i sarcofagi classici, mentre i moti scherzosi dei putti scultorei imprimono una vivace attualità alla scena e accentuano l'illusione del foglio poggiato e rotolante, aiutandolo con la presa delle mani a scivolare e mostrarsi completamente. Il tono ludico degli eroti, liberi e pagani, è consono al testo classico e si svincola dall'iconografia liturgica, con una più stretta familiarità con l'antico. Tutta la carta così movimentata gioca con le impressioni che vuole suscitare nello spettatore, ancorata all'illusionismo del mondo greco-romano ma già proiettata in un gusto teatrale di inganno colto e elaborato che avrà immensa fortuna soprattutto nell'incanto, quasi da specchi, del foglio sul foglio, laddove la pagina reale diventa il supporto della pagina dipinta su cui, invece, realmente si pone la scrittura.

G.L.

BIBLIOGRAFIA. Cortesi 1949, p. 11; Mariani Canova 1988, pp. 83-93; G. Mariani Canova, in *The Painted Page* 1994, pp. 163-164, n. 78; F. Toniolo, in *Biblioteca Classense* 1996, pp. 96-99, tavv. LIV-LVII.

V.8. Miniatura franco-fiamminga
Uccelli e scorpione

Firenze, Biblioteca Nazionale Centrale di Firenze, Banco Rari 66, III, p. 442

Officium Beatae Mariae Virginis Pii V Pont. Max. iussu editum, ms. membr., sec. XVIII *in.* (1702-1711?), 4 voll., pp. 870 complessive; mm 290 × 230; legatura in cuoio rosso con impressioni in oro.

Anche in un'epoca in cui la stampa ha del tutto soppiantato la produzione del manoscritto, il bel libro miniato, ancor più prezioso perché ormai inusitato, mantiene un fascino intrigante. La tradizione del libro d'ore, che univa alla devozione personale lo splendore delle miniature, immancabile nei corredi delle spose benestanti ma anche nelle biblioteche dei signori, prosegue la sua fortuna nel tempo, e non fa troppa meraviglia che in pieno Settecento si riproponga con qualcosa di antico e qualcosa di nuovo.

La committenza di questo particolare esemplare, che di necessità si deve congetturare molto elevata e facoltosa, stante la consistenza dell'opera, divisa in ben quattro volumi, e la quantità dell'ornato massicciamente presente in ogni pagina, è rimasta a oggi ignota. Accurati studi recenti (L. Chimirri, in *Cioccolata* 2005) hanno tenuto in debito conto anche vari dettagli iconografici che potevano costituire allettanti spie, come la raffigurazione di otto castelli transalpini alle pp. 837-838, che tuttavia hanno indotto solo a confermare una possibile localizzazione degli artefici nell'ambiente e nella tradizione artistica fiamminga. Sembra che le attuali ricerche si attestino sull'indicazione di un gruppo di pittori a conoscenza dei prodotti della scuola di Joris Hoefnagel (Anversa 1542-Vienna 1600), che illustrò un importante messale per l'arciduca Ferdinando del Tirolo, anche se lo scarto temporale deve fare i conti con cambiamenti di gusto e di cultura. Il corredo figurativo indirizza verso la zona franco-fiamminga, che nel momento d'oro del libro d'ore nella seconda metà del Quattrocento e oltre aveva fatto di questa particolare produzione un vero *best seller*. Fino da allora nelle pagine più elevate dei prodotti di quell'area, spesso più appariscenti che di altissima qualità, si notava la riproduzione dal vero dell'universo naturale che impronta l'arte fiamminga. Nel Settecento l'attenzione alla natura è ancor più sentita e in questo caso si manifesta squadernando nelle pagine una sorta di enciclopedia illustrata, che pare contrapporsi alle iniziali, tutte animate da figurette di piccole dimensioni, tracciate nella più stretta osservanza alla tradizione degli antichi testi liturgici. Già nel 1869 Giunio Carbone osservava in una nota nella carta di guardia iniziale che il lavoro, iniziato nel 1702, come si deduce dal calendario perpetuo delle prime carte confrontato con la Lettera Dominicale nel mese di aprile, in cui la Pasqua cade il 16, dovette continuare per diversi anni, almeno fino al 1711, data che si legge in alcune medaglie raffigurate nel tomo III.

La struttura della pagina è elegantemente calibrata, con il testo racchiuso al centro in un rettangolo bordato da una cornice d'oro, mentre i margini sono lasciati ampi per ospitare un campionario completo dell'ambiente che circonda l'uomo: la natura è ampiamente rappresentata dalle specie vegetali, attentamente riprodotte con uno studio approfondito dal vero che consente di osservarne i dettagli morfologici, e dagli animali, spesso colti in azione o ambientati nel loro habitat, dagli insetti al mondo sommerso dei mitili, fino agli esseri fantastici, tratti da bestiari antichi, in un'allettante fusione di enciclopedismo medievale e zoologia moderna. Alle opere di Dio, che si manifestano nel creato, si mescolano le opere dell'uomo: un vasto campionario di prodotti, dagli utensili di uso quotidiano alle armi, alle tazzine di finissima porcellana, agli strumenti musicali, ma anche piccoli divertimenti decorativi come le cineserie copiate dai paraventi e dalle porcellane. Sia gli esseri viventi che gli oggetti inanimati sono riprodotti con cura meticolosa e collocati sulla pagina con intento illusionistico, tanto che viene voglia di fuggire con terrore le chele dello scorpione, di sfogliare i petali di un'iris dalle meravigliose sfumature o di aprire il coperchio dell'elegante orologino adorno di smalti. Persino il cammeo, nella sua grazia opalescente, è legato con un fiocco azzurro e facilmente lo immaginiamo ad adornare il busto di una bella dama, magari valorizzandone la scollatura, secondo la moda del tempo. Scene particolarmente illusionistiche simulano la realtà, ma persino i dettagli più minuti vogliono riprodurre con precisione fotografica l'arte e la natura, nell'intento di ingannare l'occhio con la perfezione dell'aderenza alla realtà.

G.L.

BIBLIOGRAFIA. L. Chimirri, in *Cioccolata* 2005, pp. 187-188.

442.

℟. Me de manu hostium potenter defende.
Gloria Patri & Filio & Spiritui sancto.
Sicut erat in principio & nunc & semper, &
in sæcula sæculorum, Am. Alleluja. vel Laus ti-
bi Domine, Rex æternæ gloriæ.

Hymnus.

Salve arca fœderis,
Thronus Salomonis,
Arcus pulcher ætheris,
Rubus visionis:
Virga frondens germinis,
Vellus Gedeonis,
Porta clausa Numinis,
Fauusque Sampsonis.
Decebat tam nobilem
Natum præcavere,
Ab originali labe
Labe matris Evæ
Almam, quam elegerat
Genitricem verè,
Nulli prorsus sinens
Culpæ subjacere.

V.

V.9. François Lemoyne
(Parigi 1688-1737)
Luigi XV offre la pace all'Europa

1737
dipinto su tela; cm 130 × 88
Strasburgo, Musée des Beaux-Arts,
lascito di Ernest May, 1926, inv. n. 1063

Il 7 marzo 1738 l'abate Armand de Rohan-Ventadour (1717-1756), futuro cardinale di Soubise e principe vescovo di Strasburgo, sostenne la discussione della propria tesi di dottorato in Teologia alla Sorbona. L'anno precedente ne aveva commissionato a François Lemoyne, *premier peintre* del re, il frontespizio. La tradizione, in uso nell'aristocrazia francese, di far eseguire scenografici frontespizi dipinti a *grisaille* per le tesi di laurea aveva un duplice scopo: presentare un degno omaggio al sovrano ed elaborare il modello per l'incisione a stampa. L'artista eseguì questa allegoria, che allude al problema della successione sul trono di Polonia e rappresenta, come narra una descrizione coeva, Luigi XV «arrêtant d'une main la Victoire et de l'autre offrant à l'Europe une branche d'olivier. La France se repose à ses pieds et commande à Bellone de cesser ses fureurs. Sur la droite du Roy, la Paix fait valoir à l'Europe la modération de ce prince; un peu plus haut la Religion, la Justice et la Prudence applaudissent à ce noble dessein, et le Temps s'empresse de faire connaître à l'univers un événement si glorieux» ("che con una mano ferma la Vittoria e con l'altra porge all'Europa un ramoscello d'ulivo. La Francia riposa ai suoi piedi e ordina a Bellona di porre freno ai suoi furori. Alla destra del re, la Pace fa notare all'Europa la moderazione del principe; un po' più in alto la Religione, la Giustizia e la Prudenza plaudono al nobile disegno, mentre il Tempo si affretta a far conoscere al mondo un evento tanto glorioso"). La Riflessione e la Scienza, nella parte inferiore, completano l'allegoria, saldamente inquadrata entro una scenografia architettonica e scultorea. Lemoyne ci offre un'allegoria nella quale i gruppi si legano l'uno all'altro in maniera fluida.

Esposto fino alla Rivoluzione nel palazzo parigino dei Rohan-Soubise, il dipinto mirava anche a veicolare un messaggio dinastico. Il casato era tra i più importanti del regno, e i Rohan approfittavano della discussione della tesi per far mostra dei loro legami privilegiati con la famiglia reale.

Il virtuosismo della *grisaille*, la cui scelta è giustificata dalla natura del dipinto, preparatorio per un'incisione in monocromo, rinvia anche alle ambizioni del pittore, intenzionato a dimostrare di poter raggiungere esiti convincenti anche senza far uso del colore. Poco dopo aver eseguito questa allegoria, nel punto più alto della pittura storica e dell'arte dell'epoca, Lemoyne avrebbe posto fine ai suoi giorni.
D.J.

BIBLIOGRAFIA. D. Jacquot, in *L'Apothéose du geste* 2003, pp. 20-21, n. 27 (con bibliografia).

V.10. William Douglas Hamilton
(Henley-on-Thames 1730-Londra 1803)
Pietro Fabris
(notizie 1756-1792)
Pietre rinvenute sul Vesuvio

Roma, Bibliotheca Hertziana - Max-Planck-Institut, Be 3430-3760/1(2 gr raro, Tav. 48
[«References to Plate XXXXVIII – Specimen of curious stones found by the Author on Mount Vesuvius»]

Campi Phlegraei. Observations on the volcanos of the two Sicilies, as they have been communicated to the Royal Society of London by Sir William Hamilton ... to which, ... a new and accurate map is annexed, with 54 plates illuminated from drawings taken and colour'd after nature, under the inspection of the author, by the editor Mr. Peter Fabris ..., Naples 1776, pp. 90, 54 tavv.; *Supplement to the Campi Phlegraei, being an account of the great eruption of mount Vesuvius in the month of August 1779*, Naples 1779, pp. 29, 5 tavv.; 3 parti in 1 vol., in fol., mm 454 × 330 (214 × 394 le incisioni).

William Hamilton, diplomatico inglese e plenipotenziario alla corte di Ferdinando IV di Napoli dal 1764 al 1799 (Fothergill 1969, pp. 138-140), era interessato alle antichità e tra il 1791 e il 1795 pubblicò degli album con incisioni di Wilhelm Tischbein che riproducevano gli oggetti della sua collezione. Ma ancor più che all'arte Sir Hamilton si dedicava allo studio dei fenomeni vulcanici e dei terremoti, e le sue ricerche furono rese note a Londra già nel 1774 (*Observations on Mount Vesuvius, Mount Etna and other Volcanos*). In una veste tipografica più impegnativa nel 1776 pubblicò in inglese e francese le lettere inviate alla Royal Society di Londra e le sue "osservazioni", alle quali si aggiunse dopo l'eruzione del Vesuvio del 1779 la descrizione di questo evento naturale, che forma un unico volume accompagnato da 59 tavole incise e colorate a *gouache* (*Arte della stampa* 1979, p. 40; R. Middione, in *Civiltà del '700 a Napoli* 1979-1980, II, p. 288, n. 568). Durante il suo soggiorno a Napoli Sir Hamilton aveva intrapreso viaggi in Sicilia e aveva compiuto numerose escursioni in Campania, soprattutto sul Vesuvio, dove disegnava personalmente le pietre e le conformazioni geologiche. Dal 1773 in poi fu spesso accompagnato da Pietro Fabris, un pittore di origine inglese – Hamilton lo chiama «a native from Great Britain» – residente a Napoli che eseguiva tutte le illustrazioni e fungeva da editore. Hamilton curava personalmente la qualità delle immagini, che considerava parte integrante del testo. Di questa opera, *Campi Phlegraei*, si conservano 40 *gouaches* originali presso il British Museum (Knight 1994). Un gruppo di 16 fogli appartenenti alla stessa opera apparve negli anni cinquanta del secolo scorso sul mercato antiquario e passò in collezione privata. Queste *gouaches* furono esposte nel 1957 a Napoli (*Vedute napoletane* 1957) e suscitarono dubbi sulla tradizionale attribuzione di questi dipinti a Pietro Fabris, tanto che alcuni critici si convinsero, per la loro qualità, che ne fosse autore il pittore tedesco Philipp Hackert o addirittura il pittore inglese Joseph Wright of Derby (Nicolson 1968, I, pp. 10-11). Solo molti anni più tardi la paternità di questi dipinti fu restituita a Pietro Fabris (Knight 1983, pp. 100-110). Oltre alla ricerca sul paesaggio della zona intorno a Napoli, e specialmente sui Campi Flegrei, a Sir Hamilton interessavano le pietre laviche e il loro utilizzo, tanto che esse costituivano una parte essenziale della sua raccolta.

Con queste *gouaches* ci troviamo di fronte da una parte alla nascita del vedutismo napoletano in quanto oggetto ricercato dai turisti del Grand Tour, dall'altra al "vero" analizzato con intenzione scientifica, come nel caso delle pietre vulcaniche riproposte come "nature morte" o di oggetti artigianali – per esempio una tabacchiera – da esporre sopra le mensole.
G.W.

BIBLIOGRAFIA. Knight 1983; Knight 1994.

VI. La figura tra spazio pittorico e spazio reale

VI.1. Andrea Mantegna
(Isola di Carturo, Padova 1431-Mantova 1506)
San Marco Evangelista

1447-1448 ca.
dipinto su tela; cm 81,1 × 63,6
Francoforte, Städelsches Kunstinstitut, inv. n. 1046

Firmato nel cartiglio in basso al centro: INCLITA MAGNANIMI VE[...] | EVANGELISTA PAX TIBI M[ARC]E [...] | ANDREAE MANTEGNAE [...]O[...] | LABOR.

Documentata nel 1859 nella collezione Salamanca di Madrid e acquistata a Parigi nel 1867 dallo Städelsches Kunstinstitut, la pittura deve essere stata eseguita probabilmente a caseina su una tela dalla trama finissima, un supporto preferito dal Mantegna alla tavola di pioppo e adottato anche per opere di grandi dimensioni, dalla *Sant'Eufemia* di Napoli ai *Trionfi* di Hampton Court, dal *Cristo morto* di Brera alla *Madonna della Vittoria* del Louvre, dalla *Madonna Trivulzio* del Museo del Castello Sforzesco ai due dipinti per lo *Studiolo di Isabella d'Este*, essi pure conservati al Louvre.

Nonostante l'iscrizione con la firma, che avrebbe dovuto scongiurare dibattiti sull'autografia del dipinto, la critica, non ritenendola autentica, si è divisa sin dall'Ottocento, proponendo i più vari nomi d'artisti, fino a concordare sul nome del Mantegna a partire dal 1932 (per la fortuna critica si rimanda alla recente, documentata scheda di Aldo Galli in *Mantegna* 2008).

La tela è ormai ritenuta concordemente uno dei primi numeri del catalogo dell'artista che, a soli diciassette anni, nel 1448, più o meno quando la si data, si era già emancipato dal patrigno e aveva eseguito una pala, perduta, per la chiesa di Santa Sofia a Padova, in cui figurava la sua firma e, indicata orgogliosamente, la sua giovane età.

E come un pezzo di bravura, tale da stupire il committente – probabilmente veneziano, visto il soggetto scelto, il santo protettore della Repubblica Serenissima –, il dipinto si presenta, con le sue arditezze prospettiche e il suo carattere illusionistico. La figura si staglia su di un fondo scuro entro una finestra a forma di nicchia arcuata, da cui pende in alto un festone di tipologia squarcionesca, omaggio dovuto al maestro. Per quanto consunta, la capigliatura del santo, abbigliato in vesti sontuose e minutamente descritte, si rispecchia nell'aureola dorata in scorcio, come quelle dei santi di Andrea del Castagno in San Zaccaria a Venezia o in San Marco, nella cappella Mascoli. Il santo si affaccia con la testa barbuta appoggiata alla mano destra, ad invadere illusionisticamente, con il gomito sporgente oltre il davanzale, lo spazio del riguardante verso cui incombe anche, sulla destra e in un equilibrio precario, il libro del Vangelo: un tomo che è dipinto dello stesso rosso della manica della veste, con le sue borchie e le sue corregge dalle finiture dorate, appoggiato allo stipite illuminato della finestra, adornato di una lesena riccamente intagliata e intarsiata. Se si è giustamente messa in relazione l'impostazione del santo con i *Santi Gregorio e Agostino* di Niccolò Pizzolo in uno degli "oculi" della tribuna della distrutta cappella Ovetari agli Eremitani di Padova, opera di collaborazione col Mantegna, è a Donatello (K. Christiansen, in *Andrea Mantegna* 1992, p. 119), a Padova per dieci anni, che deve aver guardato il giovane Mantegna, e in particolare a rilievi come una placchetta con la Madonna e il Bambino che presenta notevoli affinità col dipinto. Anche l'idea del cartiglio dipinto potrebbe essergli stata suggerita, secondo lo stesso studioso, da dipinti di Fra Filippo Lippi realizzati a Padova sull'esempio della *Madonna di Tarquinia* del 1437 oppure dal cartiglio adottato dal Castagno per firmare gli affreschi veneziani.

Il Mantegna si sarebbe cimentato di lì a poco, fra il 16 maggio del 1448 e il 27 settembre del 1449, in un impiego della prospettiva a fini illusionistici e virtuosistici nei citati affreschi della cappella Ovetari, in particolare nel *San Giacomo condotto al martirio*, scena tutto impostata per una visione di sotto in su, in sintonia con la collocazione sulla parete, e nelle *Storie di san Cristoforo* con scorci virtuosistici, fra cui quello del gigantesco santo abbattuto, a quanto è dato di vedere dalla documentazione eseguita anteguerra. Nel corso degli anni gli esperimenti sarebbero continuati, quasi in una sfida continua dell'artista ai mezzi offertigli dalla prospettiva, con la *Sant'Eufemia*, concepita come una statua dipinta entro una nicchia festonata, la *Pala di San Zeno*, ove stretto appare il legame, ancor più dopo il restauro condotto dall'Opificio delle Pietre Dure, fra l'architettura intagliata, dipinta e dorata della cornice e quella fittizia negli scomparti, entro cui si dispongono, come nell'altare del Santo di Padova, le figure della Vergine e dei santi, per giungere all'illusionismo aereo della *Camera picta* e allo scorcio impossibile del *Cristo morto* di Brera.

A.C.

BIBLIOGRAFIA. K. Christiansen, in *Andrea Mantegna* 1992, pp. 119-121, n. 5; A. Galli, in *Mantegna* 2008, pp. 70-72, n. 6 (con bibliografia).

INCLITA MAGNANIMI VE
EVANGELISTA · PAX TIBI M
ANDREAE MANTEGNAE
LABOR

VI.2. Carlo Crivelli
(Venezia 1430/1435-Ascoli Piceno 1494/1495)
Cristo benedicente

1490-1493
dipinto su tavola; cm 33 × 26
Roma, Museo Nazionale di Castel Sant'Angelo, inv. III.48

Il dipinto si trovava in origine al centro della predella della *Pala di San Francesco* a Fabriano, una delle ultime opere compiute dal fecondo pittore veneto, morto nelle Marche, dopo aver dipinto anche la pala commissionata da Oradea Bacchetti per la medesima chiesa (1491), la *Pala Ottoni* per San Francesco di Matelica e l'*Immacolata Concezione* per la chiesa di San Francesco a Pergola (1492), opere tutte oggi alla National Gallery di Londra. Le connota una sovrabbondanza decorativa e una ricerca di un'eleganza artificiosa nelle figure allungate, con effetti visionari e iperrealistici che paiono, anacronisticamente, alla fine del Quattrocento, rinverdire i fasti della pittura tardogotica.

La tavola principale della pala cui apparteneva la tavoletta in esame era l'*Incoronazione della Vergine e i santi Giovanni Battista, Caterina d'Alessandria, Venanzo, Francesco, Bonaventura e Sebastiano*, firmata e datata 1493, sormontata da una lunetta con la *Pietà*, opere entrambe nella Pinacoteca di Brera.

Oltre al *Cristo benedicente*, la predella, smembrata in epoca imprecisata per una più facile e redditizia vendita dei singoli pezzi, annoverava un frammento lungo con i *Santi Ludovico di Tolosa, Girolamo e Pietro*, posto sulla sinistra della tavola in esame, a giudicare dalla convergenza delle figure verso destra, e un altro con i *Santi Paolo, Agostino e Romualdo*, invece verosimilmente sulla destra per la convergenza verso sinistra delle figure, tutti e due conservati nel Musée Jacquemart-André di Parigi. Della predella facevano parte inoltre i tre frammenti più piccoli con, rispettivamente, *San Bernardino, Sant'Antonio da Padova* e *San Domenico*, oggi nel Keresztény Múzeum di Esztergom, e un *Sant'Onofrio* appartenente, come il *Cristo*, alle collezioni del Museo di Castel Sant'Angelo.

Se lo scomparto maggiore non si distingue per un impianto prospettico particolarmente innovativo, la lunetta con la *Pietà* presenta invece una ben risolta veduta di sotto in su, con un libro aperto, appoggiato sulla balaustra, un calamaio e un candeliere, un'urna e panni e drappi che sporgono accrescendo l'effetto illusionistico.

Le figure della predella sono contenute in nicchie in pietra dai bordi ben definiti, costruite con un chiaroscuro che prevede una sorgente luminosa da destra e una prospettiva variante a seconda della loro posizione rispetto al centro ov'è il punto di fuga e dov'era il *Cristo benedicente*, l'unico in posizione frontale. Le nicchie sono in genere intervallate da carnosi festoni di frutta, un elemento decorativo di matrice squarcionesca poi adottato dal Mantegna e dal Crivelli che è assente nel *Cristo* a causa dei tagli laterali.

L'effetto illusionistico è accentuato, come nel giovanile *San Marco* del Mantegna (cat. VI.1), da libri e tiare vescovili appoggiati sul davanzale nei *Santi* di Parigi e di Esztergom, siccome sul parapetto il *Salvatore* tiene aperto con la sinistra un Vangelo dalle pagine accartocciate, mentre la destra è levata nel gesto di benedizione.

L'aver privilegiato per questi giochi prospettici e illusionistici proprio la predella si spiega con il fatto che era la parte della pala d'altare che i fedeli potevano apprezzare maggiormente, in quanto alla portata del loro sguardo, rilegata in una cornice che presumibilmente era riccamente intagliata, dipinta e dorata e doveva contribuire ad accrescere ulteriormente l'effetto di *trompe-l'œil* ricercato dall'artista.

A.C.

BIBLIOGRAFIA. Lightbown 2004, pp. 437-461.

VI.3. Francesco del Cossa
(Ferrara 1436 ca.-Bologna 1478)
Frate francescano in preghiera

1467-1468 ca.
dipinto su tavola; cm 26 × 18
Venezia, Scuola Grande Arciconfraternita
di San Rocco, inv. n. DP41

Scarse sono le notizie sul piccolo dipinto, già sul mercato antiquario e poi documentato, almeno dagli anni venti del Novecento, nella raccolta veneziana del generale Domenico Fornoni, da dove sarebbe passato nel 1957, come lascito, alla Scuola di San Rocco. Raffigura un francescano inginocchiato in preghiera, inquadrato da una cornice a finto chiaroscuro, contro un fondo scuro. Le ridotte dimensioni e la tipologia della tavola hanno indotto a ritenere che possa trattarsi della parte sinistra di una predella e che il religioso possa essere il donatore o il committente della pala a cui apparteneva.

Inizialmente il Moschini (1957), con il Cantalamessa e Adolfo Venturi, aveva sostenuto un'attribuzione prestigiosa quanto infondata al Mantegna, poi mutata, sempre dal Moschini, con quella al giovane Giovanni Bellini, non accolta però dallo Heinemann (1962). A tempi più recenti (1993) risale l'attribuzione al Cossa e la si deve a Daniele Benati, in una raccolta di scritti di Carlo Volpe, che per primo aveva pensato al pittore ferrarese.

Sempre il Benati suggeriva che la tavoletta potesse essere originariamente inserita nella base del pilastro di sinistra della perduta cornice che inquadrava la preziosa *Annunciazione* del Cossa oggi a Dresda, con lo scomparto centrale della predella con la *Natività*, associata alla chiesa di San Paolo in Monte di Bologna, detta dell'Osservanza, ove avrebbero dovuto trovar posto anche la *Santa Chiara* e la *Santa Caterina* oggi nel Museo Thyssen-Bornemisza di Madrid.

Da quel momento in poi l'autografia cossesca non è più stata messa in dubbio, e la proposta ha riscosso consensi unanimi da parte della critica (per la fortuna dell'opera si veda C. Cavalca, in *Cosmè Tura e Francesco del Cossa* 2007). La Cavalca, l'ultima studiosa ad occuparsi del dipinto, nell'accogliere la pertinenza della tavoletta all'incorniciatura della pala di Dresda ha ipotizzato fosse inserita in una cornice con la funzione di aumentare l'effetto illusionistico con un'architettura intagliata che doveva introdurre a quella fittizia, una prospettiva scenografica sostanziata da un ricco partito cromatico e decorativo a fingere marmi, alabastri e ogni altro rivestimento prezioso, fino alle colorate vesti frastagliate dell'angelo scalato in diagonale verso la Vergine (Cavalca 2007, pp. 369-370).

Non del tutto certa, a detta della stessa studiosa, appare la provenienza, sin qui indiscussa, dalla chiesa bolognese, e la conseguente identificazione del frate con il priore del convento, committente dell'opera. Quel che è sicuro, la tavoletta è un frammento proveniente da un'opera già in una chiesa francescana, ed è altamente probabile che al frate inginocchiato verso destra corrispondesse, dall'altro lato della predella, una figura di un francescano più importante, forse il priore, o di un laico che, per la salvezza dell'anima sua, aveva finanziato l'impresa o contribuito a finanziarla.

La piccola immagine incorniciata e collocata illusionisticamente entro uno spazio fittizio, delimitato dal fondo scuro, attesta nel Cossa un interesse per la prospettiva utilizzata a fini illusionistici, apprezzata già da contemporanei come Angelo Michele Salimbeni, che in una lettera indirizzata nella primavera del 1478 a un altro umanista bolognese, Sebastiano Aldrovandi, nel lamentare la recente scomparsa del pittore ferrarese, scriveva che aveva fatto in tempo a terminare la sola volta della cappella Garganelli nella cattedrale di Bologna, «dove più faticose le cose son finte cum maestrevoli lontani et scurci». Un cimentarsi nella prospettiva il suo, in sintonia sì con le tarsie prospettiche della fiorentina Sagrestia delle Messe, come suggerisce la Cavalca, ma con una ricerca di effetti e scorci difficili che pertiene più al Mantegna, come si vede nella citata *Annunciazione* e nelle maggiori opere quali il *Polittico Griffoni*, smembrato e diviso fra varie collezioni. In particolare il *San Floriano* della National Gallery of Art di Washington già appartenente a quel complesso poggia disinvoltamente la gamba destra sul bordo di un parapetto con il piede che sporge verso l'osservatore, come, simmetricamente, avviene nel suo pendant femminile, la *Santa Lucia* della stessa collezione americana, che appoggia invece la gamba sinistra panneggiata, quasi volesse entrare nello spazio del fedele.
A.C.

BIBLIOGRAFIA. C. Cavalca, in *Cosmè Tura e Francesco del Cossa* 2007, pp. 392-393, n. 104 (con bibliografia).

VI.4. Veronese
(Paolo Caliari; Verona 1528-Venezia 1588)
San Giovanni Battista

1560 ca.
dipinto su tela; cm 247 × 122
Modena, Galleria Estense, Inv. 1886, n. 4188

Il dipinto costituiva un'anta dell'organo della chiesa veneziana di San Geminiano in piazza San Marco, demolita nel 1807 per costruire l'Ala Napoleonica delle Procuratie. Dopo l'intervento di ristrutturazione della chiesa da parte di Jacopo Sansovino, iniziato nel 1557, l'organo fu costruito entro il 1560, data di riferimento anche per l'intervento decorativo compiuto da Veronese. Il fronte, a portelle chiuse, rappresenta i *Santi Geminiano e Severo* con un diacono che sostiene un testo liturgico all'interno di un'abside semicircolare caratterizzata in alto da un grande oculo; all'apertura delle ante, si trovavano a destra *San Menna* e a sinistra *San Giovanni Battista*, all'interno di una nicchia semicircolare.

A partire dalla prima metà del Settecento le portelle dipinte erano già separate dall'organo e appese in vicinanza sulla stessa parete. Questo semplificò il loro passaggio come beni della corona asburgica durante la demolizione della chiesa: i *Santi Geminiano e Severo* furono inviati a Vienna e poi ceduti dall'Austria alla Galleria Estense nel 1919; il *San Giovanni Battista* partì per la Villa Imperiale di Stra e si ricongiunse alle altre parti già estensi nel 1924, mentre il *San Menna* si trova a Modena fin dal 1811.

L'inquadramento di Paolo quale grande artefice di "architetture dipinte" e non solo come straordinario e poliedrico decoratore viene attuato dalla critica a partire dagli studi di Hetzer, per sfociare negli approfondimenti di Rosand nel 1972: si prende atto che alla fine del sesto-inizi del settimo decennio del secolo Paolo dimostra che la sua arte può dialogare strettamente con l'architettura reale che la ospita diventandone parte integrante.

Il terreno culturale veneziano del momento era quanto mai fertile per evoluzioni del genere: il teatro è una delle forme d'arte più amate, e per la realizzazione delle scene vengono coinvolti anche architetti di grido quali Palladio; nel 1545 esce a Parigi il *Trattato sopra le scene* di Sebastiano Serlio, contenuto nel suo *Secondo libro di prospettiva*; la cultura dell'antico si rafforza negli ambienti attorno a Daniele Barbaro, con Palladio che attua la rielaborazione dei testi vitruviani. Paolo, partecipe di quel mondo, è artista di quel momento e per quel momento. Lo mostrerà molto chiaramente nelle opere pittoriche del tempo: la decorazione della chiesa veneziana di San Sebastiano, una rappresentazione teatrale che si dipana lungo tutte le pareti, e la reinvenzione degli spazi interni della Villa di Maser.

È proprio in questi anni che viene realizzata la decorazione per l'organo della chiesa di San Geminiano a Venezia: purtroppo la chiesa non esiste più, ma ne sono documentati il fronte e l'interno. Nelle portelle esterne i santi abitano un vano ristretto, semicircolare, dalle perfette misure rinascimentali; le pareti sono suddivise da specchiature rettangolari che ripropongono i geometrici registri dei primi monumenti funebri rinascimentali fiorentini (a loro volta riproposti da Jacopo Sansovino nel monumento Venier in San Salvador in quegli stessi anni); la calotta richiama molto da vicino la Scala d'Oro del Palazzo Ducale di Venezia, sempre di Sansovino e decorata da Alessandro Vittoria. Il fornice esterno è mutilo, ma sono ancora visibili le figure femminili, come Virtù classiche, che si adattano allo sguincio, ispirazione tratta da esempi raffaelleschi e riproposta in molti decori sansoviniani. Il tutto era inserito, come nell'organo di San Sebastiano, all'interno di un'ebanisteria architettonica fatta di colonne rastremate ai lati e timpano di copertura. I santi vescovi occupano lo spazio ristretto con i loro poderosi panneggi intrisi di luce, gonfiati a nasconderne le forme corporee, carichi di colore fiammeggiante, loro stessi architetture nell'architettura: le conoscenze teatrali suggeriscono all'artista, considerata la posizione dell'organo sopra la porta che conduceva alla sagrestia, di servirsi di un punto di vista ribassato per far scivolare all'indietro il pavimento e sbalzare le masse in primo piano. Senz'altro la scena, dalle non modeste dimensioni, "forava il muro" creando in quel punto un'illusiva cappella inserita in un arco a tutto sesto che si omogeneizzava con le pure forme rinascimentali dell'edificio, in posizione speculare con il monumento funebre presente nella parete di fronte. Anche le portelle interne subirono mutilazioni: ambedue furono drasticamente ridotte di dimensioni, in epoca non accertata, e sagomate lungo i perimetri della finta nicchia. Tale impoverimento dimensionale crea un errato rapporto tra i volumi dei due santi e lo spazio che li contiene, peggiorato da una presentazione museale troppo ribassata rispetto alla posizione originaria studiata dal pittore: tuttavia la genialità veronesiana sembra superare anche questi ostacoli, suscitando ancora lo stupore del riguardante nel trovarsi a tu per tu con personaggi monumentali intenzionati a uscire dalla parete ed entrare nel suo spazio. L'invenzione richiama quella già sperimentata nel fregio monocromo con i Profeti che corre lungo le pareti della chiesa di San Sebastiano: finte sculture che si affacciano, possenti, dalla ristretta nicchia di contenimento. Qui però si ridà sangue e carne al freddo marmo grazie a una luce vivificante che lo investe da sinistra e intensifica le cromie decise dei manti: quel suo verde, che, unico, riesce a creare quella luminescenza tagliente, quasi metallica intorno alla massiccia figura di san Giovanni Battista, e il rosso carminio del san Menna, quasi fiamma sprigionatasi d'improvviso intorno ai bagliori dell'armatura.

Anche qui si ripropone il punto di vista ribassato per esaltare i volumi possenti: nel rendere energie di forme all'interno di spazi architettonici conclusi l'artista non fu dimentico delle invenzioni veneziane di Pordenone, né di quelle di Sebastiano del Piombo collegate alle opere veneziane di Fra Bartolomeo. Tuttavia vero ispiratore sembra essere stato più Andrea del Castagno nella rivoluzionaria serie di personaggi illustri proposta nelle pareti della Villa Carducci a Firenze oltre un secolo prima, dove i personaggi emergono con decisione da un finto fondo marmoreo: figure rese con la forza della linea – tecnica mai abbandonata, se pur più nascosta, da Veronese – e da un colore puro, quasi astratto, in funzione del massimo risalto delle forme. Recupero quindi, ancora, di modelli fiorentini del primo Rinascimento per ottenere l'effetto voluto nel gioco sapiente dell'illusione. Non si vogliono umanizzare questi eroi di mondi lontani, calarli nell'atmosfera con calde luci naturali per confonderli nella nostra stessa atmosfera; al contrario lo scopo è stupire con la loro presenza superumana in quel luogo e in quel momento, prima che scompaiano per sempre.

G.P.S.

BIBLIOGRAFIA. Zanetti 1733, p. 164; Venturi 1882, pp. 378-380; Gallo 1939, pp. 145-146; Hetzer 1940, pp. 1-38; Pallucchini 1945, p. 178, n. 408, fig. 147; Clayton-Weeks-Rosand 1972; Pignatti 1976, I, p. 124, n. 121, fig. 363; Rearick 1988, pp. 68-71, n. 30; *Paolo Veronese* 1990; Morresi 2000, pp. 336-337.

VI.5. Johannes Wümpp [Gümpp?]
(Innsbruck? 1626-Firenze?; notizie fino al 1646)
Autoritratto

1646
dipinto su tela; cm 88,5 × 89
Firenze, Galleria degli Uffizi,
Collezione degli Autoritratti, Inv. 1890, n. 1901

Firmato e datato sul cartellino: «Johanes Wümpp [o Gümpp?] | im 20 Jare | 1646».

L'intrigo del dipinto parte dal cartiglio appoggiato sul quadro in lavorazione: un *trompe-l'œil* che mette in campo, con lettere gotiche, l'età dell'artista, che si dichiara ventenne («im 20 Jare»), il nome (leggibile probabilmente come «Johanes Wümpp») e l'anno di esecuzione, il 1646. Tre dati che mantengono vivo tuttavia il mistero dell'autore, presente e assente allo stesso tempo, dal momento che dell'artista (il nome fu trascritto negli inventari antichi come Romper o Wump e spesso è stato letto come Gumpp) niente si sa. Un Johannes Gumpp appartenne a una famiglia di ingegneri, architetti e pittori austriaci attivi dal Cinque al Settecento; né Johann Anton Gumpp (1654-1719) e neppure Johann Baptist Gumpp (1651-1728) potevano essere ventenni nel 1646, mentre un Franz Gumpp pare fosse morto a 24 anni a Firenze nel 1663. Un nome fornito "a inganno"?

Il quadro è complesso, a partire dai formati: uno specchio ottagono, la tela rettangolare sul cavalletto, e poi il dipinto vero, quadrato ma reso poi nella forma circolare, che un restauro nel 1958 ha restituito. Inscritta in questa varietà di formati sta la triplice presenza dell'autore, che si mostra di spalle, nell'atto di dipingersi mentre si studia allo specchio. Ma se questa è la tecnica del ritrarsi – ed è ingegnoso e originale il mostrarla –, non si può tuttavia dire che quanto si vede corrisponda alla realtà. L'illusione corre sul filo del pennello, o meglio dello sguardo, perché la direzione degli occhi diverge nei due ritratti visibili. Nel gioco dei rimandi, con l'artificio dello specchio, il volto vero dell'autore rimane coperto e Wümpp illustra nella tela allora non esattamente ciò che ha visto nello specchio, ma ciò che vede chi guarda il quadro, *in primis* il pittore che lo esegue. L'inganno è reso dalla capacità dell'artista di anticipare ciò che l'osservatore vedrà di lui. Tra realtà e illusione, a movimentare la scena (forse un richiamo a conflitti interiori?) un gatto e un cane, minacciosi, intrappolano l'artista alle spalle e conducono una loro battaglia domestica. Sparso tra tavolo e cavalletto, un inventario di oggetti della vita quotidiana: un fiasco e una bottiglina che cattura riflessi, strumenti del mestiere, un flauto appoggiato sul cavalletto, un rosario, capocchie di chiodi, una conchiglia. E la fonte di luce, che farebbe pensare a una candela posizionata in prossimità dello specchio, apre l'artificio di una doppia illuminazione, che batte sulla mano del pittore e sulla sua figura mostrata da tergo.

Agli Uffizi, nella «stanza detta dei Pittori» l'*Autoritratto* figura a partire dall'inventario del 1769 (n. 3461 «di mano di Giovanni Romper Pittore Fiammingo»), e identificato dal custode Giuseppe Bianchi nella descrizione manoscritta della Galleria come un «ritratto del tre teste aùto da casa Paganelli».
G.G.G.

BIBLIOGRAFIA. Rave 1960; H. Wagner, in *Deutsche Maler* 1966, p. 36, n. 24; Meloni Trkulja 1978, pp. 81, 90, nota 6, 91, nota 14; S. Meloni Trkulja, in *Gli Uffizi* 1980, p. 893, n. A437; B. Rechberg, in *Symmetrie in Kunst* 1986, p. 353, n. 373; V. Rivosecchi, in *Lo specchio e il doppio* 1987, pp. 204, n. 111, 213; A. Cecchi, in *Painters by Painters* 1988, n. 17; Id., in *Autoritratti* 1990, pp. [104-105], n. 16; R. Contini, in *L'anima e il volto* 1998, II, pp. 284-285; T. Blisniewski, in *Wettstreit der Künste* 2002, pp. 360-362, n. 147; N. Lawrence, in Bond-Woodall 2005, pp. 122-123, n. 19; F. Chezzi, in *100 autoritratti* 2008, p. 42, n. 25.

VI.6. Ludwig Guttenbrunn
(Krems 1755 ca.-Roma? *post* 1813)
Autoritratto

1782
dipinto su tavola; cm 33,5 × 27
Firenze, Galleria degli Uffizi,
Collezione degli Autoritratti, Inv. 1890, n. 2107

Un'apparizione teatrale per il giovane ventisettenne pittore austriaco. Si affaccia sorridente, con fare accattivante, dal vano di una finestra, incorniciato tra gli stipiti di pietra che inquadrano in un equilibrio cromatico la vivace descrizione illusionistica che egli offre di sé e degli oggetti che lo qualificano pittore affermato. Guttenbrunn fa entrare serenamente nella tavoletta il suo mondo, porgendo chiare chiavi di lettura che microdefiniscono uno stile, una coscienza di sé e un richiamo alle nature morte dei pittori olandesi, a cui allude nel vaso di cristallo che lascia trasparire una *Vanitas* aggiornata su note luminose. Tulipani, rose e giunchiglie fanno da pendant alla cartella di disegni – autocelebrativa – che viene mostrata disinvoltamente chiusa sotto il braccio, mentre, dal fondo – alle spalle del pittore – si scorge a fatica anche un dipinto su cavalletto raffigurante un nudo muliebre disteso e panneggiato. È fedele, nella resa fisionomica, a una descrizione che lo dice nel 1785 «di capigliatura bionda, occhi cinericci, denti rari, carnagione molto bianca, statura piccola, pingue assai di corporatura; onde ha l'apparenza d'un musico soprano» (Baudi di Vesme), questo piccolo autoritratto – firmato e datato sul retro – entra con decoro nella celebre collezione dei Ritratti dei Pittori degli Uffizi nel 1783, donato dall'artista al granduca Pietro Leopoldo e accolto il 24 ottobre del medesimo anno (Firenze, Archivio Storico delle Gallerie Fiorentine, 1783, filza XVI, ins. 57). Compare già nell'inventario del 1784 (n. 564) e in quello del 1825 (n. 1710).

A Firenze Guttenbrunn era giunto in quello stesso anno, il 1783, dopo soggiorni a Roma, dove aveva spesso visitato lo studio di Anton Raphael Mengs, e a Napoli, dove aveva dipinto nel 1782 questo autoritratto, come è indicato sul retro dell'opera, che reca anche la firma.

Frequentatore di salotti letterari, convegno di poeti e di musicisti, a Firenze aveva realizzato, incoraggiato dall'appoggio favoritogli da Vincenzo Monti, un ritratto di Fortunata Sulgher Fantastici, poetessa di cui le Gallerie Fiorentine hanno un altro ritratto eseguito da Angelika Kauffmann (Inv. 1890, n. 4339). A Firenze anche ebbe l'onore della nomina a Pittore del Granduca e di Accademico del Disegno. Un'intensa vita itinerante lo portò a risiedere per due anni, dal 1785, a Torino, e poi a Parigi, Londra, San Pietroburgo e Mosca fino al 1805, quando tornò definitivamente a Roma, dove fu accolto nel 1809 fra gli Accademici di San Luca.

G.G.G.

BIBLIOGRAFIA. Baudi di Vesme, *Schede*, ed. 1963-1982, II, pp. 572-574; *Angelika Kauffmann* 1968, p. 119, n. 265 e fig. 174; Leone 2002, pp. 133-137; F. Leone, in *Vittorio Alfieri* 2003, pp. 229-230, n. VI.12; G.J. Winkler, in *Phänomen Haydn* 2009, p. 170, n. 2.03.07.

VI.7. Giambattista Tiepolo
(Venezia 1696-Madrid 1770)
Ritratto di Antonio Riccobono

1743
dipinto su tela; cm 102 × 90
Rovigo, Pinacoteca dell'Accademia dei Concordi, inv. 185

È un ritratto idealizzato dell'umanista Antonio Riccoboni (o Riccobono; 1541-1599) commissionato al pittore veneziano quale ricordo postumo del loro concittadino dai membri dell'Accademia rodigina.

L'"inganno" escogitato dal Tiepolo in questo che è uno dei suoi rari ritratti fu quello di immaginare la figura vista di fianco attraverso una cornice ovale che ne accentua la lontananza temporale dal riguardante, lontananza già suggerita dal prezioso abito cinquecentesco e dal ricordo evidente dei mirabili ritratti di Tiziano e di Lorenzo Lotto. Quasi infastidito dalla nostra involontaria intrusione, il personaggio si ritrae distogliendo lo sguardo dal libro che sta consultando: il gomito appuntato verso di noi e ancor più il ricco bracciolo scolpito dello scranno sono elementi che vogliono accentuare l'ingannevole sensazione di uno spazio reale.

M.C.

BIBLIOGRAFIA. A. Romagnolo, in *La Pinacoteca* 1981, pp. 192-195, n. 88 (con bibliografia); M. Chiarini, in *Le Portrait en Italie* 1982, pp. 96-97, n. 45; D. De Grazia, in *Giambattista Tiepolo* 1996, pp. 264-265, n. 43 (con bibliografia).

VI.8. Pere Borrell del Caso
(Puigcerdà 1835-Barcellona 1910)
Huyendo de la crítica [*In fuga dalla critica*]

1874
dipinto su tela; cm 76 × 63
Madrid, Colección del Banco de España

Firmato in basso a sinistra: «P. Borrell».

Pittore catalano uscito dalla Scuola di Belle Arti di Barcellona, Pere Borrell del Caso nella sua prolifica attività si dedicò alla pittura di genere, al ritratto e ai temi religiosi, ai quali soprattutto dovette all'epoca la sua notorietà, accresciuta dalla creazione, nel 1868, dell'Accademia Borrell per la formazione dei giovani artisti. Se la variata produzione di Borrell è accomunata da una persistente vena realistica, l'artista non praticò sistematicamente la pittura illusiva, alla quale soprattutto si deve la sua recente riscoperta da parte della storiografia artistica. In questo ambito colse speciale successo nel 1874 con questa opera, che per l'efficacia dell'invenzione si colloca fra i risultati più suggestivi nell'ambito della sperimentazione del rapporto fra immagine figurata e spazio reale, con il quale la pittura si è lungamente confrontata.

Tema di intrigante ambiguità, e che è stato affrontato sotto la duplice angolazione del proseguimento del "nostro" spazio entro quello dell'immagine pittorica, o al contrario dell'aspirazione della figura dipinta a entrare nello spazio dell'osservatore. Nel trattare questo secondo aspetto, Borrell del Caso ne offre una versione spettacolare, facendo scavalcare la cornice del quadro, dipinta anch'essa, da un ragazzo spaventato che evade con foga dalla costrizione della tela in cui era confinato. Il titolo ironico del quadro, *Huyendo de la crítica*, carica l'opera di una valenza letteraria, conferendo all'adolescente scamiciato la statura di un meritorio ribelle, metafora dell'arte stanca di sottostare immobile e indifesa ai giudizi critici. Al tempo stesso, l'espressione spaventata del personaggio sembra far presagire l'inanità della sua impresa di fronte alla barriera insormontabile fra illusione e realtà. Non a caso, quando il dipinto fu esposto a Barcellona nel 1874, figurò sotto il titolo di *Una cosa que no pot ser*.

Per questa sua originale creazione, Borrell del Caso non manca tuttavia di collegarsi alla tradizione del grande Seicento pittorico spagnolo, dove sembra di poter riconoscere in Murillo i modelli per il suo giovane popolano, e nell'autoritratto dello stesso artista alla National Gallery di Londra il precedente per lo sconfinamento del personaggio dalla cornice.

Nel corso degli anni settanta e nel decennio successivo l'autore, sulla scia del successo ottenuto dal dipinto, ne produsse più versioni e si cimentò con analoghi soggetti di figura, oggi in collezioni private, partecipando inoltre all'Esposizione Universale di Parigi del 1878 con un ritratto di fanciulla che appende a una finestra grappoli d'uva, allusivi all'origine leggendaria della pittura a inganno.
A.G.

BIBLIOGRAFIA. Ossorio y Bernard 1883-1884; Fontbona 1973; Gállego 1978, pp. 186-188; Fontbona 1983, pp. 136, 214; Pascual 1999; J. Tomlinson, in *Deceptions and Illusions* 2002, p. 285, n. 76.

VI.9. Maestro della Leggenda di Sant'Orsola
(attivo a Bruges 1470-1500 ca.)
Ecce Homo e astanti

ottavo-ultimo decennio del XV secolo
dipinti su tavola; cm 77,5 × 28,5 ciascuno
Fiesole, Museo Bandini, Inv. 1914, sala III, nn. 22, 30

Iscrizioni: sullo sportello sinistro, «Exce Omo»; sullo sportello destro, «Cruxefige. Cruxefige».

Secondo la suggestiva ipotesi di Michael Rohlmann, queste due tavolette monocrome con l'*Ecce Homo* sarebbero i laterali esterni, rimossi in epoca imprecisata, di un trittico che avrebbe avuto come pannello centrale la *Madonna col Bambino in trono e angeli* del Musée des Beaux-Arts Thomas-Henry di Cherbourg (cm 95 × 72) e come sportelli interni il *San Paolo con il committente Paolo Pagagnotti* (94,9 × 28,9) e il *Cristo che appare alla Madre* (94,6 × 28,6) oggi a New York, Metropolitan Museum of Art. Sul piano stilistico tuttavia, forse anche a causa della loro specifica tipologia, alquanto diversa, le due tavole fiesolane non collimano perfettamente con le altre. Una futura analisi tecnica di un eventuale *underdrawing* e del supporto potrebbe contribuire a confermare la loro appartenenza al trittico. Le due tavolette sono molto simili a un *Ecce Homo* conservato alla Bob Jones University di Greenville (South Carolina), anch'esso in *grisaille* e costituito da due pannelli (cm 92,5 × 27,5), ma privo di iscrizioni. Considerati opera della bottega di Rogier van der Weyden o del suo allievo Vrancke van der Stockt, questi ultimi furono acquistati presso l'antiquario Bardini di Firenze all'inizio del XX secolo (B.W. Meijer, in *Firenze e gli antichi Paesi Bassi* 2008, p. 152, con ripr.), e offrono un'idea delle parti mancanti delle tavolette di Fiesole (che sono tagliate, soprattutto nella parte superiore, dove mancano una ventina di centimetri).

La rappresentazione illusionistica in pittura di profeti, santi e scene bibliche in guisa di statue o gruppi scultorei in pietra monocroma eseguiti con una raffinata tecnica luministico-tonale ebbe un'importante e durevole tradizione nella pittura fiamminga lungo tutto il Quattrocento e oltre, da Jan van Eyck e Robert Campin a Rogier van der Weyden, Hugo van der Goes, Hans Memling e altri. Nel tentativo di creare una realtà dai molteplici livelli, non di rado a ciò si sovrappone un ulteriore *exploit* illusionistico teso a suggerire o evocare l'idea che le sculture finte dal pittore e dalla sua arte siano in ultimo esseri viventi, nonostante la loro collocazione su un basamento di fronte a nicchie isolate o al loro interno (come nel nostro caso), che seppure dipinte su tavole diverse a trittico chiuso agiscono in uno spazio unitario.

Questa tradizione fiamminga ebbe echi abbastanza precoci in altri luoghi. A Firenze, per esempio, la decorazione della cappella Sassetti in Santa Trinita, portata a termine dal Ghirlandaio nel 1485, dimostra passaggi, entro certi limiti paragonabili, dalla scultura simulata in pittura a un'illusione di vita dipinta e di vera scultura; e nei trittichetti "alla fiamminga" quali il Tabernacolo Del Pugliese di Fra Bartolomeo (Uffizi), del 1497 circa, o quello di Mariotto Albertinelli al Museo Poldi Pezzoli, risalente allo stesso periodo (si vedano rispettivamente Rohlmann 2008, p. 73; S. Padovani, in *Firenze e gli antichi Paesi Bassi* 2008, pp. 161-167, nn. 32-33, ripr.), i pannelli esterni sono eseguiti a *grisaille* o a monocromo illusionistico, secondo una formula che dipende strettamente da modelli neerlandesi presenti in città, per quanto oggi impossibili da identificare con precisione.
B.W.M.

BIBLIOGRAFIA. Rohlmann 1995, pp. 440-441, fig. 21 (con bibliografia); B.W. Meijer, in *Firenze e gli antichi Paesi Bassi* 2008, pp. 150-153, n. 28 (ripr.; con bibliografia).

VI.10. Maestro del Figliol prodigo
(Anversa; attivo intorno alla metà del XVI secolo)
David e Saul

metà del XVI secolo
dipinti su tavola; cm 121 × 41 ciascuno
Firenze, Collezioni d'Arte Ente Cassa di Risparmio di Firenze

Si espone questo trittico per attirare l'attenzione sull'esterno degli sportelli, dove sono dipinte a monocromo (*grisaille* in francese) le figure di due profeti e re biblici, David a sinistra, Saul a destra.

L'uso di questo tipo di decorazione è prettamente nordico, anzi fiammingo, e nasce quasi certamente con Hubert e Jan van Eyck, i fondatori della pittura fiamminga all'alba del Quattrocento, quando dipinsero le figure a *grisaille* di san Giovanni Battista e san Giovanni Evangelista sulle ali esterne della loro opera più famosa, il grande altare dell'*Agnello mistico* nella cattedrale di Gand (che, iniziato presumibilmente negli anni venti del Quattrocento, fu finito, dopo la morte di Hubert nel 1426, dal solo Jan nel 1432).

Ma ancora più eclatante e di grande impatto è la creazione da parte di Jan di piccoli altari per la devozione privata come quello dell'*Annunciazione* oggi nel Museo Thyssen-Bornemisza di Madrid (1436 ca.), dove le figure dell'angelo e della Madonna sono rappresentate come vere e proprie sculture a tutto tondo che proiettano la loro ombra sull'incorniciatura architettonica che le racchiude, con uno straordinario effetto di *trompe-l'œil*.

Questo uso, sul suo esempio, divenne estremamente popolare nella pittura dei Paesi Bassi (si veda, ad esempio, anche il gruppo della *Trinità* oggi nello Städelsches Kunstinstitut di Francoforte, attribuito al Maestro di Flémalle o a Rogier van der Weyden, del 1427-1432 circa), estendendosi fino al pieno Cinquecento, come nel caso qui presentato.

Tuttavia l'effetto creato dal cosiddetto Maestro del Figliol prodigo, pittore ancora anonimo attivo ad Anversa intorno alla metà del secolo (per informazioni più approfondite su questa personalità si veda M. Chiarini, in *Opere d'arte* 1995), è ormai inserito nella corrente internazionale del Manierismo europeo, affidando le figurazioni dei due profeti a un uso della linea che va contro il magistrale aspetto "statuino" creato dalle opere di Jan van Eyck.
M.C.

BIBLIOGRAFIA. M. Chiarini, in *Opere d'arte* 1995, pp. 66-67.

VI.11. Johannes van Dregt
(Amsterdam 1737-1807)
Allegoria della vera Libertà

1790
dipinto su tela; cm 195 × 82
Amsterdam, Rijksmuseum, inv. n. SK-A-4978

Firmato e datato in basso a sinistra: «Johannes Van drecht Pinxit 1790. 23 Junii».

La grande *grisaille* del pittore neoclassico Johannes van Dregt, medaglia d'oro per il disegno all'accademia di Amsterdam e maestro di numerosi artisti oltre che cittadino impegnato, nasce nel clima della Rivoluzione patriottica olandese, che si svolse tra il 1780 e il 1787 e poi nel 1795-1806 (si veda Israël 1995, pp. 1098-1127). Prodotto dell'Illuminismo e della Rivoluzione americana, il movimento dei Patrioti si configurò come tentativo di rimediare alla decadenza economica e morale della Repubblica olandese nei suoi ultimi anni attraverso una riproposizione dei valori che avevano guidato la gloriosa rivolta antispagnola del 1572-1579. Secondo i rivoluzionari olandesi, gli Orange erano nel tempo riusciti a erodere i poteri che gli Stati Generali si erano allora conquistati, eliminando nel contempo le figure che più davano loro ombra. Riemerse così con grande risalto, negli scritti di Joan Derk van der Capellen (1741-1784), che dei Patrioti fu l'ispiratore teorico, la figura di Johan van Oldenbarnevelt (1547-1619), il *landsadvocaat* mandato ingiustamente a morte. La condanna del suo persecutore, Maurizio d'Orange, si mescolava dunque con la rivolta contro lo *stadhouder* del momento, Guglielmo V.

Il dipinto del Van Dregt presenta il busto del Van Oldenbarnevelt (forse copiato da un busto seicentesco in terracotta oggi al Rijksmuseum, NG-760; "Keuze uit de aanwisten" 2004, p. 184), in cima a una semicolonna neoclassica, incoronato da un putto. Accenna ad esso la figura della Verità, che porta un elmetto alato e pare dettare a un altro putto che scrive. Ai piedi di quest'ultimo stanno la falce, simbolo del Tempo ma anche forse della morte violenta del *landsadvocaat*; e poi la bilancia e la clessidra di una giustizia tardiva ma alla fine affermata. La figura allegorica femminile ha ai suoi piedi un grande libro e tiene in mano la lancia con il cappello della libertà, lo stesso simbolo che nel 1570 era apparso nelle medaglie della rivolta antispagnola (Israël 1995, p. 1118). Un simile insieme di simboli appare già nel 1668 anche in un'*Allegoria* di Cornelis Bisschop (Amsterdam, Rijksmuseum, SK-A-1432; Brière-Misme 1950, p. 141, ripr.) in onore di Cornelis de Witt, altro oppositore degli Orange destinato a una tragica fine.

La data del 23 giugno 1790, oltre che indicare la probabile esecuzione del dipinto, era anche fortemente allusiva. Il 23 giugno era infatti il giorno natale del solo eroe della Rivoluzione rimasto in patria dopo il 1787, l'ex borgomastro di Amsterdam Hendrik Hooft, destituito da Guglielmo V d'Orange e perciò assimilato da tutti i Veri Patrioti al Van Oldenbarnevelt; il Van Dregt stesso dipinse in suo onore l'*Allegoria di Hendrik Hooft* (collezione privata; "Keuze uit de aanwisten" 2004, p. 185). L'opera in mostra fu dunque concepita in particolare come celebrazione di lui, e forse anche come "inganno", peraltro scoperto, agli occhi delle autorità controrivoluzionarie.

Il dipinto finge, nel suo elegante illusionismo, un bassorilievo in marmo o in stucco con effetti plastici di morbida lucentezza e di straordinario risalto che fanno dell'opera un "inganno" ottico, più che una semplice *grisaille* classicheggiante: si veda la mano della figura allegorica femminile, che pare staccarsi dialetticamente dalla scanalatura dell'elemento architettonico per indicare con enfasi l'effigie dello statista. L'abilità di decoratore teatrale del Van Dregt (su di lui si veda Carasso 1989) si sposa bene con la retorica del linguaggio neoclassico, che in questo caso non è solo dichiarazione di gusto ma in sé stesso anche una consapevole presa di posizione. Nel 1784 l'esponente dei Patrioti Rutger Jan Schimmelpenninck (1761-1825), nel suo *Trattato sul ben fondato governo del popolo*, configura uno stato basato sul patto sociale di Rousseau e sulla moralità del *civis romanus* di Cicerone (Israël 1995, p. 1104; Sas 1989, pp. 29, 30). Il finto bassorilievo richiama così con decisione l'epoca e i valori che la romanità incarnava, oltre alle figure che a quei valori avevano consacrato la vita; e la pluralità di letture possibili lo carica di significati e di fascino.
P.S.B.

BIBLIOGRAFIA. "Keuze uit de aanwisten" 2004, pp. 184-185, n. 4 (ripr.; con bibliografia).

VI.12. Giuseppe Molteni
(Milano 1800-1867)
Cristo morto

1855
dipinto su tela; cm 39,5 × 35,7
Milano, Museo Poldi Pezzoli, inv. 0373

Firmato in alto a destra: «G(iusepp)e Molteni Fe(cit)».

L'indiscusso magistero pittorico esercitato da Giuseppe Molteni, a partire dal 1830, nel campo della ritrattistica, grazie soprattutto alle sue straordinarie capacità di resa mimetica dei soggetti, affondava in parte le sue radici nell'attività di ricercato restauratore d'opere d'arte antica da lui svolta in seno ai più importanti musei milanesi, nonché alle collezioni appartenenti al fior fiore dell'aristocrazia locale (cfr. Anderson 2000; Di Lorenzo 2000, pp. 69-72). La frequentazione e lo studio di molti capolavori del Rinascimento italiano, destinati spesso a divenire testimoni tangibili delle sue campagne di risarcimento estetico, spinsero infatti l'artista a realizzare, lungo buona parte della sua carriera, dipinti «in finto bassorilievo ove la particolarità e il pregio non risiedevano tanto nella scelta del soggetto (solitamente di argomento sacro ...), quanto nel virtuosismo d'esecuzione e nell'estrema abilità del "pennello da prestigiatore"» (P. Segramora Rivolta, in *Giuseppe Molteni* 2000) che del suo *modus operandi* erano via via divenuti una sorta di vera e propria nota distintiva.

Il *Cristo morto* del Poldi Pezzoli s'inserisce a pieno titolo nel solco di questa caratteristica branca dell'attività di Molteni. L'opera riesce a commuovere e stupire l'osservatore per la straordinaria capacità del monocromo di restituire le caratteristiche tecniche di un bassorilievo scultoreo chiamato a rivaleggiare, quanto a virtuosismo illusionistico, con gli angeli recanti i simboli della Passione che animano la preziosa cornice intagliata della scuola del Brustolon, «in legno ebanizzato e [che] si accorda mirabilmente alle tonalità grigio rosate del dipinto» (*ibid.*).

Commissionato all'artista da Gian Giacomo Poldi Pezzoli (1822-1879) nel 1855 per la propria stanza da letto – come ancor oggi testimonia la tela eseguita da Luigi Bisi (Milano 1814-1886) negli anni ottanta (Milano, Museo Poldi Pezzoli, inv. 0264) –, il finto bassorilievo era stato collocato accanto al grande letto a baldacchino progettato e intagliato da Giuseppe Ripamonti (Milano 1818-1878). Nella sua nuda semplicità, l'immagine devota del *Cristo* di Molteni poteva forse richiamare alla memoria, per analogia, attraverso il sapiente gioco d'ombre appena accennato, illustri modelli artistici d'Oltralpe, simili al *Crocifisso* di Louis-Léopold Boilly (La Bassée 1761-Parigi 1845) oggi al Magdalen College di Oxford (cfr. P. Conisbee, in *Deceptions and Illusions* 2002, p. 224, n. 52), immaginato come una preziosa scultura in avorio capace di suggerire sulla tela un'illusoria profondità spaziale proprio grazie al lieve profilarsi della sua ombra sulla parete di fondo.
A.B.

BIBLIOGRAFIA. *Esposizione* 1855, p. 13, n. 46 (V Sala); M. Natale, in *Museo Poldi Pezzoli* 1982, p. 171, n. 259; P. Segramora Rivolta, in *Giuseppe Molteni* 2000, p. 217, n. 59 (con bibliografia).

VI.13. Artista italiano
Il "San Giovannino" di Desiderio da Settignano

metà del XIX secolo
dipinto su tela; cm 65,5 × 40,5
Firenze, collezione privata

Adagiato su un panno dal colore rossastro, un calco in gesso del celebre *San Giovannino* di Desiderio da Settignano, il cui originale è conservato dal 1873 nelle raccolte del Museo Nazionale del Bargello, fa bella mostra di sé. S'immagina che qualcuno lo abbia appena staccato dalla parete, per offrirlo, dopo averne rivestito l'umile cavalletto di sostegno, allo sguardo ravvicinato d'un osservatore appassionato e attento.

Il dipinto si qualifica come l'elegante esercizio accademico di un anonimo pittore in grado di rinnovare una volta di più, giusto intorno alla metà dell'Ottocento, la grande fama che in quel secolo il piccolo rilievo in pietra, allora quasi unanimemente attribuito a Donatello (G. Gentilini, in *Omaggio a Donatello* 1985, pp. 318-323; M.G. Vaccari, in *Desiderio da Settignano* 2007, pp. 184-187, n. 13), era venuto ritagliandosi nell'ambito degli studi specialistici sulla plastica del Rinascimento fiorentino; fama tuttavia non corroborata – caso invero singolare – da una diffusione altrettanto ampia del prototipo attraverso il sempre più fiorente mercato delle repliche artistiche (M. Mastrorocco, in *Donatello* 1985, pp. 154-155).

Memore forse dei perduti effetti policromi della superficie originale, l'autore sceglie d'esaltare il candore del gesso ponendolo a contrasto col tono intenso del tessuto di sfondo; cosicché la fredda prassi dello svolgimento accademico possa sciogliersi in una delicata riflessione visiva intorno a quella che al tempo era considerata una delle opere più suggestive della scultura quattrocentesca. Quella scultura che, proprio attraverso la calcolata esibizione di calchi o modelli ad essa esplicitamente riferibili, il Romanticismo storico celebrava ormai da tempo in soggetti vòlti, per lo più, a suscitare sentimenti di viva emulazione nei giovani che s'andavano accostando, col loro ingresso nelle aule dell'accademia, al mondo dell'arte. A tal proposito, non è infatti infrequente registrare la presenza di gessi disposti, con studiata casualità, all'interno di quelle stanze in cui s'era inteso ricreare idealmente le botteghe di un Ghiberti, di un Verrocchio o di un Matteo Civitali: luoghi dove l'apprendimento del mestiere pareva aver tratto la sua prima ragion d'essere dall'armonica condivisione d'intenti operativi messa quotidianamente in campo da maestro e allievi. Si può pertanto ben comprendere come proprio il rilievo desideresco abbia incarnato, poco oltre la metà del secolo, quei valori «poetici ed educativi della bellezza» che ancora allignavano in ambito accademico, e dei quali è preziosa testimonianza il quadro di Giuseppe Pierotti col *Bimbo che contempla il busto del precursore fanciullo a lume di candela* (Carrara, Accademia di Belle Arti, inv. 48; cfr. C. Frulli, in *La Pinacoteca* 2002, p. 84).
A.B.

BIBLIOGRAFIA. Inedito.

VII. Inganni a tre dimensioni: la plastica fra realismo, artificio e didattica

VII.1. Francesco Antonio Franzoni
(Carrara 1734-Roma 1818)
Astice

1783-1785
marmo detto "verde di Franzoni" (astice), marmo bianco (base); cm 24 × 108
Città del Vaticano, Musei Vaticani,
Museo Pio-Clementino, Sala degli Animali, inv. n. 436

Sul candore della battigia bagnata dalle onde marine spicca la «ragusta», o meglio l'astice che lo scultore carrarese Francesco Antonio Franzoni scolpì nel marmo verde della sua città natale, marmo che, proprio per la notorietà di questa scultura, fu definito "verde di Franzoni". L'artista, che godette di un certo prestigio a Roma all'epoca di papa Pio VI (1775-1799) per la sua eccezionale maestria nella scultura decorativa e animalistica, realizzò l'astice quale pendant di un granchio in porfido verde egiziano ugualmente conservato nella Sala degli Animali dei Musei Vaticani (inv. n. 393). Il granchio, databile al I o II secolo d.C., era stato restaurato nel 1783 dallo scultore Antonio Blasi, che non si era limitato a integrare le parti mancanti del crostaceo, ma aveva scolpito l'intera base in marmo bianco; Franzoni replicò questa base per il suo astice, realizzando una scultura di sicuro effetto ma scarsamente realistica, visto che in natura l'astice vive sui fondali rocciosi delle profondità marine. Al Franzoni si deve anche il restauro di molte delle opere conservate nella Sala degli Animali, per la quale Pio VI acquistò l'astice.
E.D.

BIBLIOGRAFIA. Amelung 1903-1908, II, p. 343, n. 135, tav. 33; Pietrangeli 1988, p. 194; Pietrangeli 1993, pp. 319-320; Spinola 1996, p. 174, n. 144; G. Spinola, in *I marmi colorati* 2002, p. 357; G. Spinola, in Liverani-Spinola 2003, p. 22.

VII.2. Scultore boemo (?)
Piatto con la testa di san Giovanni Battista

1390 ca.
gesso policromato e dorato (testa), legno (piatto); cm 30 × 35 (testa)
Bressanone, Museo Diocesano

La testa a tutto tondo di san Giovanni Battista, proveniente dalla cappella dedicata al santo nel chiostro della cattedrale di Bressanone, è appoggiata sul fondo di un bacile dall'ampio orlo arrotondato alla cui base è presente uno zoccolo profilato e smussato che conferisce al piatto una inclinazione tale da rendere ben visibile la scultura.

La conformazione dell'opera indica chiaramente che essa era originariamente posta sulla mensa di un altare dove era esposta al culto dei fedeli. Le prime notizie relative a tale culto risalgono al XIII secolo, ma già prima di quest'epoca esistevano forme di venerazione delle reliquie del santo. Infatti, secondo una leggenda risalente al VI secolo il capo di san Giovanni, sepolto da Salomè ed Erodiade a Gerusalemme, fu miracolosamente rinvenuto da due monaci che lo portarono a Emesa, dove fu riscoperto molto tempo dopo. In seguito a questo ritrovamento la reliquia divenne oggetto di devozione.

Dal punto di vista formale la testa del Museo Diocesano di Bressanone, la cui policromia è stata messa in risalto dall'ultimo restauro, con il suo volto magro e allungato incorniciato da morbidi capelli ondulati e con la sua barba terminante in due riccioli inanellati, presenta affinità con una testa del Battista priva di collo conservata al Bayerisches Nationalmuseum di Monaco nella quale sono state riscontrate analogie con la scultura di *San Venceslao* della cattedrale di Praga, datata 1373. Sulla base di tali confronti è stata proposta, pertanto, un'attribuzione della nostra testa ad uno scultore boemo che l'avrebbe eseguita intorno agli anni novanta del XIV secolo (L. Andergassen, in *Il Gotico nelle Alpi* 2002, p. 714).

L'opera di Bressanone si distingue comunque dagli altri esemplari più o meno coevi di ambito alpino e oltralpino soprattutto per il suo eccezionale realismo: dal collo mozzato fuoriescono alcune corde dipinte di rosso che simulano rivoli di sangue, la bocca rimasta aperta lascia intravedere la dentatura superiore e le sopracciglia leggermente sollevate danno risalto alle pieghe della pelle tra le arcate e agli occhi semichiusi. Si tratta di un volto contratto nello spasmo della morte che si avvicina molto per intensità espressiva a quello del Cristo nei tanti *Vesperbilder* ("immagini del vespro"), ossia i gruppi scultorei raffiguranti la Madonna con in grembo il corpo esanime del Figlio, che si diffusero a partire dagli inizi del Trecento dapprima in ambito germanico e poi anche nell'Italia settentrionale e centrale e lungo il litorale adriatico. L'iperrealismo che segna i volti di questi Gesù raffigurati nel momento immediatamente successivo alla Discesa dalla Croce, così carichi di dolore e di passione, è tipico di uno stile che caratterizza l'arte religiosa del gotico nordico, nel cui ambito rientra senza dubbio la testa di san Giovanni Battista esposta in mostra.
C.N.

BIBLIOGRAFIA. Arndt-Kroos 1969; Andergassen 1999; L. Andergassen, in *Il Gotico nelle Alpi* 2002, pp. 714-715, n. 121.

VII.3. Guido Mazzoni
(Modena 1450 ca.-1518)
Testa di vecchio

1489-1490 ca.
terracotta policromata; cm 26 × 17 × 20
Modena, Galleria Estense, inv. 4178

L'opera era nota fin dall'inizio del secolo XIX, quando apparteneva a Pietro Vitali, che l'aveva riconosciuta come lavoro di Guido Mazzoni. Ancora prima del suo ingresso alla Galleria Estense, nel 1909, era stato però il Venturi (1884) a pubblicare il frammento, avanzando l'ipotesi di una sua relazione con una figura della perduta *Natività* di Busseto (Vitali 1819).

L'espressione mesta e addolorata del volto dell'uomo si addice piuttosto al clima emotivo di un *Compianto* ed è pertanto più verosimile che questa testa facesse parte di un gruppo perduto raffigurante tale soggetto, ad esempio quello già in San Lorenzo a Cremona, ricordato nel XVI secolo da Marcantonio Michiel.

La foggia del berretto indica genericamente un personaggio di estrazione sociale medio-alta, mentre il volto accuratamente caratterizzato e segnato da profonde rughe che denunciano l'età avanzata del soggetto, nonché da una marcata cicatrice a forma di Y dalla fronte fino alla radice del naso, potrebbe indurre a riferire il ritratto, come ha proposto Verdon (1978), a un uomo che praticava l'uso delle armi.

In base alle affinità stilistiche con i due gruppi modenesi del Mazzoni – il *Compianto* di San Giovanni e la *Madonna della Pappa* del Duomo –, la testa è probabilmente da collocare intorno al nono decennio del Quattrocento.

Nelle rappresentazioni plastiche di Guido Mazzoni la presenza di ritratti di personaggi contemporanei nel ruolo di devoti committenti è un elemento ricorrente. Nei Compianti talvolta essi vestono i panni di Nicodemo o di Giuseppe di Arimatea, talaltra assistono all'evento con la loro identità, come i duchi d'Este nel gruppo della chiesa del Gesù a Ferrara.

Per ottenere il massimo grado di verosimiglianza l'artista faceva uso di calchi facciali improntati dal vivo, un procedimento già descritto da Cennino Cennini e praticato dai massimi scultori del Rinascimento che modellarono in terracotta. Tanto per citare un esempio di altissima qualità, è certo che un calco sia servito per realizzare il volto del famoso ritratto di *Niccolò da Uzzano* attribuito a Donatello. Non si trattava di un mero espediente meccanico, poiché la "maschera" andava poi raccordata alla testa finché l'argilla era ancora umida, e richiedeva una successiva rifinitura che implicava sensibilità artistica per restituire vivacità e naturalezza ai tratti somatici, specie nei soggetti anziani, con il volto molto segnato dagli anni.

Fondamentale e più che complementare alla fedele resa plastica dell'anatomia era il ruolo dei colori naturalistici, che permettevano di ottenere un'effigie così perfettamente somigliante al soggetto da indurre all'inganno, con esiti visivi non diversi da quelli che si osservano nei moderni musei delle cere. Purtroppo anche questa testa di vecchio, come accade di frequente nella scultura policroma, è stata oggetto di un intervento di ricoloritura al tempo del suo ingresso alla Galleria Estense e si può quindi solo immaginare quale valore aggiunto per l'efficacia realistica dei tratti del volto e la resa materica del costume avrebbero rappresentato i colori quattrocenteschi, simili a quelli della pittura coeva, che creavano preziosità e trasparenze di grande suggestione, grazie all'uso di oro, argento e lacche: effetti che si apprezzano in sommo grado nel busto di fanciullo, probabile ritratto di Enrico VIII (Windsor Castle, Royal Collection), che ha conservato quasi intatta la sua policromia.

È verosimile che in questo processo di mimesi del reale, per cui il Mazzoni mostrava interesse e capacità ben superiori rispetto ad altri plasticatori contemporanei, avessero qualche peso eventuali indicazioni dei committenti, tanto le compagnie laicali quanto i privati che contribuivano finanziariamente alla realizzazione dell'opera e che, figurando con il loro sembiante all'interno di un gruppo, avevano tutto l'interesse di essere riconosciuti facilmente da chiunque, mostrando pubblicamente la propria devozione.

Se i gruppi plastici che rappresentavano il tema della Passione di Cristo avevano il compito di stimolare attraverso l'espressione esagerata del dolore dei protagonisti del dramma una forte adesione emotiva dei fedeli all'evento sacro, inducendoli a riviverlo come se si svolgesse davanti ai loro occhi, la presenza così "viva" di questi ritratti all'interno dei gruppi stessi, con la potente carica illusionistica di cui erano portatori, acquista anche il significato di attualizzare l'evento sacro, traslandolo dalla sua dimensione universale e atemporale al momento storico in cui è stata creata l'opera d'arte.

M.G.V.

BIBLIOGRAFIA. Vitali 1819, p. 62; Venturi 1884, p. 346; Pettorelli 1925, p. 9; Verdon 1978, p. 327; [G. Bonsanti], in *La Galleria Estense* 1987, p. 78; Lugli 1990, pp. 322-323; M.G. Vaccari, in *La scultura* 2006, pp. 116-117 (con bibliografia); M.G. Vaccari, in *Emozioni in terracotta* 2009, p. 128, n. 18 (con bibliografia).

VII.4. Giuseppe Antonio Torricelli
(Firenze 1662-1719)
Busto di Vittoria della Rovere

1697 ca.
pietre dure policrome; h cm 70
Firenze, Museo degli Argenti,
in deposito da Villa La Quiete

Fra le prestigiose creazioni della Galleria dei Lavori, la manifattura medicea specializzata in opere di pietre dure, il busto della granduchessa Vittoria della Rovere, consorte di Ferdinando II de' Medici, si caratterizza come prova magistrale di virtuosismo tecnico. Ne fu ben consapevole l'artefice, Giuseppe Antonio Torricelli, che in un suo *Trattato* manoscritto segnalava come il busto fosse «il primo ritratto grande quanto al naturale che sia stato fatto di duro, e lo feci per impegno, conoscendo non esser fatica per un uomo».

Nella manifattura granducale di Firenze la lavorazione della scultura in pietre dure, sia a rilievo che a tutto tondo, si afferma fin dall'epoca della sua fondazione, nel 1588, ma fu soprattutto il Barocco a restare affascinato dalle possibilità mimetico-naturalistiche offerte dalla lavorazione plastica delle pietre policrome, che nelle mani degli abilissimi maestri della Galleria venivano intagliate a fingere lucenti grappoli di uva di ametista, sugose albicocche di diaspro, o tralci di fiori di campo. La bellezza effimera della natura veniva così fissata in un'immagine di immutabile freschezza: un intento analogo dovette muovere il granduca Cosimo III a commissionare al Torricelli, insuperabile virtuoso della glittica, il ritratto in pietre dure della madre amatissima, morta nel 1694, e che risulta in lavorazione nel 1696-1697. Grazie alla perennità congenita ai materiali, il ritratto di Vittoria assurge a sua consacrazione ideale, fissando indelebilmente l'immagine giovanile della granduchessa, ispirata a un busto marmoreo di Giovan Battista Foggini oggi agli Uffizi, la cui acuta caratterizzazione fisionomica risulta potenziata dalla valorizzazione sapiente delle possibilità illusive delle pietre dure.

Dalla cavità scenografica del velo nero delle oblate montalve, di cui Vittoria fu patronessa, emerge il volto ricavato da un unico blocco di durissimo calcedonio, che sembra aver acquisito nella lavorazione la morbidezza della cera, suggerendo il pallore e la mollezza dell'incarnato florido, dove spiccano le labbra di diaspro rosato e le sopracciglia brune di *cailloux* d'Egitto. Ma è negli occhi, con l'umida cornea di calcedonio traslucido e le pupille lucenti di agata sardonica, che sembra concentrarsi la vita di questa icona inquietante, un tempo labile creatura di carne, consegnata alla perennità della pietrificazione da una qualche compassionevole Medusa.
A.G.

BIBLIOGRAFIA. Mariette-Giulianelli 1753, pp. 86-87; Zobi 1853, pp. 270-271; Bartoli-Maser 1954, pp. 13, 31; Lankheit 1962, p. 209, n. 30, docc. 548, 553, 555, 618; K. Aschengreen Piacenti, A. González-Palacios, in *Gli ultimi Medici* 1974, p. 368, n. 208; A. Giusti, in *La Cappella dei Principi* 1979, pp. 298-299; Langedijk 1979; Langedijk 1981-1987, I, p. 201, II, pp. 1505-1506; A. Giusti, in *Splendori di pietre dure* 1988, p. 174; Giusti 1992, p. 259, n. 90; Mosco-Casazza 2004, p. 95; A. Giusti, in Koeppe-Giusti 2008, p. 190, n. 49.

VII.5. Francesco Orso
(Biella?; attivo in Piemonte e a Parigi nella seconda metà del XVIII secolo)
Busto di Vittoria di Savoia-Soissons

1775-1780 ca.
cera policromata, stoffa, tulle, pizzo, perline con base in legno intagliato dipinto e dorato; cm 100 × 60 × 40
Agliè, Castello Ducale, inv. 999 rosso

La principessa Anna Vittoria di Savoia-Soissons nacque a Parigi nel settembre del 1683 da una famiglia di alta nobiltà e di notevole rilevanza politica nell'Europa del tempo. Suo nonno, Eugenio Maurizio di Savoia-Soissons, aveva sposato Olimpia Mancini, nipote dell'onnipotente Mazarino; suo padre, Luigi Tommaso, era il fratello del principe Eugenio, celebre condottiero al servizio dell'imperatore d'Austria Leopoldo I nonché raffinato collezionista d'arte e appassionato bibliofilo. Fu proprio dallo zio che Vittoria ereditò, nel 1736, un cospicuo patrimonio che comprendeva, tra l'altro, la splendida residenza del Belvedere a Vienna con la sua straordinaria quadreria. In breve tempo, tuttavia, la principessa sperperò gran parte dei beni dello zio e vendette al cugino Carlo Emanuele III di Savoia la quadreria del Belvedere che giunse a Torino nel 1741.

Tutt'altro che bella, come dimostra in maniera evidente il busto esposto in mostra, ma anche priva di fascino e di carattere piuttosto bizzarro, Vittoria superò i cinquant'anni senza aver trovato un marito che rispondesse alle sue esigenze e che fosse anche disposto ad accettare i suoi limitati pregi. Finalmente nel 1738 sposò a Parigi, nonostante il parere contrario della corte torinese e dell'ambasciatore a Vienna conte Luigi Malabaila di Canale, il principe Giuseppe Federico di Sassonia-Hildburghausen, di vent'anni più giovane di lei, dal quale comunque si separò nel 1744, dopo pochi anni di infelice matrimonio. Nel 1752 si trasferì a Torino dove rimase fino alla morte, avvenuta nel 1763.

Il busto in cera, che la raffigura con un abito riccamente ornato da tulle, pizzo e perline, è plasmato con estremo realismo privo di ogni intento idealizzante e con attenta cura del particolare fisionomico, tanto da apparire quasi una fedele riproduzione della descrizione impietosa che di lei fece la sua dama di compagnia, la contessa Angelica Lodron, nei suoi *Mémoires*: «La sua figura era brutta, molto piccola, assai pingue, occhietti neri, un gran naso lungo, una piccola bocca e una piccola fronte, vestita da vecchia francese della borghesia, con delle cuffie con quattro cocche, con un piccolo guardinfante rotondo e degli abiti molto semplici e all'antica» (Baudi di Vesme 1887, p. 175).

L'autore dell'opera è stato di recente identificato con lo scultore Francesco Orso, un artista di probabili origini biellesi formatosi nelle botteghe piemontesi dove ancora viva era la tradizione di rappresentazione realistica dei Sacri Monti. Ben introdotto nella corte sabauda – come testimoniano, oltre al busto di Vittoria, databile agli anni 1775-1780, quelli sempre in cera di Vittorio Amedeo III e della moglie Maria Ferdinanda di Borbone (Collezione Franco Maria Ricci), eseguiti tra il 1780 e il 1785 –, lo scultore piemontese può considerarsi un *unicum* nel panorama artistico locale, dove l'arte della ceroplastica risulta priva di una vera e propria tradizione. Trasferitosi a Parigi pochi anni prima della Rivoluzione, divenne famoso in seguito soprattutto per i suoi gruppi in cera che rievocavano episodi della Rivoluzione stessa e che egli espose al Palais Royal, dove già da tempo i visitatori potevano ammirare i *cabinets de cire* del celebre Philippe Curtius e della sua allieva e poi erede Madame Tussaud.

Sebbene simile per tecnica e aspetto ai busti di Vittorio Amedeo e di Maria Ferdinanda, il ritratto di Vittoria di Savoia-Soissons si caratterizza tuttavia per lo straordinario modellato della cera, che con la sua trasparenza opalescente riproduce in maniera mimetica gli effetti epidermici del viso e del collo tanto da farlo definire un ritratto «parlante» (Audiberti 2004, p. 93). Ed è forse per questo aspetto così impressionante del volto che è nata la leggenda del fantasma di Vittoria che si aggirerebbe durante le notti senza luna per i saloni deserti del Castello di Agliè, dove il busto si conserva, attirando con le sue lusinghe e i suoi sospiri i giovani dei dintorni: peccato che la povera Vittoria non sia mai stata ospite del castello se non da quando il suo busto è diventato parte dell'arredo museale.

C.N.

BIBLIOGRAFIA. Baudi di Vesme, *Schede*, ed. 1963-1982, III, p. 752; Daninos 1999, pp. 40 (ripr.), 42; Gabrielli 2001, pp. 66, 99, nota 372; V. Natale, in *Il Neoclassicismo in Italia* 2002, pp. 320 (ripr.), 498-499, n. XII.9; Audiberti 2004, 87-94.

VII.6. Carole A. Feuerman
(Hartford, Conn. 1945)
Moran

2008
resina policromata; cm 66 × 45,7 × 20,3
Galleria Moretti, Firenze-Londra-New York

Più giovane di una generazione rispetto a Duane Hanson (cat. VII.7) e John De Andrea, anche Carole Feuerman assume la figura umana come soggetto pressoché esclusivo del proprio lavoro, realizzando fin dagli esordi, alla metà degli anni ottanta, calchi in resina formati direttamente dal modello, quindi minuziosamente manipolati, dipinti e accessoriati fino ad ottenere un duplicato esatto dell'originale.

L'attenzione al particolare è tale che anche nelle sculture frammentarie o a mezzo busto, e senza ricorrere necessariamente a espedienti di messa in scena, le figure possiedono sempre una sorprendente presenza di vita.

Nella serie prediletta delle nuotatrici la perfezione mimetica raggiunta nella finitezza anatomica delle forme e nella qualità tattile dell'epidermide – restituita agli occhi dell'osservatore nella sua naturale porosità e varietà d'incarnato – viene virtuosisticamente esaltata dai ricami intrecciati sulla pelle da cristalline gocce d'acqua.

Cogliendo i suoi soggetti in attitudini di pacata naturalezza, la Feuerman svincola la sua scultura dalla vena critica che pervade l'Iperrealismo degli anni settanta, caricandola di simbolici rimandi alla tradizione e di nuove valenze di significato. Così, mentre le sagome di Hanson e De Andrea sono tipi umani veicolanti riflessioni di carattere sociale ed esistenziale, le nuotatrici della Feuerman (intitolate sovente col nome di un'isola, come nel nostro caso) sono moderne Veneri che incarnano l'ideale di una visione solare e appagata del corpo.

G.B.

BIBLIOGRAFIA. *Carole A. Feuerman* 2008, pp. 74-77, 142 (ripr.).

VII.7. Duane Hanson
(Alexandria, Minn. 1925-Boca Raton, Fla. 1996)
Woman with Child in Stroller
[*Donna con bambino nel passeggino*]

1985
resina policromata, accessori; cm 165 × 56 × 140
New York, Van de Weghe Fine Art

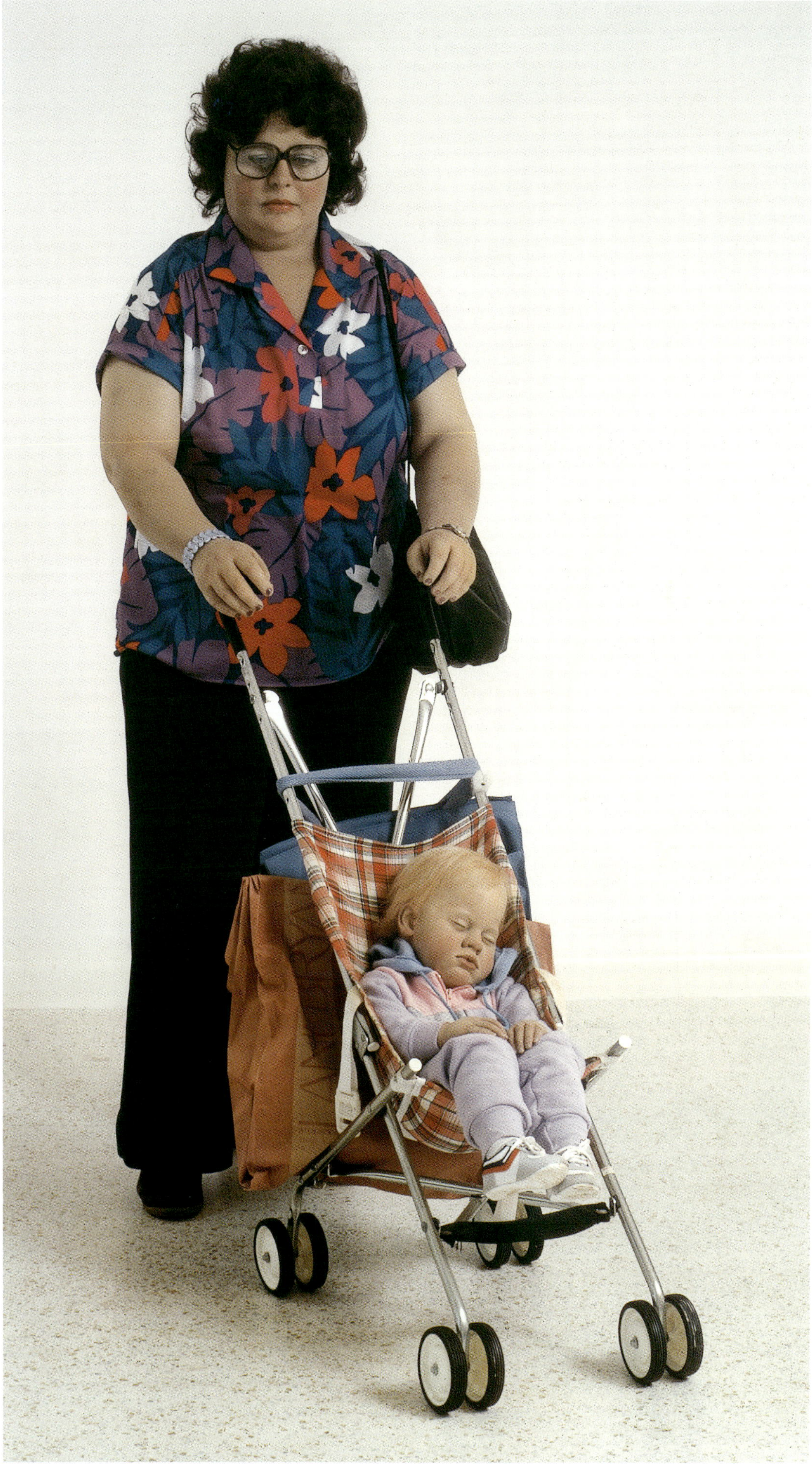

Duane Hanson è fra i più celebri esponenti dell'Iperrealismo americano, il movimento nato negli Stati Uniti durante gli anni settanta del secolo scorso quale diretta filiazione della Pop Art, da cui deriva la pratica di riproduzione meccanica di soggetti ordinari della realtà quotidiana (dai riporti fotografici su tela di Chuck Close e Richard Estes ai calchi scultorei di John De Andrea), pratica declinata nella ricerca, talvolta asettica o fine a sé stessa, dell'assoluta precisione mimetica.

Le "sculture di vita" di Duane Hanson – ottenute da calchi dal vero in fibre di vetro, dipinte ad olio e quindi accessoriate – occupano lo spazio dell'osservatore con una presenza di verità sconcertante, quasi oscena. La trascrizione di ogni più piccolo dettaglio è così fedele e convincente che sovente chi si imbatte in queste sculture, dopo una momentanea confusione, rimane atterrito di fronte alla scoperta della loro natura di fantocci.

Influenzato da artisti della Pop Art statunitense quali Jasper Johns, George Segal ed Edward Kienholz – che usavano calchi di figure umane nei propri lavori –, fin dagli esordi, nel 1965, Hanson sceglie la figura umana come soggetto della propria opera. L'intero suo repertorio consiste in rappresentazioni di gente comune: turisti, genitori, casalinghe. Le persone che egli sceglie non sono individui specifici, ma tipi della *lower class* statunitense, capaci per la loro sola presenza, senza il ricorso ad ulteriori espedienti, di farsi veicolo di un messaggio – «the dis/illusion of America», nelle parole di Lotte Lederballe Pedersen (2007) – che oggi si carica di nuove valenze. «Non riproduco la vita», ha affermato Hanson, «faccio una dichiarazione sui valori umani. La mia opera si occupa di persone che conducono un'esistenza di calma disperazione. Mostro il vuoto, la fatica, l'invecchiamento, la frustrazione ...» (Buchsteiner 2007, p. 69).
G.B.

BIBLIOGRAFIA. *Duane Hanson* 2007, pp. 126, 172, n. 83 (ripr.).

VII.8. Giulio Gaetano Zumbo
(Siracusa 1656-Parigi 1701)
Testa anatomica

1691-1695?
cera policromata su cranio umano; h cm 22
Firenze, Museo di Storia Naturale dell'Università degli Studi di Firenze, Sezione di Zoologia "La Specola", n. 962

Giulio Gaetano Zumbo (o Zummo, come talvolta viene chiamato) nacque a Siracusa nel 1656 da un'antica e nobile famiglia siciliana decaduta; si sa che aveva il titolo di abate, per cui si presume che in gioventù avesse intrapreso la carriera ecclesiastica almeno per un certo periodo. Dalla Sicilia si spostò a Roma, Napoli, Bologna, Firenze, Genova, tutte città dove lavorò per un certo tempo, per approdare infine a Parigi, dove morì nel 1701.

Le sue opere sono relativamente poche: si tratta soprattutto di soggetti religiosi o comunque di composizioni artistiche nelle quali l'anatomia è solo una componente, in quanto le sue "figurine" sono magistralmente modellate e perfette in tutte le loro parti. La testa in esame invece rappresenta una sorta di esperimento condotto dall'autore per saggiare fino in fondo le sue capacità di modellatore anatomico, un esperimento che ripeté almeno altre due volte, poiché sappiamo che creò altre due teste, una delle quali è andata perduta, mentre l'altra, eseguita in cera piena, si trova a Parigi, Muséum national d'Histoire naturelle.

Quella della Specola è la prima testa eseguita da Giulio Gaetano Zumbo, ed è modellata su un cranio umano che le radiografie e la TAC, eseguite in tempi relativamente recenti, hanno rivelato essere quello di un uomo dell'apparente età di circa venticinque anni. In questa opera la pelle del lato sinistro è stata ribaltata per poter mostrare i muscoli sottostanti, le ghiandole salivari, i vasi e i tendini; la calotta cranica è tagliata e l'emisfero cerebrale destro è estratto e appoggiato al lato della testa. Si tratta sicuramente di una delle prime opere in cera di anatomia umana, di elevato valore artistico ma anche di grande precisione scientifica, e si può attribuirle anche un certo intento didattico.

Alcuni autori ipotizzano che Zumbo l'abbia eseguita a Firenze copiandola dal vero da una cera che aveva visto nell'ospedale di Santa Maria Nuova, altri affermano invece che fu eseguita a Genova e da qui inviata in dono al Gran principe Ferdinando de' Medici dall'autore. Ferdinando acquistò dallo scultore siciliano anche le tre composizioni note come "teatrini della peste", conservate anch'esse alla Specola.
M.P.

BIBLIOGRAFIA. Azzaroli Puccetti 1988, pp. 21, 32, 34 e fig. 8, 108-110 (ripr.); *Vanitas Vanitatum* 1991, pp. 47-52 e figg. 4, 5, 7; *Encyclopaedia Anatomica* 1999, pp. 20-25 e figg. pp. 18-19; Poggesi 2009, pp. 81, 83.

VII.9. Clemente Susini
(Firenze 1754-1814)
e aiuti
"Venere" smontabile

1782-1783
cera policromata; h cm 176
Firenze, Museo di Storia Naturale dell'Università degli Studi di Firenze, Sezione di Zoologia "La Specola", n. 968

Questa statua femminile giacente fu realizzata nel 1782-1783 da Clemente Susini e aiuti, ed è l'unica smontabile in cera; oltre che un tempo relativamente lungo, furono necessari la dissezione di molte decine di cadaveri e l'impiego di più di 100 libbre di cera vergine. Da documenti di archivio e da alcune annotazioni dei ceroplasti risulta infatti che per fare una statua ci potevano volere anche duecento cadaveri e gli antichi registri degli acquisti riportano la quantità di cera che veniva acquistata di volta in volta.

Questo modello, grandemente apprezzato anche dallo scultore Antonio Canova, forse più di ogni altro ci fa vedere come tali opere fossero non soltanto strumenti di studio tesi alla fedele copia della realtà per insegnare l'anatomia senza la necessità di usare veri cadaveri, ma anche manufatti di abili artisti, espressione vivida di una cultura, quella dell'"età dei lumi", che sapeva abilmente coniugare scienza ed arte. In questa cera, infatti, gli autori e i committenti sono riusciti a mettere bene in rilievo anche l'aspetto più propriamente estetico, soprattutto quando la statua è chiusa, come la si vede normalmente. Susini gioca con diversi elementi legati essenzialmente alle particolarità del materiale usato, la cera: la levigatezza delle superfici, il colorito, l'accostamento di alcuni particolari quali i capelli (veri) e la collana di perle, che ci danno quasi la sensazione di trovarsi davanti a una persona viva. Anche questa collana è un vero e proprio "inganno", perché le perle che la compongono, pur essendo di cera, sono realizzate e dipinte con tale maestria da sembrare vere. Non appena vengono tolti gli strati, però, la bella donna si trasforma in un esemplare anatomico di grande valenza didattica, e come in un film si possono apprezzare, sequenza dopo sequenza, i vari apparati, fino ad arrivare all'utero aperto a mostrare un piccolo feto.

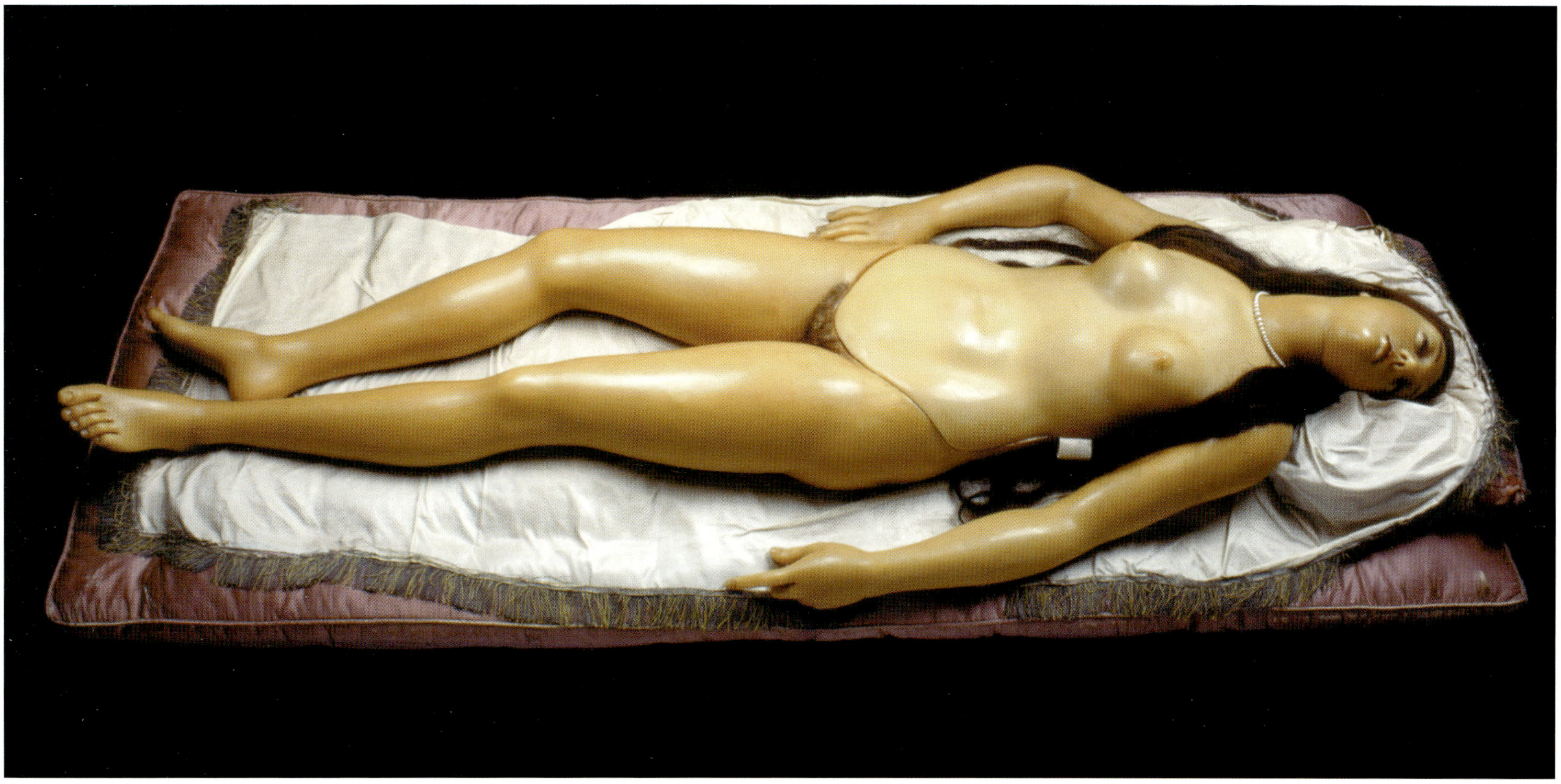

Non c'è dubbio che in quest'opera, come in molte altre della collezione ceroplastica, si ritrovi una buona dose di compiacimento al gusto del macabro, tipico dell'epoca, usato anche in chiave leggermente erotica.
M.P.

BIBLIOGRAFIA. Lanza *et al.* 1979, figg. pp. 57, 61, 227; *Encyclopaedia Anatomica* 1999, figg. pp. 100-101, 108-115; Poggesi 2009, pp. 90-91, figg. 10-11, 94, fig. 14.

VII.10. Clemente Susini
(Firenze 1754-1814)
Feto di nove mesi

1780-1785 ca.
cera policromata; h cm 36
Firenze, Museo di Storia Naturale dell'Università degli Studi di Firenze, Sezione di Zoologia "La Specola", n. 991

Nel progettare e realizzare la collezione ceroplastica il direttore del museo, Felice Fontana (1730-1805), si prefiggeva uno scopo essenzialmente didattico, e cercò quindi di creare una grande quantità di modelli, in modo da poter mostrare tutti gli apparati anatomici fin nei più minuti particolari; inoltre, per evidenziare ulteriormente tale scopo, oltre ai modelli furono realizzati anche i disegni dei singoli pezzi e le relative tavole di spiegazione. L'uso delle rappresentazioni anatomiche in cera, già iniziato a Bologna nel secolo precedente, proseguirà anche nei secoli successivi in virtù della duttilità di questo materiale, relativamente semplice da usare.

Le cere contenute nella saletta di ostetricia mostrano in maniera chiara ed esaustiva l'apparato urogenitale sia maschile che femminile, rispecchiando in maniera veramente impressionante l'animo illuministico della fine del Settecento, ben diverso dal puritanesimo che contraddistinguerà il periodo successivo. Lo sviluppo embrionale è molto ben rappresentato, anche se con un errore di fondo dovuto in parte alla carenza di conoscenze sui primi stadi dello sviluppo del feto e in parte alla teoria allora in voga dell'*homunculus*. Proposta da Antoni van Leeuwenhoek (1632-1723), questa teoria sosteneva che all'interno di ciascuno spermatozoo è contenuto un uomo miniaturizzato, "visibile" solo al microscopio, ma già dotato di tutti gli organi. L'*homunculus* si sarebbe poi sviluppato all'interno del corpo materno, che Van Leeuwenhoek riteneva essere null'altro che una incubatrice. L'alternativa speculare a questo modello fu elaborata da Regnier de Graaf (1641-1673), che propose che fosse l'ovulo materno a contenere l'*homunculus* e che lo sperma servisse meramente a innescarne la crescita. Più in generale, comunque, la teoria dell'*homunculus* sosteneva l'ipotesi della preformazione, secondo la quale lo sviluppo consiste nella crescita dimensionale di un individuo già completamente formato (l'*homunculus*, appunto). Questo è infatti ciò che si vede nelle cere che rappresentano i primi stadi di sviluppo embrionale fino al terzo-quarto mese.

Lo sviluppo del feto nei mesi successivi corrisponde abbastanza a quello reale e il modello che rappresenta il feto a termine (nove mesi) è perfettamente conforme alla realtà, anche se piuttosto "idealizzato", come sono del resto tutte le preparazioni di "corpi interi".

M.P.

BIBLIOGRAFIA. Lanza *et al.* 1979, p. 226, fig. 53 (solo ripr.); *Encyclopaedia Anatomica* 1999, fig. p. 698.

VII.11. Giovanni d'Enrico
(Riale di Alagna 1559-Borgosesia 1644)
e anonimo artigiano
Piatti con taglio di formaggio, prugne, mele, pere, fichi, forma di pane

XVI secolo (forma di pane); 1614-1616 ca. (piatti)
terracotta dipinta; cm 23 × 31 (piatto con taglio di formaggio), 12 × 26,5 (piatto con prugne grandi), 16 × 26,5 (piatto con mele), 15,5 × 26,5 (piatto con pere grandi), 14,5 × 26,5 (piatto con fichi), 11 × 10,5 (forma di pane)
Varallo, Sacro Monte, cappella dell'Ultima Cena

Le vivande esposte corredano la tavola della cappella dell'Ultima Cena del Sacro Monte di Varallo. Oggi la mensa della cappella consta di una grande tavola imbandita con frutta, pane, formaggio, pesce, stoviglie e posate di vario genere, frutto di successive stratificazioni e aggiunte il cui allestimento risente delle fasi storiche, devozionali e di gusto che hanno segnato l'evoluzione del complesso.

Il Sacro Monte di Varallo è formato da quarantacinque cappelle costruite fra la fine del XV e il XVIII secolo ed è sorto a partire dal 1486 per volontà del padre francescano Bernardino Caimi, che nel 1478 era stato guardiano del Santo Sepolcro a Gerusalemme e che, tornato in patria, volle riprodurre nella sua terra di origine – il ducato milanese – i principali luoghi della Terra Santa: il Sepolcro, il Calvario, il Monte Sion, il Monte Oliveto, Nazaret, Betlemme e così via.

La cappella risulta fra le prime edificate, sull'altura denominata "Monte Sion". La sua struttura è sopravvissuta e riconoscibile nel vano denominato "sala-cappella", che oggi, dopo numerose riorganizzazioni dell'itinerario sacro, è annesso all'albergo Casa del Pellegrino e imita le linee architettoniche del Cenacolo gerosolimitano (Gentile 1996). La prima testimonianza certa della sua esistenza è data dalla più antica guida del Sacro Monte sinora nota, stampata nel 1514 a Milano per i tipi di Gottardo da Ponte, che descrive già una ventina di costruzioni, edificate a imitazione dei corrispondenti luoghi della Terra Santa connessi alla vita di Cristo, che ospitavano la raffigurazione, con sculture in legno o pitture, dei sacri "misteri", cioè dei momenti della vita di Gesù che si erano svolti in quegli ambienti. Il Cenacolo era nel 1514 un grande vano che vedeva raffigurati, seduti intorno alla mensa «in rilevo ben depincti», Gesù e gli apostoli, sculture lignee policromate con abiti in tele gessate e dipinte, colti nel momento narrativo del tradimento di Giuda. Lo spettacolo doveva essere improntato a una grande evidenza visiva, guidata dalla volontà di colpire e attrarre il fedele. La guida infatti descrive il mistero «ornato e pincto fatto per mirare che di vaghezza ognun meravigliato» (*Tractato* 1514, ed. Stefani Perrone 1987, p. 30), ma purtroppo non fornisce indizi sull'allestimento della tavola.

La successiva guida del 1566 conferma la collocazione della scena in un luogo ampio, «molto bello» e adorno, con molti servitori. Pochi gli accenni diretti al cibo o alle stoviglie, salvo il riferimento ai commensali che mangiano l'agnello pasquale con «Giuda il pien d'inganni che il santo pane dato si divora» (*Breve descrittione* 1566, capp. XV-XVII). Qualche spunto sulla tavola ci è fornito, negli stessi anni, dal *Libro dei Misteri* (Alessi 1565-1569 ca.), il grande progetto di riorganizzazione radicale dell'itinerario sacro commissionato da Giacomo d'Adda, esponente del mondo finanziario milanese, all'architetto perugino Galeazzo Alessi, tuttora conservato, che descrive le singole cappelle in un breve testo introduttivo e illustra sito per sito l'architettura e la scena interna. Alessi ricorda il luogo già esistente della Cena di Cristo con i discepoli; giudica il mistero «molto ben fatto» e si limita a chiedere di adornarne le pareti come da lui illustrato nel disegno allegato, con architetture illusionistiche a fingere l'interno e fondali di città sul fondo. La proposta grafica dell'architetto, velocemente schizzata, delinea i servitori in piedi ai due lati della sala, Cristo al centro con gli apostoli seduti intorno a un tavolo rotondo su cui si vedono forme di pane e brocche e in mezzo un piatto in cui sembra di riconoscere un agnello arrosto (Alessi 1565-1569 ca., I, c. 6, II, c. 161).

Gli anni successivi alla pianificazione alessiana sono segnati da grandi contrasti fra la fabbriceria laica, i cui più illustri rappresentanti furono i D'Adda, e i frati francescani che officiavano il Sacro Monte, eredi del padre fondatore Bernardino Caimi, che ostacolavano le nuove scelte progettuali, realizzate infatti in minima parte e del tutto disattese per quel che riguarda la nostra cappella (Longo 1985).

Finalmente una guida del 1613 fornisce un'immagine abbastanza definita della scena come appariva in quel momento (Ferrari 1613). La xilografia di Gioacchino Teodorico Coriolano posta a illustrare la descrizione della cappella mostra Cristo che porge un boccone di pane a Giuda, mentre Giovanni ha il capo reclinato sulla sua spalla; a lato, in piedi, stanno i servitori. I commensali sono seduti intorno a un tavolo rettangolare su cui sono poggiati dei calici, delle forme di pane e un piatto da portata ovale con vivande in cui di nuovo pare campeggiare l'agnello ricordato nella guida del 1566. Dei cibi e delle stoviglie preservatisi sino ad oggi si riconoscono solo le forme di pane e, presumibilmente, i calici di vetro di Murano ora conservati nel museo del Sacro Monte.

La forma di pane esposta in mostra, modellata in cera leggera e vuota all'interno, è uno dei pezzi di questa serie. La presenza di forme simili ad essa nella xilografia della guida del 1613, l'analogia con fogge analoghe presenti nella scena delle *Nozze di Cana* del Sacro Monte di Crea (1605-1615), opera di Giovanni Tabacchetti, e in altre Cene lombarde del XVI secolo, nella fattispecie la notevole somiglianza con le forme di pane intagliate da Andrea da Corbetta per l'*Ultima Cena* del santuario di Saronno nel 1533 (Rossi 1996, p. 205) fanno pensare si tratti di pezzi presenti sulla mensa sin dal Cinquecento, probabilmente posti a corredo della scena originaria nei primi anni del secolo.

Subito dopo il 1613 anche la cappella dell'Ultima Cena fu colpita dalla sistematica riorganizzazione

del complesso, legata alla volontà riformatrice del vescovo Carlo Bascapè (1593-1615), che con un piano lucido e determinato, improntato agli indirizzi del Concilio di Trento, lo riformò per farne il racconto chiaro, verosimigliante e coinvolgente della vita di Cristo, controllandone egli stesso i contenuti.

Le nature morte di frutta e formaggio esposte in mostra furono probabilmente realizzate in questo frangente. Del riallestimento previsto ci fornisce notizia una lettera-memoriale che il fabbriciere del Sacro Monte, Gerolamo d'Adda, scrisse il 23 dicembre 1613 al Bascapè. Il D'Adda, ricordando l'ordine vescovile di spostare la cappella affinché la scena fosse cronologicamente inserita nel racconto evangelico dopo il mistero dell'ingresso di Gesù a Gerusalemme, propose di trasferire le statue e la tavola in un vano già esistente, rimasto vuoto, da corredarsi con un quadro portatile e altri limitati ornamenti (Gentile 1985; Debiaggi 1987).

Spostato il gruppo scultoreo dalla cappella originaria, si dovette provvedere quindi, immediatamente dopo (1614 ca.), a un limitato intervento pittorico, e in quella occasione si dovette arricchire la mensa con i nuovi pezzi di natura morta realizzati dal plasticatore del Sacro Monte, Giovanni d'Enrico, assoluto protagonista in questi anni degli allestimenti delle cappelle.

Pochi anni più tardi, nel 1617, il cardinale Ferdinando Taverna, in occasione della visita pastorale al Sacro Monte, trova la *Cena* trasferita nel più modesto vano individuato, critica l'assenza dell'agnello sulla mensa e la presenza di frutti «ut fici, pira, persici», che giudica «intempestivi, cum tempore dictae coenae dicti fructus adesse non posset». Negli ordini successivi alla visita prescrive di ricostruire la cappella, più grande, di ornarla con una finta tappezzeria e di corredarla con l'agnello pasquale cotto. «Li frutti diversi che sono sopra detta tavola fuori di quello che comporta la staggione», aggiunge, «si devono levare, a suo luogo aggiongervi il pane azzimo et altre cose convenienti alla Cena» (Taverna 1617, cc. 65v, 128v).

I disposti vescovili, improntati alla rigorosa conformità alla storia sacra, confermano l'esistenza, a quella data, dei brani di natura morta con la frutta e il formaggio. Fortunatamente essi non ebbero seguito e le nature morte sono giunte sino a noi, sopravvivendo anche alla nuova e definitiva sistemazione data alla cappella un secolo e mezzo più tardi.

Il naturalismo immediato, il nitore ottico, il gioco di luci riflesse sui frutti, evidente dopo la pulitura e la rimozione delle ridipinture degli anni settanta, la composizione delle alzate di frutta, apparentemente casuale ma accurata, ricordano i primi esempi di natura morta lombarda (dal Figino a Fede Galizia e Panfilo Nuvolone), filtrati da elementi di maggior aulicità. Il piatto con il taglio di formaggio rappresenta la punta di più immediato realismo dell'intero gruppo. Sono state rilevate inoltre affinità, evidenti soprattutto nei due piatti di fichi, fra queste nature morte e le nature morte veristiche di Vincenzo Campi e, indirettamente, gli esempi di Pieter Aertsen e Joachim Beuckelaer (Stefani Perrone 1973; S. Stefani Perrone, in *Opere d'arte* 1976, pp. 214-215). Le opere ben si inseriscono nel clima culturale del Sacro Monte di questi anni, segnato dalla volontà vescovile di produrre scene di intenso naturalismo (indicando anche agli artisti come modello le opere di Gaudenzio Ferrari), evocative e coinvolgenti, culturalmente aggiornate, redatte da artisti di qualità.

Gli elementi formali che si leggono nel gruppo qui esaminato confermano l'autografia del D'Enrico, statuario ufficiale del Sacro Monte dal primo Seicento, artista formatosi nel clima culturale che anima il complesso varallese sullo scorcio del XVI secolo, un singolare crogiuolo in cui si intrecciano dati

di aggiornato Manierismo lombardo, ricco di spunti naturalistici, di cultura locale tardogaudenziana e di apporti nordici (Romano 1990).
E.D.F.

BIBLIOGRAFIA. E. De Filippis, in *Tanzio da Varallo* 2000, pp. 208-209 (con bibliografia).

VII.12. Giacomo Galletti
(attivo nella seconda metà del XVIII secolo)
e scultore del XIX secolo
Vassoio con trote, piatto con gambero di fiume, piatto con uova sode

1784 (vassoio con trote, piatto con gambero di fiume); XIX secolo (piatto con uova sode)
legno intagliato con inserti di lamina metallica, parzialmente telato, gessato e dipinto (vassoio con trote); ceramica policromata, legno intagliato, gessato e dipinto con perni metallici (piatto con gambero di fiume); ceramica policromata e marmo dipinto (piatto con uova sode);
cm 2 × 20 × 44 (vassoio con trote), 2,5 × 5 × 25 (prima trota), 2 × 5 × 28 (seconda trota), 3,5 × 7 × 40 (terza trota), 5 × 12 × 50 (quarta trota); cm 2,3 × 20,5 (piatto con gambero di fiume), 6 × 15 × 24 (gambero di fiume); cm 2,5 × 21,3 (piatto con uova sode), da 2 × 4 × 6 a 2 × 4 × 5 (uova)
Varallo, Sacro Monte, cappella dell'Ultima Cena

Firmato e datato (vassoio con trote) sul retro della trota più grande: «Galletti»; sotto, a matita, «Giacomo» e «1784». Iscrizioni: sul retro del piatto con gambero di fiume, «Wedgwood 5 5 VI»; sul retro del piatto con uova sode, «Musso M 1».

I piatti con le trote, il gambero di fiume e le uova sode trovano posto sulla grande tavola imbandita della cappella dell'Ultima cena del Sacro Monte di Varallo (si veda la scheda precedente).

A seguito della radicale riorganizzazione del complesso voluta dal vescovo Carlo Bascapè, intorno al 1615 il mistero della Cena, che risultava fuori posto nella trama fisica e narrativa del Monte perché prima dell'Ingresso in Gerusalemme, fu spostato in un altro vano, in posizione più corretta (Bascapè 1593, cc. 81r-v, 101r-v; Bascapè 1602, c. 71r-v). Il vescovo Taverna nel 1617 giudicava la nuova collocazione angusta e modesta e prescriveva la costruzione di una nuova cappella più spaziosa e con i muri ornati a fingere l'interno di un'abitazione. La richiesta veniva replicata anche dai vescovi successivi. In realtà, per tutto il XVII secolo e buona parte del XVIII, le antiche mappe registrano la cappella nella stessa posizione. Solo a fine Settecento il progetto del nuovo portico, destinato a delimitare a sud la piazza del Tempio, e delle stanze soprastanti (ultimate nel 1818), realizzato grazie alla munificenza del pittore locale Gaetano Racchetti e poi della marchesa Parella di Torino, comportò l'allineamento al di sotto di esso delle cappelle dell'Ultima Cena e dell'Orazione nell'orto (*Guida* 1819, p. 40; *Libro dello speso* 1708-1785, c. 376). La cappella fu radicalmente ricostruita in nuove forme e ampliata. Nel 1779 venne ultimata, firmata e datata la decorazione del nuovo ambiente, in gusto rococò, da Giovanni Antonio Orgiazzi il Vecchio, autore anche del progetto delle consolle, dei vassoi e dei vasi dorati, che l'artista dipinse insieme alle statue degli apostoli, di Cristo e dei servitori, manichini finiti solo alle estremità, rivestiti di tele gessate. In quest'occasione la tavola si arricchì delle nuove pietanze, le cinque trote, la più grande delle quali reca sul retro, incisa, la firma «Galletti» completata dal nome Giacomo e dalla data 1784, e il gambero di fiume. Le analogie tecniche e stilistiche fra i cinque pesci e il gambero li hanno fatti attribuire tutti, almeno per quel che attiene alla loro decorazione pittorica, a Giacomo Galletti, figlio del notaio Giovanni, pittore a cui è documentato un pagamento nel 1786 per aver restaurato due cappelle nelle vicinanze di Varallo. I pesci e il gambero, comuni in Valsesia, connotati da un immediato realismo nonostante le dimensioni un po' accentuate del gambero, assumono all'interno della Cena un'accezione simbolica. La presenza del gambero, in particolare, si ricollega a una tradizione iconografica ampiamente documentata nelle zone alpine dal XV secolo.

Nello stesso filone realistico, connotato dalla presenza sulla mensa, lontana ormai da ogni criterio di conformità con le Scritture, di cibi comuni e diffusi in Valsesia, si pone la presenza delle mezze uova sode in marmo dipinto e di frutta in materiali vari (pietra, cartapesta, malta), aggiunte nell'Ottocento insieme a stoviglie, posate, bicchieri e piatti in ceramica.
E.D.F.

BIBLIOGRAFIA. De Filippis 1999 (con bibliografia).

VII.13. Officina di ceroplastica dell'Imperiale e Regio Museo di Fisica e Storia Naturale
Modello di *Cucurbita melopepo*
'Zucchetta bernoccoluta'

fine del XVIII secolo
cera policromata, legno; cm 20 × 15,5
Firenze, Museo di Storia Naturale dell'Università degli Studi di Firenze, Sezione di Botanica, inv. (1904), n. 3924

VII.14. Officina di ceroplastica dell'Imperiale e Regio Museo di Fisica e Storia Naturale
Modello di *Persica flore magno* 'Pesca burrona'

fine del XVIII secolo
cera policromata, legno; cm 14 × 15,5
Firenze, Museo di Storia Naturale dell'Università degli Studi di Firenze, Sezione di Botanica, inv. (1904), n. 4641

Entrambi i modelli appartengono alla collezione dei frutti e ortaggi "imitati" in cera realizzati tra la fine del XVIII secolo e la prima metà di quello successivo, al pari della collezione delle piante in vaso, dall'Officina di ceroplastica dell'Imperiale e Regio Museo di Fisica e Storia Naturale fondato nell'attuale via Romana dal granduca Pietro Leopoldo. Oltre a quelli provenienti dall'Officina lorenese, la Sezione Botanica possiede anche una ventina di frutti esotici, sempre in cera, realizzati in Messico e acquisiti dal museo nel 1853; pure di provenienza esterna sono decine di altri modelli di frutti e ortaggi di materiali vari, come terracotta, marmo e pasta di legno.

Elenchi di modelli di frutti e ortaggi in cera sono già presenti nel primo inventario del museo del 1793, in cui sono citati diligentemente e in bella scrittura le diverse «Piante imitate in cera in vasi di porcellana» insieme con i «Frutti imitati in cera sotto campane di vetro» negli scaffali e nei morioni (sorta di alzata sopra gli armadi) alle pareti delle sale dedicate alla botanica. Oggi purtroppo nessuna campana di vetro è sopravvissuta e i modelli sono semplicemente alloggiati sulle originarie basi rotonde in legno verniciato di bianco e con dorature, come nel caso dei pezzi esposti, oppure su basette quadrate di porcellana bianca decorate con cornicette policrome, sicuramente posteriori a quelle in legno.

Il frutto e l'ortaggio in mostra sono emblematici non solo della bellezza e veridicità della collezione, quanto anche dello sforzo di rappresentare l'enorme numero di varietà colturali (quelle che noi oggi indichiamo con il nome di cultivar) presenti sulle tavole e negli orti alla fine del Settecento, così come si era voluto fare solo un secolo prima con i campionari di Bartolomeo Bimbi.

La "pesca burrona" e la "zucchetta bernoccoluta", ma anche la "mela panaia", il "limone della regina", il "limone non ha pari" e ancora la "zucchetta a berlingozzo", il "popone vernino", la "pera coscia di dama", solo per fare alcuni esempi, testimoniano la grande volontà documentaria e didattica espressa all'interno di quello che fu il primo museo scientifico in Europa aperto liberamente alla popolazione. Accanto quindi ai complessi strumenti ottici o astronomici, così come insieme ai preziosi erbari e alle cere anatomiche nonché ai misteriosi fossili, testimoni di epoche lontanissime, era possibile ammirare e magari riconoscere la varietà di pesca o di pera coltivata nell'orto di casa o anche scoprire la straordinaria quantità di tipi diversi di limoni e arance che si potevano allevare. Tra questi ultimi, non sorprendeva neppure vedere quelle varietà "mostruose" come i limoni "digitati" o le "bizzarrie" che alcuni membri della famiglia Medici avevano già fatto ricercare e propagare nei giardini delle loro ville e che i ceraioli dell'Officina avevano riprodotto mirabilmente, sulla scia di una tradizione che riusciva ancora a coniugare l'arte alla scienza e la sapienza al bello.
CH.N.

BIBLIOGRAFIA. Nepi 2008; C. Nepi, in *Stravaganti e bizzarri* 2008, pp. 132-147, n. 31; Baldini 2009.

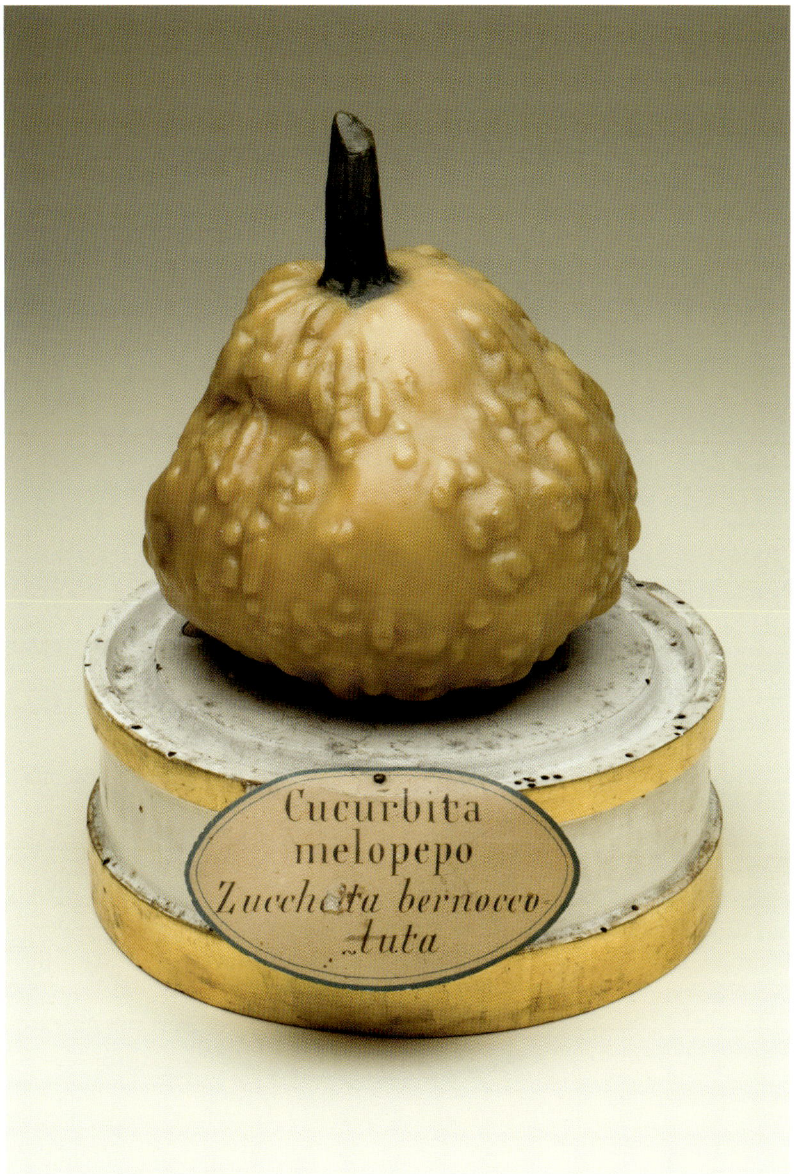
Cucurbita
melopepo
Zucchetta bernocco-
luta

Persica
lore magno, fructu globoso, compressa
carne et cortice albis.
Pesca burrona

VII.15. Carl Schildbach
(?, Sassonia 1730-1817)
Volume di *Fagus sylvatica*

1788 ca.
legno, cera, filo di ferro, carta, cuoio;
cm 17,7 × 15 × 5,2 (scultura)
Kassel, Naturkundemuseum im Ottoneum,
inv. 212849, n. 112, L. CL. XXI

VII.16. Carl Schildbach
(?, Sassonia 1730-1817)
Volume di *Laurus nobilis*

1788 ca.
legno, cera, filo di ferro, carta, cuoio;
cm 17,5 × 10,2 × 4 (scultura)
Kassel, Naturkundemuseum im Ottoneum,
inv. 212897, n. 347l/167, L. CL. IX

Fin dalla nascita degli erbari, intesi come raccolte di campioni vegetali essiccati (*Horti sicci*) e conservati a fini scientifici, avvenuta nel XVI secolo, gli studiosi di piante si sono dovuti preoccupare della migliore conservazione possibile del reperto affinché questo non perdesse quelle caratteristiche utili al suo riconoscimento e confronto. Il campione essiccato di una pianta erbacea, nonostante l'inevitabile perdita di alcune sue peculiarità come il colore e la consistenza nonché, ovviamente, la tridimensionalità, rimane più o meno bene identificabile quando è costituito da tutte le sue parti essenziali. Diverso da sempre è stato il discorso sulla conservazione di reperti appartenenti a specie arboree, per le quali è necessaria la conservazione sia delle parti legnose sia di quelle vegetative (rametti e foglie) e riproduttive (fiori e frutti). Le cosiddette "xiloteche" sono appunto quelle collezioni in cui porzioni di legno più o meno grandi e foggiate secondo diversi modelli (a tavoletta, a rotella, incernierate a libro ecc.) vengono conservate ad uso scientifico per essere studiate nei loro dettagli, anche microscopici. Fra le xiloteche più importanti del nostro paese c'è sicuramente quella conservata nella Sezione di Botanica del Museo di Storia Naturale dell'Università di Firenze, con poco meno di seimila reperti relativi a specie arboree, sia europee che esotiche.

Alcune delle collezioni xilologiche più interessanti e particolari vennero realizzate sul finire del XVIII secolo soprattutto in Germania, ma in genere in tutta l'Europa settentrionale, per promuovere una migliore conoscenza degli alberi e anche per tutelare un patrimonio boschivo sempre più sfruttato. Furono così costituite peculiari collezioni, spesso sotto forma di cassette confezionate con lo stesso legno delle specie rappresentate e contenenti pezzi di radici e di rami, sezioni di legni, fiori, frutti ecc. Spesso queste cassette erano a forma di libro, con il dorso esterno ricoperto dalla stessa corteccia della specie; al loro interno era possibile trovare anche provette contenenti polline o semi o addirittura la segatura o la cenere ottenute dal legno.

Di tipo molto diverso è la xiloteca realizzata da Carl Schildbach (1730-1817) intorno al 1788, sempre in Germania. Amministratore di una vasta tenuta agricola e forestale, lo Schildbach costruì i 530 pezzi oggi conservati nel Naturkundemuseum di Kassel, ciascuno a forma di piccola cassetta, con lo stesso legno della specie da rappresentare e chiusa da uno sportello a incastro. All'interno di ogni cassetta poi vennero messi rametti, foglie, fiori e frutti non naturali, ma realizzati in vari materiali, come cera, carta, cuoio ecc., adeguatamente colorati, a rappresentare le caratteristiche distintive di ciascuna entità tassonomica. In questo modo, più di quattrocento diverse specie arboree e arbustive di interesse forestale e agrario furono rappresentate e tra queste, solo per fare alcuni esempi, il melo, il pero, il pesco, il nespolo, alcuni agrumi, il melograno, il fico, la vite, il caffè, ecc. per finire con l'alloro (*Laurus nobilis*) e il faggio (*Fagus sylvatica*) qui mostrati. Tra la fine del XVIII secolo e l'inizio del XIX questa collezione venne usata dalla scuola forestale locale.

Oggi una xiloteca di questo tipo ha un significato non tanto scientifico, relegato semmai al solo materiale della cassetta, quanto di testimonianza di una sensibilità particolare verso la didattica e la rappresentazione della natura, con la ricerca dei materiali più adatti a esemplificare la drupa dell'alloro come la faggiola del faggio, le coriacee foglie del primo e quelle più tenere dell'altro, in una tensione verso la riproduzione più veritiera possibile della realtà.
CH.N.

BIBLIOGRAFIA. Baldini 1992; Cuccuini 2009.

VII.17. Clemente Susini
(Firenze 1754-1814)
Officina di ceroplastica dell'Imperiale
e Regio Museo di Fisica e Storia Naturale
Modello di *Aloe succotrina* Lam.

fine del XVIII secolo
cera policromata, porcellana; h cm 70
Firenze, Museo di Storia Naturale dell'Università
degli Studi di Firenze, Sezione di Botanica,
inv. (1904), n. 15733

Il modello fa parte, insieme ad altri 181, della collezione delle piante in cera a grandezza naturale conservata nella Sezione di Botanica del Museo di Storia Naturale dell'Università di Firenze. Essa fu realizzata tra la fine del XVIII secolo e la prima metà di quello successivo, insieme a quella dei frutti e ortaggi "imitati" in cera dagli stessi artefici dei più famosi modelli di anatomia umana e animale oggi vi-

sibili nella Sezione di Zoologia dello stesso museo. Come è noto, infatti, il lorenese Museo di Fisica e Storia Naturale, fondato nell'attuale via Romana nel Palazzo Torrigiani nel 1775, ospitava tra i suoi laboratori scientifici anche un'Officina di ceroplastica adibita alla realizzazione di modelli in cera come sussidio didattico per l'apprendimento delle scienze naturali e dell'anatomia per gli studi di medicina. In particolare, la collezione delle piante in vaso costituisce un documento eccezionale dell'attività dell'Officina, sia dal punto di vista scientifico che da quello estetico-artistico. Sin dagli anni novanta del Settecento è documentata la realizzazione di questi modelli a opera di Clemente Susini, sotto la guida del direttore del museo Felice Fontana. La collezione continuò poi anche con altri illustri ceraioli, in particolare Francesco Calenzuoli (1796-1847) e Luigi Calamai (1800-1851). Dai primi inventari del museo, del 1793 e del 1820, nonché dai fascicoli del «Giornale dei modellatori» conservati nella Sezione di Zoologia è possibile oggi ricostruire, anche se con una certa difficoltà dovuta talvolta alla ripetizione dei nomi di alcuni modelli, la storia di questo affascinante "giardino artificiale".

Proprio grazie ai documenti si è potuto appurare che il modello di *Aloe succotrina* venne realizzato da Clemente Susini verso la fine del XVIII secolo e successivamente rifinito (o forse restaurato) da Francesco Calenzuoli. Dalle scarne notizie del «Giornale dei modellatori», nonché dalle analisi effettuate nel corso delle operazioni di ripulitura e restauro degli ultimi anni di alcuni modelli, si è compreso che a una prima fase in cui la pianta reale veniva ritratta mediante un disegno più fedele possibile seguiva la vera e propria realizzazione, con la costruzione di una armatura metallica (in rame o ferro) su cui si modellavano le varie parti con la cera vergine di api già colorata con pigmenti e coloranti naturali. Le strutture più delicate (come quelle fiorali o le foglie più piccole) venivano via via costruite singolarmente e apposte sulla struttura portante. Successivamente si realizzavano le sfumature di colore per le parti che le richiedessero. Il modello poi, con la sua base in gesso, veniva collocato in un vaso in porcellana di squisito gusto settecentesco, fatto realizzare appositamente nella Manifattura di Doccia e riempito di vera terra da giardino. La straordinaria verosimiglianza era accentuata dalla realizzazione delle piccole imperfezioni che ogni pianta presenta: foglie appassite o, come nel caso dell'*Aloe*, già secche e tagliate alla base, piccole maculature sulle foglie provocate da punture di insetti o malattie, fiori già sfioriti ecc. Non era raro che nel caso di piante succulente come *Cactus* ed *Euphorbia* si usassero gli aculei veri prelevati dal vegetale vivente, applicandoli sul modello per rendere ancora più realistica la raffigurazione! Ogni modello era poi accompagnato da una conchiglia, sempre in porcellana (le cosiddette «nicchie» degli antichi inventari), in cui erano poste le riproduzioni in cera degli organi riproduttivi, spesso a maggiore ingrandimento, della specie raffigurata nel vaso. Questo accessorio, oggi purtroppo rimasto solo per pochissimi modelli, rappresentava l'aspetto scientifico della collezione, in quanto proprio sul numero e la disposizione degli organi sessuali (stami e carpelli) all'interno del fiore si basavano le nuove teorie classificatorie linneane, diffuse in tutta Europa solo dal 1753, ma che erano state da subito recepite e applicate nel nascente Museo di Storia Naturale. Non solo, ma gli stessi nomi delle specie, così elegantemente vergati sul bianco cartiglio del vaso in porcellana, sono già i "moderni" binomi linneani, secondo quel sistema nomenclaturale che ancora oggi seguiamo.

Un aspetto molto interessante ed esemplificato dallo stesso modello di *Aloe succotrina* esposto è quello relativo alle specie vegetali riprodotte: si tratta infatti, nella quasi totalità della collezione, di specie "esotiche", cioè non endemiche ma introdotte e poi acclimatate nei nostri giardini. Infatti la collezione venne realizzata proprio per mostrare ai visitatori del Museo di Storia Naturale la straordinaria varietà delle piante a fiore nel mondo grazie alla riproduzione di quelle specie, così numerose e così stupefacenti per forme e colori, che venivano riportate in quei decenni da regioni per lo più tropicali, ancora poco esplorate. La stessa *Aloe succotrina* era giunta nella penisola solo nel 1772: proveniva dal Sudafrica, come le diverse specie di *Euphorbia* o la *Burchellia capensis* o ancora la strabiliante *Strelitzia reginae*, tutte così magistralmente riprodotte con la cera, a grandezza naturale, a rappresentare un vero e proprio giardino delle meraviglie.

CH.N.

BIBLIOGRAFIA. Martelli 1977; De Benedictis 1984; Nepi 1990; Nepi 2009; Poggesi 2009.

VII.18. Piero Gilardi
(Torino 1942)
Zuccaia

1966
poliuretano espanso flessibile; cm 40 × 150 × 150
Torino, Fondazione Guido ed Ettore De Fornaris, Galleria d'Arte Moderna e Contemporanea, inv. FD/60

La produzione di "natura artificiale" è tematica sviluppata, in ambiti e secondo prospettive differenti, da diversi artisti nel corso degli anni sessanta. Con un procedimento a metà strada fra le pratiche di prelievo e decontestualizzazione di soggetti dalla realtà messe in opera dalla Pop Art e precognizioni poveriste d'intervento nell'ambiente, nel 1966 Piero Gilardi – protagonista e teorico del movimento dell'Arte Povera – avvia la fortunata e longeva esperienza dei *Tappeti-natura*: microambienti naturali illusionisticamente trasposti in materia sintetica e caricati di una destinazione funzionale, d'uso.

La novità dei *Tappeti-natura* rispetto alle esperienze coeve consisteva nel loro essere concepiti non come sculture o quadri da appendere a parete, ma come morbidi e confortevoli arredi da disporre a terra, di cui fruire nello spazio domestico, mescolati agli oggetti reali del vissuto quotidiano. Essi rappresentavano, nell'idea dell'artista, la possibilità di soddisfare, attraverso la razionalità della tecnologia, il bisogno della natura, la nostalgia dell'Eden andato perduto nella civiltà dei consumi. La ricerca della massima aderenza al modello naturale si faceva condizione essenziale.

Sfruttando le potenzialità applicative del poliuretano espanso (formato e lavorato a intaglio, quindi impregnato di pigmento sintetico sciolto in resina vinilinica) Gilardi riproduce questi frammenti del paesaggio naturale – prati fioriti, orti, ma persino porzioni di mare e di cielo – con una perizia imitativa capace di spostare la fruizione del visitatore dalla visione d'insieme del rappresentato alla sua analisi. Tale spostamento favorisce un senso d'astrazione che estingue temporaneamente l'ambiguità fra naturalità dell'immagine e artificialità del materiale, annullando la percezione del *Tappeto-natura* come feticcio, artificio rappresentativo, imitazione contraffatta (cfr. *Piero Gilardi* 2006).

G.B.

BIBLIOGRAFIA. *Il Museo sperimentale di Torino* 1985, pp. 200-201; *Arte moderna a Torino* 1986, pp. 256-257; *Il Modo Italiano* 2007, p. 301.

VIII. Materie *en travesti*

VIII.1. Arte romana
Statua di fanciullo togato

inizi del II secolo d.C. con integrazioni
della seconda metà del XVII secolo
basanite; h cm 90 (79 la parte antica)
Firenze, Galleria degli Uffizi, Inv. 1914, n. 400

Nonostante le difficoltà di lavorazione dovute alla sua estrema durezza, la basanite conobbe un momento di particolare fortuna nella tradizione scultorea protoimperiale (*Marmi antichi* 1992, p. 266, n. 110). Il colore brunito di questa roccia, cavata in una delle località più impervie e inospitali del deserto orientale dell'Egitto, consentiva infatti di realizzare opere che a prima vista sembravano fuse in bronzo e solo a un esame più attento rivelavano, con un gusto della sorpresa e della mimesi tipicamente barocco, la loro vera natura (Schneider 2002, pp. 88-89). Non fu un caso che proprio questo materiale fosse prescelto per realizzare copie particolarmente curate di celebrati prototipi metallici del mondo classico, come testimonia uno splendido torso sempre agli Uffizi, probabilmente la migliore replica a noi giunta del *Doriforo* di Policleto (Maderna-Lauter 1990, p. 333 fig. 202). La statua di fanciullo in esame non sfugge a questa volontà di ingannare i sensi dello spettatore, proponendo un tipo statuario, come quello del togato, fra i più frequentemente riprodotti in bronzo. La statua, rinvenuta acefala a Roma, nei pressi del Celio, nel 1651 (Agostini 1686, I, p. 68), fu ceduta da Leonardo Agostini al cardinal Leopoldo, alla cui morte, avvenuta nel 1675, entrò in Galleria insieme al resto della sua collezione (cfr. Capecchi 1979, pp. 130-131). La parte antica, comprendente la quasi totalità della figura ad eccezione della testa, della mano sinistra e dei piedi con le caviglie, è stata accuratamente ricomposta da più frammenti e sistematicamente rilucidata. Ad essere raffigurato è un fanciullo di non più di dieci anni, stante, vestito con una toga di cui trattiene un'estremità, con il braccio sinistro leggermente piegato in avanti. Col destro, disteso lungo il fianco, l'ignoto fanciullo stringe invece un lembo del *sinus*, che, allargandosi con una caratteristica ricaduta a vela, giunge a coprire il ginocchio destro. Il *balteus*, drappeggiato orizzontalmente all'altezza del fianco destro con un corto *umbo*, attraversa il petto sino alla spalla sinistra con pieghe morbide e profonde. In basso, al di sotto del panneggio della toga, fuoriesce la *lacinia*, che giunge sino a lambire il terreno. Se la disposizione della toga consente soltanto un generico inquadramento dell'opera in un arco cronologico che va dall'età traianea agli inizi del IV secolo d.C. (Belli Pasqua 1995, p. 77, nota 160), indicazioni più puntuali sono offerte dal trattamento del panneggio, caratterizzato dalla resa schiacciata dell'*umbo* e dal ricorso a profondi solchi nel trattamento delle pieghe. Caratteri analoghi, infatti, si riscontrano in figure di togati degli inizi del II secolo d.C., come ad esempio in una statua oggi nella Galleria Colonna (*Galleria Colonna* 1990, pp. 247-250, n. 134); a quest'epoca, del resto, sembra da ricondursi anche la caratteristica resa a zig-zag della *lacinia* (cfr. Goette 1990, p. 134). Con una simile cronologia contrasta la testa che, per la sua capigliatura caratterizzata da una ricaduta sulla fronte con ciocche disposte a "tenaglia" sembrerebbe rimandare alle esperienze proprie del ritratto giulio-claudio. Se a questa incongruità si aggiungono alcune anomalie da tempo rilevate nel trattamento del volto (cfr. Belli Pasqua 1995, p. 78; *I marmi colorati* 2002, pp. 347-348) e le notizie sullo stato di conservazione dell'opera al momento del rinvenimento, sembra perfettamente plausibile concludere che la testa, al pari delle altre integrazioni, debba essere ricondotta ad un intervento di restauro realizzato in tempi immediatamente successivi alla scoperta.

F.P.

BIBLIOGRAFIA. Agostini 1686, I, p. 68, tav. 172; Gori 1740, tav. XCII; Lanzi 1782, p. 200; Dütschke 1878, n. 379; Mansuelli 1961, p. 62, n. 51; Capecchi 1979, pp. 130-131; Barocchi 1986, pp. 1173, 1177, tav. C; Belli Pasqua 1995, pp. 77-78, n. 17, tav. XX (con bibliografia completa); *I marmi colorati* 2002, pp. 347-348, n. 49.

VIII.2. Arte romana
Torso di barbaro orientale

I secolo d.C.
alabastro orientale (corpo), giallo antico (cintura), rosso antico (mantello); h cm 55
Città del Vaticano, Musei Vaticani, Museo Chiaramonti, inv. 1716

L'uso di marmi colorati di provenienza asiatica o africana si affermò, con sempre maggiore fortuna, a partire dall'età augustea. Questo fenomeno non rispondeva esclusivamente a motivi estetici, ma scaturiva da una ben precisa volontà propagandistica di dimostrare, con l'impiego di quei pregiati marmi, la vastità del dominio romano. Quegli esotici e variopinti materiali, considerati alla stregua di veri e propri trofei di guerra riportati dalle vittorie su popoli lontani, divennero infatti il supporto ideale per le raffigurazioni di barbari sconfitti e sottomessi (per la questione si veda, da ultimo, *I marmi colorati* 2002, pp. 83-84). Nel rifacimento augusteo della basilica Emilia fu adottato, probabilmente per la prima volta, il motivo statuario dell'orientale stante, realizzato in pavonazzetto e giallo antico, raffigurato con le braccia levate a sorreggere la trabeazione (Schneider 1986, pp. 98-99); questo schema iconografico e l'adozione di un analogo repertorio di marmi ritornano anche nella celebre statua di persiano oggi a Palazzo Altemps, databile ad avanzato periodo giulio-claudio (*I marmi colorati* 2002, p. 87, fig. 4). Con questi esempi il torso vaticano non condivide soltanto il gusto per un'accentuata policromia, ma anche l'impostazione della figura, con le braccia levate in alto, come si intuisce dall'attacco alla spalla, e il vestiario, caratterizzato da una lunga tunica stretta sul petto da una larga cintura (parzialmente integrata) e un mantello sulle spalle avvolto intorno al collo. La statuetta vaticana, a lungo ritenuta un Apollo (Amelung 1903) e completata in origine con testa e braccia forse in marmo bianco lavorate a parte, rappresenta quindi una non comune versione in scala inferiore al vero dei prototipi di dimensioni colossali destinati alla decorazione di pubblici edifici. Fra le versioni ridotte di questi archetipi, forse testimonianze di una ricezione nella sfera del privato di modelli nati per la propaganda ufficiale, possono essere ricordati una statuetta oggi a Bari (Schneider 1986, pp. 203-204, n. SO 25, tav. 29,3-5) o alcuni frammenti da Taranto e da Mileto (ivi, pp. 207-208, n. SO 53, tav. 31,2; Belli Pasqua 1995, pp. 159-162, n. V.27), che, al pari del marmo vaticano, potrebbero essere stati destinati a sorreggere un tavolo o un altro elemento dell'arredo domestico.
F.P.

BIBLIOGRAFIA. Gerhard-Platner 1834, p. 63; Amelung 1903-1908, I, p. 613, n. 460, tav. 65; *Museo Chiaramonti* 1995, II, tav. 460, XXXIV 10.

VIII.3. Vettor Pisani
(Ischia 1935)
Venere di cioccolato

1970 (matrice)
calco in cioccolato; cm 42 × 30 × 34
Sarzana, Cardelli & Fontana artecontemporanea

La pratica del calco, dopo l'arresto conosciuto nella seconda metà dell'Ottocento, torna ad essere utilizzata con frequenza dalle avanguardie della prima metà del Novecento, per intensificarsi durante gli anni sessanta e settanta, quando la forma ricavata dal modello vivente diventa la via privilegiata di un'identificazione totale e immediata con l'oggetto, mentre i calchi ripresi dall'antico vengono impiegati, spesso con ironiche variazioni di materiali, come *objets trouvés* o come *ready-made*, con la funzione cioè di innescare spaesamenti e spostamenti di senso (Lugli 1995, pp. 70-71).

A questa tradizione di simboliche citazioni dall'antico e di beffardi mascheramenti materici che ha origine con le avanguardie rimanda l'ambiguità visiva e di significati della *Venere di cioccolato*, elemento centrale della performance dedicata a Marcel Duchamp con cui Vettor Pisani fa il suo esordio fra la schiera degli artisti concettuali attivi a Roma all'inizio dei settanta.

Rivestendo il calco di un'immagine simbolo – già oggetto di reinterpretazioni nel passato (dalla *Venere a cassetti* di Salvador Dalí alla Venere acefala imbrigliata nella rete da Man Ray, alla *Venere blu* di Yves Klein) – con una materia deteriorabile, persino commestibile, come la cioccolata, manipolata a fingere le alterazioni del metallo, Pisani reinventa l'archetipo, ne sposta il senso di lettura, attivando riflessioni intorno alla durata con cui l'opera d'arte si restituisce al nostro tempo e alla nostra percezione (*Vettor Pisani* 1992).
G.B.

BIBLIOGRAFIA. Waldman 1982, pp. 106-111; *Identità e alterità* 1995, p. 534.

VIII.4. Manifattura tedesca (?)
Pianelle

1635-1647 ca.
serpentino; cm 10 × 30,5 ciascuna
Copenaghen, Nationalmuseet, Danmarks Middelalder og Renæssance, inv. n. DAf 170-171

Scolpite in serpentino di Sassonia, le due pianelle mostrano segni di usura che si è pensato di poter collegare a una loro presunta funzione di protezione dalle malattie. È tuttavia più probabile che si tratti di un semplice esempio dei giochi illusionistici che tanto comuni erano nelle *Kunstkammern* seicentesche. Si tratta verosimilmente di un dono offerto dall'Elettore di Sassonia al genero, il principe ereditario Cristiano (si veda la scheda III.3).
P.G.H.

BIBLIOGRAFIA. *Christian IV and Europe* 1988, p. 186, n. 662; Gundestrup 1991, I, p. 241, n. 750/91.

VIII.5. Isabelle de Borchgrave
(Bruxelles 1946)
Abito della regina Elisabetta I

2001
tecniche miste su carta; cm 165 × 95 × 95
Bruxelles, Créations Isabelle de Borchgrave SPRL

L'abito è realizzato in carta dipinta con tecniche miste e manipolata tagliando, piegando e incollando; fa parte delle collezioni dei "Papiers à la Mode", abiti storici creati dall'artista belga Isabelle de Borchgrave che, nati dall'incontro di quest'ultima con la costumista e stilista canadese Rita Brown, riproducono tridimensionalmente in carta esemplari di costumi tratti da fonti iconografiche. Interessante è la scelta di presentare in questa sede l'abito di un personaggio che tanto peso ebbe nella storia della moda.

L'abito in questione, da un celebre dipinto della bottega di Nicholas Hilliard del 1599 circa (Hardwick Hall, Devonshire Collection), è tipico della fine del XVI secolo e testimonia come anche la regina Elisabetta usasse la moda come strumento che attestava l'autorità del potere politico del regnante. Questo appare evidente nella forma, che rappresenta un'estensione a tutto campo della figura contenuta dall'abito, estensione che va dall'adozione del verdugale all'immenso colletto che sovrasta il volto e ai decori, in questo caso soprattutto i preziosi ricami della gonna.

Nella seconda metà del Cinquecento l'Europa era dominata dall'influenza della moda spagnola in virtù del potere che la corte di Spagna aveva assunto con Carlo V; il suo figlio e successore, Filippo II, soffocando i tentativi di indipendenza delle diverse espressioni del gusto, arrivò a imporre la moda spagnola pressoché in tutta Europa. Tutto fu ricondotto entro rigidi schemi di stampo aristocratico, conforme ai dettami della cattolica Controriforma. L'abbigliamento ne risultò irrigidito dalle spesse imbottiture e dalle austere e chiuse gorgiere, e fra i colori dominarono le tonalità scure.

Anche l'Inghilterra non fu immune da questo influsso, ma verso la fine del secolo la regina Elisabetta cercò di ricondurre la moda inglese verso tendenze meno austere, scegliendo colori chiari e rivelando una spiccata inventiva nel trasformare le gorgiere in colletti di merletto. Fu infatti proprio suo merito quello di aver abbandonato la chiusa gorgiera aprendola e facendola degradare fino allo scollo, nuovamente ripristinato, e trasformandola in un grande colletto a più strati di merletto che si erge a esaltare il volto. Sempre al tempo di Elisabetta, la moda inglese assunse anche il verdugale alla francese, o "a tamburo", che, introdotto nell'ultimo quarto del secolo, consisteva in un grande cerchio di metallo su cui si appoggiava la gonna disposto all'altezza dei fianchi, leggermente inclinato anteriormente per lasciare spazio alla pettorina sagomata a punta che allungava il rigido corpetto; quest'ultimo era parte della sopravveste che sovrastava la gonna, spesso, come nel nostro costume, guarnita all'altezza della vita da un'ampia gala.

L'artista ha realizzato anche una parata di ritratti medicei che ha recentemente esposto dislocandoli lungo un percorso attraverso il piano nobile di Palazzo Medici Riccardi. Isabelle ha inteso evocare gli illustri personaggi riproducendone in carta le vesti; il risultato che ne consegue è da un lato una sfilata storica che inizia con il corteo dei Magi della cappella di Benozzo, dall'altro una sfilata di moda dal Quattro al Settecento.

Nei costumi di Isabelle de Borchgrave, rispetto ai modelli originali, siamo di fronte a un doppio gioco, una doppia finzione: il dipinto ha copiato l'originale, sicuramente interpretandolo, mentre l'abito in carta parte a sua volta dalla riproduzione per reinterpretarla, fingendo di tornare all'originale. Il risultato finale è quello di spingersi oltre il dipinto e recuperare la tridimensionalità del costume.

La carta simula un tessuto ispirandosi a un dipinto: la carta, materiale così effimero, simula un altro materiale anch'esso per sua natura fragile e deperibile e troppo spesso facile vittima del mutare del gusto e del passare del tempo, come è dimostrato dal fatto che più ci si inoltra indietro negli anni, sempre più rari sono i manufatti tessili originali a noi pervenuti, a fronte della consistenza di opere in altro materiale, come dipinti o sculture o altre tipologie di manufatti, dalle quali si attingono, come fa la Borchgrave, i riferimenti iconografici per capire e riprodurre la moda del tempo.
C.C.

BIBLIOGRAFIA. Inedito.

VIII.6. Magdalena Margrethe Bärens
(Copenaghen 1737-1808)
Melone

1760-1800
ricamo su tessuto montato su supporto presumibilmente di cartone; cm 20 × 13,5 (ø)
Copenaghen, Nationalmuseet, Danmarks Middelalder og Renæssance, inv. n. CDb15

Siamo qui di fronte a un esempio tardo di un genere di creazioni illusionistiche che aveva goduto di larga popolarità tra il XVII e il XVIII secolo. Questo realistico melone di stoffa fu ricamato dalla pittrice di genere floreale e di nature morte Magdalena Margrethe Bärens, nata Schäffer. Fece il suo ingresso nella Royal Kunstkammer nel 1820; in origine era posto su un piatto di porcellana che aumentava il suo effetto illusionistico.
P.G.H.

BIBLIOGRAFIA. Inedito.

VIII.7. Giuseppe Guidelli
(attivo alla metà del XVIII secolo in Emilia),
attribuito
Paliotto d'altare

metà del XVIII secolo
scagliola; cm 102 × 200
Firenze, Collezione Bianco Bianchi di antiche scagliole

La scagliola, mescolanza di gesso colorato e colla, dette vita a un genere artistico ampiamente diffuso a partire dagli inizi del Seicento, grazie alle possibilità mimetiche di questo impasto, "povero" nei suoi elementi costitutivi, ma in grado di riprodurre credibilmente gli effetti decorativi propri di materie più nobili e costose. Non a caso il modello privilegiato dei lavori in scagliola furono i marmi policromi, sia nella veste di elementi e rivestimenti architettonici quali colonne, lesene, paramenti murari ecc. che in quella di intarsi ornamentali destinati ad arredi profani o chiesastici.

Gli artefici dedicati alla produzione di scagliole furono molteplici, in Italia come in ambito europeo, ma il ducato estense, e in particolare la cittadina di Carpi, furono centro di una produzione specialmente qualificata e continuativa, determinante per la diffusione dell'artigianato della scagliola anche in altre aree territoriali della penisola. Per due secoli, nel corso del Sei e del Settecento, gli scagliolisti carpigiani si distinsero per l'abilità tecnica e la fantasiosità delle loro creazioni, in buona parte destinate ai rivestimenti e arredi delle chiese del territorio.

In questo ambito operò anche Giuseppe Guidelli, artefice meno noto al confronto di altri capiscuola della scagliola emiliana, ma che seppe trovare una propria sigla stilistica, distinguendosi dal repertorio naturalistico o prospettico prevalente nella scagliola carpigiana della prima metà del XVIII secolo per ispirarsi piuttosto agli ornati dei tessuti contemporanei. A metà Settecento, nella parrocchiale di Quattro Castella, nel territorio di Reggio Emilia, il Guidelli realizzò una serie di paliotti d'altare che imitano con notevole virtuosismo non soltanto la materia e gli ornati dei paliotti in tessuto di moda a quel tempo, ma anche le passamanerie e i pizzi che li guarnivano.

Sulla base delle analogie con i paliotti di Quattro Castella, gli sono stati attribuiti (Massinelli 1997) due affini paliotti nella Collezione Bianchi; qui si presenta quello di maggiori dimensioni, che intende figurare, con credibile efficacia mimetica, in veste di paliotto tessile a decori floreali, bordato e spartito da fasce trinate, ispirato nel disegno come nella cromia tenue ai tessuti contemporanei.

A.G.

BIBLIOGRAFIA. Massinelli 1997, p. 108.

VIII.8. Artista toscano
Paliotto d'altare

1787
dipinto su tavola; cm 96 × 213
Firenze, Collezione Liana e Carlo Carnevali

I paliotti d'altare tessili rappresentarono la tipologia più diffusa per questo tipo di arredo liturgico di antica tradizione soprattutto a partire dal XV secolo, e proseguirono la loro fortuna nei secoli successivi. Contemporaneamente, furono in più occasioni realizzati con materiali alternativi, a imitazione dei tessuti, o perché di più economica realizzazione, come è nel caso dei paliotti dipinti, o talvolta per il gusto illusivo di fingere un materiale per l'altro (cat. VIII.7).

L'uso di imitare i tessuti dei paliotti in tavole dipinte si affermò nel corso del Quattrocento, e fu più spesso legato a chiese rurali, di ridotte disponibilità finanziarie. Ma anche chiese importanti e che beneficiavano di committenti illustri, come Santo Spirito a Firenze, presentano paliotti dipinti a imitazione dei costosi broccati del tempo, come quello tuttora in opera nella cappella Corbinelli, dipinto negli anni novanta del Quattrocento da Donnino e Agnolo di Domenico del Mazziere (E. Capretti, in *The Splendour of the Medici* 2008, pp. 74-75, n. 22).

Una costante, nel volgere del tempo e del gusto, dei paliotti dipinti a finto tessuto è quella di ispirarsi fedelmente al modello dei tessuti "di moda" in epoca contemporanea, come nel caso di questo paliotto dipinto su legno di pioppo, gradevole produzione artigianale che reca a tergo la data 1787, tracciata in nero, e i cui temi floreali riecheggiano quelli di un paliotto tessile attribuito allo stesso anno (Degl'Innocenti 2002, p. 203, fig. 18) conservato fra i paramenti sacri della Cappella Palatina di Palazzo Pitti. Sul fronte della tavola-paliotto è applicata una cornice modanata, originaria, che profila il pannello "tessile", dove su fondo chiaro sono dipinte ghirlande di rose drappeggiate simmetricamente entro la regolare intelaiatura formata dal gallone, anche questo dipinto a imitazione della passamaneria in uso per bordare paliotti e paramenti di tessuto.

A.G.

BIBLIOGRAFIA. Inedito.

VIII.9. Amedeo Sayter
(doc. 1712-1734)
Veduta di fantasia

prima metà del XVIII secolo
scagliola; cm 17 × 14,5
Firenze, Collezione Bianco Bianchi di antiche scagliole

Firmato in basso a sinistra: «Amedeus Sayter Fe(cit)».

Fu in particolare nel corso del Settecento che la scagliola affinò la propria vocazione mimetica, che nel secolo precedente si era esercitata soprattutto nell'imitazione degli intarsi di marmi policromi, applicandola ad altri manufatti artistici quali i tessuti (cat. VIII.7), la grafica, l'acquerello e la pittura, generi questi due ultimi dove spiccarono, per abilità e fama, i toscani Enrico Hugford (Firenze 1695-1771) e Lamberto Cristiano Gori (Livorno 1730-Firenze 1801).

Il genere della scagliola intarsiata e colorata con effetti di incisione trovò anch'esso i suoi specialisti in alcuni esponenti di una famiglia di artisti di origine austriaca, i Sayter (o Seiter), che volsero la tecnica della scagliola bicroma in bianco e nero, sviluppata dalla scuola degli scagliolisti carpigiani, a effetti imitativi delle incisioni a sanguigna. Discendenti dal pittore Daniele Seiter, noto in Italia come Daniele Fiammingo (Vienna 1647/1649-Torino 1705), Pietro, Amedeo e Tarsilla operarono come scagliolisti soprattutto a Roma, realizzando pannelli del tipo che qui si presenta, firmato da Amedeo, la cui attività, documentata fra il secondo e quarto decennio del Settecento, si svolse anche a Torino.

I suoi pannelli di scagliola, concepiti come quadri da parete, simulano incisioni a sanguigna, che hanno per soggetto preferito paesaggi campestri e fluviali, o "capricci" con rovine archeologiche, genere cui appartiene anche la scagliola della Collezione Bianchi, dove la veduta di un'ipotetica campagna romana è nobilitata a sinistra da una fontana sormontata da un'arpia, e introdotta a destra dalla quinta architettonica di un arco spezzato, con tronchi di colonne.

Altra peculiarità che ricorre in alcune sue scagliole è la ricerca di un duplice effetto mimetico, con il collocare il foglio dell'"incisione" su un fondo che imita una lastra di breccia lapidea, in certi casi utilizzando anche frammenti d'ambra inseriti nella lastra di scagliola, per suggerire l'effetto delle maculature della breccia. Un pannello del genere, non firmato, è presente nella Collezione Bianchi ed è stato per questa sua caratteristica attribuito ad Amedeo (Massinelli 1997, fig. 123).

A.G.

BIBLIOGRAFIA. Massinelli 1997, pp. 160-162.

VIII.10. Manifattura Imperiale, Vienna
Manifattura Ginori, Doccia
Servito da caffè

1780-1794 ca. (Manifattura Imperiale);
1819-1840, 1871-1893 ca. (Manifattura Ginori)
porcellana dipinta con smalti policromi e filettature dorate; cm 21 (h caffettiera), 12 (h lattiera), 11 × 10,2 (zuccheriera), 5,8 × 6 (tazze), 13,8 (ø piattini)
Firenze, Palazzo Pitti, Museo degli Argenti e delle Porcellane, inv. A.c.e. 1911, nn. 38-50

Marche: scudo blu sottovernice (caffettiera, lattiera, zuccheriera, quattro tazze, sei piattini); marca dell'anno impressa «94» (caffettiera); sigle dei tornitori impresse «39» (Ferdinand Ebenberger, quattro tazze e cinque piattini), «29» (Michael Lorenz, zuccheriera) e «11» (Joseph Puchecker?, cinque piattini); sigle dei pittori «16» e «31» dipinte in rosso sopra coperta (Johann Daffinger?, quattro piattini, due tazze, lattiera, zuccheriera; Lorenz Kastner?, caffettiera); «7» inciso (due piattini, zuccheriera); «X» incisa (lattiera); stellina in oro della manifattura di Doccia (due tazze); marca in rosso Ginori (due tazze).

Il servito da caffè, proveniente dalla raccolta granducale di Palazzo Pitti, è composto da una caffettiera, una lattiera, una zuccheriera, nove tazze e sette piattini dipinti a imitazione del legno e con bordi profilati in oro. Tutti gli oggetti, con la sola eccezione della caffettiera, presentano riquadri rettangolari imitanti stampe con paesaggi, illusionisticamente fissate alla superficie a *faux bois* mediante piccoli tocchi di ceralacca.

L'insieme è ricordato per la prima volta in un inventario del 1795, dal quale risulta che a quella data il servito, appartenuto probabilmente al granduca Ferdinando III di Lorena, comprendeva un numero maggiore di pezzi. Accanto agli elementi già citati, il registro ricorda infatti anche un vassoio con bordo traforato, quattro vasi con tre coperchi, due zuccheriere e solo sette tazze con relativi piattini. A partire dal 1819 i documenti di archivio attestano diversi interventi di sostituzione di pezzi danneggiati con esemplari realizzati dalla manifattura di Doccia. Fra il 1871 e il 1877 gran parte del servito, con altre porcellane appartenute agli Asburgo-Lorena, fu trasferita a Roma e destinata alla residenza dei Savoia presso il Palazzo del Quirinale, per poi fare ritorno a Firenze il 25 agosto del 1893 (Tabakoff 1974, p. 13).

La presenza della marca a scudo di colore blu al di sotto della caffettiera, della lattiera, della zuccheriera, di quattro tazze e sei piattini consente di ricondurre con certezza questi esemplari alla Manifattura Imperiale di Vienna. Alcuni degli oggetti vennero realizzati sicuramente prima del 1784, data in cui Conrad Sörgel von Sorgenthal sottopose tutta la produzione a un capillare controllo, introducendo sui manufatti l'uso della sigla dell'anno di esecuzione, presente solo sulla caffettiera, creata nel 1794. Allo stesso periodo possono essere ricondotte anche le tazzine, riproducenti la tipologia della *tasse litron* francese, adottata a Vienna solo dopo il 1790. Di poco precedenti (inizio del nono decennio del XVIII secolo) sembrano essere invece la zuccheriera e la lattiera, entrambe basate su modelli di Sèvres. La lattiera, in particolare, dalla bocca a orlo mistilineo e dal manico a voluta simulante, come i piedini, il tronco di un albero, riprende le forme di un noto modello degli anni di Vincennes conservato a Sèvres e definito in un documento di fabbrica dell'8 ottobre 1752 «Pot à lait à trois pieds».

Le indagini condotte da Sheila K. Tabakoff (2002) hanno evidenziato che le tazzine contrassegnate con la stellina di Doccia furono realizzate per rimpiazza-

re alcuni esemplari fra il 1819 e il 1840, mentre quelle con il marchio Ginori andarono a sostituire altri pezzi durante il periodo in cui il servito si trovava a Roma. La produzione presso la celebre manifattura italiana di porcellane del tutto simili a quelle eseguite a Vienna è testimoniata da un servito da caffè del Museo di Doccia con decoro a finto ebano e paesaggi a imitazione di incisioni recanti la sigla L.B.P., da sciogliere probabilmente come Lorenzo Becheroni Pinse (Liverani 1967, p. 73, tav. CV).

Il motivo a *faux bois*, introdotto a Nymphenburg intorno al 1760, fu adottato sul finire del XVIII secolo da tutte le principali manifatture europee; fu però soprattutto in ambito tedesco che il suo uso diede vita a espedienti ottici di grande virtuosismo. Rispetto ad altri esemplari dello stesso tipo, come quelli di Gera (Scherf 1980, p. 349, n. 296), nelle porcellane viennesi di Palazzo Pitti il senso di "inganno" è amplificato dagli strappi che contraddistinguono le finte stampe con paesaggi di gusto nordico, per le quali non sono stati ancora individuati precisi modelli di riferimento (E. Revai, in *L'immagine riflessa* 1997, p. 82, n. 24 st.). Secondo Alfred Ziffer (1997, p. 192), tale forma di decoro sarebbe stata suggerita ai maestri di Nymphenburg dalla presenza nei loro laboratori di stampe attaccate a tavole di legno, che avevano lo scopo di facilitare l'opera dei pittori e di arricchirne il repertorio iconografico. Tuttavia non bisogna dimenticare che, in campo pittorico, già nella prima metà del XVII secolo furono realizzati ingegnosi *trompe-l'œil* dove sovente artisti come il tedesco Sebastian Stosskopff (Strasburgo 1597-Idstein 1657) si cimentarono nella perfetta riproduzione di disegni e incisioni distesi sopra pannelli di legno e ad essi fissati mediante gocce di ceralacca.

R.G.

BIBLIOGRAFIA. A. d'Agliano, in *L'immagine riflessa* 1997, p. 83, n. 24 p.; Tabakoff 2002, pp. 105-107, n. 49.

VIII.11. Manifattura Imperiale, Vienna
Tazza con piattino

1799-1800
porcellana dipinta con smalti policromi e filettature dorate; h cm 6 (tazza), ø cm 13,4 (piattino)
Firenze, Palazzo Pitti, Museo degli Argenti e delle Porcellane, inv. A.c.e 1911, n. 73

Marche: dell'anno, impresse, «99» (tazza) «800» (piattino); sigla del tornitore impressa, «11» (Thomas Mitterer).

La tazza cilindrica, con manico dorato a tre angoli retti, e il piattino troncoconico sono ornati da specchiature dipinte a finto marmo racchiuse entro cornici dorate in rilievo; l'interno della tazzina e il retro del piattino sono marmorizzati in grigio e giallo.

Riconducibili al regno di Ferdinando III di Lorena, i due pezzi sono chiaramente descritti in un inventario del 1816. La loro presenza a Palazzo Pitti è documentata fino al 13 novembre 1871, quando, insieme alle porcellane più preziose della raccolta granducale, furono trasferite a Roma per uso della corte dei Savoia; il 25 agosto del 1893 fecero definitivamente ritorno a Firenze.

La tazza riproduce la celebre tipologia denominata *tasse litron*, nata a Sèvres nel 1752 e adottata intorno al 1790 dalla Manifattura Imperiale di Vienna, presso la quale l'originario manico a voluta fu sostituito con quello ad angoli in stile Luigi XVI. Buona parte del successo di questo modello si deve alla caratteristica forma cilindrica, particolarmente adatta a ricevere decorazioni dipinte anche molto complesse, come quella a finto marmo, che consentiva di conferire agli oggetti in porcellana l'aspetto di pregiati recipienti in pietre dure, ammirati e ricercati fin dal XVI secolo da tutte le principali corti europee. Tale motivo, piuttosto raro, fu utilizzato a Vienna dall'inizio dell'Ottocento su diverse tipologie di manufatti, contraddistinti da un ornato accurato e prezioso sia per la delicata gamma cromatica sia per la ricchezza delle rifiniture in oro eseguite in rilievo.

Presso il Museo degli Argenti si conserva un'altra tazza con piattino che presenta nelle forme, e soprattutto nella decorazione, strette analogie con la coppia qui considerata, confrontabile anche con un'altra *tasse litron* del 1804 circa in collezione privata a Vienna (Mrazek-Neuwirth 1970, p. 174, n. 672, tav. 92) imitante la preziosa ametista.

R.G.

BIBLIOGRAFIA. Tabakoff 2002, p. 142, n. 77.

IX. "Visioni" di esterni

IX.1. Ambrogio di Biagio Pucci
(doc. a Lucca dal 1511; † 1529)
Nicolao di Biagio Pucci
(doc. a Lucca nel 1529)
San Luca e due vedute di Lucca con la torre della Zecca

1523-1532
legno intarsiato; cm 99 × 160 × 5,5
Lucca, Museo Nazionale di Villa Guinigi, inv. 91.6

Iscrizioni: sotto l'immagine di san Luca, LVCA.

Il pannello si presenta diviso in tre riquadri separati da lesene, con a sinistra la raffigurazione di un'immaginaria nicchia all'interno della quale è la figura di san Luca sotto forma di statuetta (su cartone di Zacchia il Vecchio; cfr. Ferretti 1982). Le ulteriori e più ampie specchiature sono invece immaginate come finestre aperte su vedute della città: oltre gli sportelli aperti e in forte scorcio le tarsie ci mostrano, inquadrate da un arco, strade lungo le quali si allineano ordinatamente gli edifici con i loro porticati e le botteghe aperte al piano terreno.

Il pannello è parte di una serie di dossali che originariamente sovrastavano lo schienale degli stalli lignei della cappella degli Anziani nel Palazzo Pubblico di Lucca, smembrati, quindi migrati in altri luoghi, fino al passaggio nel 1876 alla pinacoteca cittadina e quindi nel 1924 al Museo di Villa Guinigi. Una scritta, ora perduta ma visibile quando gli arredi erano nella cappella e documentata da una trascrizione settecentesca, chiariva: AMBROGIO PVCCIVS | LVCENSI OPERIS | HVIVS CONSVMMATIONEM | MORS INVIDIT | NICOLAVS FRATER | PRO VIRIBVS | ABSOLVEBAT | ANNO SAL. MDXXIX (Varni 1869, p. 51). Tale data, tradizionalmente identificata con quella di esecuzione dell'opera, in realtà sancisce il passaggio del lavoro da Ambrogio (morto appunto nel 1529) al fratello Nicolao, nell'ambito di un cantiere protrattosi dal 1523 al 1532, come documentato dalle ricerche archivistiche di Claudio Ferri (2001). Al di là di tali memorie non è noto quale fosse il numero originario dei pannelli e come fossero disposti, per quanto la presenza di due soli evangelisti lasci presumere un ben più ampio estendersi del lavoro.

Nel loro insieme le tarsie documentano la forte impressione suscitata dalle opere di Cristoforo Canozzi da Lendinara, attivo a Lucca per vari lavori da eseguirsi per la cattedrale, dei quali restano alcune tarsie già dell'armadio della sacrestia di San Martino realizzate tra il 1486 e il 1488 (ora anch'esse al Museo Nazionale di Villa Guinigi). In sintonia con la maniera e i modelli di Cristoforo (e probabilmente per il tramite del suo scolaro Masseo di Bertone Civitali), anche Ambrogio imposta il suo lavoro progettando una serie di finestre ideali che si aprono a scor-

ci rappresentativi della città (più volte ricorre la piazza San Michele con le strade e gli edifici circostanti), che in questo caso assurgono a un forte valore simbolico, visto il loro riferirsi al risultato del "buon governo" frutto delle cure dei magistrati della Repubblica che qui si riunivano.
C.P.

BIBLIOGRAFIA. Lazzareschi 1931, pp. 116-117; L. Bertolini Campetti, in *Museo di Villa Guinigi* 1968, pp. 119-120, n. 91/1, 127-128, n. 91/2; Ferretti 1982, pp. 472, 562, tav. 542; Ferri 2001, pp. 158-159; Rohark 2007, pp. 222-223; Seidel-Silva 2007, pp. 229-233, 243.

IX.2. Nicolò dell'Abate
(Modena 1509?-Fontainebleau? 1571)
Concerto

1540-1543 ca.
dipinto murale trasportato su tela; cm 84 × 84
Modena, Galleria Estense, inv. 493

Dall'alto di uno sfondato ottagonale impostato prospetticamente, delimitato da una cornice a ovuli, si affacciano tredici figure per lo più impegnate in un concerto. Una giovane dallo sguardo suadente vi si appoggia saldamente con la mano destra, il suonatore di viola da gamba bassa, quasi in bilico, lascia cadere nel vuoto un lembo del giubbone, un altro infine si china e oltrepassa il limite della cornice con il flauto, riversando il suono nello spazio reale.

Non c'è dubbio che il mirabile effetto di *trompe-l'œil* ha perso molto della sua efficacia a seguito della rimozione della pittura dalla collocazione originaria, così come i traumi conservativi cui essa è stata sottoposta hanno prodotto un'alterazione tale da rendere difficilmente percepibile la stessa tecnica esecutiva. Fino al 1772, infatti, l'ottagono, dipinto su muro, ornava il centro del soffitto del camerino dell'Eneide nella rocca di Scandiano, le cui pareti erano state interamente dipinte a tempera da Nicolò dell'Abate, con tutta probabilità tra il 1540 e il 1543, gli anni in cui l'artista modenese, trattenuto nei centri reggiani e parmensi da impegni contrattuali, incaricava il suocero di seguire i suoi interessi in città, come risulta da due atti notarili stesi di fronte alla rocca nel 1540.

Al 1772 risale infatti la spoliazione del camerino con la frammentazione delle dodici scene dei libri dell'*Eneide* e di altre numerose immagini, per volere del duca Francesco III, e con il trasferimento nel Palazzo Ducale di Modena di una cinquantina di pitture prelevate a massello, con l'intonaco e una porzione di muro (Silingardi 2005). Nella collocazione originaria l'ottagono doveva conseguire l'effetto autentico di *trompe-l'œil*, ora semplicemente alluso, in quanto solo nella sommità della volta esso era in grado di sostituire convincentemente la realtà e svolgere agli occhi dell'osservatore, grazie alla meravigliosa verosimiglianza, la credibile funzione illusionistica di prolungamento dello spazio sia pure immaginario oltre la volta (Lecoq 1996), e nello stesso tempo di animare l'accogliente camerino, collegandosi peraltro alle altre immagini del soffitto, andate perdute, con «busti e teste coronate d'allori» e «altre otto medaglie o siano camei meravigliosamente dipinti a chiaro scuro, sulla imitazione di Raffaello, che veramente sorprendono per l'ingegnoso lavoro, per l'esattezza e conservazione», come riportava nel 1772 Vincenzo Fabrizi, ispettore delle Fabbriche ducali (cit. in Silingardi 2005, p. 521).

Non c'è dubbio che Nicolò dell'Abate, abile decoratore che frequentava in quegli anni le residenze degli ultimi signori padani, e cioè la rocca dei Boiardo a Scandiano, quella dei Meli Lupi a Soragna e l'antico castello dei Pio a Sassuolo, ed era chiamato a celebrare con affreschi l'incontro tra l'imperatore Carlo V e papa Paolo III a Busseto, nel 1543, e a decorare la sede della Comunità modenese con storie romane su progetto dell'umanista Ludovico Castelvetro, fosse al corrente delle soluzioni decorative elaborate in quei decenni, specie in area estense. Inevitabile allora supporre che l'impianto prospettico dell'ottagono qui in esame, pur nella dimensione ridotta dell'ambiente destinato a privato studiolo, discenda dalla visione della decorazione realizzata da Benvenuto Tisi detto il Garofalo nel soffitto di Palazzo Costabili a Ferrara, il quale a sua volta presuppone il celebre occhio prospettico di Mantegna, con putti e teste femminili, nella Camera degli Sposi del Palazzo Ducale di Mantova.

Nicolò dell'Abate imprime alla scena il peculiare timbro di brillante narratore e di interprete galante degli svaghi aristocratici della società neocavalleresca del tempo, che gli frutterà, nel 1552, la convocazione alla corte francese da parte di Francesco Primaticcio, pittore del re, allora impegnato nella decorazione del castello di Fontainebleau.

Come riportano fonti antiche risalenti ai primi anni del Settecento (cit. in Cuoghi 2009) e una tradizione giunta ai nostri giorni (Langmuir 1976, pp. 157-158; McIver 2001), nei volti dei suonatori sono da riconoscere – probabilmente con i loro antenati, tra i quali forse lo stesso Matteo Maria autore dell'*Orlando innamorato* – i componenti della famiglia di Giulio Boiardo, committente della decorazione della rocca e amante della musica, come peraltro dimostra, con il ricorrente motivo musicale delle pitture di Nicolò dell'Abate, la protezione assicurata al compositore fiammingo Ernold Caussin e ad altri compositori al servizio della famiglia (Cavicchi 2009, pp. 113-118).

Occorrerà inoltre ricordare che una serie di sedici musicanti ora presso la Galleria Estense decorava i pennacchi della Sala del Paradiso, anch'essa dipinta da Nicolò dell'Abate, e che una scena di *Concerto* del medesimo artista accoglieva un tempo – fino allo strappo operato da Giovanni Rizzoli nel 1847-1848 – gli ospiti all'ingresso della rocca, sopra la grande figura simbolica, eppure minacciosa, di soldato un poco defilato, rappresentato sulla destra, che con la spada sguainata e lo scudo decorato dallo stemma familiare era pronto a respingere gli ospiti sgraditi (Venturi 1822; cfr. Cuoghi 2003, pp. 30-31).

A.M.

BIBLIOGRAFIA. S. Béguin, in *Mostra di Nicolò dell'Abate* 1969, pp. 53-60; Parma Baudille 1981, pp. 123-135; Gandini 1982; Prampolini 1982; M. Pirondini, in Pirondini-Monducci 1985, pp. 135-145; Baracchi 1993, pp. 17-46; Cuoghi 1994, pp. 105-113; Paolozzi Strozzi 1994; G. Paolozzi Strozzi, in *Signore cortese* 1994, pp. 173-185, 230-231; McIver 2001; G. Mancini, in *Nicolò dell'Abate* 2005, pp. 263-271, nn. 51-54 (con bibliografia); Cuoghi 2007; Cavicchi 2009; Cuoghi 2009, p. 123; A. Mazza, in *Nicolò dell'Abate* 2009, pp. 305-309, nn. 39-64; Morselli 2009, p. 45.

IX.3. Tintoretto
(Jacopo Robusti; Venezia 1518-1594)
Priapo insidia Lotide addormentata

1541-1542
dipinto su tavola; cm 127 × 124
Modena, Galleria Estense, Inv. 1886, n. 357

IX.4. Tintoretto
(Jacopo Robusti; Venezia 1518-1594)
Deucalione e Pirra

1541-1542
dipinto su tavola; cm 127 × 123
Modena, Galleria Estense, Inv. 1886, n. 362

Le due tavole fanno parte di una serie composta da quattordici lacunari di soffitto appartenenti alla Galleria Estense: giunsero a Modena da Venezia nell'ottobre del 1658 quasi "a scatola chiusa", nel senso che neppure il commissario di Francesco I d'Este, Geminiano Poggi, incaricato dell'acquisto, era riuscito a vederli prima. Rifugiatosi gravemente malato nella Delizia di Sassuolo, il duca, a cui Poggi scrive con

sollecitudine, morirà dopo poco senza veder concluso l'allestimento della sua quadreria in Palazzo Ducale. Il ciclo veneziano infatti doveva servire a decorare il soffitto della seconda, e ultima ad essere completata, delle quattro camere da parata preparate per ospitare il patrimonio pittorico della casa d'Este.

La serie di lacunari dipinti (sedici, in origine) era stata commissionata tra il 1541 e il 1542 al giovane Tintoretto dal conte Vettore Pisani per il soffitto del suo palazzo a San Paternian a Venezia.

La fortuna critica di questo particolare ciclo pittorico fu alquanto altalenante proprio per la scarsa conoscenza della produzione giovanile dell'artista: dopo l'illuminazione di Thode all'aprirsi del XX secolo, molti studiosi preferirono caldeggiare altri nomi, se pur a lui vicini, non riconoscendo in questa prova artistica singolare le caratteristiche formali e cromatiche del pittore maturo. Fu Pallucchini nel 1945 a riconfermare la paternità tintorettesca del ciclo: direttore in anni precedenti della Galleria Estense, pur lamentando il cattivo stato conservativo dei dipinti, egli poté studiarli approfonditamente e giunse a tale conclusione, forte del fatto che già nel 1539 i documenti attestano Tintoretto artista indipendente.

Il soffitto si attestava così, per connotazioni stilistiche, all'inizio del quinto decennio – tra il 1541 e 1542, appunto –, quando la naturale vena narrativa del pittore, aiutata dallo studio di artisti locali quali Bonifacio de' Pitati e Paris Bordone, non più sufficiente a rappresentare le sue urgenze spirituali, venne inserita in una costruzione più ponderata e d'effetto, che richiamava la lezione pordenoniana, foriera di conseguenze dirompenti a Venezia anche sull'aulico Tiziano, ma non solo e non abbastanza per spiegare quei turgidi corpi possenti in bilico su improbabili appoggi e protesi verso il vuoto, gli scorci da estremi sottinsù che miravano a creare effetti contrastanti di masse e colori a discapito di ogni decoro formale.

Più tardi diventerà evidente l'influsso che ebbe proprio su questo ciclo l'attività mantovana di Giulio Romano, inventore una quindicina d'anni prima di quella bizzarra macchina scenica che è la Sala di Psiche in Palazzo Te: i rimandi numerosi all'opera del grande pittore romano chiariranno il percorso seguito da Tintoretto nei primi anni di attività, orientata verso soluzioni di forte impatto visivo, attraverso l'uso di poche volumetrie di esasperata fisicità, a cui la forza del chiaroscuro e la violenta contrapposizione dei moti donano un irresistibile significato drammatico.

Era la prima volta che Tintoretto si cimentava in un'impresa di tal genere, come racconta Ridolfi: per il lavoro l'artista riutilizzò il verso di lacunari già dipinti a decori floreali, visibili ancor oggi: fu quindi un'operazione di ammodernamento di un soffitto esistente. Le tavole erano uguali per misura e forma, cioè lobate, più lunghe che larghe: forme goticheggianti che Tintoretto seppe ben sfruttare nel suo rivoluzionario racconto. Ogni opera illustra una scena di un racconto delle *Metamorfosi* ovidiane, ma non ci è dato sapere con precisione quale fu la motivazione della scelta o in che modo tali scene si rapportassero tra loro. Senz'altro il senso del discorso allegorico che sottende la stupefacente levitazione di corpi sullo sfondo di un cielo nuvoloso, spesso cupo e minaccioso, sarebbe quello di un'esortazione morale in occasione delle provvide nozze di Vettore con Paolina Foscari, celebrate nel settembre del 1542, ulteriore conferma della data di esecuzione del ciclo: si narrano gli amori tra dèi e tra uomini e dèi, ma anche le conseguenze distruttive dell'amore. Il soggetto della *Caduta di Fetonte*, tra gli altri, fu particolarmente amato dal nobile veneziano, che lo volle riproposto anche nella villa palladiana di Bagnolo di Lonigo, come fulgido esempio di superbia punita.

Studi recenti hanno dimostrato come i temi illustrati non si rifacciano strettamente al racconto ovidiano, ma a testi in volgare che fin dal XIV secolo avevano tradotto il mito ovidiano arricchendolo o modificandolo con storie tratte anche da altri autori o narrazioni, e che divennero essi stessi vere e proprie varianti del mito. Sulla base di questi scritti è stato possibile individuare con maggior chiarezza il soggetto delle varie scene estensi: è il caso, per esempio, della tavola con *Priapo che insidia Lotide addormentata* (nota tradizionalmente come *Giove e Antiope*), raffigurante un episodio narrato nei *Fasti* di Ovidio (I, 415-438).

Ma tornando al loro arrivo a Modena, oltre un secolo più tardi, delle sedici tavole che i documenti attestano giunte in città ne vennero utilizzate solo quattordici per i decori di Palazzo Ducale: delle altre due nessuna traccia.

Per inserirle nel soffitto della più grande camera da parata dell'erigenda quadreria estense ne vennero modificate sei: scorciandone l'altezza furono rese in forma di ottagono regolare, come dimostrano le due opere prese in considerazione.

Fu coraggioso da parte del principe mantenere la serie unita, cosa che non si verificherà più nei successivi allestimenti in zone diverse del palazzo, ma la carica di esasperato scorcio, la violenza repressa delle masse deformate da pose contorte, luci guizzanti e coni d'ombra che Tintoretto aveva inscenato per comunicare allo spettatore una dimensione "altra" dalla realtà, emozionante se non spaventevole, tutto questo in parte si ridimensiona, il gioco un po' si scopre. Il taglio operato ha buon senso ma non intuizione artistica: ribassando le parti prive di composizione, i cieli, l'ascesa esasperata delle masse, il contrasto estremo tra pieno in basso e vuoto in alto si affievolisce. La separazione settecentesca del ciclo in quattro soffitti in altra zona del palazzo porterà, volutamente, alla cancellazione totale dello spirito che sottendeva all'opera.

G.P.S.

BIBLIOGRAFIA. Ridolfi 1648, ed. Hadeln 1924, II, p. 52; Gherardi 1744; Venturi 1882, p. 256, docc. XI-XII; Thode 1901, p. 47; Pallucchini 1945, pp. 173-176; Pallucchini 1950, pp. 78-80; R. Pallucchini, in Pallucchini-Rossi 1982, I, pp. 16-17; P. Rossi, ivi, I, pp. 134-135, nn. 27, 31, II, pp. 302, fig. 32, 304, fig. 36; *Arredi* 1993, p. 61; Guthmüller 1996; Mason 1996; Paolozzi Strozzi 2005.

IX.5. Pandolfo Reschi
(Danzica 1640-Firenze 1696)
Progetto per l'ampliamento del Palazzo Pitti e della piazza antistante

1680 ca.
dipinto su tela; cm 146 × 278
Collezione privata

Siglato sulla groppa del cavallo in primo piano: P.
Iscrizioni: sul risvolto della finta tela, a destra, «Aggiunte al Gran Palazzo del Ser(enissi)mo Gran Duca inventate da Diacinto Maria Marmi l'anno 1673 con le Volte per ritirarsi delle Carrozze e le Porte che vanno al Quartiere delle Guardie di S(ua) A(ltezza) S(erenissima) con altri disegni fatti a Parte».

Come sappiamo dal Baldinucci (1725-1730 ca., ed. Matteoli 1975, p. 224), questo intrigante dipinto è opera di Pandolfo Reschi, pittore di origine polacca ma naturalizzato fiorentino, che lo eseguì su richiesta di Diacinto Maria Marmi, architetto e primo guardaroba della corte granducale medicea, al fine di documentare il suo progetto di ampliamento della reggia medicea redatto nel 1673, come documenta la scritta posta a destra, in primo piano, sul risvolto della finta tela. L'opera, come è consuetudine del Reschi, è siglata P sulla groppa del cavallo in primo piano. Rimasto in casa Marmi, nella proprietà del figlio di Diacinto, Anton Francesco (presso il quale lo vide il Baldinucci), il quadro fu esposto nel 1729 alla mostra annuale dell'Accademia di San Luca (Borroni Salvadori 1974, p. 101).

La tela ha goduto di una costante attenzione nelle fonti fiorentine. La ricordano Pellegrino Antonio Orlandi (1719) e Francesco Maria Niccolò Gabburri (1719-1741); a fine Settecento Luigi Lanzi (1795-1796) lo vide in casa di Francesco Viligiardi. La tela transitò poi in casa Rinuccini, dove è citata dal Ticozzi (1818 e 1832), dal De Boni (1840) e dal Fantozzi (1842), per essere poi elencata, come di mano del Marmi e del Reschi, nel catalogo della raccolta artistica della famiglia redatto al momento della vendita del 1845 (per tutte le vicende dell'opera cfr. Barbolani di Montauto 1996, n. 24).

Il Baldinucci, nella prima e accurata descrizione della tela, chiarisce con esattezza non solo l'occasione per la quale essa fu eseguita, ma anche le coordinate spazio-temporali della rappresentazione: la scena infatti si svolge nel grande piazzale antistante la reggia di Pitti nel giorno di San Giovanni Battista, protettore di Firenze, e documenta l'uscita dal palazzo del granduca e di tutto il suo corteggio per recarsi al palio che si sarebbe svolto, come di consueto, lungo il Corso. Il biografo si attarda compiaciuto a elencare i vari personaggi e i curiosi che assistono alla parata granducale dalle varie terrazze e balconate del palazzo, una massa di «figuranti» che assomma alla bella cifra di seicento persone (come nota il Gabburri) e che il Reschi riesce ad orchestrare (secondo l'ammirata annotazione del Baldinucci) scalando le dimensioni delle figure dalle tre dita di quelle in primo piano alla misura minuta («una piccola

ugna della mano di un uomo») di quelle più lontane, senza rinunciare mai alla riconoscibilità del loro aspetto e delle loro azioni. Il Reschi si pone così nel solco di una tradizione nordica che trovò anche a Firenze esempi insuperabili in opere corali quali la *Fiera di Poggio a Caiano* e la *Fiera dell'Impruneta*, eseguite nel primo Seicento per la corte medicea da Jacques Callot e Filippo Napoletano.

Se il Baldinucci esalta il valore di documento, di veduta realistica e attendibile di questa scena cittadina e cortigiana, ne sottolinea però anche gli aspetti di finzione e di adeguamento della realtà a una visione immaginata e fittizia. Il biografo infatti non manca di sottolineare che viene qui rappresentato un «modello del medesimo palazzo fatto di sua [del Marmi] invenzione, coll'aggiunta di tutte quelle attenenze che allora si meditava di farvi per compimento di sì maestosa fabbrica» e che la piazza vi appare «molto più ingrandita da quella che presentemente ella è». Allo stesso modo le già riferite osservazioni sull'abilità del pittore di comporre le figure e renderle veridiche tramite l'accurato intervento sulle loro dimensioni dipinte ci svelano l'intelligente comprensione di questo dipinto da parte del critico, conscio di osservare una ricostruzione visiva di un luogo immaginato e non esistente. Curiosamente, però, lo storico non accenna affatto al sorprendente effetto di *trompe-l'œil* in primo piano, che mostra la tela dipinta mentre si arrotola verso l'alto a rivelare uno scorcio cittadino, con una via che si inerpica tra edifici di comune edilizia abitativa, e che invece è l'elemento che oggi più ci incuriosisce, poiché ci rivela intenzionalmente, e con immediatezza, la finzione della raffigurazione.

Come è stato notato (cfr. L. Baldini Giusti, A. Fara, in *Palazzo Pitti* 2003, p. 511, n. 34), questo artificio illusionistico è funzionale alla presentazione di un aspetto del palazzo e della piazza che alla data dell'esecuzione del dipinto (da porre verosimilmente intorno al 1680) esisteva solo al livello di progetto. L'area urbana qui rappresentata corrisponde infatti, per grandi linee, a quanto previsto nelle due piante (una anche con prospetto) delineate da Diacinto Maria Marmi (Firenze, Gabinetto Disegni e Stampe degli Uffizi, nn. 5298A e 5272A; cfr. A. Fara, ivi, p. 530, nn. 66-67). Ancora il Fara (2003, pp. 356-357 e figg. 23 e 32/7) nota che l'ipotesi del Marmi di ampliamento della piazza, tecnicamente irrisolta e dilettantesca, con elementi di incertezza nella definizione dei corpi ellittici laterali del corpo di fabbrica, avrebbe comportato la demolizione indiscriminata di numerose case antistanti al palazzo. La soluzione fantasiosa e brillante del Reschi di fingere una tela che si sovrappone, in parte srotolata, all'area urbana sottostante, anche se non corrispondente all'effettiva situazione esistente davanti alla reggia è una risposta brillante alle incongruenze tra l'alzato del palazzo e l'altimetria della piazza presenti nei progetti del Marmi, certamente forniti al Reschi in forma planimetrica per metterlo in condizione di eseguire il dipinto. Nella tela, inoltre, Palazzo Pitti appare molto più ampliato in orizzontale rispetto alla situazione esistente intorno al 1680, ma anche in relazione a quanto sarebbe stato poi effettivamente realizzato in epoca lorenese, quando il palazzo avrebbe raggiunto le dimensioni attuali. Sono infine del tutto peculiari del Reschi la già notata capacità di orchestrazione della folla brulicante in uno spazio allargato, reso a volo d'uccello da un punto di vista molto rialzato, e la qualità ariosa, già presettecentesca, del cielo chiarissimo venato di nubi, che ritroviamo nelle altre vedute, nei paesaggi e nelle battaglie del pittore di Danzica.

S.C.

BIBLIOGRAFIA. Orlandi 1719, Appendice, I, n. 2, p. 349; Gabburri 1719-1741, IV, c. 2055; Baldinucci 1725-1730 ca., ed. Matteoli 1975, p. 224; Lanzi 1795-1796, ed. 1968-1974, I, p. 189; Ticozzi 1818, I, pp. 173-174; Ticozzi 1830-1833, III (1832), p. 234; De Boni 1840, p. 851; Fantozzi 1842, p. 730; *Catalogo* 1845, p. 28, n. 41; Chiarini 1973, p. 155; Baldini Giusti 1979, p. 104, figg. 45-46; N. Barbolani di Montauto, in *Firenze e la sua immagine* 1994, pp. 115-117, n. 59; S. Blasio, in Gregori-Blasio 1994, pp. 145-146, fig. 17; Barbolani di Montauto 1996, pp. 24, 76-77, n. 24; *La corte di Toscana* 2002, pp. 108-109, fig. 9 (solo ripr.); L. Baldini Giusti, A. Fara, in *Palazzo Pitti* 2003, p. 511, n. 34; Fara 2003, pp. 356-357.

IX.6. Johann Rudolf Bys
(Byss; Coira 1662-Würzburg 1738)
Natura morta di fiori con paesaggio marino

ante 1723
dipinto su tela; cm 76 × 96
Basilea, Kunstmuseum, Öffentliche Kunstsammlung, Bachofen-Burckhardt Stiftung, inv. 1178

Firmato in basso al centro: «J. Rudolphus Bys Illustrissimi Domini Comitis felix Wrhsowaz Thesauri».

Furono i fiamminghi della prima metà del Seicento, da Jan Brueghel il Vecchio (Bruxelles 1568-Anversa 1625) ad Andries Daniels (attivo 1580-1602), a inventare il motivo della corona di fiori intorno a un'immagine centrale, prevalentemente sacra. Daniel Seghers (Anversa 1590-1661) preferiva alla profusione della corona floreale la sommessa eleganza del poco: mazzi con poche e perfette corolle, improvvise accensioni di grazia intorno a immagini colorate o a bassorilievi di finta pietra. Con Jan van Kessel I (Amsterdam 1626-1679) il soggetto dell'immagine centrale diviene sovente una moralità o un'allegoria, rafforzata dal linguaggio simbolico dei fiori e frutti che fanno da cornice. Le generazioni successive ampliano le varianti della scena interna al centro del quadro: il dipinto firmato da Jan Brueghel il Giovane (Anversa 1601-1678), Jan Thomas van Ieperen (Ieper 1617-Vienna 1678) e Lucas van Uden (Anversa 1595-1672/1673) nel 1653 mostra il committente, Nicolaas de Man, sulla soglia circondata di fiori di una grotta che si affaccia sulla veduta della sua villa di campagna (Segal 1990, pp. 206-207, n. 46, ripr.); Jacob Marrell (Frankenthal 1613/1614-Francoforte 1681) racchiude in una ghirlanda una veduta di Francoforte (1651; Francoforte, Historisches Museum, inv. B2; Segal 1990, p. 207, ripr.); Jan Anthonie van der Baren (Bruxelles 1615-Vienna 1686/1687) depone una corona di rose perfette sulla soglia di una finestra aperta illusionisticamente su un paesaggio luminoso (Segal 1990, p. 210, n. 40, ripr.).

Il pittore svizzero Johann Rudolf Bys riprende tra Seicento e Settecento il gusto alla Seghers per i mazzi di fiori eleganti, sobri e accuratamente rappresentati. La sua vasta cultura figurativa fu certamente alimentata dalla sua esperienza di curatore di importanti collezioni praghesi quali quelle dei conti Czernin o di Felix Sekerka von Sedčic, conte Wrschowetz, cui il dipinto in esame appartenne (Seifertová 1997, pp. 15-16, 17-18). Così la marina al centro con un vascello all'ancora, di tipo mediterraneo, pare ispirata dai pittori nordici italianizzanti. Ma mentre negli esempi del Seghers o del Kessel la luce pioveva sugli elementi vegetali come dall'esterno del dipinto, scoprendo a malapena il soggetto centrale, qui si irraggia dal cielo biancastro del paesaggio centrale verso i margini, tagliando ombre nette e producendo su fiori e foglie gli effetti di controluce. Lo spettatore si affaccia così su una finestra aperta in un muro spesso, e gode della frescura di un ambiente umido e ombroso in un pomeriggio abbagliato, al cui chiarore quasi monocromo i fiori rispondono con la loro policroma vitalità.
P.S.B.

BIBLIOGRAFIA. H. Seifertová, in *Dialog mit Alten Meistern* 1997, pp. 122-123, n. 26 (ripr.; con bibliografia completa).

ROY

X. Autoritratto di un’illusione

X.1. Gerrit Dou
(Leida 1613-1675)
Autoritratto

1658
dipinto su tavola; cm 49,2 × 33,9
Firenze, Galleria degli Uffizi,
Collezione degli Autoritratti, Inv. 1890, n. 1882

Firmato e datato sul davanzale: GDOV. 1658.

Il pittore, vestito di un ampio mantello marrone scuro e di un cappello nero a larghe tese, si rappresenta seduto al davanzale di una finestra centinata di pietra, la mano destra poggiata su un teschio e la sinistra che indica una clessidra (poco visibile per lo scurimento della superficie pittorica, ma visibile in una copia antica: si veda Langedijk 1992, p. 19); sullo sfondo, un tendaggio di pesante broccato e, a destra, lo studio con il cavalletto accanto a una finestra. Al di sotto del davanzale – sul quale compare la firma del pittore con l'anno di esecuzione del dipinto – è rappresentato a monocromo un bassorilievo con dei bambini che giocano con un caprone, soggetto tratto da un'opera dello scultore fiammingo François Duquesnoy.

L'artista ha voluto abbinare in questa presentazione di sé stesso due motivi divenuti popolari nella pittura olandese del Seicento: quello del *trompe-l'œil* e quello del *memento mori*, quando anche le nature morte hanno molto spesso questo significato allegorico-moraleggiante. Qui il Dou si ritrae con una gravità sconosciuta al suo scherzoso e scanzonato ritratto giovanile qui esposto (cat. I.3), accentuando il significato del tempo che passa inesorabilmente. Sfruttando l'insegnamento rembrandtiano nel gioco delle ombre interrotte da subitanei effetti di luce – il teschio, il viso e le mani della figura, i barbagli argentei della tenda –, il Dou riduce la tavolozza a toni quasi monocromi per creare un'affascinante immagine la cui spazialità compressa nell'arco ribassato della finestra riesce a dare l'impressione ottica – pur nelle misure ridotte della tavola – di una realtà tattile delle cose rappresentate.

Il dipinto fu acquistato per il granduca di Toscana, Cosimo III de' Medici, nel 1676 per il notevole prezzo di 800 fiorini olandesi.
M.C.

BIBLIOGRAFIA. Chiarini 1989, p. 110, n. 20.54; Langedijk 1992, pp. 19-23, n. 04 (con bibliografia); F. de Luca, in *Poesia d'interni* 2006, pp. 54-55, n. 15.

X.2. Jean-François de Le Motte
(Tournai, attivo 1653-1685)
Parete di atelier con marina

1670?
dipinto su tela; cm 78,1 × 53,2
Digione, Musée des Beaux-Arts, inv. 4347

Firmato su una lettera al centro del dipinto: «A Monsiers [*sic*] JFra[nç]ois | de Le Motte, peintre | dem(euran)t sur [la] paroisse St | piat | ATournay».

Lo sfondo di questo dipinto è costituito da un tavolato di assi d'abete dai bordi irregolari, nodose e attraversate da fessure risarcite in maniera grossolana. Domina la composizione, appeso a un chiodo, un quadro con la cornice di ebano ornata da un fiocco di seta rossa, raffigurante un mare in tempesta e qualche fragile imbarcazione in balia dei flutti. Gli oggetti sporgono in avanti producendo l'effetto di profondità, rilievo e tangibilità che è essenziale per un *trompe-l'œil*. Tra essi compaiono numerose carte, le cui scritte offrono indicazioni sull'identità dell'artista e del possibile committente: la lettera al centro del dipinto fornisce il nome e l'indirizzo del pittore, che si serve dunque di un ingegnoso stratagemma per evitare l'anonimato imposto da questo genere pittorico; un contratto d'affitto tra l'abate di Esplechin e «Toussaint Corberos» potrebbe rimandare all'identità di colui che aveva richiesto l'opera.

Un disegno dal rozzo montaggio raffigurante un vecchio sovrasta un ovale in terracotta con un bassorilievo nello stile di François Duquesnoy (Bruxelles 1594/1597-Livorno 1643). Appesa a un chiodo, una testa di donna in gesso di gusto classico richiama lo sguardo dello spettatore in direzione della mensola su cui sono disposti gli strumenti dell'artista: la tavolozza, alcuni pennelli raccolti da una striscia di stoffa e una scatola metallica a due scomparti che serve probabilmente per la loro pulizia.

Siamo, ovviamente, nello studio del pittore, che ne è appena uscito lasciando dietro di sé disordine, vecchie assi, fogli spiegazzati, un dipinto che rappresenta la furia degli elementi. Non manca l'apparato simbolico della *Vanitas*, tanto spesso presente nei *trompe-l'œil*.
M.M.

BIBLIOGRAFIA. Quarré-Geiger 1958, p. 29, n. 83; Quarré 1960; Gammelbo 1965, p. 37 e tav. 2; M. Milman, in *Le Trompe-l'œil* 2005, p. 75, n. 26.

X.3. Carlo Sferini
(attivo a Verona nella seconda metà del XVII secolo)
Parete di atelier con incisione, dipinto e spartiti musicali

1695
dipinto su tela; cm 96,5 × 81,5
Siena, Palazzo Chigi Saracini, Collezioni del Monte dei Paschi di Siena, inv. 790

Firmato al di sotto dell'incisione sulla destra: CARLO SFERINI (CARLO SFE visibile in trasparenza); datato sulla mensola: «1695».
Iscrizioni: sul primo cartellino in alto a sinistra, «All'Ill(ustrissi)mo Sig. [...] | Sig. Mario Bargagli | Siena»; sul terzo, «[...]into | [...]ig: | Carlo | [...]ni | Verona».

Del pittore di origine tedesca Carlo Sferini, attivo a Verona nella seconda metà del Seicento e noto anche come Carlo Tedesco, sono noti altri due "finti assi" come questo, un genere di inganni di origine nordica che prevede la disposizione di più oggetti sopra un finto tavolato ligneo. Il repertorio raffigurato è quello solito dell'autore – del quale è conosciuta anche l'attività di quadraturista –, che nei suoi raffinati "inganni" amava mescolare oggetti di uso comune, dipinti e stampe con strumenti musicali e spartiti, forse per la sua frequentazione di musicisti quali il veronese Giuseppe Torelli. Come nell'analogo dipinto dello Sferini in collezione privata datato 1677 (si veda E.A. Safarik, F. Bottari, in *La natura morta in Italia* 1989, I, p. 374, n. 446), un posto di rilievo è dato centralmente a un dipinto appoggiato su una mensola – assicurato da un caratteristico fiocco –, in entrambi i casi dalla forte impronta nordica, come indicano anche le tipiche cornici laccate in nero. Nel caso del *San Girolamo penitente* dalla forte connotazione barocca raffigurato nel "finto asse" più antico, potrebbe trattarsi di un dipinto fiammingo, mentre lo studio di testa senile che compare nel nostro sembra di scuola olandese; studi simili furono eseguiti sia da Rembrandt che dai suoi seguaci.

In alto a sinistra si trovano, come anche nel citato *trompe-l'œil* di collezione privata, dei biglietti assicurati al piano da un nastro teso tra due chiodi, che nel nostro caso ricordano probabilmente il primo il committente dell'opera, un personaggio della nobile famiglia senese dei Bargagli, con palazzo nei pressi di piazza del Campo (si veda Turrini 2007), il terzo l'autore e la città di provenienza del dipinto. Accanto al sopra menzionato dipinto con studio di testa, come nell'esemplare di quasi due decenni precedente, compare una stampa. Mentre nel dipinto più antico si trattava di un'incisione raffigurante la *Madonna col Bambino e san Giovannino* di Giulio Carpioni, anch'egli senz'altro conosciuto personalmente dal nostro (Safarik-Bottari), in questo caso l'inconsueta rappresentazione, difficilmente riconducibile a un autore preciso, potrebbe forse raffigurare una Cibele, divinità greca della Natura, spesso raffigurata vicino a un leone e talvolta con in mano delle saette, come in questo caso. Da notare come dietro la stampa corrano alcune lettere che, aggiunte alle quattro visibili (RINI), compongono ancora una volta il nome dell'artista.

F.B.

BIBLIOGRAFIA. *Relazione* 1819, p. 24 (Domenico Remps); S. Bietoletti, in *La collezione Chigi Saracini* 2000, p. 97, n. 77; Colle-Sisi 2005, p. 92; R. Spinelli, in *Oltre la scuola senese* 2005, pp. 71-72, n. 29; M. Cesani, in *Collezione Chigi Saracini* 2005-2006, II, p. 454, n. 5380.

X.4. Antonio Cioci
(Firenze; doc. 1750-1792)
Il cavalletto del pittore

1775-1780 ca.
dipinto su tela; cm 129 × 84
McLean, Va., Collezione Wayne e Catherine Reynolds

Questo dipinto è un puzzle molto divertente, e va annoverato tra i risultati più originali del Cioci pittore di *trompe-l'œil*. Evidentemente ispirato a esemplari nordici – ad esempio, l'uso della tavola di pino sulla quale fissare gli oggetti compare costantemente nei quadri del Gijsbrechts (cat. III.19) –, assume però nella composizione una sua "disinvoltura" che è lontana dalla studiata resa pittorica dei pittori olandesi e fiamminghi. Del tutto originale la trovata di appoggiare la tavola a una tela già dipinta della quale non possiamo decifrare il soggetto (che sembra svolgersi in un paesaggio) e sulla quale si proietta la sua ombra, e così quella di appoggiare il tutto su un piano di un mobile che consente all'artista non solo di rappresentarvi sopra gli strumenti del mestiere – pennelli, penna, spatola e poggiamano – ma anche disegni, due quadretti e un piccolo bassorilievo con putti che giocano con un caprone simile a quello che compare nell'*Autoritratto* di Gerrit Dou agli Uffizi (cat. X.1). Sul pannello di legno sono fissati, con notevole gioco ottico, una tavolozza, delle stampe di paesaggio, una tela senza telaio con una ninfa inseguita da un satiro in un paesaggio di derivazione da Salvator Rosa, un quadretto ovale sospeso a un nastro e, infine, un *pince-nez* di metallo: ci sembra inutile sottolineare l'ironica vivacità con la quale l'artista allude alle sue capacità pittoriche nel campo dell'"imitazione" della realtà vista ormai come gioco intellettuale.

M.C.

BIBLIOGRAFIA. G.A. Hirschauer, in *Deceptions and Illusions* 2002, pp. 308-309, n. 87 (con bibliografia).

X.5. Étienne Moulineuf
(Marsiglia 1715/1720-? 1789)
Le Benedicite [*Il Benedicite*]

fine del XVIII secolo
dipinto su tela; cm 39 × 31
Collezione privata

Questo *trompe-l'œil* riproduce una delle numerose incisioni tratte da un dipinto di Jean-Siméon Chardin (Parigi 1669-1779), il celebre *Benedicite*, del quale l'artista eseguì varie versioni. Moulineuf si servì molto probabilmente di un'incisione di François-Bernard Lépicié (1744) o di una di L. Simon (mezzatinta, 1744 ca.): nel suo quadro si riconosce infatti il pavimento a piastrelle visibile nella versione del dipinto che servì di modello a questi incisori, ovvero la prima, eseguita per Luigi XV (Louvre). L'immagine, naturalmente, è in controparte rispetto all'originale.

La scena raffigura una madre e le due figliolette che si apprestano a recitare le loro preghiere prima del pasto. Le vesti da casa si accordano alla perfezione al loro modesto ambiente borghese.

L'incisione e la sua impressione sono rese scrupolosamente e con grande virtuosismo. L'artista introduce tuttavia un nuovo livello illusionistico: il finto vetro che copre l'incisione è rotto e i pezzi rimasti sembrano sul punto di staccarsi dalla cornice da un momento all'altro. Le ombre e il sovrapporsi di questi frammenti introducono con discrezione la terza dimensione che il *trompe-l'œil* si sforza di suggerire. La tecnica magistrale di Moulineuf riesce a catturare l'attenzione e a suscitare turbamento e perplessità nello spettatore, mentre il vetro rotto diviene un forte richiamo alla fragilità del mondo e in particolare dell'opera d'arte.
M.M.

BIBLIOGRAFIA. M. Milman, in *Le Trompe-l'œil* 2005, p. 83, n. 33.

LE BENEDICITE

X.6. William Moore Davis
(Setauket, N.Y. 1829-Mount Sinai,
Long Island, N.Y. 1920)
A Canvas Back [*Retro di una tela*]

1870 ca.
dipinto su tela; cm 20,6 × 26
New York, Long Island Museum of American Art, History & Carriages, Gift of Mrs. Beverly Davis, 1953, n. 4.4.730

Firmato nell'indirizzo sulla busta: «Wm. M. Davis | Port Jefferson | L.I.».
Iscrizioni: sul cartellino, «A Canvas Back | By KroMatic».

William M. Davis passò la maggior parte della sua vita sulla costa settentrionale di Long Island, nello stato di New York: fu insomma uno di quei pittori di nature morte dell'Ottocento americano dalle forti radici locali, che si guadagnavano da vivere al di fuori dei maggiori centri artistici del paese. Negli anni sessanta l'artista passò qualche tempo a New York, ma nel 1872, frustrato dai suoi insuccessi, fece ritorno nei luoghi natali, dove trascorse il resto della sua vita. Il timbro postale e l'indirizzo apposto sul retro della busta alludono agli scambi tra New York e Port Jefferson che caratterizzarono la sua carriera.

Come testimonia questa opera, Davis aveva un senso dell'umorismo irriverente che non risparmiava neppure una materia elevata come l'arte. Nel 1862 si era conquistato una notorietà di livello nazionale con un ritratto satirico a *trompe-l'œil* di Jefferson Davis intitolato *The Neglected Picture*. Il personaggio raffigurato – con il quale l'artista non aveva a quel che è dato sapere alcun rapporto di parentela – era il presidente della Confederazione degli Stati del Sud, la cui secessione aveva dato inizio nel 1861 alla guerra civile. Il dipinto rappresentava una stampa litografica incorniciata e coperta da un vetro spezzato sotto il quale erano infilati due biglietti da visita dal contenuto ferocemente derisorio. Quando fu esposto per la prima volta suscitò un interesse immediato e le sue riproduzioni fotografiche circolarono per tutta la nazione. Come il *Retro di una tela*, il ritratto di Jefferson Davis costituiva una sfida nei confronti dell'idea stessa di arte.

Va sottolineato che William M. Davis lasciò New York non molto tempo dopo aver dipinto il nostro quadro; con il denaro ricavato dalla vendita del suo studio aprì un negozio di articoli per artisti a Port Jefferson e si dedicò principalmente alla vendita di tele e telai. Questi eventi seguirono di poco la morte del suo amico e mentore William Sidney Mount (1868), uno stimato pittore di genere residente a Stony Brook che gli dispensava incoraggiamenti e consigli per la sua carriera artistica. La sua scomparsa verosimilmente influenzò la decisione di Davis di abbandonare i suoi tentativi newyorkesi e voltare i suoi stessi dipinti faccia al muro.
M.D.M.

BIBLIOGRAFIA. Frankenstein 1970, pp. 54-55, n. 17; F. Kelly, in *Deceptions and Illusions* 2002, pp. 316-317, n. 92.

X.7. Pierre Ducordeau
(Parigi 1928)
Tableau en déplacement [*Dipinto in trasferta*]

1974
dipinto su tela; cm 65 × 56
Parigi, Pierre Ducordeau

Firmato sul cartellino in basso a sinistra: «BON DE DÉPLACEMENT DU N° RE 539 | TITRE: Ducordeau | Autoportrait | MOTIF: Exposition "Chefs d'Œuvre Français" | National Gallery - Londres | Paris, le 7-3 1966 Le Conservateur [firma]»; sulla targhetta metallica: P. DUCORDEAU.

Intorno al 1670 Gijsbrechts eseguì un dipinto raffigurante il *Retro di un dipinto* (Copenaghen, Statens Museum for Kunst: fig. 10), nel quale ad animare il vuoto della tela grezza fissata al telaio non c'era che un cartellino con un numero. Il quadro era destinato a essere poggiato sul pavimento, dove avrebbe senz'altro sollecitato il visitatore a a girarlo per vedere cosa rappresentasse veramente. Quello che si poteva vedere, in realtà, altro non era che il vero retro, vuoto, del quadro. L'artista creava così un'identità tra il fronte e il retro della sua opera: questa inversione di valori, questa negazione di qualsiasi "contenuto" del dipinto induce a riflettere sulla definizione stessa di arte. Come sostiene Sybille Ebert-Schifferer, «i dipinti a *trompe-l'œil* rappresentano un genere altamente autoreferenziale, un dibattito intenso tra l'arte e sé stessa, l'artista e sé stesso» (2002, p. 24: «Trompe l'oeil paintings represent a highly self-reflexive genre, a sustained debate between the art and itself, the artist and himself»).

Ducordeau riprende questa idea di "non rappresentazione" nel suo *Dipinto in trasferta*. Una cornice vuota proietta la sua ombra sulla parete bianca. Il cartellino infilato tra la cornice e un *passe-partout* di un verde intenso spiega che l'autoritratto di Ducordeau è stato rimosso per essere presentato a una mostra sui capolavori francesi a Londra presso la National Gallery. Con questo dipinto l'artista strizza l'occhio allo spettatore, facendo dell'ironia su sé stesso e sulla propria autostima. L'ovvio tocco di *humour*, caratteristico della maggior parte dei *trompe-l'œil* di Ducordeau, distrae lo spettatore dalla fascinazione e dall'inquietudine prodotte dal grande ovale bianco lasciato dal dipinto assente.
M.M.

BIBLIOGRAFIA. Milman 1982, pp. 70-71; Cadiou-Gilou 1989, p. 11; Monestier 1993, p. 65; M. Milman, in *Le Trompe-l'œil* 2005, p. 63, n. 15.

X.8. Michelangelo Pistoletto
(Biella 1933)
Tela con cavalletto

1962-1975
serigrafia su acciaio inox lucidato a specchio;
cm 230 × 125
Biella, Cittadellarte-Fondazione Pistoletto

I *Quadri specchianti*, elaborati a partire dai primi anni sessanta, costituiscono il fondamento dell'intera opera di Michelangelo Pistoletto e della sua riflessione teorica intorno alle possibilità di esemplificare in valori sensoriali, ottici e tattili, le dimensioni di spazio e di tempo.

Dopo aver condotto sperimentazioni pittoriche sulla relazione fra soggetto e spazio realizzando una serie di autoritratti stagliati su un fondo nero verniciato fino a diventare riflettente, nel 1962 Pistoletto sostituisce la tela con una lastra di acciaio inox lucidata a specchio. Per dare al soggetto la stessa obiettività che lo specchio garantisce allo sfondo, l'artista abbandona la pittura per riproduzioni fotografiche di oggetti o figure umane ridotti a *silhouettes* e riportati sulla lastra mediante l'applicazione di inserti di carta velina su cui ne viene ricalcato, a punta di pennello, l'ingrandimento a dimensioni naturali, procedimento sostituito a partire dal 1971 dal processo serigrafico. Pistoletto approda così alla creazione di dispositivi spazio-temporali attraverso cui rovescia il concetto tradizionale di "quadro" in una rappresentazione che si ricrea continuamente mediante l'interazione, nello spazio dello specchio, del segno piatto e statico, dato dall'artista in un tempo passato con le immagini riflesse della vita che scorre e che interviene attimo dopo attimo, in un tempo sempre presente.

È alla convergenza di queste due diverse dimensioni della rappresentazione che in *Tela con cavalletto* rimanda il motivo classico del cavalletto e della tela visti da tergo – ironico riferimento all'iconografia della pittura mimetica e *trompe-l'œil*, ma anche alla ricerca sulla propria persona precedente gli specchi –, accanto al quale ritroviamo la nostra immagine riflessa attivando un istantaneo autoritratto di cui siamo al contempo spettatori e artefici.

Collocati non ad altezza di finestra come quadri, ma sul pavimento come ampi varchi, i *Quadri specchianti* alterano la percezione dell'ambiente reale dilatandolo, moltiplicandolo in spazi virtuali. L'osservatore si trova coinvolto in un'esperienza sensoriale disorientante, chiamato a distinguere il reale dall'apparente, quello che appartiene alla superficie d'acciaio come riproduzione fotografica e quello che, parte dell'ambiente circostante, si è arbitrariamente e momentaneamente inserito nello spazio dello specchio come riflesso (cfr. Farano-Mundici-Roberto 2005).
G.B.

BIBLIOGRAFIA. «Segno», n. 219, 2008, pp. 68-69.

X.9. James Turrell
(Los Angeles, Calif. 1943)
Senza titolo

2002
ologramma; cm 51 × 37,5
Londra, collezione privata

Lo statunitense James Turrell – fra i più celebrati artisti del panorama internazionale – ha dedicato l'intera sua opera a complesse sperimentazioni sulla luce volte a indagare le modalità della percezione umana in ambienti controllati o in condizioni di alterazione sensoriale. Dal 1974 l'artista è impegnato nella trasformazione di un cono vulcanico estinto – il Roden Crater, situato nel Painted Desert (Arizona) – in un "monumento alla percezione" che attraverso il *medium* della luce pone in relazione, sul piano della ricezione sensoriale, i diversi elementi del paesaggio circostante. Fin dagli esordi, alla metà degli anni sessanta, Turrell crea installazioni e *open-air environments* in cui, attraverso lo sviluppo di differenti procedimenti proiettivi, la luce si dà in termini sia di solidità che di privazione di consistenza, nella sua molteplice capacità di generare nell'osservatore l'illusione della presenza di un solido luminoso così come di varchi virtuali inondati di luce. L'osservatore è così catturato in una dimensione di pura esperienza.

Negli ultimi anni Turrell ha lavorato a una serie limitata di ologrammi per riflessione. Secondo un particolare procedimento sviluppato dall'artista, essi funzionano come registratori di onde laser su emulsione bicromata trasparente applicata a vetro. L'immagine che ne risulta è quella di un corpo luminoso che si proietta al di là della superficie all'interno di uno spazio che sembra avere profondità (*James Turrell* 2002; James 2005; *James Turrell* 2007).
G.B.

BIBLIOGRAFIA. Inedito.

Giocare con gli occhi

RICHARD L. GREGORY, PRISCILLA HEARD

Questa mostra indaga il tema dell'*illusione*, e in particolare dell'*inganno* perpetrato dalla pittura nei confronti della vista e del *piacere* che proviamo nell'essere ingannati. Pur avendo come tema centrale l'inganno visivo, il *trompe-l'œil* offre al visitatore anche l'opportunità di esplorare l'inganno di altri sensi, come l'udito e il tatto.

Un quadro è un oggetto straordinario, perché ci consente di sperimentare oggetti assenti o immaginari. Questo è possibile perché esso ci offre segnali e indizi di oggetti di cui abbiamo un'esperienza quotidiana: segnali che attivano in maniera abbastanza diretta parti specializzate del cervello e indizi fondati su una conoscenza che deriva da una vasta esperienza pregressa. I dipinti contengono segnali e indizi che di norma costituiscono una prova efficace della presenza di oggetti più o meno familiari, ma a volte possono trarci in inganno. La nostra capacità di riconoscere gli oggetti e di prevedere gli eventi è la chiave della nostra sopravvivenza: una capacità atavica, preumana che ci consente di vedere gli oggetti che compaiono in un dipinto, cosicché in un certo senso ogni raffigurazione pittorica è un inganno. Ma il *trompe-l'œil* inganna l'occhio per divertimento!

Nei dipinti vediamo "altri mondi", seppure a partire da segnali e indizi che normalmente evocano oggetti del nostro mondo, oggetti con i quali interagiamo per sopravvivere; in altre parole, questi mondi si trovano in un altro spazio e in un altro tempo, ma li vediamo sulla base dell'esperienza del nostro mondo condiviso. Un dipinto è un oggetto molto strano, poiché vi vediamo tante altre cose (una persona, una casa, una nave), oppure un motivo astratto, che magari ci affascina. Quando questa trasmutazione del suo aspetto è tanto completa da farcelo accettare *in toto* come un altro oggetto lo chiamiamo *trompe-l'œil.*

È necessario che vi sia l'*intenzione* di ingannare perché si possa parlare di *trompe-l'œil*? Dovremmo indovinare le intenzioni degli artisti, che magari sono i primi a non conoscerle! E inoltre: una macchina fotografica automatica non potrebbe produrre delle immagini *trompe-l'œil*? Forse parliamo di *trompe-l'œil* semplicemente quando confondiamo un'immagine con qualche oggetto che appartiene al nostro mondo; anche se supponiamo senz'altro che l'artista intenda ingannarci. La definizione può essere discutibile, ma il *trompe-l'œil* sembra davvero connotato dall'intenzione di ingannare l'occhio, con *humour* e *charme*.

La spiegazione del motivo per il quale i dipinti a *trompe-l'œil* appaiono così "reali" – e del perché possono essere paradossali – risiede nel modo in cui i nostri occhi e il nostro cervello lavorano per restituirci la visione quotidiana degli oggetti più consueti (il percorso della mostra comprende modelli che illustrano il funzionamento degli occhi). Noi vediamo degli oggetti – volti, tavole, nuvole ecc. –, ma non li vediamo in maniera semplice e diretta: i ricordi immagazzinati nel cervello contribuiscono alla visione quasi quanto gli occhi. Tutto quello che fanno gli occhi è presentare al cervello dei segnali in codice a partire da combinazioni luminose; per creare il suo mondo visivo il cervello deve indovinarne la causa. Esso crea delle percezioni inferendo o indovinando cosa c'è all'esterno, e le probabilità sono molto importanti. È come nel metodo di Sherlock Holmes, il personaggio creato da Sir Arthur Conan Doyle, che risolve i casi a partire da piccoli *indizi*: possiamo definire le combinazioni luminose che raggiungono gli occhi come *indizi* che forniscono al cervello dell'investigatore le prove per dedurre cosa c'è là fuori, cosa sta succedendo e cosa può accadere, usando l'immaginazione, che a sua volta si basa sulla conoscenza del mondo.

70. Jacques Poirier, *Artnica*, 1997, particolare. Washington, D.C., Collezione Ian M. Cumming.

Un quadro è un oggetto straordinario, perché evoca la percezione di altri oggetti – "altri mondi" – che appartengono a un tempo e a uno spazio diversi da quelli del mondo in cui viviamo. La sua è dunque una doppia realtà: è un oggetto di tela o di carta che possiamo toccare normalmente, ma lo vediamo come un "altro mondo" molto diverso, nello spazio e nel tempo che gli è proprio. Gli "altri mondi" dei dipinti possono essere finzioni e tuttavia apparire del tutto reali. Ma i dipinti sono paradossali, poiché rappresentano tre dimensioni su una superficie bidimensionale. Nei *trompe-l'œil* questa superficie si percepisce a malapena, poiché nel momento in cui appaiono come oggetti tridimensionali i loro "altri mondi" prendono il sopravvento, anche se non sono che combinazioni piane di colore.

Queste combinazioni possono apparire miracolosamente "reali" e vive, anche se l'artista non può offrire tutti i segnali e indizi della natura. Di quali segnali e indizi dispone l'artista? La cosa più notevole è vedere in un'immagine piana la profondità e la distanza, per quanto il *trompe-l'œil* sia molto di più di una semplice illusione della terza dimensione.

Essendo i dipinti oggetti piani contenenti indizi di "altri mondi" tridimensionali, l'illusione della profondità è maggiore se li guardiamo con un occhio solo. Fanno eccezione le fotografie stereoscopiche, perché la visione leggermente diversa dei due occhi si combina restituendo una percezione tridimensionale. Il fatto che normalmente guardiamo le cose con entrambi gli occhi, pur vedendone un'unica immagine, ha varie conseguenze. Come abbiamo detto, l'effetto tridimensionale è maggiore se usiamo un solo occhio, perché non abbiamo un segnale stereoscopico della loro bidimensionalità. Ma ancora più interessante è guardare due foto scattate con due apparecchi distinti, una per ciascun occhio: l'effetto tridimensionale è impressionante. La mostra propone varie esperienze sul 3D, tra cui la proiezione di ombre mediante una coppia di led a luce rossa e verde o la visione di ombre attraverso filtri rossi e verdi diversi per ciascun occhio, così da sperimentare la prospettiva e la profondità stereoscopica senza l'interferenza di altri segnali, e un *synopter*, un visore binoculare che restituisce la stessa immagine a entrambi gli occhi, eliminando così i segnali stereoscopici che ci suggeriscono che un'immagine è piana.

Ma i *trompe-l'œil* sono anche molto di più che segnali di profondità forniti da un'immagine vista con un solo occhio. La maestria dell'artista fa sì che la pittura possa assumere l'aspetto di una qualunque materia, dalla carne al fuoco, dal mattone al cemento, e perfino di una non-sostanza come le ombre, che come qualsiasi fotografo sa sono molto importanti per le immagini. Nei disegni dobbiamo indovinare di cosa sono fatte le cose; ma nei dipinti e nelle fotografie a colori vediamo la materia di cui sono fatti oggetti di ogni genere. Come è possibile questo?

La natura della percezione

La percezione prende le mosse da un'immagine che si forma sulla retina. Ma in realtà le immagini retiniche non le vediamo mai: sono la fonte della percezione, ma non sono normalmente visibili. La loro importanza fu riconosciuta solo con l'invenzione della camera oscura, che ebbe il suo pieno sviluppo nel XVI secolo (nel percorso espositivo è presente una piccola camera oscura).

Le percezioni sono *congetture* – *ipotesi* predittive – sul mondo esterno: questo è il concetto chiave per comprendere la percezione. I meccanismi mediante i quali il cervello giunge a queste ipotesi sono oggetto di un'intensa indagine fisiologica e psicologica, e naturalmente non mancano le implicazioni filosofiche. Nella psicologia della percezione si parla di processi *bottom-up* (dal basso verso l'alto), costituiti dagli stimoli che giungono dal mondo degli oggetti, e processi *top-down* (dall'alto verso il basso), ovvero la conoscenza che giunge dal cervello. Entrambi i processi sono essenziali per vedere tanto il mondo che ci circonda quanto un dipinto, che interpretiamo a partire dalla conoscenza di oggetti che tocchiamo e vediamo nella vita di tutti i giorni.

Ci sono vari segnali e indizi di profondità e distanza che consentono all'artista di fingere la profondità su una superficie piana. Alcuni "salgono" dagli occhi e altri, come la memoria e l'immaginazione, "discendono" dal cervello. Possiamo elencarne alcuni, per quanto ve ne siano molti altri, come ben sanno i pittori di *trompe-l'œil*.

Segnali e indizi di profondità

Quelli che chiamiamo *segnali* provengono semplicemente *bottom-up* dal mondo per come lo vedono gli occhi. Facciamone un elenco, indicandoli nelle *Passeggiate di Euclide* di Magritte (fig. 71):

Segnali che giungono dagli occhi (bottom-up)
Luminosità: il torrione, più chiaro, appare più vicino.
Contrasto: è tanto maggiore quanto più gli oggetti sono vicini.
Prospettiva aerea: lo scenario si fa più indistinto e azzurrino con il crescere della distanza.
Gradiente di densità della "tessitura": quanto la "tessitura" (la "trama", ovvero la grana) di un oggetto rappresentato si fa più minuta o più fitta si accentua la sensazione di distanza.

71. René Magritte, *Les Promenades d'Euclide* [*Le passeggiate di Euclide*], 1955. Minneapolis, Minn., Minneapolis Institute of Art, The William Hood Dunwoody Fund, 68.3.

Messa a fuoco: accomodamento del cristallino (non nel caso delle immagini piane).
Prospettiva geometrica: il diminuire delle dimensioni indica il crescere della distanza.
Altezza: la maggiore altezza indica maggiore distanza sul piano orizzontale.
Ombre: in genere la proiezione delle ombre è data dalla luce solare, che giunge dall'alto (la fonte dunque è per lo più unica, ma non sempre); le sporgenze proiettano delle ombre (nel percorso espositivo si sperimentano luci mutevoli: passando da una luce proveniente dall'alto a una proveniente dal basso si ha un rovesciamento della profondità).
Forma data dall'ombreggiatura: la luminosità dipende dall'angolo della luce sulla superficie locale dell'oggetto (*tan theta*); microombre date dalla consistenza.
Occlusione: la copertura conica del torrione nasconde gli edifici retrostanti e viene messa in evidenza dalla loro assenza, cosicché gli oggetti parzialmente nascosti vengono visti come retrostanti (il percorso espositivo comprende una dimostrazione dell'occlusione).
Scorcio: richiede una conoscenza della forma dell'oggetto; si usa spesso per una figura umana (fig. 72); se ne può fare esperienza nel percorso espositivo con la "finestra di Leonardo".

Quando osserviamo degli oggetti posti a distanze diverse disponiamo di due segnali di profondità molto forti. La convergenza degli occhi (che è tanto maggiore quanto minore è la distanza) e la disparità binoculare (ovvero la differenza tra le immagini retiniche dei due occhi) consentono la visione stereoscopica dello spazio tridimensionale. Ciò non accade nel caso delle normali immagini bidimensionali (e dunque di un dipinto tradizionale); questi meccanismi sono anzi controproducenti per il *trompe-l'œil* perché segnalano la natura piana dell'oggetto.

72. Alden Cole, *Lucy in the Sky*, 2008.

La parallasse di movimento è disponibile solo per gli oggetti posti a distanze diverse. Quando ci muoviamo il mondo ruota intorno al punto fissato. Gli oggetti distanti si muovono insieme a noi e quelli vicini verso di noi. Normalmente compensiamo questo movimento e gli oggetti ci appaiono come quasi immobili.

Indizi che giungono dal cervello (top-down). Giudichiamo gli *indizi* più cognitivi dei *segnali*, poiché richiedono un'inferenza, laddove i secondi stimolano in maniera diretta dei semplici processi neuronali.

Le *immagini*, fotografie comprese, offrono delle percezioni a partire da segnali e indizi consueti ma relegati in un passato immobile. I *ricordi* sono più generici delle percezioni e possono essere più astratti, poiché le percezioni sono limitate a oggetti ed eventi particolari nel presente, mentre la memoria non ha tali limiti. Leggiamo il presente a partire dall'esperienza, e la conoscenza pregressa è essenziale per le percezioni derivate dagli oggetti, che sono molto più ricche delle immagini retiniche, per quanto possano essere variamente ingannevoli.

Gli esseri umani prevedono il futuro per sopravvivere in un mondo pieno di pericoli. Tuttavia, la conoscenza può essere fuorviata, specialmente in situazioni insolite. Ritratti e fumetti, per esempio, prendono vita grazie ai tanti *volti* che abbiamo conosciuto negli anni; ma una *maschera concava* la vediamo *convessa*, perché l'esperienza ci dice che il naso sporge sempre dal volto: una faccia concava è troppo inverosimile perché possiamo vederla. In questo caso i segnali e gli indizi non sono in grado di sfidare la memoria.

Prendiamo una maschera di Charlot (fig. 73) e facciamola ruotare fino a mostrarne la faccia concava: anche questa faccia ci sembrerà convessa, proprio perché è talmente improbabile che non riusciamo a vederla. In mostra potrete vedere una maschera rotante di Einstein.

I ritratti prendono vita grazie al ricordo di un amico o della persona amata, poiché il passato invade continuamente il presente e pre-giudica il futuro.

73. Maschera rotante di Charlot.

Illusioni

Quando il vedere si allontana dalla realtà, nella visione si creano illusioni a non finire. Ed è senza dubbio questa fuga creativa del vedere a rendere possibile l'arte.

Le illusioni generate da questa fuga creativa della percezione sono di vario tipo: si tratta di fenomeni che riguardano la mente piuttosto che la materia, per quanto meritino una spiegazione in termini scientifici. Poiché la scienza è molto di più di qualcosa di materiale (i numeri non sono fatti di materia!) questo non è un problema, e le arti possono senz'altro trarre profitto dalle spiegazioni scientifiche dei meccanismi della percezione. Cerchiamo di spiegare l'esistenza di questi fenomeni illusivi, nella pittura in particolare e ancor più specificamente nel *trompe-l'œil*.

Le illusioni del "trompe-l'œil". Un *trompe-l'œil* visto dalla posizione giusta (nel caso di una fotografia, quella dell'obbiettivo) è un'illusione molto piacevole; ma quando lo spettatore si muove, abbandonando il "corretto" punto di osservazione, si verificano altre straordinarie illusioni. Più "realistico" è il dipinto, maggiore è l'impressione prodotta da questi strani fenomeni per cui dei dipinti piani vengono visti nella profondità dei loro "altri mondi". Quando lo spettatore si muove, l'immagine del dipinto nei suoi occhi resta quasi immutata; ma paradossalmente è questa *assenza* di cambiamento che produce nei *trompe-l'œil* strane illusioni dinamiche di movimento. Il ritratto di Beethoven di Stieler (fig. 74) è un esempio sbalorditivo di quello che può essere definito "movimento di pseudoparallasse": lo sguardo di Beethoven segue il movimento dello spettatore proprio perché le immagini ricevute dagli occhi dello spettatore, paradossalmente, *non cambiano* mentre egli si muove. Nella vita di tutti i giorni le immagini retiniche restano immutate durante il movimento solo quando gli oggetti osservati si muovono (ruotano) esattamente con l'osservatore, cosicché ciò che vediamo è un movimento di occhi immobili in un ritratto realistico.

La prospettiva rovesciata di Patrick Hughes. Si fonda su un'illusione estremamente spettacolare, che è peraltro all'origine di opere d'arte notevoli, il lavoro dell'artista inglese Patrick Hughes (cat. III.14), che sfrutta la prospettiva rovesciata. I suoi dipinti non sono piani: sulla loro superficie compaiono delle piramidi aggettanti, la cui sommità è più vicina allo spettatore. Su queste piramidi sono dipinti, ingegnosamente, oggetti che si fanno più grandi con l'aumentare della distanza, al contrario di quanto accade con la prospettiva normale. Le scene dipinte vengono viste in una prospettiva rovesciata (l'aggetto è visto come profondità), e cambiano radicalmente con il movimento dello spettatore. Sono sconcertanti, sia da un punto di vista artistico che da quello della percezione.

Gli ologrammi. Invenzione relativamente recente (furono creati nel 1947 dal fisico ungherese Dennis Gabor), gli ologrammi sono molto diversi dalle altre immagini bidimensionali. Non hanno una prospettiva, né un punto di vista privilegiato. Non derivano da un fascio di luce convergente che restituisce un'immagine, ma dall'interferenza di un fascio di luce emesso da un laser (fascio di riferimento) con le onde luminose riflesse dal soggetto illuminato: come quando i suoni si sommano e si sottraggono mentre entrano ed escono di fase generando battimenti ritmici.

Paula Dawson (University of New South Wales) è un'esperta nella creazione di grandi ologrammi e si dedica al tentativo di produrre disegni a mano libera con l'olografia. Il suo lavoro sarà visibile in mostra, nella prima dimostrazione pubblica di questo tipo di disegno olografico.

Persistenze visive

Gli oggetti normali ci appaiono sorprendentemente immutati quando ci muoviamo intorno a loro, anche se le immagini retiniche cambiano bruscamente, soprattutto nel caso di oggetti vicini. Questa assenza di cambiamento nel loro aspetto è attribuita all'adattamento percettivo, da cui scaturisce la *persistenza visiva*, un fenomeno che in genere ci è molto utile perché ci dà una

74. Joseph Karl Stieler, *Ritratto di Ludwig van Beethoven con la partitura della Missa solemnis*, 1820. Bonn, Beethoven-Haus, B 2389.

percezione dell'immobilità delle cose e ci evita di confonderci mentre ci muoviamo. Ma le rappresentazioni piane che sembrano avere una profondità generano false aspettative di un cambiamento di forma mentre ci muoviamo. Le immagini che da esse giungono ai nostri occhi non si trasformano come l'immagine di un normale oggetto tridimensionale, cosicché i dipinti che suggeriscono la tridimensionalità ci sfidano con enigmi visivi e strane illusioni.

Quanto più realistico è l'"altro mondo" rappresentato in un quadro, come nel *trompe-l'œil*, tanto più l'adattamento segue l'*apparenza tridimensionale dell'immagine*, allontanandosi così dalla sua immagine retinica. Particolarmente spettacolari sono le bizzarre distorsioni che vediamo camminando sotto un soffitto piano ma all'apparenza saliente di una chiesa come quello di San Nicola da Tolentino a Venezia, dipinto a *trompe-l'œil* nel Settecento dal quadraturista Girolamo Mengozzi Colonna (Ferrara 1688 ca.-Verona? 1772 ca.). Il *trompe-l'œil* è impressionante quando funziona come previsto, ma è ancora più sorprendente allorché viene osservato dalla posizione "sbagliata" e ci mostra i suoi inganni più spettacolari. L'artista può forse esserne contrariato, ma noi dovremmo essergli grati di questi straordinari esperimenti sulla visione. Quando si è in grado di riconoscerli come tali e di comprenderli almeno in parte, l'errore e l'illusione possono essere forieri di grandi insegnamenti.

sie heeft dat maandag bekendgemaakt op grond van een rapport
BEKNOPTE HANDLEIDING
VOOR DE
TECHNIEK DER ETSKUNST
AIR MAIL
Zie verder pa
BRIEFKAART
BY AIR MAIL
PER LUGPOS
PAR AVION
GADSDEN PURCHASE
POSTKAART
UNITED STATES
POSTAL CARD.
ONE CENT
NOTHING BUT THE ADDRESS TO BE ON THIS SIDE
Mr. Abraham Roos
Langen Schwalbach
STOKER
wo. 30 mei 20.15 uur

Abbreviazioni bibliografiche

100 autoritratti 2008 = *100 autoritratti delle collezioni degli Uffizi*, a cura di Antonio Natali, catalogo di Federica Chezzi, [testo italiano/inglese], Firenze 2008.

100 Masterpieces 1997 = *100 Masterpieces, Statens Museum for Kunst*, trad. ingl. Copenhagen 1997 (ed. orig. København 1996).

The Age of the Marvelous 1991 = *The Age of the Marvelous*, catalogo della mostra (Hanover, N.H., Hood Museum of Art, Darmouth College *et al.*, 1991), a cura di Joy Kenseth, Hanover, N.H. 1991.

Agostini 1686 = Leonardo Agostini, *Le gemme antiche figurate*, seconda impressione [postuma], 2 voll., Roma 1686 (1a ed. Roma 1657).

Alberigo 1961 = Giuseppe Alberigo, *Archinto, Filippo*, in *Dizionario Biografico degli Italiani*, III, Roma 1961, pp. 761-764.

Alessi 1565-1569 ca. = Galeazzo Alessi, *Libro dei Misteri*, ms., 1565-1569 ca., Varallo, Biblioteca Civica "Farinone Centa"; rist. anast. con il titolo *Libro dei Misteri. Progetto di pianificazione urbanistica, architettonica e figurativa del Sacro Monte di Varallo in Valsesia*, commento critico di Stefania Stefani Perrone, Bologna 1974.

Allegri-Cecchi 1980 = Ettore Allegri, Alessandro Cecchi, *Palazzo Vecchio e i Medici. Guida storica*, Firenze 1980.

Amelung 1903-1908 = Walther Amelung, *Die Sculpturen des Vaticanischen Museums*, 2 voll. in 4 tomi, Berlin 1903-1908.

America the Beautiful 2003 = *America the Beautiful: 19th & 20th Century Paintings from the Walter and Lucille Rubin Collection*, catalogo della mostra (Boca Raton, Fla., Boca Raton Museum of Art, 2003), introduzione di William H. Gerdts, Boca Raton, Fla. 2003.

Andergassen 1999 = Leo Andergassen, *Diözesanmuseum Hofburg Brixen*, [testo tedesco/italiano/inglese], Brixen 1999.

Anderson 2000 = Jaynie Anderson, *Molteni in corrispondenza con Giovanni Morelli. Il restauro della pittura rinascimentale a Milano nell'Ottocento*, in *Giuseppe Molteni* 2000, pp. 47-57.

Andrea Mantegna 1992 = *Andrea Mantegna*, catalogo della mostra (Londra, Royal Academy of Art-New York, Metropolitan Museum of Art, 1992), a cura di Jane Martineau, Milano 1992.

Angelika Kauffmann 1968 = *Angelika Kauffmann und ihre Zeitgenossen*, catalogo della mostra (Bregenz, Vorarlberger Landesmuseum, 1968; Vienna, Österreichisches Museum für angewandte Kunst, 1968-1969), Bregenz 1968.

Angulo 1966 = Diego Angulo, *¿La "Cuerna", de Velázquez, en el Palacio de Riofrío?*, «Archivo Español de Arte (AEA)», n. 153, XXXIX, 1966, p. 85; poi in Angulo 2007, p. 323.

Angulo 1967 = Diego Angulo, *La "Cuerna de venado", cuadro de Velázquez*, «Reales Sitios», n. 12, IV, 1967, pp. 13-25; poi in Angulo 2007, pp. 235-252.

Angulo 2007 = Diego Angulo, *Estudios completos sobre Velázquez*, con un saggio introduttivo di Javier Portús, Madrid 2007.

L'anima e il volto 1998 = *L'anima e il volto. Ritratto e fisiognomica da Leonardo a Bacon*, catalogo della mostra (Milano, Palazzo Reale, 1998-1999), [a cura di Flavio Caroli], 2 voll., Milano 1998.

Antonetto 1985 = Roberto Antonetto, *Minusieri ed ebanisti del Piemonte. Storia e immagini del mobile piemontese, 1636-1844*, Torino 1985.

L'Apothéose du geste 2003 = *L'Apothéose du geste. L'Esquisse peinte au siècle de Boucher et Fragonard*, catalogo della mostra (Strasburgo, Palais Rohan, Musée des Beaux-Arts, 2003; Tours, Musée des Beaux-Arts, 2003-2004), Strasbourg 2003.

Aprà 1962 = Nietta Aprà, *Cos'è questo stile?*, Milano 1962.

Arcangeli 1942 = Francesco Arcangeli, *Tarsie*, Roma 1942.

Arisi 1991 = Ferdinando Arisi, *La Galleria Alberoni di Piacenza*, Piacenza 1991.

Aristoteles Graecus 1976 = *Aristoteles Graecus. Die griechischen Manuskripte des Aristoteles*, a cura di Paul Moraux *et al.*, Berlin-New York 1976.

Aristotelis *De sensu et De memoria*, ed. Förster 1942 = Aristotelis *De sensu et De memoria libri*, a cura di Aurél Förster, Budapestini 1942.

Armstrong 1981 = Lilian Armstrong, *Renaissance Miniature Painters and Classical Imagery. The Master of the Putti and his Venetian Workshop*, London 1981.

Arndt-Kroos 1969 = Hella Arndt, Renate Kroos, *Zur Ikonographie der Johannesschüssel*, «Aachner Kunstblätter», XXXVIII, 1969, pp. 243-328.

Arredi 1993 = *Arredi, suppellettili e "pitture famose" degli Estensi. Inventari 1663*, a cura di Jadranka Bentini e Patrizia Curti, con un saggio di Marta Cuoghi Costantini, Modena 1993.

The Art of Banking 1989 = *The Art of Banking. The NMB Art Collection*, Amsterdam 1989.

Arte della stampa 1979 = *Arte della stampa 1734-1799. Civiltà del '700 a Napoli*, catalogo della mostra (Napoli, Biblioteca Nazionale "Vittorio Emanuele III", 1978), [a cura di Anna Maria Garofalo *et al.*], introduzione di Francesco Barberi, Napoli 1979.

Arte e manifattura di corte 2006 = *Arte e manifattura di corte a Firenze, dal tramonto dei Medici all'Impero (1732-1815)*, catalogo della mostra (Firenze, Palazzo Pitti, 2006), a cura di Annamaria Giusti, Livorno 2006.

Arte moderna a Torino 1986 = *Arte moderna a Torino. 200 opere d'arte acquisite per la Galleria Civica d'Arte Moderna*, catalogo della mostra (Torino, Palazzina della Società Promotrice delle Belle Arti al Parco del Valentino, 1986-1987), a cura di Rosanna Maggio Serra, Torino 1986.

Arti fiorentine 2002 = *Arti fiorentine. La grande storia dell'Artigianato. V. Il Seicento e il Settecento*, a cura di Riccardo Spinelli, Firenze 2002.

Aubert 2001 = Gauthier Aubert, *Le Président de Robien, gentilhomme et savant dans la Bretagne des Lumières*, Rennes 2001.

Audiberti 2004 = Giusi Audiberti, *Colombina d'amore e le sue sorelle. Luoghi e memorie di donne in Piemonte tra Sei e Settecento*, Rivoli 2004.

Autoritratti 1990 = *Autoritratti dagli Uffizi da Andrea del Sarto a Chagall*, catalogo della mostra (Roma, Accademia di Francia-Firenze, Galleria degli Uffizi, 1990), [testo italiano/francese], Firenze 1990.

Azzaroli Puccetti 1988 = Maria Luisa Azzaroli Puccetti, *Gaetano Giulio Zumbo. La vita e le opere*, in *Gaetano Giulio Zumbo*, pubblicato in occasione della mostra (Siracusa, Galleria Regionale di Palazzo Bellomo, 1988-1989), a cura di Paolo Giansiracusa, Milano 1988, pp. 17-45.

Baccheschi 1989 = Edi Baccheschi, *Bonzanigo mobiliere alla corte Sabauda*, in *Giuseppe Maria Bonzanigo. Intaglio minuto e grande decorazione*, catalogo della mostra (Asti, Pinacoteca Civica, 1989-1990), a cura di Claudio Bertolotto e Vittoria Villani, Torino 1989, pp. 127-137.

Baer 2000 = Ronni Baer, *Gerrit Dou, 1613-1675: Master Painter in the Age of Rembrandt*, catalogo della mostra (Washington, D.C., National Gallery of Art-Londra, Dulwich Picture Gallery, 2000; L'Aia, Mauritshuis, 2000-2001), con contributi di Arthur K. Wheelock, Jr. e Annetje Boersma, a cura di Arthur K. Wheelock, Jr., Washington 2000.

Baetjer 1995 = Katharine Baetjer, *European Paintings in The Metropolitan Museum of Art by Artists Born before 1865. A Summary Catalogue*, New York 1995.

Bagatin 2000 = Pier Luigi Bagatin, *Preghiere di legno. Tarsie e intagli di fra Giovanni da Verona*, Firenze 2000.

Baldassare *et al.* 2002 = Ida Baldassare *et al.*, *Pittura romana. Dall'ellenismo al tardo-antico*, Milano 2002.

Baldini 1992 = Enrico Baldini, *Documenti di museografia naturalistica: xiloteche e modelli botanico-pomologici*, «Museologia scientifica», IX, 1992, pp. 181-223.

Baldini 2009 = Enrico Baldini, *I modelli pomologici*, in *Il Museo di Storia Naturale* 2009, pp. 229-235.

Baldini Giusti 1979 = Laura Baldini Giusti, *Le mille stanze del Re. Firenze, Palazzo Pitti. Progetto per nuovi ambienti*, «Bollettino d'arte», n. 64, VI, 1979, 1, pp. 101-104.

Baldinucci 1725-1730 ca. = Francesco Saverio Baldinucci, *Vite di artisti dei secoli XVII-XVIII*, ms., 1725-1730 ca., Firenze, Biblioteca Nazionale Centrale di Firenze, Palat. 565; ed. a cura di Anna Matteoli, Roma 1975.

Baracchi 1993 = Orianna Baracchi, *Ricerche di storia artistica reggiana*, «Bollettino storico reggiano», n. 79, XXVI, 1993 [numero speciale].

Barbolani di Montauto 1996 = Novella Barbolani di Montauto, *Pandolfo Reschi*, Firenze 1996.

Barocchi 1986 = Paola Barocchi, *Per una storia visiva della Galleria fiorentina: il "catalogo dimostrativo" di Giuseppe Bianchi del 1768*, «Annali della Scuola Normale Superiore di Pisa. Classe di Lettere e Filosofia», s. III, XVI, 1986, 4, pp. 1117-1230.

Bartoli-Maser 1954 = Lando Bartoli, Edward A. Maser, *Il Museo dell'Opificio delle Pietre Dure di Firenze*, [testo italiano/inglese], Prato 1954.

Bascapè 1593 = Novara, Archivio Storico Diocesano di Novara, Visite pastorali dei vescovi di Novara, Valsesia, Vicariato, Carlo Bascapè, vol. 19, *ad annum*.

Bascapè 1602 = Novara, Archivio Storico Diocesano di Novara, Visite pastorali dei vescovi di Novara, Valsesia, Vicariato, Carlo Bascapè, vol. 19, *ad annum*.

Battersby 1974 = Martin Battersby, *Trompe l'Oeil. The Eye Deceived*, London 1974.

Baudi di Vesme 1887 = Alessandro Baudi di Vesme, *Sull'acquisto fatto da Carlo Emanuele III re di Sardegna della quadreria del Principe Eugenio di Savoia*, «Miscellanea di storia italiana», s. II, X [XXV], 1887, pp. 163-256.

Baudi di Vesme, *Schede*, ed. 1963-1982 = Alessandro Baudi di Vesme, *Schede Vesme. L'arte in Piemonte dal XVI al XVIII secolo*, 4 voll., Torino 1963-1982.

Bekkers-Stegeman 1995 = Ludo Bekkers, Elly Stegeman, *Pittori contemporanei in Olanda e nelle Fiandre*, Rekkem 1995.

Bellesi 1996 = Sandro Bellesi, *Cesare Dandini*, Torino 1996.

Belli Pasqua 1995 = Roberta Belli Pasqua, *Sculture di età romana in "basalto"*, Roma 1995.

Benci 1821 = Antonio Benci, *Opere di scagliola e artisti che meglio le condussero in Toscana*, «Antologia», I, 1821, 3, pp. 304-308.

Berenson 1913 = Bernard Berenson, *Catalogue of a Collection of Paintings and Some Art Objects [John G. Johnson Collection]. I. Italian Paintings*, Philadelphia, Penn. 1913.

Bergot 1972 = François Bergot, *Peintures de la collection Robien*, Paris 1972.

Bernardi 1937 = Marziano Bernardi, *La mostra del Barocco a Palazzo Carignano: spirito e forme dell'arte piemontese nel Seicento e Settecento*, Torino 1937.

Betts 1967 = Richard J. Betts, *Titian's Portrait of Filippo Archinto in the Johnson Collection*, «The Art Bulletin», XLIX, 1967, pp. 59-61.

Biblioteca Classense 1996 = *Biblioteca Classense. Ravenna*, [a cura di Angela Dillon Bussi e Claudia Giuliani], Fiesole 1996.

Biblioteca Medicea Laurenziana 1986 = *Biblioteca Medicea Laurenziana*, [Antonietta Morandini, *Profilo storico della Biblioteca Medicea Laurenziana*; Guglielmo De Angelis d'Ossat, *L'architettura della Biblioteca Medicea Laurenziana*; Mario Tesi, *Codici della Biblioteca Medicea Laurenziana*], Firenze 1986.

Blankert 1978 = Albert Blankert, *Museum Bredius. Catalogus van de schilderijen en tekeningen*, s'-Gravenhage 1978.

Bond-Woodall 2005 = Anthony Bond, Joanna Woodall, *Self-Portrait. Renaissance to Contemporary*, catalogo della mostra (Londra, National Portrait Gallery, 2005-2006; Sydney, Art Gallery of New South Wales, 2006), con saggi di Timothy J. Clark, Ludmilla Jordanova, Joseph Leo Koerner, Sydney-London 2005.

Bony 2003 = Anne Bony, *Furniture & Interior of the 1940s*, [trad. ingl. di Lysa Hochroth], Paris 2003.

Borroni Salvadori 1974 = Fabia Borroni Salvadori, *Le esposizioni d'arte a Firenze dal 1674 al 1767*, «Mitteilungen des Kunsthistorischen Institutes in Florenz», XVIII, 1974, 1, pp. 1-166.

Bossaglia 1990 = Rossana Bossaglia, *Fornasetti: between Art Deco and Neo-Deco*, «Apollo», n. 336, CXXXI, 1990, pp. 92-95.

Boysson-Le Bihan 1991 = *Trophées de Chasse*, catalogo della mostra (Bordeaux, Musée des Beaux-Arts, 1991), a cura di Bernadette de Boysson e Olivier Le Bihan, Bordeaux 1991.

Breve descrittione 1566 = *Breve descrittione del Sacro Monte di Varallo di Valsesia*, Novara 1566; ed. in Alberto Durio, *Francesco Sesalli e la prima "Descrittione" del Sacro Monte di Varallo*, Novara 1927.

Brière-Misme 1950 = Clotilde Brière-Misme, *Un petit maître hollandais: Cornelis Bisschop (1630-1674)*, «Oud-Holland», LXV, 1950, 1, pp. 24-40, 104-116, 139-151, 178-192, 227-240.

Brood 1983 = *Brood. De geschiedenis van het brood en het broodgebruik in Nederland*, catalogo della mostra (Rotterdam, Museum Boijmans Van Beuningen, 1983), Rotterdam 1983.

Brosio 1971 = Valentino Brosio, *Il mobile italiano*, Roma 1971.

Buchsteiner 2007 = Thomas Buchsteiner, *Art is Life, and Life is Realistic*, in *Duane Hanson* 2007, pp. 68-78.

Burke 1980 = Doreen Bolger Burke, *American Paintings in The Metropolitan Museum of Art. III. A Catalogue of Works by Artists Born between 1846 and 1864*, New York-Princeton, N.J. 1980.

Buvetot 2004 = Quentin Buvetot, *Royal Picture Gallery Mauritshuis. A Summary Catalogue*, con contributi di Carola Vermeeren, Zwolle 2004.

Cadiou-Gilou 1989 = Henri Cadiou, Pierre Gilou, *La peinture en trompe-l'œil*, Paris 1989.

Il cannocchiale e il pennello 2009 = *Il cannocchiale e il pennello. Nuova scienza e nuova arte nell'età di Galileo*, catalogo della mostra (Pisa, Palazzo Blu, 2009), a cura di Lucia Tongiorgi Tomasi e Alessandro Tosi, Firenze 2009.

Capecchi 1979 = Gabriella Capecchi, *La collezione d'antichità del cardinale Leopoldo de' Medici: i marmi*, «Atti e Memorie dell'Accademia Toscana di Scienze e Lettere "La Colombaria"», XLIV, 1979, pp. 125-145.

La Cappella dei Principi 1979 = *La Cappella dei Principi e le pietre dure a Firenze*, a cura di Umberto Baldini, Annamaria Giusti, Annapaula Pampaloni Martelli, Milano 1979.

Carasso 1989 = Dedalo Carasso, *"Idem ardor agit". De schilder Joannes van Dreght en zijn leerling Willem Bilderdijk*, in *Geschiedenis, godsdienst, letterkunde: opstellen aangeboden aan Dr. S.B.J. Zilverberg ter gelegenheid zijn afscheid van de Universiteit van Amsterdam*, Roden 1989, pp. 208-220.

Carole A. Feuerman 2008 = *Carole A. Feuerman. La scultura incontra la realtà*, catalogo della mostra (Firenze, Galleria Moretti, 2008), a cura di Gabriele Caioni, Firenze 2008.

Casprini 2007 = Laura Casprini, *"Aimez-moi: il ne vous en coûte rien": le abbottonature galanti*, in *Appesi a un filo. Bottoni alla Galleria del Costume di Palazzo Pitti*, catalogo della mostra (Firenze, Palazzo Pitti, Galleria del Costume, 2007), a cura di Dora Liscia Bemporad e Caterina Chiarelli, Livorno 2007, pp. 46-49.

Catalogo 1845 = *Catalogo dei quadri ed altri oggetti della Galleria Rinuccini*, Firenze 1845.

Cavalca 2007 = Cecilia Cavalca, *Francesco del Cossa tra Ferrara, Firenze e Bologna*, in *Cosmè Tura e Francesco del Cossa* 2007, pp. 367-373.

Cavicchi 2009 = Camilla Cavicchi, *La musica nei cicli pittorici di Nicolò dell'Abate per la Rocca di Scandiano*, in *Nicolò dell'Abate* 2009, pp. 109-119.

Cecchi 1994 = Alessandro Cecchi, *Giuliano e Benedetto da Maiano ai servigi della Signoria fiorentina*, in *Giuliano e la bottega dei da Maiano*, atti del convegno internazionale di studi (Fiesole, 13-15 giugno 1991), a cura di Daniela Lamberini, Marcello Lotti, Roberto Lunardi, Firenze 1994, pp. 148-157.

Cecchi 1999 = Alessandro Cecchi, *Maestri d'intaglio e di tarsia*, in *Arti fiorentine. La grande storia dell'Artigianato. II. Il Quattrocento*, a cura di Franco Franceschi e Gloria Fossi, Firenze 1999, pp. 214-249.

Chastel 1978 = André Chastel, *La Véronique*, «La Revue de l'Art», XL-XLI, 1978, pp. 71-82.

Chiarini 1973 = Marco Chiarini, *Pandolfo Reschi in Toscana*, «Pantheon», XXXI, 1973, pp. 154-161.

Chiarini 1984 = Marco Chiarini, *Antonio Cioci: tre probabili autoritratti*, in *Scritti di storia dell'arte in onore di Federico Zeri*, a cura di Mauro Natale, 2 voll., Milano 1984, II, pp. 840-846.

Chiarini 1989 = Marco Chiarini, *Gallerie e Musei Statali di Firenze. I dipinti olandesi del Seicento e Settecento*, Roma 1989.

Chiarini 2007 = Marco Chiarini, *Teodoro Filippo di Liagno detto Filippo Napoletano, 1589-1629. Vita e opere*, Firenze 2007.

Christian IV and Europe 1988 = *Christian IV and Europe. The 19th Art Exhibition of the Council of Europe, Denmark 1988*, catalogo della mostra (Hillerød, Nationalhistoriske Museum, Frederiksborg Slot *et al.*, 1988), a cura di Steffen Heiberg, Copenhagen 1988.

Cioccolata 2005 = *Cioccolata, squisita gentilezza. Mostra bibliografica*, catalogo della mostra (Firenze, Biblioteca Nazionale Centrale di Firenze, 2005), a cura di Piero Scapecchi e Learco Nencetti, Firenze 2005.

Civiltà del '700 a Napoli 1980 = *Civiltà del '700 a Napoli: 1734-1799*, catalogo della mostra (Napoli, Museo e Gallerie Nazionali di Capodimonte *et al.*, 1979-1980), 2 voll., Firenze 1980.

Clayton-Weeks-Rosand 1972 = Stephen W. Clayton, Edward F. Weeks, *Veronese and his Studio in North American Collections*, catalogo della mostra (Birmingham, Ala., Birmingham Museum of Art-Montgomery, Ala., Montgomery Museum of Fine Arts, 1972), introduzione e cronologia di David Rosand, Birmingham, Ala. 1972.

Colle-Sisi 2005 = Enrico Colle, Carlo Sisi, *Palazzo Chigi Saracini a Siena. Le stanze e i tesori della collezione. Guida storico-artistica*, pubblicato in occasione della mostra (Siena, Palazzo Chigi Saracini, 2005), Cinisello Balsamo 2005.

La collezione Chigi Saracini 2000 = *La collezione Chigi Saracini di Siena. Per una storia del collezionismo italiano*, catalogo della mostra (Mantova, Palazzo Te, 2000), [a cura di Carlo Sisi], Firenze 2000.

Collezione Chigi Saracini 2005-2006 = *Collezione Chigi Saracini nel palazzo di Siena. Inventario generale*, a cura di Miriam Fileti Mazza e Giovanna Gaeta Bertelà, 2 voll., Firenze 2005-2006.

Le collezioni del Museo Nazionale di Napoli 1986 = *Le collezioni del Museo Nazionale di Napoli. I mosaici, le pitture, gli oggetti di uso quotidiano, gli argenti, le terrecotte invetriate, i vetri, i cristalli, gli avori. I*, Roma 1986.

Colombo 1975 = Silvano Colombo, *L'arte del mobile in Italia*, Milano 1975.

Colombo 1981 = Silvano Colombo, *L'arte del legno e del mobile in Italia. Mobili, rivestimenti, decorazioni, tarsie dal Medioevo al XIX secolo*, Busto Arsizio 1981.

Conticelli 2008 = Valentina Conticelli, *Medusa: significato e mito alla corte dei Medici*, in *Medusa. Il mito, l'antico e i Medici*, catalogo della mostra (Firenze, Galleria degli Uffizi, 2008-2009), a cura di Valentina Conticelli, Firenze 2008, pp. 27-47.

La corte di Toscana 2002 = *La corte di Toscana dai Medici ai Lorena*, atti delle giornate di studio (Firenze, Archivio di Stato di Firenze-Palazzo Pitti, 15-16 dicembre 1997), a cura di Anna Bellinazzi e Alessandra Contini, Roma 2002.

Cortesi 1949 = Giuseppe Cortesi, *Contributo ad una bibliografia dei testi di pregio acquistati dall'Abate Canneti per la Biblioteca Classense*, «Il Comune di Ravenna», n.s., 1949, pp. 3-16.

Cosmè Tura e Francesco del Cossa 2007 = *Cosmè Tura e Francesco del Cossa. L'arte a Ferrara nell'età di Borso d'Este*, catalogo della mostra (Ferrara, Palazzo dei Diamanti-Palazzo Schifanoia, 2007-2008), a cura di Mauro Natale, Ferrara 2007.

Croisille 1965 = Jean-Michel Croisille, *Les natures mortes campaniennes. Répertoire descriptif des peintures de nature morte du Musée National de Naples, de Pompéi, Herculanum et Stabies*, Bruxelles 1965.

Cuccuini 2009 = Piero Cuccuini, *La collezione dei legni: la Xylotheca*, in *Il Museo di Storia Naturale* 2009, pp. 237-243.

Cuoghi 1994 = Diego Cuoghi, *Per la definizione dell'originale collocazione del camerino dipinto e del Paradiso nella rocca di Scandiano*, in *Signore cortese* 1994, pp. 105-117.

Cuoghi 2003 = Diego Cuoghi, *Le donne e i cavalieri di Nicolò dell'Abate nella residenza dei Boiardo a Scandiano*, «Deputazione di storia patria per le antiche provincie modenesi. Atti e Memorie», s. XI, XXV, 2003, pp. 27-49.

Cuoghi 2007 = Diego Cuoghi, *L'Eneide a Scandiano, una ipotesi iconografica*, in *I luoghi di Nicolò dell'Abate. Pitture murali e interventi di restauro*, atti del convegno (Scandiano, 10 giugno 2005), a cura di Angelo Mazza, Novara 2007, pp. 107-126.

Cuoghi 2009 = Diego Cuoghi, *Una nuova "ricostruzione" del Camerino dell'Eneide*, in *Nicolò dell'Abate* 2009, pp. 121-129.

Curiosità di una reggia 1979 = *Curiosità di una reggia. Vicende della guardaroba di Palazzo Pitti*, catalogo della mostra (Firenze, Palazzo Pitti, 1979), a cura di Kirsten Aschengreen Piacenti e Sandra Pinto, Firenze 1979.

Czestochowski 1975 = Joseph S. Czestochowski, *Retrospective of Works by Aaron Bohrod*, in *Aaron Bohrod*, catalogo della mostra (Memphis, Tenn., Brooks Memorial Art Gallery, 1975), Memphis, Tenn., 1975, pp. n.n.

Dalmasso 1969-1970 = Franca Dalmasso, *Alcuni problemi relativi al palazzo comunale di Riva presso Chieri*, «Bollettino della Società Piemontese di Archeologia e Belle Arti», n.s., XXIII-XXIV, 1969-1970, pp. 196-202.

Dalmasso 1972 = Franca Dalmasso, *Trompe l'œil di Pietro Palmieri e la cultura figurativa in Piemonte a fine '700*, «Commentari», XXIII, 1972, pp. 131-138.

Daninos 1999 = Andrea Daninos, *Un precursore di Madame Tussaud*, «La rivista biellese», III, 1999, 4, pp. 38-45.

Dars 1979 = Célestine Dars, *Images of Deception. The Art of Trompe-l'Oeil*, Oxford 1979.

De Angelis 1808 = Luigi De Angelis, *Notizie degli intagliatori*, raccolte da vari scrittori ed aggiunte a Giovanni Gori Gandellini, tomo IV del proseguimento dell'Opera ..., Siena 1808.

De Benedictis 1984 = Cristina De Benedictis, *L'orto di cera*, «KOS», n. 7, I, 1984, pp. 69-80.

De Boni 1840 = Filippo De Boni, *Biografia degli artisti*, Firenze 1840.

De Caro 2001 = Stefano De Caro, *La natura morta nelle pitture e nei mosaici delle città vesuviane*, Napoli 2001.

De Filippis 1999 = Elena De Filippis, *Giovanni d'Enrico o d'Errico*, in *Natura morta lombarda*, catalogo della mostra ideata da Flavio Caroli e curata da Alberto Veca (Milano, Palazzo Reale, 1999-2000), Milano 1999, pp. 112-115.

De Franciscis 1963 = Alfonso De Franciscis, *Il Museo Nazionale di Napoli*, Cava de' Tirreni 1963.

De Grazia-Garberson 1996 = Diane De Grazia, Eric Garberson, *Italian Paintings of the Seventeenth and Eighteenth Centuries [National Gallery of Art]*, [in collaborazione] con Edgar Peters Bowron, Peter M. Lukehart, Mitchell Merling, Washington 1996.

De Greco à Picasso 1987 = *De Greco à Picasso*, catalogo della mostra (Parigi, Musée du Petit Palais, 1987-1988), Paris 1987.

De la Mare 1985 = Albinia de la Mare, *New Research on Humanistic Scribes in Florence*, in *Miniatura fiorentina* 1985, pp. 395-600.

De Luca Savelli 1972 = Maddalena de Luca Savelli, *Per la seconda stanza della Galleria Buonarroti*, «Commentari», XXIII, 1972, pp. 73-88.

Debiaggi 1987 = Casimiro Debiaggi, *La cappella della Cena*, «Il Sacro Monte di Varallo», 1987, nn. 1-2, p. n.n.

Deceptions and Illusions 2002 = *Deceptions and Illusions. Five Centuries of Trompe l'Oeil Painting*, catalogo della mostra (Washington, D.C., National Gallery of Art, 2002-2003), [a cura di] Sybille Ebert-Schifferer, Washington 2002.

Degl'Innocenti 2002 = Daniela Degl'Innocenti, *Le produzioni seriche fiorentine: tipologie e iconografia*, in *Arti fiorentine* 2002, pp. 189-205.

Delogu 1962 = Giuseppe Delogu, *Natura morta italiana*, Bergamo 1962.

Desiderio da Settignano 2007 = *Desiderio da Settignano. La scoperta della grazia nella scultura del Rinascimento*, catalogo della mostra (Firenze, Museo Nazionale del Bargello, 2007), a cura di Marc Bormand, Beatrice Paolozzi Strozzi, Nicholas Penny, Milano 2007.

Deutsche Maler 1966 = *Deutsche Maler und Zeichner des 17. Jahrhunderts*, catalogo della mostra (Berlino, Orangerie des Schlosses Charlottenburg, 1966), Berlin 1966.

Di Lorenzo 2000 = Andrea Di Lorenzo, *Molteni restauratore per Gian Giacomo Poldi Pezzoli*, in *Giuseppe Molteni* 2000, pp. 69-75.

Dialog mit Alten Meistern 1997 = *Dialog mit Alten Meistern. Prager Kabinettmalerei 1690-1750*, catalogo della mostra (Praga, Nationalgalerie-Braunschweig, Herzog Anton-Ulrich-Museum, 1997), di Hana Seifertová, in collaborazione con Anja K. Ševčík, Braunschweig 1997.

Digiesi 1994 = Cristina Digiesi, *Giuliano da Maiano e i lavori di legname a Firenze nella seconda metà del XV secolo*, in *La bottega di Giuliano e Benedetto da Maiano nel Rinascimento fiorentino*, catalogo della mostra (Fiesole, Basilica di Sant'Alessandro, 1994), a cura di Maria Grazia Ciardi Duprè Dal Poggetto, Firenze 1994, pp. 81-93.

Dizionario biografico dei miniatori 2004 = *Dizionario biografico dei miniatori italiani: secoli IX-XVI*, a cura di Milvia Bollati, Milano 2004.

Donatello 1985 = *Donatello e il primo Rinascimento nei calchi della Gipsoteca*, catalogo della mostra (Firenze, Gipsoteca dell'Istituto d'Arte di Porta Romana, 1985-1986), [a cura di Luisella Bernardini, Annarita Caputo Calloud, Mila Mastrorocco], Firenze 1985.

Dorival 1972 = Bernard Dorival, *Recherches sur les sujets sacrés et allégoriques gravés au XVIIème et au XVIIIème siècle d'après Philippe de Champaigne*, «Gazette des Beaux-Arts», s. VI, CXIV, 1972, pp. 5-60.

Dorival 1976 = Bernard Dorival, *Philippe de Champaigne 1602-1674. La vie, l'œuvre et le catalogue raisonné de l'œuvre*, 2 voll., Paris 1976.

Dorival 1992 = Bernard Dorival, *Supplément au catalogue raisonné de l'œuvre de Philippe de Champaigne*, Paris 1992.

Duane Hanson 2007 = *Duane Hanson. Sculptures of the American Dream*, pubblicato in occasione della mostra (Copenaghen, ARKEN Museum for Moderne Kunst-Helsinki, Helsinki City Art Museum, 2007; Völklingen, UNESCO Kulturerbe Völklinger Hütte, 2007-2008), nuova ed. ampliata [di *Duane Hanson: More than Reality*, Ostfildern-Ruit 2001], a cura di Thomas Buchsteiner e Otto Letze, Ostfildern 2007.

Dütschke 1878 = Hans Dütschke, *Antike Bildwerke in Oberitalien. III. Die antiken Marmorbildwerke der Uffizien in Florenz*, Leipzig 1878.

Eckstein 1957 = Felix Eckstein, *Untersuchungen über die Stilleben aus Pompeji und Herculaneum*, Berlin 1957.

Eleuteri-Canart 1991 = Paolo Eleuteri, Paul Canart, *Scrittura greca nell'umanesimo italiano*, Milano 1991.

Emozioni in terracotta 2009 = *Emozioni in terracotta. Guido Mazzoni, Antonio Begarelli. Sculture del Rinascimento emilano*, catalogo della mostra (Modena, Foro Boario, 2009), a cura di Giorgio Bonsanti e Francesca Piccinini, Modena 2009.

Encyclopaedia Anatomica 1999 = *Encyclopaedia Anatomica. Collezione completa di cere anatomiche*, con saggi di Monika von Düring, Georges Didi-Huberman, Marta Poggesi, [testo italiano/spagnolo/portoghese], Köln 1999.

Eriksen 1973 = Svend Eriksen, *Le porcellane francesi a Palazzo Pitti*, [testo italiano/inglese], Firenze 1973.

Esplendor de España 1999 = *Esplendor de España, 1598-1648. De Cervantes a Velázquez*, catalogo della mostra (Amsterdam, Niuewe Kerk, 1998-1999), a cura di Chris van der Heijden, Marina Alfonso Mola, Carlos Martínez Shaw, Madrid 1999 (ed. orig. Zwolle 1998).

Esposizione 1855 = *Esposizione delle opere di belle arti nelle Gallerie dell'I.R. Accademia per l'anno 1855*, Milano 1855.

Everyday Life 1998 = *Everyday Life in Holland's Golden Age. The Complete Etchings of Adriaen van Ostade*, pubblicato in occasione della mostra "Van Ostade & Rembrandt. A Meeting of Artists" (Amsterdam, Museum het Rembrandthuis, 1998), a cura di Peter van der Coelen, Amsterdam 1998.

Fantelli-Rizzi 1984 = Pier Luigi Fantelli, Aldo Rizzi, *I "finti assi" del "pictor sculptor et architectus" Sebastiano Lazzari*, «Ateneo Veneto», n.s., XXII [CLXXI], 1984, pp. 219-224.

Fantozzi 1842 = Federigo Fantozzi, *Nuova guida, ovvero Descrizione storico-artistico-critica della città e contorni di Firenze*, Firenze 1842.

Fara 2003 = Amelio Fara, *Bernardo Buontalenti, il palazzo, il giardino e la piazza Pitti fino all'Ottocento. Pietro da Cortona e la piazza nelle sue naturali pendenze*, in *Palazzo Pitti* 2003, pp. 340-363.

Farano-Mundici-Roberto 2005 = Marco Farano, Maria Cristina Mundici, Maria Teresa Roberto, *Michelangelo Pistoletto. Il varco dello specchio: azioni e collaborazioni, 1967-2004*, Torino 2005.

Faré-Chevé 1996 = Fabrice Faré, Dominique Chevé, *Les tableaux de trompe-l'œil ou la dénonciation de l'illusion. XVIIe siècle*, in *Le Trompe-l'œil* 1996, pp. 115-167; ed. it. 1997, pp. 115-167.

Farinelli ricordato 2003 = *Farinelli ricordato e un musico disvelato*, catalogo della mostra (Firenze, 2003), a cura di Federico Berti e Alberto Bruschi, Firenze 2003.

Fasto romano 1991 = *Fasto romano: dipinti, sculture, arredi dai Palazzi di Roma*, catalogo della mostra (Roma, Palazzo Sacchetti, 1991), coordinamento scientifico di Alvar González-Palacios, Roma 1991.

Ferrari 1613 = Giovanni Giacomo Ferrari, *Brevi considerationi sopra i Misteri del Sacro Monte di Varallo*, Varallo 1613.

Ferraris 1992 = Giancarlo Ferraris, *Pietro Piffetti e gli ebanisti a Torino, 1670-1838*, a cura di Alvar González-Palacios, con la collaborazione di Roberto Valeriani, Torino 1992.

Ferrazzi 1865-1877 = Jacopo Ferrazzi, *Manuale dantesco*, 5 voll., Bassano 1865-1877.

Ferretti 1982 = Massimo Ferretti, *I maestri della prospettiva*, in *Storia dell'arte italiana. XI. Situazioni, momenti, indagini. IV. Forme e modelli*, Torino 1982, pp. 457-585.

Ferri 2001 = Claudio Ferri, *Intarsiatori e fabbri lignari a Lucca nel XV secolo*, in *Lucca città d'arte e i suoi archivi. Opere d'arte e testimonianze documentarie dal Medioevo al Novecento*, a cura di Max Seidel e Romano Silva, Venezia 2001, pp. 141-172.

Filippo Napoletano 2007 = *Filippo Napoletano alla corte di Cosimo II de' Medici, 1617-1621*, guida alla mostra (Firenze, Palazzo Pitti, 2007), a cura di Marco Chiarini, Firenze 2007.

Finocchietti 1873 = Demetrio Carlo Finocchietti, *Della scultura e tarsia in legno dagli antichi tempi ad oggi. Notizie storico-monografiche*, Firenze 1873.

Firenze e gli antichi Paesi Bassi 2008 = *Firenze e gli antichi Paesi Bassi, 1430-1530, dialoghi tra artisti: da Jan van Eyck a Ghirlandaio, da Memling a Raffaello...*, catalogo della mostra (Firenze, Palazzo Pitti, Galleria Palatina, 2008), a cura di Bert W. Meijer, Livorno 2008.

Firenze e la sua immagine 1994 = *Firenze e la sua immagine: cinque secoli di vedutismo*, catalogo della mostra (Firenze, Forte di Belvedere, 1994), a cura di Marco Chiarini e Alessandro Marabottini, Venezia 1994.

Fischel 1924 = Oskar Fischel, *Tizian. Des Meisters Gemälde*, 5 ed., Stuttgart 1924.

Flade 1986 = Helmut Flade, *Intarsia. Europäische Einlegekunst aus sechs Jahrhunderten*, Dresden 1986.

Fleurs et jardins 1960 = *Fleurs et jardins dans l'art flamand*, catalogo della mostra (Gand, Musée des Beaux-Arts, 1960), Bruxelles 1960.

Floralia 1988 = *Floralia: florilegio dalle collezioni fiorentine del Sei-Settecento*, catalogo della mostra (Firenze, Palazzo Pitti, 1988), a cura di Marilena Mosco e Milena Rizzotto, Firenze 1988.

La Fondazione Roberto Longhi 1980 = *La Fondazione Roberto Longhi a Firenze*, introduzione di Mina Gregori, Milano 1980.

Fontani, ms. = Francesco Fontani, *Illustrazioni di vari codici riccardiani*, ms., Firenze, Biblioteca Riccardiana, 3581.

Fontbona 1973 = Francesc Fontbona, *Pere Borrell del Caso (1835-1910) y el inventario de sus pinturas*, «D'Art», n. 2, 1973, pp. 29-44.

Fontbona 1983 = Francesc Fontbona, *Història de l'art català. IV. Del Neoclassicisme a la Restauració, 1808-1888*, Barcelona 1983.

Fothergill 1969 = Brian Fothergill, *Sir William Hamilton, Envoy Extraordinary*, London 1969.

Francis Bacon 2003 = *Francis Bacon and the Tradition of Art*, catalogo della mostra (Vienna, Kunsthistorisches Museum, 2003-2004; Riehen, Fondation Beyeler, 2004), a cura di Wilfried Seipel, Barbara Steffen, Christoph Vitali, Milano 2003.

Franco 1863 = Giacomo Franco, *Di fra Giovanni da Verona e delle sue opere. Cenni*, [Nozze Giusti-Cittadella], Verona 1863.

Frankenstein 1970 = Alfred V. Frankenstein, *The Reality of Appearance: The Trompe l'Oeil Tradition in American Painting*, catalogo della mostra (Washington, D.C., National Gallery of Art *et al.*, 1970), New York 1970.

Friedländer 1931 = Max J. Friedländer, *Die altniederländische Malerei. IX/2. Joos van Cleve, Jan Provost, Joachim Patenier*, Berlin 1931; trad. ingl. di Heinz Norden, commento e note di Henri Pauwels, con la collaborazione di Monique Gierts, Leiden 1973.

Fumagalli 2009 = Elena Fumagalli, *Tendenze della natura morta in Toscana nell'età di Galileo*, in *Il cannocchiale e il pennello* 2009, pp. 251-263.

Fumagalli, *Il granducato di Cosimo II* 1997 = Elena Fumagalli, *Il granducato di Cosimo II (1609-1621) e la Reggenza (1621-1628). Don Lorenzo (1599-1648)*, in *Il giardino del granduca* 1997, pp. 76-87.

Fumagalli, *Il granducato di Ferdinando II* 1997 = Elena Fumagalli, *Il granducato di Ferdinando II (1628-1670). Il cardinale Leopoldo (1617-1675)*, in *Il giardino del granduca* 1997, pp. 141-153.

Gabburri 1719-1741 = Francesco Maria Niccolò Gabburri, *Vite di pittori*, ms., 1719-1741, 4 voll., Firenze, Biblioteca Nazionale Centrale di Firenze, Palatino E.B. 9.5; <http://grandtour.bncf.firenze.sbn.it/Gabburri>.

Gabrielli 2001 = Edith Gabrielli, *Le decorazioni e gli arredi*, in *Il Castello di Agliè. Gli appartamenti e le collezioni*, a cura di Daniela Biancolini e Edith Gabrielli, Torino 2001, pp. 21-103.

Gállego 1978 = Julián Gállego, *El cuadro dentro del cuadro*, Madrid 1978.

Galleria Colonna 1990 = *Catalogo della Galleria Colonna in Roma. Sculture*, a cura di Filippo Carinci *et al.*, Busto Arsizio 1990.

La Galleria Estense 1987 = *La Galleria Estense di Modena. Guida illustrata*, a cura di Jadranka Bentini, Modena 1987.

La Galleria Palatina 2003 = *La Galleria Palatina e gli Appartamenti Reali di Palazzo Pitti. Catalogo dei dipinti*, a cura di Marco Chiarini e Serena Padovani, con la collaborazione di Stefano Casciu e Fausta Navarro, 2 voll., Firenze 2003.

Gallo 1939 = Rodolfo Gallo, *Per la datazione delle opere di Veronese*, «Emporium», XLV, 1939, pp. 145-152.

Gammelbo 1960 = Poul Gammelbo, *Dutch Still-Life Painting from the 16th to the 18th Centuries in Danish Collections*, Leigh-on-Sea 1960.

Gammelbo 1965 = Poul Gammelbo, *On Jean François De Le Motte, a French Trompe-l'Oeil Painter*, «Artes», I, 1965, pp. 35-44.

Gandini 1982 = Roberto Gandini, *I luoghi del Gabinetto dell'Eneide e del Convito nuziale di Amore e Psiche nella Rocca di Scandiano*, in Rombaldi-Gandini-Prampolini 1982, pp. 83-93.

Garzelli 1985 = Annarosa Garzelli, *Le immagini, gli autori, i destinatari*, in *Miniatura fiorentina* 1985, pp. 1-391.

Garzoti 1864 = P[ietro] G[arzoti], *Ristauro de' lavori di frate Giovanni da Verona in S. Maria in Organo*, [estr. da «Nuova Gazzetta di Verona, n. 179, 1864], Verona 1864.

Gemar-Koeltsch 1995 = Erika Gemar-Koeltzsch, *Luca Bild-Lexicon. Holländische Stillebenmaler im 17. Jahrhundert*, 3 voll., a cura di Klaus Ertz e Christa Nitze-Ertz, Lingen 1995.

Gentile 1985 = Guido Gentile, *Il Sacro Monte di Varallo nella pietà di Carlo Borromeo. Sviluppi spirituali e catechetici di una tradizione devozionale*, «Bollettino storico per la provincia di Novara», LXXVI, 1985, pp. 201-231.

Gentile 1996 = Guido Gentile, *Da Bernardino Caimi a Gaudenzio Ferrari. Immaginario e regia del Sacro Monte*, «De Valle Sicida», VII, 1996, pp. 207-287.

Georg Flegel 1993 = *Georg Flegel (1566-1638). Stilleben*, catalogo della mostra (Francoforte, Schirn Kunsthalle, 1993), a cura di Kurt Wettengl, Frankfurt-Stuttgart 1993.

Gerhard-Platner 1834 = [Eduard Gerhard, Ernst Platner], *Beschreibung der Stadt Rom. II*, Stuttgart-Tübingen 1834.

Gerola 1910 = Giuseppe Gerola, *Tarsie e intagli di fra' Giovanni da Verona nella chiesa di S. Maria in Organo*, «Arte Italiana Decorativa e Industriale», n.s., VII [XIX], 1910, 11, pp. 85-90.

Ghellinck 1988 = Betsy de Ghellinck d'Elseghem, *La restauration d'un trompe-l'œil chantourné: "L'enfant endormi" peint par Johannes Verspronck en 1652*, «Revue des archéologues et historiens de l'art de Louvain», XXI, 1988, pp. 107-116.

Gherardi 1744 = Pietro Ercole Gherardi, *Descrizione delle pitture esistenti in Modena nell'Estense Ducal Galleria (1744)*, a cura di Giorgio Bonsanti, trascrizione e ricerche di Orianna Baracchi, Modena 1986.

Giambattista Tiepolo 1996 = *Giambattista Tiepolo, 1696-1996*, catalogo della mostra (Venezia, Museo del Settecento Veneziano Ca' Rezzonico, 1996; New York, Metropolitan Museum of Art, 1997), Milano 1996.

Il giardino del granduca 1997 = *Il giardino del granduca. Natura morta nelle collezioni medicee*, a cura di Marco Chiarini, Torino 1997.

Giuseppe Molteni 2000 = *Giuseppe Molteni (1800-1867) e il ritratto nella Milano romantica. Pittura, collezionismo, restauro, tutela*, catalogo della mostra (Milano, Museo Poldi Pezzoli-Museo di Storia Contemporanea, 2000-2001), a cura di Fernando Mazzocca, Lavinia M. Galli Michero, Paola Segramora Rivolta, Milano 2000.

Giusti 1992 = Annamaria Giusti, *Pietre Dure. Hardstone in Furniture and Decoration*, trad. ingl. di Jenny Condie e Mark Roberts, London 1992.

Giusti 2002 = Annamaria Giusti, *I piacevoli inganni della scagliola*, in *Arti fiorentine* 2002, pp. 269-278.

Giusti 2005 = Annamaria Giusti, *L'arte delle pietre dure da Firenze all'Europa*, Firenze 2005.

Giusti, *Raccolta di proverbi toscani*, ed. Capponi 1853 = Giuseppe Giusti, *Raccolta di proverbi toscani*, [ed. postuma ampliata da Gino Capponi], Firenze 1853.

Goette 1990 = Hans Rupprecht Goette, *Studien zu römischen Togadarstellungen*, Mainz am Rhein 1990.

González-Palacios 1969 = Alvar González-Palacios, *Il mobile nei secoli. Italia*, 3 voll., Milano 1969.

González-Palacios 1977 = Alvar González-Palacios, *Due "Comod" del Socci per Ferdinando III e altre note su arredi neoclassici toscani*, «Storia dell'Arte», nn. 30-31, 1977, pp. 191-197.

González-Palacios 1986 = Alvar González-Palacios, *Il tempio del gusto. Il Granducato di Toscana e gli stati settentrionali. Le arti decorative in Italia fra classicismi e barocco*, 2 voll., Milano 1986.

González-Palacios 2001 = Alvar González-Palacios, *Las colecciones reales españolas de mosaicos y piedras duras*, Madrid 2001.

Gori 1740 = Antonio Francesco Gori, *Museum Florentinum. Antiqua numismata aurea et argentea. III*, Florentiae 1740.

Il Gotico nelle Alpi 2002 = *Il Gotico nelle Alpi, 1350-1450*, catalogo della mostra (Trento, Castello del Buonconsiglio-Museo Diocesano Tridentino, 2002), a cura di Enrico Castelnuovo e Francesca de Grammatica, Trento 2002.

Gregori 2006 = Mina Gregori, *La pittura a Firenze nel Settecento: dai Medici ai Lorena*, in *Storia delle arti in Toscana. Il Settecento*, a cura di Mina Gregori e Roberto Paolo Ciardi, Firenze 2006, pp. 9-40.

Gregori-Blasio 1994 = Mina Gregori, Silvia Blasio, *Firenze nella pittura e nel disegno dal Trecento al Settecento*, Cinisello Balsamo 1994.

Gudiol 1973 = José Gudiol, *Velázquez, 1599-1660. Historia de su vida, catálogo de su obra, estudio de la evolución de su técnica*, Barcelona 1973.

Guida 1819 = *Guida per ben visitare la nuova Gerusalemme nel Sacro Monte di Varallo*, Varallo 1819 (1a ed. Varallo 1809).

Gundestrup 1991 = Bente Gundestrup, *The Royal Danish Kunstkammer 1737*, [testo danese/inglese], 2 voll., [Copenhagen] 1991.

Guthmüller 1996 = Bodo Guthmüller, *Tintoretto e Ovidio. Il problema dei testi mediatori*, in *Jacopo Tintoretto* 1996, pp. 257-262.

Haines 1983 = Margaret Haines, *La Sacrestia delle Messe del Duomo di Firenze*, introduzione di Giuseppe Marchini, trad. it. di Laura Corti, Firenze 1983.

Hall 2008 = James Hall, *The Sinister Side: How Left-Right Symbolism Shaped Western Art*, Oxford 2008.

Harlfinger 1971 = Dieter Harlfinger, *Die Textgeschichte der pseudo-aristotelischen Schrift Περὶ ἀτόμων γραμμῶν. Ein kodikologisch-kulturgeschichtlicher Beitrag zur Klärung der Überlieferungsverhältnisse im Corpus Aristotelicum*, Amsterdam 1971.

Heartz 1990 = Daniel Heartz, *Farinelli revisited*, «Early Music», XVIII, 1990, pp. 430-448; poi con il titolo *Farinelli Revisited: from the Sublime to the Ridiculous*, in Id., *From Garrick to Gluck; Essays on Opera in the Age of Enlightenment*, a cura di John A. Rice, Hillsdale, N.Y. 2004, pp. 113-132.

Hein 1999 = Jørgen Hein, *Illusion and Reality. Painting and Object*, in Koester 1999, pp. 75-89.

Hetzer 1940 = Theodor Hetzer, *Paolo Veronese*, «Römisches Jahrbuch für Kunstgeschichte», IV, 1940, pp. 1-58.

Houbraken 1718-1721 = Arnold Houbraken, *De groote schouburgh der Nederlantsche konstschilders en schilderessen*, 3 voll., Amsterdam 1718-1721.

Identità e alterità 1995 = *Identità e alterità: figure del corpo 1895-1995*, [catalogo della] mostra del centenario (Venezia, La Biennale di Venezia, XLVI Esposizione Internazionale d'Arte, 1995), Venezia 1995.

L'immagine riflessa 1997 = *L'immagine riflessa: dalla stampa alla porcellana*, catalogo della mostra (Firenze, Palazzo Pitti, Museo degli Argenti, 1997), a cura di Marilena Mosco e Edit Revai, Livorno 1997.

Inventario 1663 = *Inventario e recognizzione delle masserizie che si trovano al Casino di via della Scala* [1663], Firenze, Archivio di Stato di Firenze, Miscellanea Medicea, 31, 10, cc. 3r-31r; ed. in *Collezionismo mediceo e storia artistica. III. Il cardinale Giovan Carlo, Mattias e Leopoldo. 2. 1667-1675*, a cura di Paola Barocchi e Giovanna Gaeta Bertelà, Firenze 2007.

Inventario e stima 1810 = *Inventario e stima della Libreria Riccardi. Manoscritti e edizioni del secolo XV*, Firenze 1810.

Israël 1995 = Jonathan Irvine Israël, *The Dutch Republic. Its Rise, Greatness, and Fall (1477-1806)*, Oxford-New York 1995.

Itzel 2003 = Constanze Itzel, *Der Stein Trügt. Die Imitation von Skulpturen in der niederländischen Tafelmalerei im Kontext bildtheoretischer Auseinandersetzungen des frühen 15. Jahrhunderts*, Tesi di dottorato, Heidelberg, Ruprecht-Karls-Universität, 2003.

Jacopo Tintoretto 1996 = *Jacopo Tintoretto nel quarto centenario della morte*, atti del convegno internazionale di studi (Venezia, 24-26 novembre 1994), a cura di Paola Rossi e Lionello Puppi, Padova 1996.

Jacques Poirier 1998 = *Jacques Poirier. Peintures/Paintings*, [testo francese/inglese], Paris 1998.

James 2005 = Nicholas Philip James, *James Turrell: Inside Outside*, London 2005.

James Turrell 2002 = *James Turrell: Into the Light*, catalogo della mostra (Pittsburgh, Penn., Mattress Factory, 2002-2003), Pittsburgh, Penn. 2002.

James Turrell 2007 = *James Turrell: geometrie di luce. Roden Crater Project*, pubblicato in occasione della mostra "Geometrie di luce: il Roden Crater Project di James Turrell" (Venezia, Università IUAV, 2007), a cura di Agostino De Rosa, Milano 2007.

Jean-Richard 1978 = Pierrette Jean-Richard, *L'œuvre gravé de François Boucher dans la collection Edmond de Rothschild*, Paris 1978.

John G. Johnson Collection 1966 = *John G. Johnson Collection. Catalogue of Italian Paintings*, Philadelphia, Penn. 1966.

Kennedy 1964 = Ruth Wedgwood Kennedy, *Apelles redivivus*, in *Essays in memory of Karl Lehmann*, a cura di Lucy Freeman Sandler, New York 1964, pp. 160-170.

"Keuze uit de aanwisten" 2004 = "Keuze uit de aanwisten" [rubrica non firmata], «Bulletin van het Rijksmuseum», LII, 2004, pp. 179-186.

Kiers-Tissink 2000 = Judikje Kiers, Fieke Tissink, *The Glory of the Golden Age. Dutch Art of the 17th Century. I. Painting, Sculpture and Decorative Art*, catalogo della mostra (Amsterdam, Rijksmuseum, 2000), London 2000.

Knight 1983 = Carlo Knight, *Il contributo di Peter Fabris ai "Campi Phlegraei" di Hamilton*, «Napoli Nobilissima», s. III, XXII, 1983, pp. 100-110.

Knight 1994 = Carlo Knight, *Le gouaches di Hamilton. Quaranta tempere del British Museum*, Napoli 1994.

Koeppe-Giusti 2008 = Wolfram Koeppe, Annamaria Giusti, *Art of the Royal Court. Treasures in Pietre Dure from the Palaces of Europe*, catalogo della mostra (New York, Metropolitan Museum of Art, 2008), con contributi di Cristina Acidini *et al.*, New Haven, Conn.-London, 2008.

Koester 1999 = Olaf Koester, *Illusions. Gijsbrechts, Royal Master of Deception*, catalogo della mostra (Copenaghen, Statens Museum for Kunst, 1999), con contributi di Celeste Brusati *et al.*, Copenhagen 1999.

Lammers 1979 = Joseph Lammers, *Innovation und Virtuostät*, in *Stilleben in Europa* 1979, pp. 480-512.

Langedijk 1979 = Karla Langedijk, *Giovan Battista Foggini. The Monument to Vittoria della Rovere at Villa "La Quiete" and the Busts from Poggio Imperiale*, «Mitteilungen des Kunsthistorischen Institutes in Florenz», XXIII, 1979, pp. 347-356.

Langedijk 1981 = Karla Langedijk, *The Portraits of the Medici, 15th-18th centuries*, 3 voll., Firenze 1981-1987.

Langedijk 1992 = Karla Langedijk, *Die Selbstbildnisse der holländischen und flämischen Künstler in der Galleria degli Autoritratti der Uffizien in Florenz*, Firenze 1992.

Langmuir 1976 = Erika Langmuir, *Arma virumque... Nicolò dell'Abate's Aeneid Gabinetto for Scandiano*, «Journal of the Warburg and Courtauld Institutes», XXXIX, 1976, pp. 151-170.

Lankheit 1962 = Klaus Lankheit, *Florentinische Barockplastik. Die Kunst am Hofe der letzten Medici, 1670-1743*, München 1962.

Lanza *et al.* 1979 = Benedetto Lanza *et al.*, *Le cere anatomiche della Specola*, Firenze 1979.

Lanzi 1782 = Luigi Lanzi, *La Real Galleria di Firenze*, Firenze 1782.

Lanzi 1795-1796, ed. 1968 = Luigi Lanzi, *Storia pittorica della Italia*, 2 voll. in 3 tomi, Bassano 1795-1796; ed. a cura di Martino Capucci, 3 voll., Firenze 1968-1974.

Lazzareschi 1931 = Eugenio Lazzareschi, *Lucca*, Bergamo 1931.

Lecoq 1997 = Anne-Marie Lecoq, *XIVe-XVIe siècle: "Tromper les yeux", disent-ils*, in *Le Trompe-l'œil* 1996, pp. 63-113; ed. it. 1997, pp. 63-113.

Lehmann 1967 = Jürgen M. Lehmann, *Domenico Fetti. Leben und Werk des römischen Malers*, Tesi di dottorato, Francoforte, Johann Wolfgang Goethe-Universität, 1967.

Lensi 1929 = Alfredo Lensi, *Palazzo Vecchio*, Milano-Roma 1929.

Leone 2002 = Francesco Leone, *Temi antiquari e letterari come allegoria politica*, «Roma moderna e contemporanea», X, 2002, 1-2 [*La città degli artisti nell'età di Pio VI, Roma*, a cura di Liliana Barroero e Stefano Susinno], pp. 133-147.

Leroy-Garioud 1993 = Françoise Leroy-Garioud, *Henri Cadiou 1906-1989*, Tesi di dottorato, Parigi, Sorbonne (Paris IV), 1993.

I libri del Duomo 1997 = *I libri del Duomo di Firenze. Codici liturgici e biblioteca di Santa Maria del Fiore (secoli XI-XVI)*, a cura di Lorenzo Fabbri e Marica Tacconi, Firenze 1997.
Libro dello speso 1708-1785 = *Libro dello speso della Veneranda Fabbrica del Sacro Monte*, ms., 1708-1785, Archivio di Stato di Vercelli, Sezione di Varallo, Fondo Sacro Monte, registro n. 39.
Lightbown 2004 = Ronald Lightbown, *Carlo Crivelli*, New Haven, Conn.-London 2004.
Litta 1843 = Pompeo Litta, *Famiglie celebri italiane. Archinto di Milano*, disp. 97, Milano 1843.
Liverani 1967 = Giuseppe Liverani, *Il Museo delle Porcellane di Doccia*, Milano 1967.
Liverani-Spinola 2003 = Paolo Liverani, Giandomenico Spinola, *Vaticano. La Sala degli Animali nel Museo Pio-Clementino*, Milano 2003.
Longo 1985 = Pier Giorgio Longo, *Il Sacro Monte di Varallo nella seconda metà del XVI secolo*, in *Da Carlo Borromeo a Carlo Bascapè. La Pastorale di Carlo Borromeo e il Sacro Monte di Arona*, atti della giornata culturale (Arona, 12 settembre 1984), Novara 1985, pp. 83-182.
Lugli 1990 = Adalgisa Lugli, *Guido Mazzoni e la rinascita della terracotta nel Quattrocento*, Torino 1990.
Lugli 1995 = Adalgisa Lugli, *Impronte del corpo e della mente. Sopravvivenze e mutamenti dall'antico al contemporaneo*, in *Identità e alterità* 1995, pp. 65-71.
Maderna-Lauter 1990 = Caterina Maderna-Lauter, *Polyklet in Rom*, in *Polyklet. Der Bildhauer der griechischen Klassik*, catalogo della mostra (Francoforte, Liebieghaus, Musem Alter Plastik, 1990), a cura di Herbert Bech e Peter C. Bol, Mainz am Rhein 1990, pp. 328-392.
Mallé 1973 = Luigi Mallé, *Le arti figurative in Piemonte. II. Dal secolo XVII al secolo XIX*, Torino 1973.
Mansuelli 1961 = Guido A. Mansuelli, *Galleria degli Uffizi. Le sculture. II*, Roma 1961.
Mantegna 2008 = *Mantegna, 1431-1506*, catalogo della mostra (Parigi, Musée du Louvre, 2008-2009), a cura di Giovanni Agosti e Dominique Thiébaut, con l'assistenza di Arturo Galansino e Jacopo Stoppa, Paris 2008; ed. italiana rivista e corretta con la collaborazione di Andrea Canova e Antonio Mazzotta, Milano 2008.
Mariani Canova 1988 = Giordana Mariani Canova, *Nuovi contributi per Giovanni Vendramin miniatore padovano*, «Miniatura», I, 1988, pp. 81-109.
Mariette-Giulianelli 1753 = [Pierre-Jean Mariette,] *Memorie degli intagliatori moderni in pietre dure, cammei, e gioje dal secolo XV fino al secolo XVIII*, [trad. it. di parte del *Traité des pierres gravées* (Paris 1750), con correzioni e aggiunte di Andrea Pietro Giulianelli], Livorno 1753.
Marmi antichi 1992 = *Marmi antichi*, a cura di Gabriele Borghini, Roma 1992.
I marmi colorati 2002 = *I marmi colorati della Roma imperiale*, catalogo della mostra (Roma, Mercati di Traiano, 2002-2003), a cura di Marilda De Nuccio e Lucrezia Ungaro, Venezia 2002.
Martelli 1977 = Antonio Martelli, *La nascita del Reale Gabinetto di Fisica e Storia Naturale di Firenze e l'anatomia in cera e legno di Felice Fontana*, in *La ceroplastica nella scienza e nell'arte*, atti del I congresso internazionale (Firenze, 3-7 giugno 1975), 2 voll., Firenze 1977, I, pp. 103-133.
Mascalchi 1982 = Silvia Mascalchi, *Anticipazioni sul mecenatismo del cardinale Giovan Carlo de' Medici e suo contributo alle collezioni degli Uffizi*, in *Gli Uffizi. Quattro secoli di una galleria. Fonti e documenti*, [pubblicato in occasione del] convegno internazionale di studi (Firenze, 20-24 settembre 1982), Firenze 1982, pp. 41-82.
Mascalchi 1997 = Silvia Mascalchi, *Il granducato di Ferdinando II (1628-1670): il cardinale Giovan Carlo (1611-1603)*, in *Il giardino del granduca* 1997, pp. 105-136.
Mason 1996 = Stefania Mason, *Intorno al soffitto di San Paternian: gli artisti di Vettore Pisani*, in *Jacopo Tintoretto* 1996, pp. 71-75.
Massinelli 1993 = Anna Maria Massinelli, *Il mobile toscano*, Milano 1993.
Massinelli 1997 = Anna Maria Massinelli, *Scagliola, l'arte della pietra di luna*, Roma 1997.
Mastai 1975 = Marie-Louise d'Otrange Mastai, *Illusion in Art. Trompe l'Oeil. A History of Pictorial Illusionism*, New York 1975.
Mauriès 1991 = Patrick Mauriès, *Fornasetti: Designer of Dreams*, London 1991.
McIver 2001 = Katherine A. McIver, *Matrons as Patrons: Power and Influence in the Courts of Northern Italy in the Renaissance*, «Artibus et historiae», n. 43, XXII, 2001, pp. 75-89.
Medaglie straniere 1990 = *Museo Nazionale del Bargello. Medaglie straniere dal XVI al XVIII secolo*, catalogo della mostra (Firenze, Museo Nazionale del Bargello, 1990), a cura di Giuseppe Toderi e Fiorenza Vannel, Firenze 1990.
Meloni Trkulja 1978 = Silvia Meloni Trkulja, *La collezione Pazzi (autoritratti per gli Uffizi): un'operazione sospetta, un documento malevolo*, «Paragone», n. 343, XXIX, 1978, pp. 79-123.
Milman 1982 = Miriam Milman, *Le Trompe-l'œil*, Genève 1982.
Milman 1987 = Miriam Milman, *Un trompe-l'œil trompeur, longtemps attribué à Cristoforo Munari*, «Paragone», XXXVIII, n.s., n. 4 [449], 1987, pp. 89-99.
La miniatura a Padova 1999 = *La miniatura a Padova dal Medioevo al Settecento*, catalogo della mostra (Padova-Rovigo, 1999), a cura di Giovanna Baldissin Molli, Giordana Mariani Canova, Federica Toniolo, Modena 1999.
Miniatura fiorentina 1985 = *Miniatura fiorentina del Rinascimento. 1440-1525. Un primo censimento*, a cura di Annarosa Garzelli, 2 voll., Firenze 1985.
I mobili di Palazzo Pitti 1997 = *I mobili di Palazzo Pitti. Il periodo dei Medici, 1537-1737*, a cura di Enrico Colle, con un saggio di Alvar González-Palacios, Firenze 1997.
Mobili dipinti 2004 = *Mobili dipinti: tempera, lacca ed arte povera nelle botteghe italiane tra XVII e XVIII secolo*, a cura di Elisabetta Barbolini Ferrari, Modena 2004.
Mobili e arredi lignei 1972 = *Mobili e arredi lignei, arazzi e bozzetti per arazzi. Catalogo, Museo Civico di Torino*, a cura di Luigi Mallé, Torino 1972.
Mobili piemontesi 1963 = *Mobili piemontesi del Sei e Settecento*, a cura di Edi Baccheschi, Milano 1963.
Il Modo Italiano 2007 = *Il Modo Italiano. Design e avanguardie artistiche in Italia nel XX secolo*, catalogo della mostra (Rovereto, Museo di Arte Moderna e Contemporanea di Trento e Rovereto, 2007), a cura di Giampiero Bosoni, Ginevra-Milano 2007.
Monestier 1993 = Martin Monestier, *Le Trompe-l'œil contemporain. Les maîtres du réalisme*, Paris 1993; nuova ed. Paris 2002.
Monneret 1993 = Jean Monneret, *Le Triomphe du trompe-l'œil. Histoire du trompe-l'œil dans la peinture occidentale du VIe siècle avant J.-C. à nos jours*, Paris 1993.
Morazzoni 1940 = Giuseppe Morazzoni, *Il mobilio italiano*, Firenze 1940.
Morresi 2000 = Manuela Morresi, *Jacopo Sansovino*, Milano 2000.
Morselli 2009 = Alberto Morselli, *"In arce Scandiani". La Rocca di Scandiano dai Fogliano ai Boiardo*, in *Nicolò dell'Abate* 2009, pp. 29-53.
Mosco 2004 = Marilena Mosco, *Francesco I e il Casino di San Marco; cristalli e pietre dure*, in Mosco-Casazza 2004, pp. 64-81.
Mosco-Casazza 2004 = Marilena Mosco, Ornella Casazza, *Il Museo degli Argenti. Collezioni e collezionisti*, Firenze 2004.
Mostra del Barocco piemontese 1963 = *Mostra del Barocco piemontese*, catalogo della mostra (Torino, Palazzo Madama-Palazzo Reale-Palazzina di Stupinigi, 1963), a cura di Vittorio Viale, 3 voll., Torino 1963.
Mostra di Nicolò dell'Abate 1969 = *Mostra di Nicolò dell'Abate. Catalogo critico*, catalogo della mostra (Bologna, Palazzo dell'Archiginnasio, 1969), a cura di Sylvie Béguin, [trad. it. di Wanda Bergamini], Bologna 1969.
Mrazek-Neuwirth 1970 = *Wiener Porzellan 1718-1864*, catalogo della mostra (Vienna, Österreichisches Museum für Angewandte Kunst, 1970), a cura di Wilhelm Mrazek e Waltraud Neuwirth, Wien 1970.
Museo Chiaramonti 1995 = *Museo Chiaramonti*, a cura di Martin Stadler, 3 voll., Berlin-New York 1995 (Bildkatalog der Skulpturen des Vatikanischen Museums).
Il Museo dell'Opificio 1978 = *Il Museo dell'Opificio delle Pietre Dure a Firenze*, a cura di Annamaria Giusti, Paolo Mazzoni, Annapaula Pampaloni Martelli, introduzione di Umberto Baldini, Milano 1978.
Il Museo di Storia Naturale 2009 = *Il Museo di Storia Naturale dell'Università di Firenze. Le collezioni botaniche*, a cura di Mauro Raffaelli, [testo italiano/inglese], Firenze 2009.
Museo di Villa Guinigi 1968 = *Museo di Villa Guinigi, Lucca: la villa e le collezioni*, [testi di] Giorgio Monaco, Licia Bertolini Campetti, Silvia Meloni Trkulja, Lucca 1968.
Museo Poldi Pezzoli 1982 = *Museo Poldi Pezzoli. Dipinti*, a cura di Mauro Natale, Milano 1982.
Il Museo sperimentale di Torino 1985 = *Il Museo sperimentale di Torino. Arte italiana degli anni Sessanta nelle collezioni della Galleria Civica d'Arte Moderna*, catalogo della mostra (Torino, Castello di Rivoli, 1985-1986; Genova, Villa Croce, 1986), a cura di Mirella Baldini e Rosanna Maggio Serra, Milano 1985.
Il Museo Stibbert 1974 = *Il Museo Stibbert a Firenze. II*, 2 voll., a cura di Giuseppe Cantelli, Milano 1974.
Museum of Fine Arts, Ghent 2007 = *Museum of Fine Arts, Ghent. Paintings catalogue. I. 14th-18th century*, a cura di Robert Hoozee, Ghent 2007.
La natura morta 1998 = *La natura morta a Palazzo e in Villa. Le collezioni dei Medici e dei Lorena*, catalogo della mostra (Firenze, Palazzo Pitti, Sala Bianca), a cura di Marco Chiarini, Firenze 1998.
La natura morta 2005 = *La natura morta alle Gallerie dell'Accademia*, catalogo della mostra (Venezia, Gallerie dell'Accademia, 2005-2006), a cura di Giovanna Nepi Scirè e Sandra Rossi, Venezia 2005.

La natura morta in Italia 1989 = *La natura morta in Italia*, direzione scientifica di Federico Zeri, a cura di Francesco Porzio, 2 voll., Milano 1989.
La natura morta italiana 1964 = *La natura morta italiana*, catalogo della mostra (Napoli, Palazzo Reale, 1964; Zurigo, Kunsthaus-Rotterdam, Museum Boijmans Van Beuningen, 1964-1965), Milano 1964.
La natura morta italiana 2003 = *La natura morta italiana da Caravaggio al Settecento*, catalogo della mostra (Firenze, Palazzo Strozzi, 2003), a cura di Mina Gregori, Milano 2003; 1a ed. con il titolo *Natura morta italiana tra Cinquecento e Settecento*, pubblicata in occasione della mostra "Stille Welt. Italienische Stilleben" (Monaco, Kunsthalle der Hypo-Kulturstiftung, 2002-2003), a cura di Mina Gregori e Johann Georg Prinz von Hohenzollern, Milano 2002.
Il Neoclassicismo in Italia 2002 = *Il Neoclassicismo in Italia da Tiepolo a Canova*, catalogo della mostra (Milano, Palazzo Reale, 2002), a cura di Fernando Mazzocca *et al.*, Milano 2002.
Nepi 1990 = Chiara Nepi, *I modelli di piante in cera del Museo Botanico dell'Università degli Studi di Firenze*, Firenze 1990.
Nepi 2008 = Chiara Nepi, *Tra arte e scienza. Vicende dei dipinti naturalistici di Bartolomeo Bimbi dalle ville medicee all'Imperiale e Regio Museo di Fisica e Storia Naturale*, in *Stravaganti e bizzarri* 2008, pp. 55-61.
Nepi 2009 = Chiara Nepi, *I modelli in cera delle piante e delle tavole didattiche*, in *Il Museo di Storia Naturale* 2009, pp. 215-227.
Nicolò dell'Abate 2005 = *Nicolò dell'Abate. Storie dipinte nella pittura del Cinquecento tra Modena e Fontainebleau*, catalogo della mostra (Modena, Foro Boario, 2005), a cura di Sylvie Béguin e Francesca Piccinini, Cinisello Balsamo 2005.
Nicolò dell'Abate 2009 = *Nicolò dell'Abate alla corte dei Boiardo. Il Paradiso ritrovato*, catalogo della mostra (Scandiano, Rocca dei Boiardo, 2009), a cura di Angelo Mazza e Massimo Mussini, Cinisello Balsamo 2009.
Nicolson 1968 = Benedict Nicolson, *Joseph Wright of Derby, Painter of Light*, 2 voll., London 1968.
Old Master Paintings 2005 = *Old Master Paintings*, catalogo della vendita (New York, Christie's, 25 maggio 2005).
Oltre la scuola senese 2005 = *Oltre la scuola senese. Dipinti del Seicento e del Settecento nella collezione Chigi Saracini*, catalogo della mostra (Siena, Palazzo Chigi Saracini, 2005), a cura di Riccardo Spinelli, Siena 2005.
Omaggio a Donatello 1985 = *Omaggio a Donatello 1386-1986. Donatello e la storia del Museo*, catalogo della mostra (Firenze, Museo Nazionale del Bargello, 1985-1986), a cura di Paola Barocchi *et al.*, Firenze 1985.
Opere d'arte 1976 = *Opere d'arte a Vercelli e nella sua provincia. Recuperi e restauri 1968-1976*, catalogo della mostra (Vercelli, Museo Borgogna *et al.*, 1976), [Torino] 1976.
Opere d'arte 1995 = *Opere d'arte della Cassa di Risparmio di Firenze*, Firenze 1995.
Orlandi 1719 = Pellegrino Antonio Orlandi, *L'abecedario pittorico*, 2a ed. corretta e accresciuta, Bologna 1719.
Ossorio y Bernard 1883-1884 = Manuel Ossorio y Bernard, *Galería biográfica de artistas españoles del siglo XIX*, Madrid 1883-1884.
Paarlberg 2003 = Sander Paarlberg, *Painting in Dordrecht in the Golden Age*, in *Masters of the Dutch Golden Age in Dordrecht, from the Collection of Dordrechts Museum*, catalogo della mostra (Santiago del Cile, Museo Nacional de Bellas Artes, 2003), a cura di Sander Paarlberg e Kim van Vloten, [testo spagnolo/inglese], Santiago de Chile 2003.
The Painted Page 1994 = *The Painted Page. Italian Renaissance Book Illumination, 1450-1550*, catalogo della mostra (Londra, Royal Academy of Arts, 1994-1995; New York, Pierpont Morgan Library, 1995), a cura di Jonathan J. Alexander, Munich-New York 1994.
Painters by Painters 1988 = *Painters by Painters*, catalogo della mostra (New York, National Academy of Design-Houston, Tex., Museum of Fine Arts, 1988), New York 1988.
Palazzo Pitti 2003 = *Palazzo Pitti. La reggia rivelata*, catalogo della mostra (Firenze, Palazzo Pitti, 2003-2004), a cura di Gabriella Capecchi *et al.*, Firenze 2003.
Pallucchini 1945 = Rodolfo Pallucchini, *I dipinti della Galleria Estense di Modena*, Roma 1945.
Pallucchini 1950 = Rodolfo Pallucchini, *La giovinezza del Tintoretto*, Milano 1950.
Pallucchini 1969 = Rodolfo Pallucchini, *Tiziano*, 2 voll., Firenze 1969.
Pallucchini-Rossi 1982 = Rodolfo Pallucchini, Paola Rossi, *Tintoretto. Opere sacre e profane*, 2 voll., Milano 1982.
Paolo Veronese 1990 = *Paolo Veronese. Le portelle d'organo di S. Geminiano*, [Modena] 1990.
Paolozzi Strozzi 1994 = Giovanna Paolozzi Strozzi, *Vicissitudini storiche degli affreschi abateschi della Rocca dei Boiardo a Scandiano*, in *Signore cortese* 1994, pp. 119-131.
Paolozzi Strozzi 2005 = Giovanna Paolozzi Strozzi, *I soffitti della Galleria di Francesco I d'Este in Palazzo Ducale a Modena*, [testo italiano/inglese], «DecArt», n. 4, 2005, pp. 81-94.
Papanicolau 1998 = Maria Papanicolau, *Ἀρμόνιος ὁ Ἀθηναῖος: bibliofilo e copista, maestro di greco e diplomatico*, «Bollettino della Badia Greca di Grottaferrata», n.s., n. 52, 1998, pp. 283-301.
Parma Baudille 1981 = Rita Parma Baudille, *I Cicli dell'Eneide, Scandiano, Rocca, Gabinetto di Giulio Boiardo*, in *Virgilio nell'arte e nella cultura europea*, catalogo della mostra (Roma, Biblioteca Nazionale Centrale, 1981), a cura di Marcello Fagiolo Dell'Arco, Roma 1981, pp. 123-140.
Pascual 1999 = Andrea Pascual, *Pere Borrell del Caso (Puigcerdà 1835-Barcelona 1910). L'obra artística d'un mestre de pintors*, Puigcerdà 1999.
Pedersen 2003-2004 = Eva de la Fuente Pedersen, *Cornelius Gijsbrechts and the Perspective Chamber at the Royal Danish Kunstkammer*, [testo danese/inglese], «SMK Art Journal», 2003-2004, pp. 84-107, 152-160.
Pedersen 2007 = Lotte S. Lederballe Pedersen, *The Dis/illusion of America*, in *Duane Hanson* 2007, pp. 86-89.
Pedrini 1948 = Augusto Pedrini, *Il mobilio. Gli ambienti e le decorazioni del Rinascimento in Italia. Secoli XV e XVI*, Firenze 1948.
Peretti 1996 = Gianni Peretti, *Fra Giovanni, Girolamo dai Libri, Dürer*, «Verona Illustrata», IX, 1996, pp. 29-39.
Pérez Sánchez 1983 = Alfonso E. Pérez Sánchez, *Pintura española de bodegones y floreros de 1600 a Goya*, catalogo della mostra (Madrid, Museo del Prado, 1983-1984), Madrid 1983.
Pettorelli 1925 = Arturo Pettorelli, *Guido Mazzoni da Modena, plasticatore*, Torino 1925.
Phänomen Haydn 2009 = *Phänomen Haydn, 1732-1809. Prachtliebend, bürgerlich, gottbefohlen, crossover*, catalogo della mostra (Eisenstadt, Schloss Esterházy *et al.*, 2009), Eisenstadt 2009.
Piero Gilardi 2006 = *Piero Gilardi, Interdipendenze*, catalogo della mostra (Modena, Galleria Civica, 2006), a cura di Angela Vettese [testo italiano/inglese], Cinisello Balsamo 2006.
Pietrangeli 1988 = Carlo Pietrangeli, *La provenienza delle sculture dei Musei Vaticani, II*, «Bollettino. Monumenti Musei e Gallerie Pontificie», VIII, 1988, pp. 139-210.
Pietrangeli 1993 = Carlo Pietrangeli, *Marmi colorati nei Musei Vaticani*, «Strenna dei Romanisti», LIV, 1993, pp. 305-320.
Pignatti 1976 = Terisio Pignatti, *Veronese*, 2 voll., Venezia 1976.
La Pinacoteca 1981 = *La Pinacoteca dell'Accademia dei Concordi*, a cura di Antonio Romagnolo, Rovigo 1981.
La Pinacoteca 2002 = *La Pinacoteca dell'Accademia di Belle Arti di Carrara*, a cura di Anna Vittoria Laghi, Milano 2002.
Pintura española 1992 = *Pintura española de bodegones y floreros de 1600 a Goya*, catalogo della mostra (Tokyo, National Museum of Western Art-Nagoya, Nagoya City Art Museum, 1992), [testo spagnolo/giapponese], Tokyo-Nagoya 1992.
Pirondini-Monducci 1985 = *La pittura del Cinquecento a Reggio Emilia*, testi di Massimo Pirondini, regesto e documenti di Elio Monducci, Milano 1985.
La pittura nei Paesi Bassi 1997 = *La pittura nei Paesi Bassi*, a cura di Bert W. Meijer, trad. it. di Maria Cristina Coldagelli e Cecilia Tavanti, 3 voll., Milano 1997.
Poesia d'interni 2006 = *Poesia d'interni. Capolavori dai Depositi degli Uffizi*, catalogo della mostra (Firenze, Galleria degli Uffizi, Sala delle Reali Poste, 2006-2007), a cura di Antonio Natali, Firenze 2006.
Poggesi 2009 = Marta Poggesi, *La collezione delle cere anatomiche*, in *Il Museo di Storia Naturale dell'Università di Firenze. Le collezioni della Specola: zoologia e cere anatomiche*, a cura di Giulio Barsanti e Guido Chelazzi, [testo italiano/inglese], Firenze 2009, pp. 80-105.
Poggi 1909 = Giovanni Poggi, *Le sculture di Benedetto da Maiano per la porta delle Udienze in Palazzo Vecchio*, «Rivista d'Arte», VI, 1909, 2, pp. 156-159.
Pontani 1991 = Anna Pontani, *La biblioteca di Manuele Sofianòs*, in *Paleografia e codicologia greca*, atti del II colloquio internazionale (Berlino-Wolfenbüttel, 7-21 ottobre 1983), a cura di Dieter Harlfinger e Giancarlo Prato, con la collaborazione di Marco D'Agostino e Alberto Doda, 2 voll., Alessandria 1991, I, pp. 551-569.
Ponz 1772-1794 = Antonio Ponz, *Viaje de España*, 18 voll., Madrid 1772-1794; ed. a cura di Casto María del Rivero, Madrid 1947.
Pope-Hennessy 1965 = John Pope-Hennessy, *Renaissance Bronzes from the Samuel H. Kress Collection: Reliefs, Plaquettes, Statuettes, Utensils and Mortars*, London 1965.
Le Portrait en Italie 1982 = *Le Portrait en Italie au siècle de Tiepolo*, catalogo della mostra (Parigi, Musée du Petit Palais, 1982), Paris 1982.
Prampolini 1982 = Giovanni Prampolini, *Gli affreschi di Nicolò dell'Abate*, in Rombaldi-Gandini-Prampolini 1982, pp. 95-160.

Pride and Joy 2000 = *Pride and Joy. Children's Portraits in the Netherlands 1500-1700*, catalogo della mostra (Haarlem, Frans Halsmuseum, 2000; Anversa, Koninklijk Museum voor Schone Kunsten, 2001), a cura di Jan Baptist Bedaux e Rudi Ekkart, Ghent 2000.
La Quadreria 1977 = *La Quadreria di Don Lorenzo de' Medici*, catalogo della mostra (Poggio a Caiano, Villa Medicea, 1977), a cura di Evelina Borea, con la collaborazione per i disegni e le stampe di Anna Maria Petrioli Tofani e per i ritratti di Lorenzo de' Medici di Karla Langedijk, Firenze 1977.
Quarré 1960 = Pierre Quarré, *Jean-François de Le Motte, peintre tournaisien de trompe-l'œil*, «La Revue des Arts», X, 1960, 3, pp. 117-122.
Quarré-Geiger 1958 = [Pierre Quarré, Monique Geiger], *Les plus belles œuvres des collections de la Côte d'Or. Catalogue des peintures françaises*, catalogo della mostra (Digione, Musée de Dijon, Palais des États de Bourgogne, 1958), Dijon 1958.
Quinterio 1996 = Francesco Quinterio, *Giuliano da Maiano "grandissimo domestico"*, Roma 1996.
Raby 1983 = Julian Raby, *Mehmed the Conqueror's Greek Scriptorium*, «Dumbarton Oaks Papers», XXXVII, 1983, pp. 15-34.
Raggio 1999 = Olga Raggio, *The Gubbio Studiolo and its Conservation. I. Federico da Montefeltro's Palace at Gubbio and its Studiolo*, New York 1999.
Les Raisins du silence 1999 = *Les Raisins du silence: chefs-d'œuvre de la nature morte européenne du XVIIe et du XVIIIe siècle*, catalogo della mostra (Bordeaux, Musée des Beaux-Arts, 1999), a cura di Francis Ribemont e Bernadette de Boysson, con contributi di Olivier Le Bihan e Philippe Richard, [testo francese/inglese], Bordeaux 1999.
Rave 1960 = Paul Ortwin Rave, *Das Selbstbildnis des Johannes Gumpp in den Uffizien*, «Pantheon», XVIII, 1960, pp. 28-31.
Rearick 1988 = William R. Rearick, *The Art of Paolo Veronese, 1528-1588*, catalogo della mostra (Washington, D.C., National Gallery of Art, 1988), saggio introduttivo di Terisio Pignatti, Washington 1988.
Relazione 1819 = *Relazione in compendio delle cose più notabili nel Palazzo e Galleria Saracini di Siena*, Siena 1819.
Rembrandt 1978 = *Rembrandt. L'œuvre gravé complet*, Paris 1978 (ed. orig. London 1977).
Ridolfi 1648 = Carlo Ridolfi, *Le maraviglie dell'arte, overo Le vite de gl'illustri pittori veneti, e dello Stato*, 2 voll., Venezia 1648; ed. a cura di Detlev von Hadeln, 2 voll., Berlin 1924.
Rognini 1978 = Luciano Rognini, *Le tarsie di S. Maria in Organo*, Verona [1978].
Rognini 1985 = Luciano Rognini, *Tarsie e intagli di fra Giovanni a Santa Maria in Organo di Verona*, introduzione di Licisco Magagnato, Verona 1985.
Rohark 2007 = Thomas Rohark, *Intarsien. Entwicklung eines Bildmediums in der italienischen Renaissance*, Göttingen 2007.
Rohlmann 1995 = Michael Rohlmann, *Memling's Pagagnotti Triptych*, «The Burlington Magazine», n. 1108, CXXXVII, 1995, pp. 438-445.
Rohlmann 2008 = *Luoghi del paragone: la ricezione del Trittico Portinari nell'arte fiorentina*, in *Firenze e gli antichi Paesi Bassi* 2008, pp. 66-83.
Romano 1990 = Giovanni Romano, *D'Enrico, Giovanni*, in *Dizionario Biografico degli Italiani*, XXXVIII, Roma 1990, pp. 783-786.
Rombaldi-Gandini-Prampolini 1982 = Odoardo Rombaldi, Roberto Gandini, Giovanni Prampolini, *La Rocca di Scandiano e gli affreschi di Nicolò Dell'Abate*, Reggio Emilia 1982.
Rossi 1939 = Giovanni Felice Rossi, *Come si è salvata la collezione artistica Alberoni*, Piacenza 1939.
Rossi 1978 = Giovanni Felice Rossi, *La "Madonna alla fonte" e il "Bicchiere con fiori" di Jean Provost (1462-1529) della collezione del cardinal Alberoni*, in Id., *Cento studi sul cardinale Alberoni*, con altri studi di specialisti internazionali, 4 voll., Piacenza 1978, II, p. 113.
Rossi 1996 = Marco Rossi, *Fra decorazione e teatralità. Andrea da Milano, Gaudenzio Ferrari e dintorni*, in *Il Santuario della Beata Vergine dei Miracoli di Saronno*, a cura di Maria Luisa Gatti Perer, Milano 1996, pp. 195-234.
Rubinstein 1995 = Nicolai Rubinstein, *The Palazzo Vecchio, 1298-1532. Government, Architecture, and Imagery in the Civic Palace of the Florentine Republic*, Oxford 1995.
Safarik 1990 = Eduard A. Safarik, *Fetti*, con la collaborazione di Gabriello Milantoni, Milano 1990.
Safarik-Bottari 1989 = Eduard A. Safarik, Francesca Bottari, *Sebastiano Lazzari*, in *La natura morta in Italia* 1989, I, pp. 378-379.
Salerno 1984 = Luigi Salerno, *La natura morta italiana, 1560-1805*, [testo italiano/inglese], Roma 1984.
Sardini 1796-1798 = Giacomo Sardini, *Esame sui principi della francese ed italiana tipografia, ovvero Storia critica di Nicolao Jenson*, 3 voll., Lucca 1796-1798.
Sas 1989 = Niek C.F. van Sas, *Voor vaderland en Oudheid. Het klassieke paradigma in de laat achttiende-eeuwse Republiek*, in *Edele eenvoud. Neo-classicisme in Nederland 1765-1800*, catalogo della mostra (Haarlem, Frans Halsmuseum-Teylers Museum, 1989), a cura di Franz Grijzenhout e Carel van Tuyll van Serooskerken, Zwolle 1989, pp. 13-31.
Scardino 1987 = Lucio Scardino, *Vitruvio da camera: il Bazar enciclopedico*, «FMR/Edizione italiana», n. 56, VI, 1987, pp. 98-104.
Scherf 1980 = Helmut Scherf, *Thüringer Porzellan: unter besonderer Berücksichtigung der Erzeugnisse des 18. und frühen 19. Jahrhunderts*, Leipzig 1980.
Schittering van Spanje 1998 = *Schittering van Spanje, 1598-1648. Van Cervantes tot Velázquez*, catalogo della mostra (Amsterdam, Niuewe Kerk, 1998-1999), a cura di Chris van der Heijden, Marina Alfonso Mola e Carlos Martínez Shaw, Zwolle 1998; trad. sp. Madrid 1999.
Schlie 1884 = Friedrich Schlie, *Beschreibendes Verzeichnis der Werke neuerer Meister in der Großherzoglichen Gemälde-Gallerie zu Schwerin*, Schwerin 1884.
Schneider 1986 = Rolf Michael Schneider, *Bunte Barbaren. Orientalenstatuen aus farbigem Marmor in der römischen Repräsentationskunst*, Worms 1986.
Schneider 2002 = Rolf Michael Schneider, *Nuove immagini del potere romano. Sculture in marmo colorato nell'impero romano*, in *I marmi colorati* 2002, pp. 83-104.
La scultura 2006 = *La scultura al tempo di Andrea Mantegna. Tra classicismo e naturalismo*, catalogo della mostra (Mantova, Castello di San Giorgio-Palazzo San Sebastiano, 2006-2007), a cura di Vittorio Sgarbi, Milano 2006.
Segal 1990 = Sam Segal, *Flowers and Nature. Netherlandish Flower Painting of Four Centuries*, catalogo della mostra (Osaka, Nabio Museum of Art-Tokyo, Tokyo Station Gallery-Sydney, Art Gallery of New South Wales, 1990), The Hague 1990.
Seguin 1989 = Jean-Pierre Seguin, *Les cartes à jouer au portrait de Paris de 1701 à 1778. 2*, «Bulletin de la Société archéologique, historique et artistique "Le Vieux papier"», n. 311, 1989, pp. 1-18.
Il Seicento fiorentino 1986 = *Il Seicento Fiorentino. Arte a Firenze da Ferdinando I a Cosimo III*, catalogo della mostra (Firenze, Palazzo Strozzi, 1986-1987), a cura di Piero Bigongiari e Mina Gregori, 3 voll., Firenze 1986, [I], *Pittura*.
Seidel-Silva 2007 = Max Seidel, Romano Silva, *Potere delle immagini, immagini del potere. Lucca città imperiale: iconografia e politica*, Venezia 2007.
Seifertová 1992 = Hana Seifertová, *Georg Flegel*, Praha 1992.
Seifertová 1997 = Hana Seifertová, *Prager Kabinettmalerei 1690-1750*, in *Dialog mit Alten Meistern* 1997, pp. 9-35.
Sestini 1772 = Domenico Sestini, *Intorno al Virgilio di Aproniano, codice prezioso membranaceo che si conserva nella Regia Libreria Laurenziana di Firenze*, Firenze 1772.
Le Siècle des Primitifs Flamands 1960 = *Le Siècle des Primitifs Flamands*, catalogo della mostra (Bruges, Musée Communal des Beaux-Arts, 1960), Bruges 1960.
Signore cortese 1994 = *Signore cortese e umanissimo. Viaggio intorno a Ludovico Ariosto*, catalogo della mostra (Reggio Emilia, Antico Foro Boario, 1994), a cura di Jadranka Bentini, Venezia 1994.
Silingardi 2005 = Luca Silingardi, *Le decorazioni murali di Nicolò dell'Abate dalla rocca di Scandiano al Palazzo Ducale di Modena nelle fonti d'archivio*, in *Nicolò dell'Abate* 2005, pp. 519-527.
Sill 1985 = Gertrude Grace Sill, *John Haberle: Master of Illusion*, catalogo della mostra (Springfield, Mass., Museum of Fine Arts, 1985), Springfield, Mass. 1985.
Six artistes 1999 = *Six artistes du groupe Trompe-l'œil-Réalité*, catalogo della mostra (Chamalières, Galerie d'art contemporain, 1999), Paris 1999.
Il sorriso della sfinge 2009 = *Il sorriso della sfinge. L'eredità del mondo antico nelle miniature riccardiane*, catalogo della mostra (Firenze, Palazzo Medici Riccardi, 2009), a cura di Giovanna Lazzi, Firenze 2009.
Spaans 2003 = Erik Spaans, *Een brievenbord van Cornelis van der Meulen*, «Dordrechts Museum. Bulletin», XXVIII, 2003, 1, pp. 3-7.
Lo specchio e il doppio 1987 = *Lo specchio e il doppio. Dallo stagno di Narciso allo schermo televisivo*, catalogo della mostra (Torino, Mole Antonelliana, 1987), Torino 1987.
Spinola 1996 = Giandomenico Spinola, *Il Museo Pio-Clementino. I*, Città del Vaticano 1996.
Splendori di pietre dure 1988 = *Splendori di pietre dure: l'arte di corte nella Firenze dei Granduchi*, catalogo della mostra (Firenze, Palazzo Pitti, 1988-1989), coordinamento scientifico di Annamaria Giusti, Firenze 1988.
The Splendour of the Medici 2008 = *The Splendour of the Medici. Art and Life in Renaissance Florence*, catalogo della mostra (Budapest, Museum of Fine Arts, 2008), a cura di Monica Bietti e Annamaria Giusti, con la collaborazione di Maria Sframeli, Budapest 2008.
Stefani Perrone 1973 = Stefania Stefani Perrone, *Giovanni d'Enrico*, in *Il Seicento lombardo. Catalogo dei dipinti e delle sculture*, Milano [1973], pp. 58-60.

Sterling 1952 = Charles Sterling, *La Nature morte de l'Antiquité à nos jours*, catalogo della mostra (Parigi, Orangerie des Tuileries, 1952), Paris 1952.
Stilleben in Europa 1979 = *Stilleben in Europa*, catalogo della mostra (Münster, Westfälisches Landesmuseum für Kunst und Kulturgeschichte, 1979; Baden-Baden, Staatliche Kunsthalle, 1979-1980), a cura di Gerhard Langemeyer e Hans-Albert Peters, Münster 1979.
Stravaganti e bizzarri 2008 = *Stravaganti e bizzarri. Ortaggi e frutti dipinti da Bartolomeo Bimbi per i Medici*, catalogo della mostra (Poggio a Caiano, Museo della Natura Morta, 2008), a cura di Stefano Casciu e Chiara Nepi, Firenze 2008.
Strong 1969 = Roy C. Strong, *The English Icon: Elizabethan and Jacobean Portraiture*, London-New York 1969.
Styles, meubles, décors 1972 = *Styles, meubles, décors du Moyen Âge à nos jours*, a cura di Pierre Verlet, 2 voll., Paris 1972.
Suida 1933 = Wilhelm Suida, *Tizian*, Zürich-Leipzig 1933.
Symmetrie in Kunst 1986 = *Symmetrie in Kunst, Natur und Wissenschaft*, catalogo della mostra (Darmstadt, Mathildenhöhe, 1986), Darmstadt 1986.
Tabakoff 1974 = Sheila K. Tabakoff, *The European Porcelain in Palazzo Pitti*, «Keramos», n. 65, 1974, pp. 3-15.
Tabakoff 2002 = Sheila K. Tabakoff, *Le porcellane di Vienna a Palazzo Pitti*, [testo italiano/inglese], Firenze 2002.
Tableaux 2008 = *Tableaux et dessins anciens*, catalogo della vendita (Parigi, Sotheby's, 25 giugno 2008).
Tanzio da Varallo 2000 = *Tanzio da Varallo. Realismo, fervore e contemplazione in un pittore del Seicento*, catalogo della mostra (Milano, Palazzo Reale, 2000), Milano 2000.
Taverna 1617 = Novara, Archivio Storico Diocesano di Novara, Visite pastorali dei vescovi di Novara, Varallo Sesia, Vicariato, Ferdinando Taverna, vol. 80, *ad annum*.
Thode 1901 = Henry Thode, *Tintoretto*, Bielefeld-Leipzig 1901.
Ticozzi 1818 = Sebastiano Ticozzi, *Dizionario dei pittori dal rinnovamento delle belle arti fino al 1800*, 2 voll., Milano 1818.
Ticozzi 1830-1833 = Sebastiano Ticozzi, *Dizionario degli architetti, scultori, pittori, intagliatori in rame ed in pietra, coniatori di medaglie, musaicisti, niellatori, intarsiatori d'ogni età e nazione*, 4 voll., Milano 1830-1833.
Tinti 1928 = Mario Tinti, *Il mobilio fiorentino*, Milano-Roma 1928.
Tiziano 2006 = *Tiziano e il ritratto di corte da Raffaello ai Carracci*, catalogo della mostra (Napoli, Museo di Capodimonte, 2006), Napoli 2006.
Tondo 1990 = Luigi Tondo, *Domenico Sestini e il medagliere mediceo*, Firenze 1990.
Tosatti 2000 = Bianca Tosatti, *I Ferrario maestri di tarsia*, ricerche storiche di Adriana Guglielmini, Milano 2000.
Tractato 1514 = *Tractato de li capituli de passione fundati sopra el monte de Varale nuovamente composti*, Mediolani 1514; ed. in *Questi sono li misteri che sono sopra el Monte de Varallo (in una "Guida" poetica del 1514)*, a cura di Stefania Stefani Perrone, Borgosesia 1987.
Trionfi Honorati 1970 = Maddalena Trionfi Honorati, *Cassapanche barocche marchigiane*, «Kalòs», I, 1970, 2, pp. 33-40.
Trompe-l'œil 1985 = *Trompe-l'œil anciens et modernes*, catalogo della mostra (Parigi, Mairie du Xe arrondissement, 1985; Parigi, Mairie du XVIe arrondissement, 1986), Paris 1985.
Le Trompe-l'œil 1996 = *Le Trompe-l'œil: de l'Antiquité au XXe siècle*, a cura di Patrick Mauriès, Paris 1996; ed. it. con il titolo *Il trompe-l'œil: illusioni pittoriche dall'antichità al XX secolo*, Milano 1997.
Le Trompe-l'œil 2005 = *Le Trompe-l'œil: plus vrai que nature?*, catalogo della mostra (Bourg-en-Bresse, Monastère royal de Brou, 2005), Versailles 2005.
Turrini 2007 = Patrizia Turrini, *Palazzo Bargagli in piazza delle Erbe*, «Accademia dei Rozzi», n. 27, XIV, 2007, pp. 31-41.
Gli Uffizi 1980 = *Gli Uffizi. Catalogo Generale*, Firenze 1980.
Gli ultimi Medici 1974 = *Gli ultimi Medici. Il tardo barocco a Firenze, 1670-1743*, catalogo della mostra (Detroit, Mich., Institute of Arts-Firenze, Palazzo Pitti, 1974), Firenze 1974.
Valcanover 1960 = Francesco Valcanover, *Tutta la pittura di Tiziano*, 2 voll., Milano 1960.
Valcanover 1969 = Francesco Valcanover, *L'opera completa di Tiziano*, Milano 1969.
Vanitas Vanitatum 1991 = *Vanitas Vanitatum. Studi sulla ceroplastica di Gaetano Giulio Zumbo*, atti del convegno (Siracusa, Palazzo del Senato, 9-11 dicembre 1988), a cura di Paolo Giansiracusa, Siracusa 1991.
Varni 1869 = Santo Varni, *Delle arti della tarsia e dello intaglio in Italia e specialmente nel coro di S. Lorenzo in Genova. Memorie*, Genova 1869.
Veca 1980 = Alberto Veca, *Inganno & realtà. Trompe l'oeil in Europa, XVI-XVIII secolo*, catalogo della mostra (Bergamo, Galleria Lorenzelli, 1980), Bergamo 1980.
Vedute napoletane 1957 = *Vedute napoletane della raccolta Lemmerman*, catalogo della mostra (Napoli, Palazzo Reale, 1957), a cura di Gino Doria e Oreste Ferrari, Napoli 1957.
Venturi 1822 = Giovanni Battista Venturi, *Storia di Scandiano*, Modena 1822.
Venturi 1882 = Adolfo Venturi, *La R. Galleria Estense in Modena*, Modena 1882; rist. anast. Modena 1989.
Venturi 1884 = Adolfo Venturi, *Di un insigne artista modenese del secolo XV*, «Archivio Storico Italiano», s. IV, n. 42, XIV, 1884, pp. 339-366.
Verdon 1978 = Timothy Verdon, *The Art of Guido Mazzoni*, New York 1978.
Vermeer 2001 = *Vermeer and the Delft School*, catalogo della mostra (New York, Metropolitan Museum of Art-Londra, National Gallery, 2001), [a cura di] Walter Liedtke, con [la collaborazione di] Michiel C. Plomp e Axel Rügers, New Haven, Conn.-London 2001.
Vettor Pisani 1992 = *Vettor Pisani: il teatro di cristallo. Azzurro fragile teatro di cristallo dedicato alla verginità*, catalogo della mostra (Trento, Galleria Civica d'Arte Contemporanea, 1992), a cura di Danilo Eccher, Trento 1992.
Villa Medicea 2009 = *Villa Medicea di Poggio a Caiano, Museo della Natura Morta. Catalogo dei dipinti*, a cura di Stefano Casciu, Livorno 2009.
Vitali 1819 = Pietro Vitali, *Le pitture di Busseto*, Parma 1819.
Vitelli 1894 = Girolamo Vitelli, *Indice de' codici greci Riccardiani, Magliabechiani e Marucelliani*, «Studi italiani di filologia classica», II, 1894, pp. 471-570.
Vittorio Alfieri 2003 = *Vittorio Alfieri. Aristocratico ribelle (1749-1803)*, catalogo della mostra (Torino, Archivio di Stato di Torino, 2003-2004), a cura di Rosanna Maggio Serra *et al.*, Milano 2003.
Vogel-Gardthausen 1909 = Maria Vogel, Viktor Gardthausen, *Die griechischen Schreiber des Mittelalters und der Renaissance*, Leipzig 1909.
Waldman 1982 = Diane Waldman, *Italian Art Now: An American Perspective*, catalogo della mostra (New York, Solomon R. Guggenheim Museum, "1982 Exxon International Exhibition"), New York 1982.
Wethey 1971 = Harold E. Wethey, *The Paintings of Titian. II. The Portraits*, London 1971.
Wettstreit der Künste 2002 = *Wettstreit der Künste: Malerei und Skulptur von Dürer bis Daumier*, catalogo della mostra (Monaco, Haus der Kunst-Colonia, Wallraf-Richartz-Museum & Fondation Corboud, 2002), a cura di Ekkehard Mai e Kurt Wettengl, München 2002.
William M. Harnett 1992 = *William M. Harnett*, catalogo della mostra (Fort Worth, Tex., Amon Carter Museum-New York, Metropolitan Museum of Art *et al.*, 1992), a cura di Doreen Bolger, Marc Simpson, John Wilmerding, con la collaborazione di Thayer Tolles Mickell, New York 1992.
Wilmerding 1983 = John Wilmerding, *Important Information Inside: The Art of John F. Peto and the Idea of Still-Life Painting in Nineteenth-Century America*, catalogo della mostra (Washington, D.C., National Gallery of Art-Fort Worth, Tex., Amon Carter Museum, 1983), Washington 1983.
Wilmering 1999 = Antoine M. Wilmering, *The Gubbio Studiolo and its Conservation. II. Italian Renaissance Intarsia and the Conservation of the Gubbio Studiolo*, New York 1999.
Zanetti 1733 = [Antonio Maria Zanetti], *Descrizione di tutte le pubbliche pitture della città di Venezia e isole circonvicine, o sia Rinnovazione delle Ricche Minere* di Marco Boschini [Venezia 1674], Venezia 1733; rist. anast. Bologna 1980.
Zannandreis, *Vite*, ed. Biadego 1891 = Diego Zannandreis, *Vite dei pittori, scultori e architetti veronesi*, pubblicate e corredate di prefazione e di due indici da Giuseppe Biadego, [ed. postuma], Verona 1891.
Zarnowski 1938 = Jan Zarnowski, *L'atelier de Titien: Girolamo Dente*, «Dauwna Sztuka», I, 1938, pp. 101-130.
Zeri 1973 = Federico Zeri, *Italian Paintings. A Catalogue of the Collection of The Metropolitan Museum of Art. Venetian School*, con la collaborazione di Elizabeth E. Gardner, New York 1973.
De Zichtbaere Werelt 1992 = *De Zichtbaere Werelt. Schilderkunst uit de Gouden Eeuw in Hollands oudste stad*, a cura di Peter Marijnissen *et al.*, catalogo della mostra (Dordrecht, Dordrechts Museum, 1992-1993), Zwolle 1992.
Ziffer 1997 = Alfred Ziffer, *Nymphenburger Porzellan. Sammlung Bäuml*, Stuttgart 1997.
Zobi 1853 = Antonio Zobi, *Notizie storiche sull'origine e progressi dei lavori di commesso in pietre dure che si eseguiscono nell'I. e R. Stabilimento di Firenze*, 2a ed. con aggiunte e correzioni dell'autore, Firenze 1853.

Referenze fotografiche

Agliè, Castello Ducale*
Su concessione della Direzione Regionale per i Beni Culturali e Paesaggistici del Piemonte, Soprintendenza per i Beni Architettonici e Paesaggistici del Piemonte*/Foto Ernani Orcorte

Amburgo, Kunsthalle
Foto Scala, Firenze/BPK, Bildagentur für Kunst, Kultur und Geschichte, Berlin/Foto Elke Walford

Amsterdam, ING Collection

Amsterdam, Rijksmuseum

Ariccia, Palazzo Chigi*
Archivio fotografico della Soprintendenza per i Beni Storici, Artistici ed Etnoantropologici del Lazio

Arras, Musée des Beaux-Arts
Foto Claude Thériez

Avignone, Musée Calvet

Basilea, Kunstmuseum
Foto Martin P. Bühler

Biella, Cittadellarte-Fondazione Pistoletto
Foto Paolo Pellion

Bonn, Beethoven-Haus

Bressanone, Museo Diocesano

Bruxelles, Créations Isabelle de Borchgrave SPRL
Foto Andreas von Einsiedel

Chicago, Ill., Art Institute of Chicago
© The Art Institute of Chicago

Città del Vaticano, Musei Vaticani
Foto Musei Vaticani

Copenaghen, Nationalmuseet, Danmarks Middelalder og Renæssance
National Museum of Denmark

Copenaghen, Rosenborg Slot, De Danske Kongers Kronologiske Samling

Copenaghen, Statens Museum for Kunst
© SMK Foto

Digione, Musée des Beaux-Arts

Dordrecht, Dordrechts Museum

Fiesole, Museo Bandini

Filadelfia, Penn., Philadelphia Museum of Art
The George W. Elkins Collection, 1945 (fig. 65)
The John G. Johnson Collection/Foto Graydon Wood, 1997 (cat. I.2)

Firenze, Archivio dell'Opera di Santa Maria del Fiore
Foto Nicolò Orsi Battaglini

Firenze, Biblioteca Medicea Laurenziana*

Firenze, Biblioteca Nazionale Centrale di Firenze*

Firenze, Biblioteca Riccardiana*

Firenze, Collezione Bianco Bianchi di antiche scagliole
Foto Vincenzo Fausto Fontana

Firenze, Fondazione di Studi di Storia dell'Arte Roberto Longhi

Firenze, Gabinetto Disegni e Stampe degli Uffizi*

Firenze, Galleria d'Arte Moderna di Palazzo Pitti*

Firenze, Galleria degli Uffizi*

Firenze, Museo dell'Opificio delle Pietre Dure*

Firenze, Museo di Storia Naturale dell'Università degli Studi di Firenze, Sezione di Botanica

Firenze, Museo di Storia Naturale dell'Università degli Studi di Firenze, Sezione di Zoologia "La Specola"

Firenze, Opera di Santa Croce
Foto Antonio Quattrone

Firenze, Palazzo Pitti, Galleria del Costume*

Firenze, Palazzo Pitti, Galleria Palatina*

Firenze, Palazzo Pitti, Museo degli Argenti e delle Porcellane*

Firenze, Palazzo Vecchio
Su concessione del Servizio Musei Comunali.

Firenze, Teatro della Pergola
ETI-Teatro della Pergola

Francoforte, Historisches Museum
Foto Horst Ziegenfusz

Francoforte, Städelsches Kunstinstitut
Foto U. Edelmann - Städel Museum/ARTOTHEK

Gand, Museum voor Schone Kunsten
Reproductiefonds Vlaamse Musea/Foto Lukas-Art in Flanders

Kassel, Naturkundemuseum im Ottoneum

Kingston upon Hull, Ferens Art Gallery
© Bridgeman/Grazia Neri

L'Aia, Mauritshuis
Royal Picture Gallery Mauritshuis

L'Aia, Museum Bredius

Le Mans, Musée de Tessé
© RMN/Agence Bulloz

Londra, Flowers
© Patrick Hughes, courtesy Flowers, London

Londra, Victoria and Albert Museum
© V&A Images

Lucca, Museo Nazionale di Villa Guinigi*
Archivio fotografico Soprintendenza per i Beni Architettonici, Paesaggistici, Storici, Artistici ed Etnoantropologici per le province di Lucca e Massa Carrara

Madrid, Colección del Banco de España

Madrid, Patrimonio Nacional

Milano, Archivio Fornasetti

Milano, Galleria d'Arte Studiolo

Milano, Museo Poldi Pezzoli

Minneapolis, Minn., Minneapolis Institute of Art
The William Hood Dunwoody Fund

Modena, Galleria Estense*
Archivio fotografico della Soprintendenza per i Beni Storici, Artistici ed Etnoantropologici di Modena e Reggio Emilia

Napoli, Museo Archeologico Nazionale*
Archivio fotografico della Soprintendenza Speciale per i Beni Archeologici di Napoli e Pompei

Napoli, Museo Nazionale di Capodimonte*
Per gentile concessione della Soprintendenza Speciale per il Patrimonio Storico, Artistico ed Etnoantropologico e per il Polo Museale della città di Napoli.

New Haven, Conn., Yale University Art Gallery
Yale University Art Gallery/Art Resource, NY/Scala, Firenze

New York, Long Island Museum of American Art, History & Carriages
The Long Island Museum of American Art, History & Carriages, Stony Brook, NY, Gift of Mrs. Beverly Davis, 1953

New York, Metropolitan Museum of Art
© 2008. The Metropolitan Museum of Art/Art Resource/Scala, Firenze (fig. 26)
© 2009. The Metropolitan Museum of Art/Art Resource/Scala, Firenze (fig. 69)
© 2007. The Metropolitan Museum of Art/Art Resource/Scala, Firenze (cat. II.17)

New York, MoMA
© 2009. The Museum of Modern Art, New York/Scala, Firenze (fig. 19)
© 2009. The Museum of Modern Art, New York/Scala, Firenze (fig. 21)

New York, Otto Naumann Ltd.

New York, Van de Weghe Fine Art

Parigi, Galerie Michelle Boulet

Piacenza, Galleria del Collegio Alberoni
Opera Pia Alberoni

Poggio a Caiano, Villa Medicea, Museo della Natura Morta*

Potsdam Sanssouci, Bildergalerie
Foto Scala, Firenze/BPK, Bildagentur für Kunst, Kultur und Geschichte, Berlin/Foto Gerhard Murza

Ravenna, Istituzione Biblioteca Classense

Rennes, Musée des Beaux-Arts
© MBA Rennes, Dist RMN/Adélaïde Beaudoin (fig. 4)
© MBA Rennes, Dist RMN/Louis Deschamps (cat. III.9)

Roma, Bibliotheca Hertziana - Max-Planck-Institut

Roma, Museo Nazionale di Castel Sant'Angelo*
Foto Mauro Coen

Rotterdam, Museum Boijmans Van Beuningen

Rovigo, Pinacoteca dell'Accademia dei Concordi

San Francisco, Calif., Fine Arts Museums of San Francisco
Museum Purchase, Mildred Anna Williams Collection

Sarzana, Cardelli e Fontana artecontemporanea

Schwerin, Staatliches Museum Schwerin
Foto Waldorf

Siena, Monte dei Paschi di Siena
Foto Lensini, Siena

Stoccolma, Nationalmuseum
© The Nationalmuseum, Stockholm

Strasburgo, Musée des Beaux-Arts

Torino, Fondazione Guido ed Ettore De Fornaris, Galleria d'Arte Moderna e Contemporanea
Su concessione della Fondazione Torino Musei. È vietata ogni ulteriore riproduzione con qualsiasi mezzo/Foto Gonella 2006

Torino, Palazzo Madama, Museo Civico d'Arte Antica
Su concessione della Fondazione Torino Musei.
È vietata ogni ulteriore riproduzione con qualsiasi mezzo.

Varallo, Sacro Monte
Archivio Riserva Sacro Monte di Varallo/Foto Mariano Dallago

Venezia, Gallerie dell'Accademia*
Archivio fotografico della Soprintendenza Speciale per il Patrimonio Storico, Artistico ed Etnoantropologico e per il Polo Museale della città di Venezia e dei Comuni della Gronda Lagunare

Venezia, Scuola Grande Arciconfraternita di San Rocco

Verona, chiesa di Santa Maria in Organo
Archivio fotografico della Diocesi di Verona

Washington, D.C., Corcoran Gallery of Art
Museum Purchase, Gallery Fund and Exchange (fig. 66)
Museum Purchase, William A. Clark Fund/Foto Peter Harholdt (cat. III.18)

Washington, D.C., National Gallery of Art
Courtesy of the Board of Trustees

Brennan Dalsgard Publishers
Hand-Illustrated by Madame Talbot. All Rights Reserved.
www.MadameTalbot.com
Alden Cole
Pierre Ducordeau, Parigi
Laura Erler
www.lauraerler.it
Annie Modica
www.anniemodica.com

Collezione Camilla Bruschi, Grassina, Bagno a Ripoli
Collezione Cei, Firenze
Collezione Ian M. Cumming, Washington, D.C.
Collezione Pierre Gilou, Parigi
Collezione Madame de Linière, Parigi
Collezione Walter e Lucille Rubin, Delray Beach, Fla.

Archivio Fauzia Farneti (figg. 51-57, 59-64)
Archivio Fondazione Lucio Fontana, Milano (fig. 17)
Foto Saulo Bambi (cat. VII.8, VII.9, VII.10, VII.13, VII.14)
Foto Paolo Giusti (cat. III.34)
Foto Gonella 1996 (cat. IV.14)
Foto John Lee (cat. VIII.6)
Foto Lovera 1996 (cat. IV.15)
Foto © Matthew Hollow Photography (cat. X.9)
Foto moggietani.it (cat. VII.6)
Foto V. Negro (cat. VII.3)
Foto Marco de Nood (cat. III.21)
Foto Prudence Cuming Associates Ltd., Londra (cat. III.31, III.34)
Foto Rabatti & Domingie Photography (fig. 27; cat. II.4, II.5, II.7, II.9, II.14, III.4, III.6, IV.5, IV.6, IV.7, IV.12, IV.13, IV.16, V.2, VI.5, VI.6, VII.4, VII.17, VIII.1, VIII.8, VIII.10, VIII.11, X.1)
Foto Scala, Firenze © 2001 (cat. IX.5)
Foto Rob Shelley (cat. X.4)
Foto P. Terzi (cat. VI.4, IX.2, IX.3, IX.4)

* Su concessione del Ministero per i Beni e le Attività Culturali. È vietata ogni ulteriore riproduzione con qualsiasi mezzo.

Indice

Finito di stampare
nell'ottobre 2009.